GESCHICHTE ENGLANDS

GESCHICHTE ENGLANDS

Von Michael Maurer

Mit 111 ein- und mehrfarbigen Abbildungen,
9 Karten und 4 Stammtafeln

PHILIPP RECLAM JUN. STUTTGART

Die Deutsche Bibliothek – CIP-Einheitsaufnahme

Maurer, Michael:
Geschichte Englands / Michael Maurer. –
Stuttgart : Reclam, 2000

ISBN 3-15-010475-0

Satz: Reclam, Ditzingen
Druck: Wilhelm Röck, Weinsberg
Buchbinderische Verarbeitung: Großbuchbinderei Monheim
Printed in Germany 2000
RECLAM ist eine eingetragene Marke
der Philipp Reclam jun. GmbH & Co., Stuttgart
ISBN 3-15-010475-0

Inhalt

INDUSTRIALISIERUNG, DEMOKRATISIERUNG UND EMPIRE

Großbritannien im viktorianischen Zeitalter 1837–1901

SELBSTBEHAUPTUNG UND IDENTITÄTSKRISE

Großbritannien 1901–2000

Vorwort

Wenn wir Europa gestalten wollen, ist es unabdingbar, daß wir uns (stärker als bisher) mit der Geschichte unserer Nachbar- und Partnerländer befassen – wie auch sie sich mit der unseren. Wir müssen uns ihre Geschichte und Traditionen zueigen machen, um ihren Beitrag zur gemeinsamen Gegenwart Europas würdigen zu können – aber auch Verständnis zu entwickeln für ihre Idiosynkrasien. Die in Jahrhunderten gewachsene Identität der Nationalstaaten wird Teil einer europäischen Identität: Europa besinnt sich auf seine – noch weiter zurückreichenden – Gemeinsamkeiten.

Dabei fußt jeder Historiker, der sich mit einer anderen Nation als seiner eigenen befaßt, zwangsläufig auf der fremden nationalen Tradition; er greift zu einem Gutteil auf die historischen Forschungen des betreffenden Landes zurück. So ist denn auch dieses Buch weniger ein eigener Forschungsbeitrag als vielmehr im Kern Information über die englische Geschichte nach Maßgabe des gegenwärtigen Forschungsstandes der englischen Geschichtswissenschaft. Freilich führt der Blick von außen gelegentlich zu Akzentuierungen und Wertungen, die sich den eigenen nationalen Traditionen verdanken: Es geht um eine »Geschichte Englands« für deutsche Leser.

Das bedeutet auch: Hier werden Vereinfachungen vorgenommen, die nur durch den Blick von außen zu rechtfertigen sind. Die regionalen und lokalen Forschungen mußten fast gänzlich ausgeblendet werden. Die Differenzierung der historischen Akteure mußte zumeist unterbleiben: Wo es in der englischen Forschung ausführliche Auseinandersetzungen um den Einfluß einzelner Amtsträger gibt, konnte in der vorliegenden Zusammenfassung oft nur das Ergebnis, die Entscheidung selbst, festgehalten werden. Auch war es im gesteckten Rahmen nicht möglich, Irland, Schottland und Wales mit ihren eigenen Traditionen und Problemen angemessen zu berücksichtigen; sie erscheinen hier nur im Zusammenhang mit der englischen Geschichte, soweit sie diese betrafen und beeinflußten.

Dagegen habe ich mich entschieden, trotz des knappen Umfangs keine rein politische oder Sozialgeschichte zu bieten. Zwar ermöglicht die politische Geschichte noch am ehesten eine fortlaufende Erzählung, doch erscheint sie einem modernen historischen Bewußtsein nicht hinreichend für die Erklärung der entscheidenden Vorgänge. Die Sozialgeschichte andererseits führt gewöhnlich zu Querschnitten durch Zustände von langer Dauer, die nur durch makrostrukturelle Spekulationen (»Prozesse«, »Revolutionen«, »Zyklen« usw.) in zeitliche Bewegung überführt werden können. So entstand, nach Absprache mit dem Verlag, schließlich der Versuch, die verschiedenen Bereiche des menschlichen Lebens (einschließlich der Kultur) kleinteilig miteinander zu verfugen; zeitliche Großeinheiten (Epochen) sollen dazu beitragen, Ordnung und Übersicht zu gewährleisten. Die leitende Vorstellung ist dabei, daß alle diese Bestandteile der Überlieferung, einschließlich der Religion und der Literatur, des Rechts und der Lebensformen, zur Mentalität einer Nation wesentlich beigetragen haben. Unter diesem Gesichtspunkt wird die Geschichte Englands hier in den Blick genommen.

Für den heutigen Leser ist es selbstverständlich, daß historische Tatsachen und Entwicklungen nicht einfach statuiert werden können: Jede historische Darstellung, die diesen Namen verdient, ist ein komplexes Produkt von vorentscheidenden Gewichtungen und Dispositionen, von weltanschaulich bedingten Wertungen und historiographischen Traditionen. Dementsprechend wird selbst der Leser einer so kurz gefaßten Darstellung noch Hinweise auf umstrittene Konzepte und Probleme der Forschung erwarten. Diese werden auch nicht fehlen, müssen aber auf die entscheidenden Punkte beschränkt werden. Man kann erwarten, daß die großen Kontroversen (um die Einschätzung der Reformation, der »englischen Revolutionen« usw.) zumindest angedeutet werden; kleinere Debatten der Forschung und Dissens in Einzelfragen mußten beiseite bleiben. Der interessierte Leser wird sich hier mit Hilfe der bibliographischen Hinweise orientieren können, bei deren Zusammenstellung besonders auf Aktualität geachtet wurde.

DIE MITTELALTERLICHEN GRUNDLAGEN DER ENGLISCHEN GESCHICHTE

England von den Anfängen bis 1485

Epochenüberblick

Das erste Kapitel zeigt, wie auf der größten der Inseln am Nordwestrand Europas Geschichte entstand: zunächst durch das Interesse der Römer, sodann infolge wiederholter Invasionen von der östlichen Nordseeküste her (Angeln, Sachsen, Jüten), von Frankreich und von Skandinavien aus. Aber früh wurden die Herrschaften, die sich auf der Britischen Insel entwickelten, selbst schon expansiv, wobei sich ihr Interesse vor allem auf Frankreich, aber auch auf Irland richtete. Während die Landverkehrsverbindungen im Mittelalter allgemein als schlecht gelten, stand der Seeverkehr nicht wesentlich hinter dem späterer Jahrhunderte zurück, so daß sich England im Mittelalter als Teil eines Archipels darstellt, als Stützpunkt für Seeherrschaft.

Auf der Insel selbst bestanden jahrhundertelang mehrere Herrschafts-, Rechts- und Sprachbereiche nebeneinander. Diese näherten sich einander allmählich an, wobei als Hauptfaktor die christliche Kirche gilt (Annahme des Christentums auch durch die eingedrungenen Wikinger und Durchsetzung und Sakralisierung einer gemeinsamen Königsherrschaft).

Während bereits in der Angelsachsenzeit Formen lokaler Verwaltung und Rechtssprechung aufgebaut worden waren, die für die englische Geschichte Bestand haben sollten, war die zentrale Verwaltung anfangs noch schwach. Das änderte sich durch die normannische Eroberung (1066). Wilhelm überzog das Land mit einer Feudalstruktur, die auf die Krone zugeordnet war. Als Eroberer erhob der König Anspruch auf das gesamte Land, mit dem er seine Vasallen belehnte (und diese wiederum ihre Untervasallen); dafür schworen sie ihm Treue und leisteten ihm Heeresfolge mit einem Aufgebot von Rittern, das nach der Größe des verliehenen Landes bemessen wurde. Die von den Normannen eingeführten Geschworenengerichte wurden zu einem wichtigen Element englischer Rechtspflege.

Nach dynastischen Wirren unter den Nachfolgern des Eroberers setzte sich 1153/54 Heinrich Plantagenet, Herzog der Normandie, durch eine erneute Invasion in England auch als englischer König durch. Seine Verbindung mit Aquitanien hatte Folgen, welche für die englische Geschichte des gesamten Hoch- und Spätmittelalters von Bedeutung waren: Von nun an war England immer wieder in die französischen Auseinandersetzungen verwickelt; sein Adel ließ viel Blut auf den französischen Schlachtfeldern und brachte Beute und Lösegelder aus Frankreich mit. Gleichzeitig versetzte dieser enge Kontakt mit der kontinentalen Welt die britische Insel in lebhaften Austausch mit einer blühenden mediterranen Kultur (Sprache, Literatur, Musik, Architektur, Universitäten, Lebensformen, religiöse Vorstellungen). Aus einem Reich am Rande Europas entwickelte sich so ein für die europäische Geschichte zentraler Staat.

Die rechtlich-soziale Entwicklung Englands unterschied sich von der der übrigen Länder durch drei Erscheinungen, welche Folge der Eroberung und Feudalisierung waren: 1. Selbsthilfe und Fehde der Vasallen wurden früh schon zurückgedrängt; der König beanspruchte das Monopol legitimer Gewaltanwendung und vermochte es als oberster Feudalherr auch durchzusetzen, weil der Adel (anders als auf dem Kontinent) keinerlei Allodialbesitz beanspruchen konnte. 2. Als sich durch Bevölkerungsrückgang und Erneuerung der Lehensverhältnisse infolge der Pest die Stellung der Bauern verbesserte, erreichten auch früher Unfreie den Status von Freien (mit Appellationsrecht an königliche Gerichte). Die Leibeigenschaft war infolgedessen am Ende des Mittelalters in England praktisch ausgestorben. 3. Komplementär dazu bestand schon im 12. Jahrhundert die Tendenz, geistlichen Gerichten die Appellation an ausländische Gerichte (Papst!) zu untersagen, was sich freilich zunächst nicht durchsetzen ließ, im 14. Jahrhundert jedoch aufgrund der Schwäche des Papsttums erreicht wurde, so daß die englische Kirche früh schon Kennzeichen einer Staatskirche zeigte, deren Kleriker auf die englische Krone einen Eid ablegen mußten.

1214 kam es, nachdem Johann Ohneland bei Bouvines in Flandern vernichtend geschlagen worden und die Kirche wegen päpstlicher Exkommunikation nebst Interdikt über das ganze Land in Aufruhr war, noch einmal zu einer allgemeinen Aufkündigung der Lehenstreue durch eine größere Gruppe der Mächtigen des Reiches. In der Folge wurde das Verhältnis von Krone und Untertanen grundsätzlich neu geregelt. Die Urkunde darüber (*Magna Carta Libertatum*, 1215) wurde später als Grundlage englischer Freiheit betrachtet. Aus dem Großen Rat der Krone entwickelte sich in einer Konfliktsituation das »Parlament« als Institution. Unter Eduard I. wuchs diesen Parlamenten durch die zunehmende Verschriftlichung des Rechts eine neue Funktion zu: Der König befand nicht mehr nur von Fall zu Fall, was nach dem Brauch der Vorfahren Recht war, sondern ging dazu über, mit Beistimmung des Parlaments Recht zu statuieren (*Statute Law*), in Schriftrollen aufzeichnen und zentral archivieren zu lassen.

Die langwierigen Auseinandersetzungen des in Frankreich geführten Hundertjährigen Krieges hatten auch zur Folge, daß sich in England früh schon Vorformen eines nationalen Bewußtseins entwickelten. Obwohl die Errungenschaften der englischen Kultur des Mittelalters in auffallendem Maße Produkte der Mischung verschiedener Einflüsse sind, entstand im 14. Jahrhundert vor allem das Bewußtsein eigenständiger Sitten, Lebensformen und Traditionen. Dazu trug neben dem immer wieder erneuerten Kontakt mit Frankreich auch die Abgrenzung gegen die keltisch geprägten Nachbarreiche bei (Einfluß Englands in Irland seit dem späten 12. Jahrhundert, Unterwerfung der walisischen Fürstentümer im späten 13. Jahrhundert). Hinzu kam schließlich eine an der Nationalkultur orientierte religiöse Entwicklung, die mit Wyclif distinkte Züge annahm, sich früh auf die komplette Heilige Schrift in der Volkssprache beziehen konnte und soziale Unzufriedenheit auch als Kirchenkritik laut werden ließ (Lollarden).

Ein charakteristisches Element schon des englischen Mittelalters ist die Dominanz der Stadt London. Bereits Alfred der Große konnte erst allgemeine Anerkennung finden, nachdem er die Stadt London eingenommen hatte. Als der Hof, der noch im späten 12. Jahrhundert wesentlich ein Reiseleben geführt hatte, sich allmählich an einem Ort stabilisierte, war dieser Ort Westminster, unmittelbar vor den Toren der City of London. Der Hof wurde auch zum Ort des Parlamentes. Die enge Verbindung des politischen Machtzentrums mit der bevölkerungsreichsten Stadt und dem wirtschaftlichen Zentrum des ganzen Landes gab der Krone die Möglichkeit zu außerordentlicher Kreditschöpfung und der Stadt zur Steigerung ihrer Privilegien.

Das Mittelalter brachte mit dem Städtewesen, der Kirche, den Universitäten, dem Rechtssystem, dem dynastischen Königtum und dem Parlament Institutionen hervor, welche sich als entwicklungsfähig erwiesen und die Neuzeit prägten.

Von den Anfängen bis 1066

um 5000 v. Chr.	Ende der Eiszeit: Britannien wird zur Insel.
6. Jh. v. Chr.	Keltische Stämme wandern nach Britannien ein.
43 n. Chr.	Unter Claudius wird der Süden Britanniens von Römern erobert.
seit 401	Abzug römischer Truppen aus Britannien, die zum Schutz Italiens gebraucht werden.
um 450	Einwanderung von Angeln, Sachsen und Jüten.
um 600	Beginn der Christianisierung von zwei Seiten (Iroschotten, Rom).
664	Synode von Whitby: König von Nordhumbrien trifft Entscheidung zugunsten der römischen Kirche.
um 700	Heptarchie: 7 Königreiche.
789	Erstes Erscheinen der Wikinger.
871–899	Alfred d. Gr., erster gesamtenglischer König.
1016–1035	Knut d. Gr.: Britannien wird Bestandteil eines dänischen Großreiches.
1042–1066	Eduard der Bekenner: England wieder selbständig, gerät aber unter normannischen Einfluß.

Die Anfänge der Geschichte am Nordwestrand Europas

Zum Verständnis der Neuzeit braucht man das Mittelalter. Zum Verständnis des Mittelalters braucht man die Römerzeit. Zum Verständnis der Römerzeit braucht man die Vor- und Frühgeschichte ... Doch gibt es Brüche und Neuansätze.

So hat die Vor- und Frühgeschichte für die Mentalitätsgeschichte des späteren England fast gar keine Bedeutung. Wir wissen aufgrund neuerer archäologischer Funde, daß am Nordwestrand Europas schon vor etwa 250000 Jahren Menschen lebten. Etwa 5000 v. Chr. stieg, am Ende der Eiszeit, der Meeresspiegel so weit an, daß Britannien zur Insel wurde, von der sich später noch Irland als eigene Insel abtrennte.

Wir stehen staunend vor den Werken von Stonehenge: Man nimmt an, daß diese kultische Anlage steinzeitliche Ursprünge hat (also noch vor etwa 2000 v. Chr. begonnen wurde). Ab dem 6. vorchristlichen Jahrhundert wanderten keltische Stämme nach Britannien ein. Die Menschen verfeinerten ihre Instrumente; Fortschritte in der Metallbearbeitung ermöglichten neue Waffen und Werkzeuge; der Ackerbau wurde verbessert. Aber weder politisch noch sozial, weder religiös noch kulturell gibt es eine Kontinuität dieser Epoche zur Römerzeit, zum Mittelalter oder zur Neuzeit.

Eine Provinz des römischen Weltreiches

Alle Mittelmeerländer und auch beträchtliche Teile Europas nördlich der Alpen sind über Jahrhunderte geprägt worden durch ihre Zugehörigkeit zum Weltreich der Römer – doch für Britannien gilt das nur in sehr eingeschränktem Maße. Eine eigentliche Besiedlung durch Römer gab es nicht, und auch die militärische Eroberung und kulturelle Überformung gelang den Römern erst sehr spät und brach schon relativ früh wieder zusammen. Caesar versuchte 55 und 54 v. Chr. militärische Angriffe auf die britische Insel – ohne dauerhaften Erfolg. Erst unter Claudius wurde Britannien 43 n. Chr. wirklich erobert: Ein Netz von Militärstraßen wurde aufgebaut; Städte wurden gegründet und in römischer Weise zu Kult- und Verwaltungszentren, Militärlagern und Märkten ausgebaut. Der flache und zugängliche Teil Britanniens im Osten und Süden (*Lowlands*) wurde militärisch gesichert und so weit »befriedet«, daß ein ziviles Leben möglich war, welches auch zu einer Annäherung zwischen der keltischen Grundbevölke-

Zwei Seiten einer römischen Goldmünze, gemünzt für Cunobelinus (CUNO) in Camulodunum (CAMU = Colchester)

Der Hadrianswall, wie er noch heute sichtbar ist

rung und den römischen Eroberern führen konnte: Bis zum Handwerkerstand herab sprach man Latein, übernahm Elemente römischen Kults und römischer Lebensweise. Im gebirgigen und zudem waldgeschützten Bereich des Nordens und Westens (*Highlands*) gab es römische Militärkolonien. Nach Norden hin wurde ganz England abgesichert durch schwer überwindliche Befestigungsanlagen, die das Land jeweils von Meer zu Meer in West-Ost-Richtung durchschnitten (Hadrianswall, Antoniuswall). Danach drohte den Römern nur noch wenig Gefahr von Picten-Einfällen aus dem späteren Schottland; auch der Handel ließ sich so besser überwachen und besteuern. Nie völlig auszuschließen waren freilich Invasionen auf dem Seeweg.

Durch die Herrschaft der Römer, Erben einer klassisch-mediterranen Zivilisation, wurde ein Bereich herausgehoben, der ziemlich genau dem späteren England und Wales entsprach; nach Schottland und Irland dagegen waren die Römer kaum vorgedrungen. Die Römer zeigten nicht nur starkes Interesse an den Rohstoffen Britanniens (sie bauten Zinn ab und schürften Gold); sie verbesserten auch den einheimischen Ackerbau und die Viehzucht (so brachten sie beispielsweise eine langwollige Rasse von Schafen aus Kleinasien nach Britannien, welche der Landschaft seitdem das Gepräge gab).

Was blieb in England von der Römerherrschaft, nachdem die römische Zentralgewalt im 3. Jahrhundert teilweise kollabiert und die Randbereiche des römischen Weltreiches selbständig geworden waren? Wenig, da sukzessive Kelteneinfälle aus den Rückzugsgebieten im Norden und Westen zur Zerstörung vieler Bauwerke und Städte führten und römische Zivilisation, Sprache und Kult weitgehend vernichteten. Doch erhielten sich elementare Strukturen für die spätere militärische und politische Organisation, das Straßennetz und die Knotenpunkte der Städte; auch blieben Anknüpfungsmöglichkeiten für die Religion der Zukunft, das Christentum, das sich unter der Römerherrschaft bereits bis nach Britannien ausgedehnt hatte.

Die Errichtung angelsächsischer Königreiche

Auf keltische und römische Herrschaft folgte germanische: Seit dem 4. Jahrhundert schon kamen, teilweise innerhalb des römischen Heeresverbandes, auch Germanen nach Britannien, vornehmlich von der südlich und östlich von England gelegenen Nordseeküste: Angeln, Jüten und Sachsen. Ob die Landnahme wirklich (wie es in Schriftquellen aus späterer Zeit, vor allem bei Beda Venerabilis, scheint) durch einen isolierten Feldzug um 450 erfolgte, oder ob man eher von einer zeitlich langgestreckten Infiltration mit resultierender Machtübernahme auszugehen hat (wie Archäologie und Ortsnamenforschung nahelegen), bleibt fraglich. Entscheidend ist, daß es in langwierigen Kämpfen mit unterschiedlichem Ausgang schließlich dazu kam, daß sich Angeln, Jüten und Sachsen weitgehend durchsetzten und kleinere Königreiche zu bilden vermochten. Im 7. Jahrhundert sind zwölf davon namentlich bekannt; um 700 hatte sich die Macht auf sieben von ihnen konzentriert (»Heptarchie«); und um 750 waren schließlich drei übriggeblieben, die nun über ganz England die Hegemonie ausübten: Nordhumbrien, Mercien und Wessex.

Die Kontinuität der Besiedlung von den Römern zu den Angelsachsen mag in verschiedenen Landesteilen unterschiedlich ausgeprägt gewesen sein; allgemein jedoch war sie gering. Die germanischen Neuankömmlinge besaßen ihre eigenen Formen der Siedlung, der sozialen, militärischen und politischen Organisation, welche kaum Anknüpfungspunkte an die Römerzeit boten. Während die Römer außer Städten im »befriedeten« Bereich *villae* angelegt hatten, meist isoliert gelegene Landgüter, siedelten die Angelsachsen in neu angelegten Haufendörfern mit offenen, gemeinsam bewirtschafteten Feldfluren. Entscheidend für ihr Leben war die Zugehörigkeit zu einer Sippe, die ursprünglich im strengen Sinne als Abstammung in männlicher Linie von einem gemeinsamen Stammvater verstanden wurde, später aber auch weibliche Linien einschloß. Wichtig war sodann der Familienverband, in dem ein Hausvater unumschränkte Herrschaft ausübte über Frau, Kinder und Gesinde. Aus solchen Familienverbänden entstanden Gefolgschaftssysteme, indem sich Freie einem solchen Hausvater (*Lord*) anschlossen und unterwarfen. Der Herr gewährte ihnen Schutz und nahm dafür gewisse Dienste in Anspruch. Doch da sich beide Seiten in einem wechselseitigen Treueverhältnis verbanden, blieb auch derjenige im Status eines Freien, der sich einem solchen Herrn anschloß. Hinzu kamen Formen eines Heerkönigtums, bei denen ursprünglich die mächtigsten Krieger sich einen Führer wählten, der dann freilich diese Position in seiner Familie erblich zu machen und die Wahl auf Mitglieder seiner Sippe einzuschränken suchte. Die Mächtigen des Heeres wiederum waren bestrebt, ein erbliches Wahlrecht durchzusetzen und in Situationen, die dies erforderten, als Ratsversammlung um den König zusammenzutreten und Einfluß auf die wichtigen politischen und militärischen Entscheidungen zu nehmen.

Die Position des Königs erhielt eine neue Würde durch das Christentum. Die Angelsachsen wurden seit etwa 600 von zwei Seiten mit dem Christentum konfrontiert: Die keltische Kirche der Iroschotten hatte von den Klöstern Iona (vor der schottischen Westküste) und Lindisfarne (Nordhumbrien) aus eine Missionsbewegung begonnen, die nach Bekehrung der Picten nun auch auf die Angelsachsen ausgriff. Und von der römischen Kirche wurde Augustin 597 nach Kent geschickt und eröffnete, nachdem er den König für das Christentum gewonnen hatte, vom Zentrum Canterbury im Süden aus ebenfalls eine christliche Missionstätigkeit. Die römische Richtung war hierarchisch, auf eine Bischofsorganisation und auf das Städtewesen gestützt; die keltische Richtung klösterlich, asketisch und dezentralisiert. Es bestanden auch Differenzen in der Doktrin und im Kalender (Osterrechnung), so daß es nötig wurde, darüber zu einer Vereinbarung zu kommen. Der König von Nordhumbrien berief eine Synode nach Whitby, auf der beide Seiten auftreten konnten (664), und fällte eine Entscheidung zugunsten der römischen Observanz. In der Folge wurden die Beziehungen zum Kontinent enger. In den Klöstern der Angelsachsen entstanden Mittelpunkte nicht nur des religiösen Lebens, sondern auch der Wissenschaften, die bald, im Verein mit der iroschottischen Kirche, auf den Kontinent zurückstrahlen sollten. So stammte etwa jener Winfried, der als Bonifatius zum Apostel der Deutschen werden sollte, aus Wessex. Am Hof Karls des Großen wirkte mit Alkuin aus Nordhumbrien einer der gebildetsten Männer seiner Zeit.

Im frühen 9. Jahrhundert war der Herrschaftsbereich der Angelsachsen, wenngleich oberflächlich, christianisiert. Die neue Religion hatte auch Bedeutung für die Herrschaftsbildung, da die Grundherren durch das vom Kontinent bekannte Eigenkirchenwesen über die Bestallung von Pfarrern Einfluß auf geistliche Angelegenheiten nehmen konnten. Die Könige bedienten sich der Bischöfe und Äbte bevorzugt für diplomatische und Verwaltungsaufgaben und machten Schenkungen an die Kirche. Die hierarchische Organisation hatte darüber hinaus Vorbildcharakter für die Verwaltungs- und Herrschaftsformen der angelsächsischen Könige. Und im Salbungsritual (in England erstmals 787 bezeugt) hatte das Christentum eine Attraktion für die angelsächsischen Könige zu bieten, welche diese weit über ihre Konkurrenten hinaushob und dazu beitrug, daß aus einer Folge von gewählten Heerführern die Institution eines dynastischen Königtums erwachsen konnte.

Das Erscheinen der Wikinger

Im Jahre 789 erschienen plötzlich Wikinger an der britischen Küste: Männer aus Norwegen und Dänemark in schnellen Schiffen, die auf Raub und Plünderung aus waren. Sie prägten der Geschichte Englands unter den Angelsachsen in den beiden folgenden Jahrhunderten ihren Stempel auf.

Anfangs wußten sich die angelsächsischen Herrscher der Eindringlinge kaum zu erwehren: Es gab damals noch keine englische Flotte, und auch das übliche Heeresaufgebot war vielfach der Herausforderung nicht gewachsen. Zunächst waren die Wikinger vom Überraschungseffekt begünstigt; doch auch in den folgenden Jahren, als sie regelmäßig wiederkamen und sich auf Schlachten zu Lande einließen, erwiesen sie sich oft als überlegen. Die Motive für die Raubzüge der Wikinger, die fast ganz Europa (einschließlich Rußlands und Siziliens) in unterschiedlicher Weise betrafen, liegen nach wie vor im Dunkeln. Überbevölkerung und wirtschaftliche Krisen in Skandinavien mögen den Hintergrund gebildet haben für die Entwicklung einer expansiven Adelskultur, die spezifisch kriegerisch und profitorientiert war, die aber nicht durch eine gemeinsame Ideologie oder Religion zusammengehalten wurde. Die Wikinger waren damals noch Heiden; sie zeigten sich offen auch für das Christentum. Anfangs plünderten sie die Klöster wegen der dort aufgehäuften Schätze und kultischen Geräte aus Edelmetall. Später wurden sie seßhaft, betrieben Ackerbau und nahmen das Christentum an.

In bezug auf England lassen sich zwei Phasen unterscheiden: Nach den ersten blitzartigen Überfällen folgten Versuche, in Britannien zu überwintern. 865 landete erstmals ein großes Wikingerheer in Ostanglien, das Tributzahlungen erpreßte, sich Pferde ausliefern ließ und sich zur Ansiedlung anschickte. Im folgenden Jahr eroberte es Nordhumbrien und die Hauptstadt York, setzte dort einen abhängigen Schattenkönig ein und griff nach Mercien aus. 869 stießen die Wikinger bis zur Themse vor. Hier trafen sie auf das einzige angelsächsische Königreich, das ihnen Widerstand zu leisten vermochte: Wessex.

Die Einfälle der Wikinger trugen indirekt dazu bei, daß sich aus den angelsächsischen Königreichen ein englischer Staat entwickelte. König Alfred der Große von Wessex (871–899) kann in gewisser Hinsicht als erster König von gesamtenglischer Bedeutung angesehen werden. Er führte langjährig und mit wechselndem Glück Krieg gegen die Wikinger. Dabei baute er erstmals eine schlagkräftige Flotte auf, reorganisierte das Heeresaufgebot, sorgte für Küstenwachen und Fluchtburgen. Er war um eine effektive Verwaltung bemüht und teilte das Land in Grafschaften (*Shires*) auf. 878 gelang ihm ein Sieg über die Hauptarmee der Wikinger bei Chippenham; der Dänenkönig Guthrum ließ sich darauf mit seinem Gefolge taufen und zog nach Ostanglien ab. König Alfred von Wessex wurde in der Folge auch von Mercien als Herr anerkannt. 886 eroberte er London. Bald erreichte er die Anerkennung durch alle Angelsachsen, einschließlich derer, die de facto unter dänischer Herrschaft lebten.

Die Wikinger waren in dem Bereich, in dem sie militärisch die Oberhand hatten, mehr und mehr dazu übergegangen, sich dauerhaft anzusiedeln und die Grenzen zu befestigen. So entstand auf britischem Boden ein ausgedehnter Bereich, in dem dänisches Recht galt (*Danelag*). Sie wurden zunehmend Christen. Aus aggressiven und unberechenbaren Eindringlingen wurden bäuerliche Siedler.

Als Alfred der Große starb, hinterließ er seinen Söhnen ein reorganisiertes Reich mit Ansätzen zu einem englischen Staatsbewußtsein. Seinem Sohn Eduard (899–924) gelang es, den Wikingern in der Schlacht von Tettenhall (910) eine entscheidende Niederlage beizubringen. Er wandte sich darauf gegen die südlichen Reiche der Wikinger und entschied auch dort mehrere Schlachten für sich. 918 wurde er von allen dänischen Teilkönigreichen südlich des Humber als Oberherr anerkannt, später sogar von den Königen von Schottland und Strathclyde. Sein Nachfolger Athelstan (924–939) nannte sich erstmals »König von ganz Britannien«, nachdem er weitere Feldzüge siegreich beendet hatte. König Edgar (959–975) konnte die angelsächsische Herrschaft konsolidieren, seine Rechte durchsetzen, die Verwaltung reformieren, die Kirche durch die cluniazensische Reform fördern. Doch noch war die Zeit der Wikinger nicht vorüber.

Dänische Wikinger beim Erreichen der englischen Küste (Miniatur, um 1130)

Britannien als Bestandteil eines dänischen Großreiches

Während im Zeitalter Alfreds des Großen ein einheitlicher Staat der Angelsachsen und der angesiedelten Wikinger entstanden war, in dem jede Gruppe ihren eigenen Rechtsbereich hatte, aber einem gemeinsamen König untergeordnet war, mußte dieses Gleichgewicht zerbrechen, als seit 980 erneut mehrere Expeditionen, die vom norwegischen und vom dänischen König persönlich angeführt wurden, in Britannien landeten. Anfangs blieb ihre Einwirkung eher äußerlich, wenn sie, gegen Tribut, wieder abzogen,

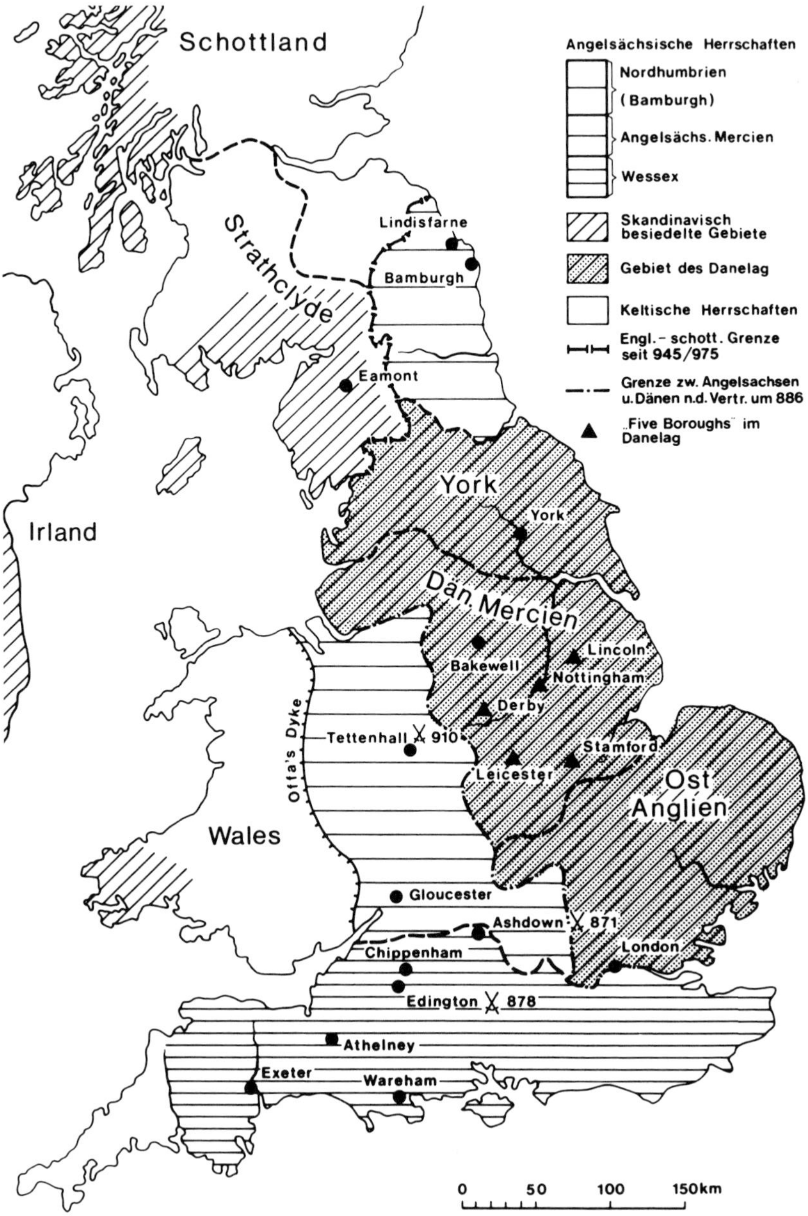

Das Danelag und die angelsächsische Rückeroberung 876–975

um beiden Seiten Kampfhandlungen zu ersparen. Daraus entstand das *Danegeld*, eine allgemeine Grundsteuer, die der König eintreiben ließ, um die geforderten Tributzahlungen leisten zu können. Doch in der Folge gingen die neu ankommenden Wikinger, unter kluger Schonung ihrer Landsleute im *Danelag*, dazu über, die den Angelsachsen verbliebenen Gebiete systematisch zu erobern.

Der angelsächsische König Ethelred II. (978–1016) suchte daraufhin eine auswärtige Verbindung und heiratete Emma, Tochter des Herzogs der Normandie. Am 13. November 1002 fühlte er sich stark (oder schwach) genug, alle erreichbaren Dänen ermorden zu lassen. Dieses sinnlose Blutbad schadete ihm selbst insofern, als er damit den dänischen König zu äußersten Racheanstrengungen herausforderte; er mußte schließlich in die Normandie flüchten, als der Dänenkönig Sven Gabelbart 1013 ganz England erobert hatte.

Nach mehreren Jahren des Kampfes um die Königsherrschaft boten die angelsächsischen Großen 1016 Knut dem Großen (1016–1035) die Krone an. Knut war ein Sohn Sven Gabelbarts und vereinigte unter seiner Herrschaft ein nordisches Großreich, dem außer England und Dänemark auch Teile Schwedens und der Ostseeküste sowie zeitweise Norwegen angehörten.

Knut trennte sich von seiner ersten Frau und heiratete die Witwe Ethelreds, des angelsächsischen Königs. Er versuchte planvoll, die verschiedenen ethnischen Gruppen in England zu integrieren. Sie konnten jeweils bei ihrem Recht bleiben, wurden aber vom König vollkommen gleich behandelt. Die Einziehung des nun schon zur Tradition gewordenen *Danegelds* bot Knut die Möglichkeit, seine Expeditionsarmee zu entschädigen und überwiegend nach Hause zu schicken, ohne den Angelsachsen ihr Land nehmen zu müssen. Knut erkannte auch die Bedeutung der Kirche. Er war nicht nur, wie schon andere Wikingerkönige vor ihm, Christ geworden, sondern hatte sogar angelsächsische Mönche in seine Heimat gesandt, um auch Dänemark zu christianisieren. Knut machte die Kirche zu einer Stütze seiner Königsherrschaft; er errichtete großzügige Stiftungen und zog Kleriker für Verwaltungsaufgaben heran.

Der Zusammenhalt eines nordischen Großreiches war auf Dauer nur möglich, weil die Dänen mit einer schlagkräftigen Flotte das Meer kontrollierten. Außerdem baute Knut in England ein Heer aus Berufssoldaten auf. Da Knut als König vieler Reiche nicht immer in England anwesend sein konnte, mußte ihm daran gelegen sein, Strukturen zur Herrschaftssicherung aufzubauen. So richtete er eine Verwaltungseinheit unterhalb des Königtums, aber oberhalb der *Shires* ein: vier *Earldoms*, an deren Spitze Herzöge standen als regionale Vertreter für den Fall der Abwesenheit des Königs.

Die Zeit Knuts des Großen bedeutete für England eine wirtschaftliche Blüte, in der vielfältige Handelsbeziehungen zu den skandinavischen Ländern und zu Flandern ausgebaut wurden. Das bedeutendste Ergebnis ist jedoch die Integration von Angelsachsen und Dänen in einen Staat, der auch dann noch Bestand hatte, als das dänische Großreich wieder in seine Teile zerfiel.

Recht, Verwaltung und Herrschaft im Zeitalter der Angelsachsen und Dänen

Zur Zeit Knuts des Großen wohnten in England etwa 1,5 Millionen Menschen. Angelsachsen und Dänen lebten jeweils nach eigenem Recht, das aber im germanischen Volksrecht wesentliche Gemeinsamkeiten hatte. Alle Herrschaften wurden durch die Person des Königs zusammengehalten, die durch Wahl innerhalb der Königssippe bestimmt, nun aber durch christliche Salbung rituell überhöht wurde. Das Prinzip des Königsfriedens, ursprünglich resultierend aus der hausherrlichen Gewalt des Königs, wurde immer weiter ausgedehnt: auf Kirchen und Straßen, Brücken und Flüsse. Auch konnte der König Personen in seinen Schutz aufnehmen, die nicht in andere Personenverbände einbezogen waren, beispielsweise Juden. Der König übte seine Herrschaft gemeinsam mit den Großen des Landes aus, die in seiner Ratsversammlung zusammenkamen. Recht wurde dort nicht gesetzt, da die Auffassung herrschte, Recht sei Bestandteil der göttlichen Weltordnung, der alle gleichermaßen unterworfen seien. Die Aufgabe konnte also nur darin bestehen, es vor Mißbrauch zu schützen und ihm zum Durchbruch zu verhelfen. Freilich zeigten sich gerade in der Handhabung des Rechts Macht und Weisheit des Königs, und in der praktischen Anwendung gab es Spielraum für Einflußnahme.

In angelsächsisch-dänischer Zeit entstanden auch schon Ansätze zu Herrschaftsformen, die über reine Personenverbandsbeziehungen hinauswiesen und auf den modernen Territorialstaat vorausdeuteten. Schon erwähnt wurden die *Shires* als Verwaltungseinheiten, die für das Heeresaufgebot Bedeutung hatten und für die Gerichtsbarkeit. Vertreter führender Familien standen an der Spitze der *Shires*, waren aber dem König verantwortlich und konnten von diesem auch abgesetzt werden. Innerhalb der *Shires* gab es noch die Verwalter der königlichen Gutshöfe, die befestigt waren und eigene Rechtsbereiche bildeten. Ihre Verwalter, die *Sheriffs* genannt wurden, rückten über ihre gerichtlichen Aufgaben und über ihre direkte Beziehung zum König allmählich in die führende Position innerhalb der *Shires*. Körperschaften eigenen Rechts waren auch die *Boroughs*, die zudem Münzrecht und weitere wirtschaftliche Privilegien hatten (Märkte, Jahrmärkte), aber meist noch keine Selbstverwaltung, kein eigentliches Stadtrecht. Diese lokalen und regionalen Einheiten waren entscheidend für die Aufbringung von Steuern, für das Heeresaufgebot und für die Rechtsprechung. Elemente einer zentralen Verwaltung waren dagegen damals noch schwach entwickelt.

Von der normannischen Eroberung bis zum Hundertjährigen Krieg

(1066–1337)

1066 Invasion von Norden und Süden: Harold Godwinson schlägt die Norweger bei Stamford Bridge (25. September), unterliegt aber den Normannen unter Wilhelm dem Eroberer bei Hastings (14. Oktober). Daraufhin Feudalisierung Englands, Herrschaft der Normannen.

1107 Konkordat von Westminster als Ausgleich der Interessen von König und Kirche: Bischöfe sind von Geistlichen zu wählen, aber am Hofe des Königs.

1153 Invasion Heinrich Plantagenets von der Normandie her.

1154 19. Dezember: In Westminster Krönung Heinrichs II. zum König.

1169 Erstes Eingreifen von Anglonormannen aus England in Irland. Heinrich II. hält 1171 in Cashel eine Synode ab.

1170 Mord in der Kathedrale: Thomas Becket, Erzbischof von Canterbury, wird von Rittern aus dem Haushalt des Königs ermordet. Daraufhin setzt sich die Kirche im Grundsatz durch: Appellation nach Rom bleibt möglich.

vor 1200 Gründung der Universität Oxford.

1209 Gründung der Universität Cambridge.

1214 27. Juli: Schlacht von Bouvines in Flandern, Johann Ohneland wird von den Franzosen vernichtend geschlagen.

1215 Daraufhin *Magna Carta Libertatum*, eine Art Herrschaftsvertrag zwischen dem englischen König und den Ständen, mehrfach revidiert, künftig immer wieder in Krönungserklärungen aufgenommen.

1257 Unter Heinrich III. spricht man erstmals von »Parlamenten«: Einfluß eines Magnatenausschusses auf die Regierungsarbeit (1258 Provisionen von Oxford, 1259 Provisionen von Westminster).

1264/65 Simon von Montfort beruft mehrfach Parlamente ein, bei denen außer geistlichen und weltlichen Lords auch niedere Adlige und Abgesandte der Städte hinzugezogen werden.

1272–1307 Eduard I.: Kontinuität der Parlamente, Rechtsreformen, Durchsetzung des Königs als Gerichtsherrn im Bereich des *Common Law*, Institutionalisierung der Juristenausbildung in London.
Feldzüge zur Unterwerfung und Sicherung von Wales.

1314 Schlacht von Bannockburn: Schottland verteidigt seine Unabhängigkeit (feierliche Erklärung von Arbroath 1320).

Britannien unter normannischem Einfluß

Unter den Söhnen Knuts des Großen war das nordische Großreich zerbrochen. In England kam Eduard der Bekenner (1042–1066) auf den Thron, ein Nachfahre Alfreds des Großen, Sohn Ethelreds und Emmas, welcher in der Normandie aufgewachsen und nach dortiger Landesart erzogen worden war. Unter Eduard nahm der Einfluß des angelsächsisch-dänischen Hochadels auf die Politik wieder zu, vor allem derjenige der Herzöge an der Spitze der vier von Knut geschaffenen *Earldoms* und unter diesen insbesondere derjenige Godwins, des Earl of Wessex. Eduard nahm zudem eine Tochter Godwins zur Frau. Im übrigen umgab er sich vor allem mit Ratgebern aus der Normandie, die er mit Land reichlich bedachte und so ein heterogenes Element in die angelsächsisch-dänischen Verhältnisse einbrachte. Dies führte zu Konflikten mit den Großen des Reiches, an deren Spitze sich Godwin stellte. Eduard zog schließlich gegen Godwin zu Felde; da er siegreich blieb, mußten Godwin und seine Anhänger ins Exil gehen. Doch er kam später mit eigener Flotte und eigenem Heer zurück und wurde von den Gegnern der Normannisierungspolitik Eduards freundlich aufgenommen. Nach Godwins Tod wurde sein Sohn Harold Godwinson, der an seine Stelle getreten war, zum mächtigsten Mann Englands, während sich Eduard mehr und mehr aus den öffentlichen Angelegenheiten zurückzog und sich auf seine Bautätigkeit – die Kathedrale von Westminster! – und seine Frömmigkeitsübungen konzentrierte.

Eduard hatte keine Kinder. Die Nachfolgefrage war verwickelt. Harold Godwinson besaß am meisten Macht in England, aber nach Geblüt kein nahes Anrecht. Herzog Wilhelm von der Normandie war über seine Großtante Emma mit dem angelsächsischen Königsgeschlecht verwandt und konnte darauf verweisen, daß ihm Eduard die Nachfolge zugesichert habe. Nach Geblütsrecht nähere Anwärter waren ein Urenkel Ethelreds, der als Kind in Ungarn lebte, und der norwegische König Harald Hardrada als Enkel Knuts. Komplizierter wurden die Verhältnisse durch wirkliche oder angebliche Versprechungen und Eide, die sich freilich nicht hieb- und stichfest belegen lassen. Auf einer Reise war Harold Godwinson Wilhelm von der Normandie in die Hände gefallen; dieser hatte ihn gefangengenommen und ihm einen Eid zugunsten seiner Thronfolge abgenötigt. Umgekehrt soll Eduard kurz vor seinem Tode Harold den Vorzug gegeben haben. Als er 1066 starb, bot die Ratsversammlung der angelsächsischen Großen Harold Godwinson die Krone an.

Die Wahl setzte dessen Gegner sofort in Bewegung: Wilhelm von der Normandie rüstete zu einer Invasion von Süden, und Harald Hardrada von Norwegen landete mit einem Heer auf 300 Schiffen in Yorkshire. Die Norweger wurden von den Angelsachsen am 25. September 1066 in der Schlacht von Stamford Bridge vernichtend geschlagen. Inzwischen waren die Normannen an der englischen Südküste gelandet, so daß Harold Godwinson das angelsächsische Heer in Eilmärschen nach Süden führen mußte. Die Schlacht von Hastings (14. Oktober 1066) brachte dem ge-

Wilhelm der Eroberer und seine normannische Reiterei treffen auf angelsächsische Verteidiger (aus der Tapisserie von Bayeux, spätes 11. Jahrhundert)

wählten König und seinen Brüdern sowie dem größten Teil des angelsächsischen Heeres den Tod. Wilhelm und seine normannischen Ritter blieben Sieger und zogen auf London. Am Weihnachtstag 1066 ließ sich Wilhelm der Eroberer in Westminster Abbey zum König krönen. Zwar hatte er in den folgenden Jahren noch vollauf damit zu tun, weitere Feldzüge zur Sicherung seiner Herrschaft zu führen, doch setzte er sich mit seinen schätzungsweise 10000 Rittern schließlich durch und herrschte so über etwa 1,5 Millionen Bewohner Britanniens. Er errichtete überall im Lande Burgen zur Sicherung seiner Herrschaft; die berühmteste ist der Tower in London.

Mit Wilhelm dem Eroberer kam das Lehenswesen nach England. Er hatte seinen Sieg an der Spitze eines Ritterheeres erfochten. Die normannischen Ritter hatten zu Schiff ihre Pferde mitgebracht. Sie kämpften gepanzert zu Pferd, während ihnen die Angelsachsen ein Volksaufgebot von Kämpfern zu Fuß entgegenstellten. Mit der überlegenen militärischen Technik setzte sich auch eine soziale Neuerung durch: der Feudalismus. Er beruhte auf der Verknüpfung zweier Elemente: Landleihe und Treue. Wilhelm der Eroberer betrachtete ganz England, einschließlich der Wälder und Einöden, als *terra regis*, als Land des Königs, das er nach Belieben verteilen konnte. Als Gegenleistung für verliehenes Land verlangte er Heeresdienst. Je größer das Lehen, desto mehr Ritter mußten gestellt, ausgerüstet und besoldet werden. Der förmliche Abschluß eines solchen Verhältnisses geschah in einem doppelten Akt: Der symbolischen Unterwerfung eines Freien (»Handgang«, *homagium*) und dem anschließenden wechselseitigen Treueid, einer Verpflichtung zu »Rat und Tat« (*consilium et auxilium*). Dieses Verhältnis wurde nicht nur zur Basis aller Beziehungen zwischen dem König und seinen Vasallen; analog verbanden sich die Großen mit den Geringeren. Auf diese Weise wurden beträchtliche Lehen in eine Vielzahl kleiner aufgeteilt; eine Machtstellung baute sich aus einem System von Lehensbeziehungen auf. Die Feudalpyramide gestufter Lehensverhältnisse

Wilhelm der Eroberer belehnt Alan von Britannien (Miniatur des 15. Jahrhunderts)

umfaßte schließlich den größten Teil der Bewohner des Landes. Während es die Herrscher in Mitteleuropa allenthalben mit Allodialgewalten zu tun hatten, das heißt mit Adligen, die ihren Landbesitz und ihre Herrschaftsrechte von niemanden abgeleitet als »Eigen« betrachteten, blieb seit der Eroberung Britanniens durch die Normannen im Prinzip nichts mehr übrig, was nicht letztlich vom König abgeleitet wurde.

In Anknüpfung an die angelsächsische Tradition führte Wilhelm eine Verwaltungsneugliederung durch, welche in der Verkleinerung der zu großen Einheiten (*Earldoms*, teilweise *Shires*) bestand und das Land grundsätzlich in Grafschaften aufteilte, die nun meist *Counties* genannt wurden. Eine Grafschaft wurde als Kronlehen aufgefaßt; der Träger wurde *Earl* oder *Count* genannt. Doch hatten innerhalb dieser *Counties* die *Sheriffs* die entscheidenden Befugnisse: königliche Beamte, die für das militärische Aufgebot, für die Steuern und für die Rechtsprechung zuständig waren. Sie wurden durch reisende Kommissare kontrolliert und in Abhängigkeit vom König gehalten.

Ebenfalls in Kontinuität mit den angelsächsischen Verhältnissen stand die Besteuerung, eine allgemeine Grundsteuer in Anknüpfung an das *Danegeld*. Zum Zweck der steuerlichen Grundlegung ließ Wilhelm das berühmte *Domesday Book* anlegen: ein Kataster, der eine minutiöse Bestandsaufnahme aller Besitz- und Lehensverhältnisse für die Stichjahre 1066 und 1086 bietet und nach Grafschaften gegliedert ist. Aus dieser Aufstellung wird auch deutlich, daß die angelsächsische Führungsschicht fast vollständig eliminiert worden war. Entweder waren diese Adligen auf den Schlachtfeldern geblieben, ausgewandert oder zu Untervasallen der Normannen geworden.

Eine Folge der Verdrängung der angelsächsischen Führungsschicht war übrigens auch der Abstieg der angelsächsischen Sprache. Für die Verwaltung benutzte man nun Altfranzösisch und Latein; Angelsächsisch war nur noch die Sprache des gemeinen Volkes.

Die kirchlichen Positionen wurden ebenfalls zunehmend mit Normannen besetzt. Wilhelm der Eroberer, dem der Papst zu seiner Invasion Englands eine geweihte Fahne geschickt hatte, instrumentalisierte die Kirche weitgehend für seine Herrschaft. Andererseits schuf er aber auch eine klare Trennung von geistlicher und weltlicher Gerichtsbarkeit; er räumte der Kirche einen weitgehend eigenen Rechtsbereich ein. Mit dem kanonischen Recht der Kirche, das unter römischrechtlichem Einfluß stand, etablierte sich in Britannien eine heterogene Rechtstradition.

Die Normannen führten zwei neue Elemente in die angelsächsischen Rechtsverhältnisse ein: den gerichtlichen Zweikampf, dessen Ergebnis als Gottesurteil angesehen wurde, und die Geschworenengerichte. Während ersterer schon bald durch das IV. Laterankonzil verboten wurde (1215), entwickelte sich aus den Geschworenengerichten (*Trial by Jury*) ein charakteristisches Element englischer Rechtspflege.

Mit der Eroberung Britanniens durch die Normannen lösten sich die dynastischen Probleme keineswegs dauerhaft. Doch war Britannien nun endgültig in ein neues Kraftfeld geraten: Aus dem nordisch-skandinavischen Zusammenhang herausgebrochen, wurde es in einen französisch-normannischen eingefügt. Von den drei Söhnen Wilhelms des Eroberers erbte der älteste, Robert, die Normandie; der zweite, Wilhelm II. Rufus, wurde König von England (1087–1100); der dritte, Heinrich, erhielt eine Abfindung in Geld. Es sollte sich freilich zeigen, daß gerade der Jüngste besonders ehrgeizig und auch fähig war. Wilhelm II. war mit der getroffenen Erbfolgeregelung nicht endgültig zufrieden; er nahm so lange Einfluß auf die Normandie, bis sein Bruder schließlich auf einen Kreuzzug ging und ihm das Herzogtum verpfändete. Die immensen Summen, die dafür aufzubringen waren, preßte Wilhelm II. vor allem aus der englischen Kirche heraus, was ihn unbeliebt machte und in einen gefährlichen Konflikt mit Papst und Kirche stürzte. Als er am 2. August 1100 auf der Jagd von einem Pfeil tödlich getroffen wurde und sein zufällig anwesender Bruder Heinrich sogleich zielstrebig nach der Krone griff, lag es nahe, eher an Mord als an einen Unfall zu glauben. Um seine Herrschaft abzusichern, machte Heinrich in seiner Krönungscharta bedeutende Zugeständnisse, die teilweise als erstes englisches Verfassungsgesetz interpretiert worden sind. Der Kirche wie auch den Baronen sicherte er die Rückkehr zum alten Rechtszustand zu, wie er unter Eduard dem Bekenner und Wilhelm dem Eroberer bestanden hatte. Als sein Bruder Robert vom Kreuzzug zurückkehrte, suchte der Jüngere zunächst Frieden durch weitere Geldzahlungen, schließlich aber die Entscheidung auf dem Schlachtfeld: Durch seinen Sieg bei Tinchebray in der Normandie sicherte er sich die englische Königskrone wie auch das Herzogtum Normandie (1106).

Die englische Version des Investiturstreits führte zu folgendem Ergebnis (Konkordat von Westminster, 1107): Bischöfe durften künftig in freier kanonischer Wahl durch Geistliche gewählt werden, doch konnte der König darauf Einfluß nehmen, indem solche Wahlen nur am Königshof stattfinden durften. Die geistliche und die weltliche Seite der Herrschaft wurden klar getrennt: Für die weltliche Herrschaft mußte der kanonisch Gewählte

Robert (der Teufel)
† 1035
Hz. d. Normandie

(illegitim)

Wilhelm I. (der Eroberer)
† 1087
Hz. d. Normandie 1035–1066
Kg. 1066–1087

Robert (Kurzhose)
† 1134
Hz. d. Normandie

Wilhelm II. (der Rote)
† 1100
Kg. 1087–1100

Heinrich I.
† 1135
Hz. d. Normandie
1106–1135
Kg. 1100–1135

Adela ∞ Stephan II.
† 1137
Gf. v. Blois
† 1102

Stephan von Blois
† 1154
Kg. 1135–1154

Wilhelm Etheling, † 1120

Mathilde, † 1167 ∞ 2. Gottfried V.
Gegenkgn.
∞ 1. Ks. Heinrich V.

2. Gottfried V.
Plantagenet
† 1151
Hz. d. Normandie

1. Ludwig VII. ∞ (gesch. 1152)
† 1180
Kg. v.
Frankreich

Eleonore ∞ 2. **Heinrich II.**
† 1204
Erbin v.
Aquitanien

2. **Heinrich II.**
† 1189
Hz. der Normandie 1151–1189
Kg. 1154–1189

Heinrich
† 1183

Richard I.
(Löwenherz)
† 1199
Kg. 1189–1199

Gottfried
† 1186
∞ Konstanze T.
d. Gf. Conan IV.
v. d. Bretagne

Arthur v. d.
Bretagne
† 1203

Johann (ohne Land)
† 1216
Hz. d. Normandie
1199–1216
Kg. 1199–1216

Heinrich III., † 1272
Kg. 1216–1272

Eduard I., † 1307
Kg. 1272–1307

Normannische Könige – Anjou-Plantagenet

bereits vor der Weihe Vasall des Königs werden; die Übertragung der geistlichen Gewalt mit Ring und Stab konnte der König dann der Kirche überlassen.

Außerdem schuf Heinrich I. zwei bleibende Einrichtungen: das Schatzamt (*Exchequer*), das nicht nur die zentrale Kasse des Königs, sondern auch ein Verwaltungsgerichtshof war, und das Amt der Reiserichter, die als königliche Amtsträger die Befugnis erhielten, alle Prozesse in den Grafschaften an sich zu ziehen.

Als Heinrich I. starb, war die Nachfolgefrage erneut problematisch: Neben zwanzig unehelichen Kindern gab es nur einen erbberechtigten Sohn und eine Tochter; der Sohn ertrank bei einem Schiffsunglück und die Tochter, Mathilde, war schwer als Herrscherin durchzusetzen. Es folgten zwanzig Jahre wechselnder Herrschaften und Feldzüge, Ehebündnisse und Stabilisierungsversuche, die einer Anarchie sehr ähnlich sahen. Am Ende dieser Phase entstand Klarheit erst durch eine erneute Invasion: Heinrich Plantagenet, Sohn Mathildes und Gottfried Plantagenets, Herzog von der Normandie und Graf von Anjou, durch Heirat mit Eleonore auch Herzog von Aquitanien, landete 1153 mit einem Invasionsheer in England und setzte sich dort durch; am 19. Dezember 1154 wurde er als Heinrich II. zum König von England gekrönt. Damit hatte England eine neue Dynastie – und die Insel war fortan in neue, größere Zusammenhänge europäischer Politik verwickelt.

Bevölkerung, Wirtschaft und Gesellschaft im Hochmittelalter

Die Periode vom mittleren 11. Jahrhundert bis zum mittleren 14. Jahrhundert ist in England, wie in anderen Teilen Europas, eine Zeit des markanten Bevölkerungswachstums. Wenn es auch keine mittelalterlichen Statistiken gibt, nimmt man heute doch allgemein eine Verdreifachung der Bevölkerung – von vielleicht 2 Millionen auf vielleicht 6 Millionen – in diesem Zeitraum an. Aus dieser demographischen Entwicklung ergibt sich wesentlich die konjunkturelle: Um die wachsende Bevölkerung zu ernähren, mußten die Anbaumethoden verbessert werden (Übergang von der Zwei- zur Dreifelderwirtschaft); es mußte Neuland kultiviert werden (Rodung von Wäldern, Trockenlegung von Sümpfen, Anbau von Heidelandschaften). Durch den Bevölkerungsdruck stieg die Nachfrage nach Land; die Nahrungsmittelproduktion warf mehr Profit ab, die Preise stiegen, die Löhne fielen. Gleichzeitig differenzierte sich das Siedlungsbild: Neben die genossenschaftlich organisierten Dorfschaften der Angelsachsenzeit traten in normannischer Zeit zunehmend die herrschaftlichen Landgüter der Vasallen des Königs (*Manors*); seit dem 11. Jahrhundert entstanden neben London und den Hafenstädten immer mehr Städte mit eigenem Recht und Selbstverwaltung (*Boroughs*). Sie bildeten sich aus genossenschaftlichen Zusammenschlüssen (Gilden), erhielten jedoch ihren Sonderstatus meist vom

König (oder von geistlichen oder weltlichen Herren). Städte blühten zunächst im *Danelag*: Wie auch in Irland und anderswo waren es die Wikinger, welche diese Sozialform verbreiteten; eine Kontinuität zum Städtewesen der Römer bestand in England nicht.

London war die einzige große Stadt (in der Größenordnung von 50000 Einwohnern). Die übrigen 172 Stadtgründungen, die man für das 12. und 13. Jahrhundert festgestellt hat, erreichten vielfach nicht die auf dem Kontinent üblichen Größenordnungen. Bemerkenswert sind sie trotzdem, weil damit ein neues Organisationsprinzip nicht nur angelegt, sondern als flächendeckendes Netz über das ganze Land verteilt war. »Stadtluft macht frei«, galt auch in England. In einer Epoche des Bevölkerungswachstums gab es wenig Hindernisse, wenn jemand vom Land in die Stadt ziehen und dort eine neue Existenz gründen wollte.

Wirtschaftlich war England im Hochmittelalter noch recht unterentwickelt. Das kann man beispielsweise aus einer Gegenüberstellung der Import- und Exportgüter ablesen. England exportierte vornehmlich Rohwolle, daneben auch Rohstoffe wie Eisen und Zinn. Dagegen importierte es eine Vielzahl von Gütern aus allen möglichen Ländern: Aus Frankreich Wein, aus dem Ostseeraum Holz, Wachs, Pech und Felle, ja sogar in schlechten Jahren Getreide, aus dem Mittelmeerraum Seide und Gewürze, aus Flandern feine Tuche. Im Hochmittelalter gab es auch noch keinen potenten Stand englischer Fernhändler. Der Fernhandel lag vielmehr in der Hand von Skandinaviern und Flamen, von Franzosen und Bretonen, von Hansekaufleuten, Italienern und Juden.

Auch war England damals noch keine Seemacht. Zwar hatten Alfred der Große und Knut der Große Flotten gehabt, doch erschienen sie in der Folge zu teuer. Ersatzweise traf der König ein Abkommen mit fünf Hafenstädten, ihm gegen gewisse Privilegien im Bedarfsfall Schiffe zu stellen. Dies sind

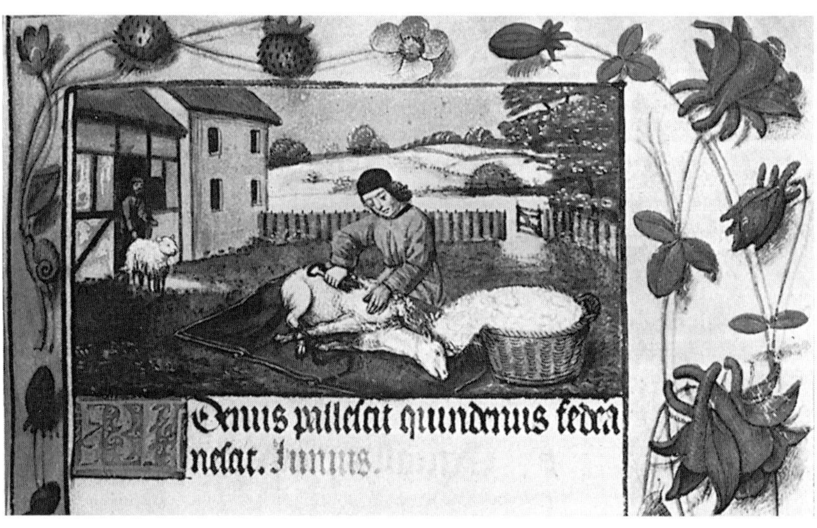

Ländliche Tätigkeiten: Schafscheren (Miniatur aus dem späten 15. Jahrhundert)

Ländliche Tätigkeiten: eine Frau beim Melken (Miniatur aus einer Abhandlung über Tiere, 13. Jahrhundert)

die in Gesetzestexten immer wieder eigens aufgeführten *Cinque Ports*: Hastings, Romney, Hythe, Dover und Sandwich.

Die Sozialstruktur war durch das Feudalwesen bestimmt. Unter dem König gab es geistliche Lords, die durch das kirchliche Eheverbot jeweils nur für ihre Person Ämter und Würden erhielten, aber keine Dynastien ausbilden konnten, und etwa 170 Familien des hohen Adels als unmittelbare Vasallen der Krone. Außer diesen gab es etwa 5000 bis 6000 Ritter, die Untervasallen dieser Vasallen waren. Je mehr der Ritterdienst durch Geldzahlungen abgelöst wurde, desto mehr engagierten sich Adlige in der Eigenbewirtschaftung ihrer Landgüter. Gewöhnlich wurde ein kleiner Teil eines Lehensbesitzes in dieser Weise direkt bewirtschaftet und ein großer Teil an Unterlehensträger vergeben. Es gab freie und unfreie Bauern sowie Landarbeiter. Freie Bauern unterschieden sich von den unfreien durch den rechtlichen Vorzug, dem König direkt untertan zu sein und an den König appellieren zu können. Die wirtschaftliche Stellung war freilich mit der rechtlichen oft nicht kongruent.

Außer Feudalherren und vielfach differenzierten Bauern sowie quasi leibeigenen Landarbeitern, außer Klerikern und Stadtbürgern existierten auch noch Menschen, die völlig außerhalb des sozialen Systems standen: entweder, weil sie als *Outlaws* den Schutz des Rechts verwirkt hatten und vogelfrei geworden waren, oder weil sie, als Fremde, nie in den Schutz des Rechts gelangt oder nur bedingt in diesen aufgenommen worden waren. Fremde genossen den Schutz des Königs vor allem als Fernkaufleute. Unter diesen außerhalb der Gesellschaft Stehenden sind vor allem diejenigen auffallend, die auch ihrer Religion nach von allen übrigen abwichen – die Juden. Mehreren Pogromen seit dem späten 12. Jahrhundert folgte schließlich 1290 eine vollständige Ausweisung aller Juden, wodurch sich England von den meisten übrigen Staaten unterschied.

England als Bestandteil des angevinischen Reiches

Mit Heinrich II. (1154–1189) hatte England erneut einen mächtigen und bedeutenden Herrscher; die Krongewalt wurde wiederhergestellt und ausgebaut. Zugleich aber war England nun abermals in eine größere Herrschaftsagglomeration einbezogen und in die kontinentalen Auseinandersetzungen verwickelt.

Ein Blick auf die Karte lehrt, daß die verschiedenen Herrschaftsrechte, die Heinrich II. in seiner Person vereinigt hatte, ihn zum Herrn über die Westhälfte Frankreichs machten: Von seinem Vater her Graf von Anjou mit Maine und Touraine; von seiner Mutter her Herzog der Normandie mit Ansprüchen auf die Bretagne; durch Heirat mit Eleonore von Aquitanien Herzog von Aquitanien mit Poitou und Auvergne. Doch über all diese Gebiete war der König von Frankreich, der selber nur über ein geringes Gebiet auch Territorialherr war, Lehensherr. Außerdem waren beide schon wegen Eleonore von Aquitanien Feinde: Sie war die Frau des französischen Königs gewesen, von diesem geschieden worden; nachdem die Ehe nachträglich für ungültig erklärt worden war, war sie die Frau des mächtigsten Vasallen des französischen Königs und nunmehrigen Königs von England geworden – schon psychologisch eine schwierige Situation, von Politik ganz zu schweigen. Die Außenpolitik wurde dadurch geprägt.

Heinrich II. war ein aktiver und fähiger Herrscher, der beständig auf Reisen war, um seine französischen und englischen Besitzungen zusammenzuhalten und schließlich auch noch Irland damit zu verbinden. In England schuf er Einrichtungen, die geeignet waren, das Königtum als solches dauerhaft zu stärken. Er baute das Institut der Reiserichter aus, die größere Befugnisse erhielten und einem einheitlichen königlichen Rechtsanspruch überall zur Geltung verhelfen sollten. Die Selbsthilfe der Vasallen wurde weitgehend zurückgedrängt; alle freien Personen konnten ihr Recht vor königlichen Gerichten suchen. Heinrich II. erließ Rechtsverordnungen als Vereinbarungen mit den Baronen, die es ermöglichten, Übergriffe auf fremdes Eigentum grundsätzlich zu erschweren und dem König das Monopol legitimer Gewaltanwendung zu sichern. Die archaischen Formen des Reinigungseides und des Gottesurteils wurden zunehmend durch im Auftrag des Königs tätige Geschworenengerichte ersetzt. Das englische Recht wurde unter dem Einfluß dieses königlichen Monopolisierungsbestrebens vereinheitlicht; es wurde für alle Freien zugänglich (*Common Law*) und stärkte die Macht der Krone. So trug es schließlich entscheidend zur Ausbildung und Charakteristik des modernen englischen Staates bei.

Auch militärisch steigerte Heinrich II. seine Macht durch Strukturveränderungen. Er setzte das Recht, Burgen zu bauen, wiederum als Königsrecht gegen seine mächtigsten Barone durch. Da er seinen Vasallen meist nicht mehr als vierzig Tage Ritterdienst pro Jahr zumuten konnte, diese Zeit aber für sein Großreich schon wegen der beträchtlichen Entfernungen der Schauplätze und der langen Reisezeiten nicht ausreichte, war er am Aufbau eines Söldnerheeres interessiert und an der Ablösung persönlicher Dienste durch Geldzahlungen. Genau hundert Jahre nach dem *Domesday Book* veranlaßte er eine erneute Erhebung über Besitzverhältnisse, Lehensbeziehungen und die Veränderungen der Zwischenzeit.

Heinrichs II. Tätigkeit mußte ihn zwangsläufig in einen Konflikt mit der Kirche stürzen, da die geistliche Gerichtsbarkeit offensichtlich die königli-

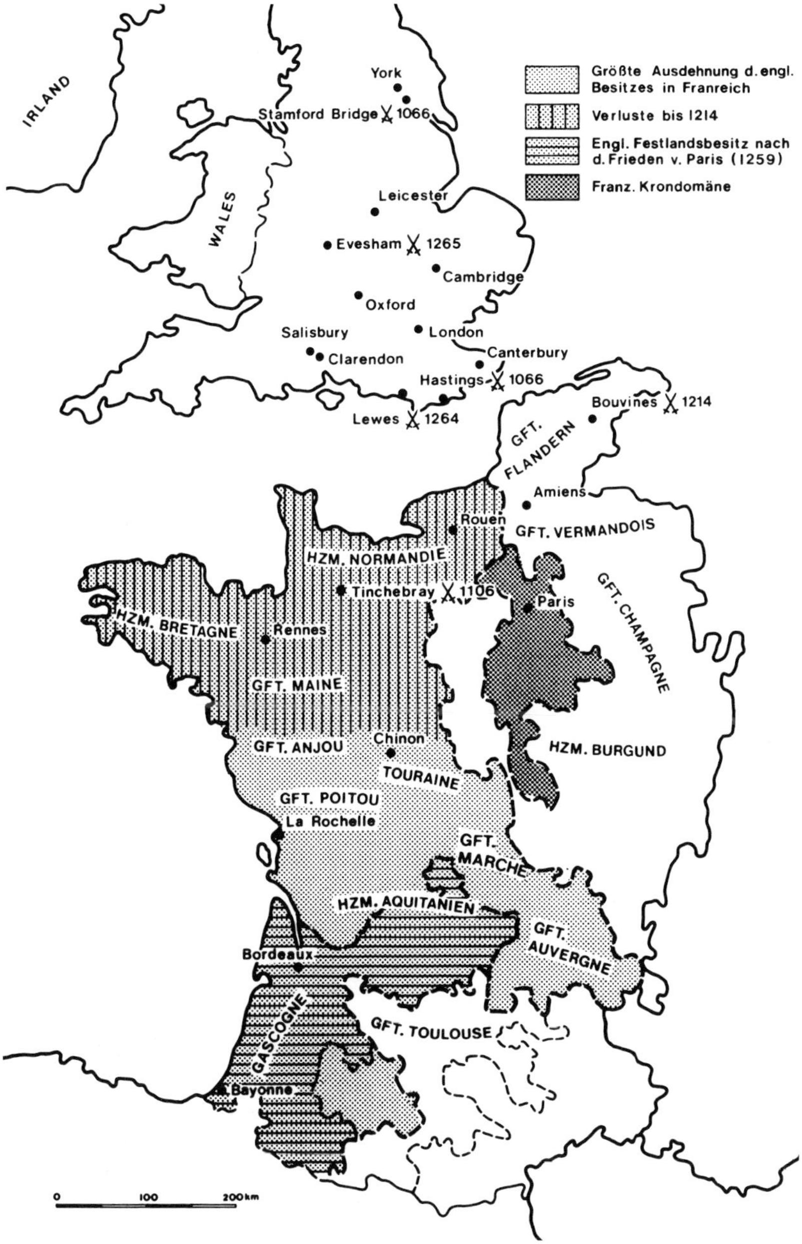

England und Frankreich im 12. und 13. Jahrhundert

che Rechtskompetenz beschränkte. Wenn auch die Investiturfrage seit Heinrich I. geklärt war, blieb doch die Frage der Strafjustiz. Heinrich II. setzte durch, daß in allen Kronfällen (Hochverrat, Kapitalverbrechen, Forstdelikte, Angriffe auf königliche Amtsträger) Kleriker zwar der geistlichen Gerichtsbarkeit zur Tatsachenfeststellung unterstanden, im Falle erwiesener Schuld aber den königlichen Gerichten zum Vollzug übergeben werden sollten. Jede Appellation an die päpstliche Kurie sollte untersagt sein. Darüber kam es zu einem großen Konflikt mit dem Erzbischof von Canterbury, Thomas Becket, der in der ganzen Christenheit Widerhall fand. Der Erzbischof vertrat die Interessen der Kirche so militant wie Heinrich II. die Interessen des Königtums. Am Ende stand ein Mord, den vier Ritter aus dem Haushalt des Königs begingen; wohl im Glauben, sie handelten nach dem Wunsch ihres Herrn, töteten sie den Erzbischof von Canterbury in seiner Kathedrale vor dem Altar (29. Dezember 1170). Thomas Becket wurde als Märtyrer gefeiert und von der Kirche heilig gesprochen. Heinrich II. leistete einen Reinigungseid; er sah sich gezwungen, das Verbot der Appellation an den Papst aufzuheben. So blieb die Kirche schließlich Siegerin in diesem Grundsatzkonflikt.

Heinrich II. war neben Friedrich Barbarossa der mächtigste Mann seiner Zeit. In den internationalen Konflikten war er der natürliche Verbündete der welfischen Seite. Doch seine schwierigsten Gegner fand er schließlich in seiner eigenen Familie. Seine vier Söhne bekämpften ihn in wechselnden Konstellationen unter Einsatz wechselnder Bündnispartner auch im Ausland. Heinrichs II. Versuch, bereits zu seinen Lebzeiten die Nachfolge

Thomas Becket, Erzbischof von Canterbury

durch eine Teilung der Herrschaften unter seine Söhne zu regeln, schlug fehl. Als er starb, hatten ihn die beiden überlebenden Söhne bereits zur Kapitulation gezwungen. Sie folgten ihm auf den englischen Thron: Richard Löwenherz (1189–1199) und Johann Ohneland (1199–1216). Unter diesen beiden zerbrach das angevinische Reich; gleichzeitig festigte sich England als Staat.

Richard Löwenherz weilte während des Jahrzehnts seiner Herrschaft nur wenige Monate in England. Er war an verschiedenen Kriegen in Frankreich beteiligt und, zusammen mit dem Kaiser und dem König von Frankreich, an einem erfolglosen Kreuzzug. Auf der Rückkehr von diesem Kreuzzug fiel er seinen staufischen Gegnern in die Hände und wurde gefangengesetzt. Aus seinen englischen Untertanen preßte man ein ungeheures Lösegeld heraus. Doch wurde nun offenbar, daß sich Staat und Verwaltung unter Heinrich II. soweit institutionalisiert hatten, daß die Person des Königs zweitrangig geworden war. Als Heinrich II. den englischen Thron bestiegen hatte, war es noch von Bedeutung gewesen, daß ihm alle Barone akklamiert hatten. Richard Löwenherz erlangte die Krone einfach durch Erbrecht; die Dynastie hatte sich durchgesetzt. Rechtsprechung, Steuererhebung und militärisches Aufgebot funktionierten auch ohne persönliche Anwesenheit des Königs. Der Kanzler, zugleich Erzbischof von Canterbury, führte die Geschäfte im Sinne der Krone.

Diese Entwicklung setzte sich unter Johann Ohneland fort, der sich in langjährige Streitigkeiten mit seinen Vasallen und dem französischen König, mit dem Papst und seinen englischen Untertanen verstrickte. Am Ende hatte er auf allen Feldern verloren: In Frankreich mußte er den größten Teil des angevinischen Reiches und der Normandie aufgeben; was ihm blieb, war nur der südliche Teil von Aquitanien; der französische König konnte seine Krondomäne mächtig erweitern und den Grundstein für den Aufstieg des französischen Königtums legen. Die langjährigen Streitigkeiten mit dem Papst, die sich an der Frage des Wahlrechts der Domkleriker von Canterbury bzw. der Suffraganbischöfe der Erzdiözese Canterbury und der Investitur entzündeten, führten nach mancherlei Gewaltakten, nach Depossedierung und Exilierung vieler Kleriker, nach Interdikt und Exkommunikation schließlich dazu, daß der Papst seinen Kandidaten als Erzbischof von Canterbury durchsetzte, Interdikt und Exkommunikation wieder aufhob, der englische König eine hohe Strafsumme zahlen mußte und das englische Königreich zum Lehen des Papstes erklärte. Die Streitigkeiten mit seinen Untertanen führten zu einem Abkommen, das oft als eine Art Verfassungsurkunde der englischen Geschichte betrachtet wurde und deshalb besondere Betrachtung verdient.

Magna Carta Libertatum

Die englischen Barone nutzten die allgemeine Unzufriedenheit in England mit dem als despotisch empfundenen Johann Ohneland zu einer grundsätzlichen Neuregelung der Verhältnisse zwischen Krone und Untertanen, nachdem Johann in der Schlacht von Bouvines in Flandern (27. Juli 1214) vom französischen König vernichtend geschlagen worden war. Als der König nicht auf die Forderungen einer größeren Gruppe von Baronen einging, kündigten sie ihm die Lehenstreue auf und gingen zum bewaffneten Widerstand über. Die Stadt London schloß sich ihren Forderungen an und sperrte dem König ihre Tore.

Verhandlungen führten zur *Magna Carta Libertatum* (Juni 1215): der Form nach ein königliches Privileg, in Wirklichkeit aber eine Art Herrschaftsvertrag. Die meisten Artikel betreffen das Verhältnis des Königs zu seinen Vasallen, die Ausweitung der Lehenspflichten und mißbräuchliche Erhebung von Schildgeld. Es gab aber daneben auch Artikel zugunsten der Kaufleute und der Londoner Bürger, eine Garantie des Rechtsschutzes für alle Freien und eine grundsätzliche Einschränkung der Willkür königlicher Amtsträger. Deshalb erscheint das Dokument, obwohl es aus einer bestimmten Situation hervorging und zur Abstellung einzelner Gravamina dienen sollte, in längerer Perspektive betrachtet als höchst bedeutsam. Man stilisierte es zum Grundstein der englischen Verfassung. Diese Bedeutung erlangte es freilich erst durch seine spätere Wirkungsgeschichte.

In den aktuellen Kämpfen zwischen dem König und seinen Baronen bedeutete die *Magna Carta Libertatum* nichts weiter als eine Durchgangsstation. Johann Ohneland wagte es, sich durch den Papst von seinem Eid auf diese Urkunde entbinden zu lassen, weil er durch Nötigung zustande gekommen sei. Daraufhin kündigten ihm die Barone ihre Treue auf und boten die englische Krone dem französischen Thronfolger an. Der Konflikt löste sich durch Johanns Tod kurz darauf (1216).

Die Entstehung des Parlaments

In das 13. Jahrhundert fallen die Anfänge des Parlamentes: einer Institution, die gemeinhin als wichtigster Beitrag Englands zur politischen Kultur der Neuzeit gewertet wird. Freilich wurde es nicht mit einem Schlage ins Leben gerufen, sondern entwickelte sich erst allmählich; auch waren die ersten Ansätze alles andere als vielversprechend, und seine Bedeutung ergibt sich hier ebenfalls erst aus der Anknüpfung und Fortbildung durch die folgenden Jahrhunderte.

Nach dem Tod Johanns erwies es sich, daß der Gedanke eines dynastischen Königtums in England schon so tief verwurzelt war, daß selbst ein minderjähriger Nachfolger, für den nichts als sein Erbrecht durch Geblüt sprach, als König tragbar war. Für den anfangs neunjährigen Heinrich III.

Die Magna Carta Libertatum (12. Juni 1215)

führte ein Regentschaftsrat die Geschäfte, welcher aus einem alterfahrenen weltlichen Rat, der einer der führenden Familien angehörte, einem englischen Bischof und einem päpstlichen Legaten bestand. Die *Magna Carta* wurde in modifizierter Form in die Krönungserklärung aufgenommen, so daß die Mächtigen des Reiches sich gesichert fühlen konnten, zumal sie durch den Legaten auch im Namen des Papstes bestätigt wurde; ein Invasionsversuch des französischen Thronfolgers fand keine ausreichende Unterstützung in England. Die französischen Soldritter, die von Johann in beträchtlicher Zahl in England mit Land und Ämtern bedacht worden waren, wurden in der Folge zunehmend ausgeschaltet.

Dafür ergaben sich allerdings in den nächsten Jahrzehnten analoge Probleme, weil sich Heinrich III. in die Politik des Papstes einflechten ließ, in Sizilien gegen die Staufer aktiv wurde und in England Italiener mit Pfründen ausstattete. Vor allem aber sahen es die englischen Barone mit Mißtrauen, daß sich am englischen Hof rivalisierende französische Adelsfraktionen breitmachten, nämlich erstens die Lusignans infolge einer Ehe der Königinmutter mit Hugo von Lusignan und zweitens die Savoyarden infolge von Heinrichs Ehe mit Eleonore von der Provence. Drittens war einer der mächtigsten französischen Vasallen, Simon von Montfort, durch seine Ehe mit der Schwester des Königs an den englischen Hof gekommen – ein

Mann, der in der Entstehungsphase des englischen Parlaments eine wichtige Rolle spielen sollte. Da durch diese Verbindungen die französischen Verhältnisse immer präsent gehalten wurden, lag es nahe, die verlorenen Gebiete der englischen Krone in Frankreich wiederzuerobern. Doch eine kostspielige Expedition scheiterte (1242/43). Heinrichs III. Engagement auf dem Kontinent überstieg seine Ressourcen bei weitem: Sein Bruder Richard von Cornwall bewarb sich um die deutsche Königskrone (Doppelwahl von 1257) und sein Sohn Edmund nahm 1254 auf päpstliches Drängen die Krone von Sizilien an – das er freilich erst noch erobern sollte. So sah sich Heinrich III. schließlich gezwungen, seine Vasallen um finanzielle Hilfe anzugehen; dazu berief er 1257 eine Versammlung seines Großen Rates, die auch »Parlament« genannt wurde. Das verschaffte den englischen Baronen die Möglichkeit, ihre Beschwerden geltend zu machen. Ihr Hauptanliegen war die Verminderung des Einflusses der französischen Ratgeber auf den König; ihnen legten sie die kostspieligen und erfolglosen außenpolitischen Unternehmungen zur Last sowie ein verhängnisvolles Übergewicht in inneren Angelegenheiten. Verfassungspolitisch lautete das Problem: Durfte sich der König seine Ratgeber nach Gutdünken aussuchen? Die Barone wollten Mitregierung und erzwangen sie auch. Ein Ausschuß von 24 Magnaten, die zur Hälfte vom König und zur Hälfte von den Baronen ausgewählt wurden, erarbeitete Reformvorschläge: die berühmten Provisionen von Oxford (1258), die vom König und vom Thronfolger beschworen werden mußten. Ein Ausschuß von 15 Magnaten sollte künftig an allen Regierungshandlungen beteiligt werden; dreimal jährlich sollten zu festgesetzten Terminen »Parlamente« einberufen werden; die Sheriffsämter sollten jährlich wechselnd besetzt werden und nur noch solchen Personen offenstehen, die in der betreffenden Grafschaft Land besaßen. Ein Jahr später mußten die Provisionen von Oxford modifiziert werden, weil der niedere Adel bei der Besetzung der Sheriffsämter mitsprechen wollte (Provisionen von Westminster, 1259).

Damit wurde erkennbar, daß auch auf seiten der Reformer Interessenkonflikte bestanden; Heinrich III. wußte sie zu nutzen. Nach mehreren Jahren der Regierungsführung unter Anerkennung des neuen Systems widerrief er seine Zustimmung und ließ sich vom Papst von seinem Eid auf die Provisionen entbinden. Der französische König wurde 1264 zu einem Schiedsspruch aufgefordert, doch fand dieser nicht die Billigung der Reformer, die daraufhin unter Führung des Simon von Montfort zu den Waffen griffen, das königliche Heer bei Lewes besiegten und dem König ihr System aufzwangen.

Diese Phase der Entwicklung ist für die Frage nach der Entstehung des englischen Parlaments insofern von Bedeutung, als der nun mächtigste Mann des Königreiches, Simon von Montfort, in den Jahren 1264 und 1265 zur Erweiterung seiner Machtbasis und zur Zurückdrängung der Unzufriedenen unter den Baronen Parlamente einberief, zu denen außer geistlichen und weltlichen Lords auch niedere Adlige und Abgesandte der Städte hinzugezogen wurden. Die Bettelorden, vor allem die Dominikaner, begünstigten diese Entwicklung; sie predigten und schrieben im Sinne der Reformer und verschafften der neuen Institution der Parlamente breite Resonanz in der Bevölkerung. Widerstand regte sich dagegen bei einem Teil der Magnaten, die um ihre Privilegien fürchteten, wenn man auch geringere Untertanen an der Regierung des Reiches beteiligte. Kronprinz Eduard bildete aus diesen eine Truppe und vernichtete Simon von Montfort und dessen Anhänger in der Schlacht von Evesham 1265.

An diesem Punkt der Geschichte war es also noch durchaus unklar, ob das Parlament nur eine gelegentliche Erscheinung bleiben würde, die, aus einer Situation der Schwäche des Königtums hervorgegangen, im Augenblick der Stärke wieder abgeschafft würde. Noch zufälliger mußte die gelegentliche Heranziehung von niederen Adligen und Vertretern der Städte erscheinen. Denn die Macht lag ganz eindeutig bei der Krone und ihren Vasallen. Daß die Entwicklung unter Simon von Montfort nicht Episode blieb, lag wesentlich an seinem Überwinder.

Common Law

Kronprinz Eduard wurde schon zu Lebzeiten seines Vaters politisch zur entscheidenden Figur. Er stärkte das Königtum, bemühte sich aber auch um Aufnahme und Einbeziehung der Reformbestrebungen. Im Statut von Marlborough (1267) bestätigte er sowohl die *Magna Carta* als auch die Provisionen von Westminster. 1268 berief er, nicht anders als Simon von Montfort, ein allgemeines Parlament, um seinen Willen zur Kooperation und Versöhnung zu demonstrieren.

Eduard I. (1272–1307) war ein fähiger Regent. Erneut führte er (in Anlehnung an das *Domesday Book*) eine landesweite Untersuchung aller Besitzverhältnisse und Rechtstitel durch (*Hundred Rolls*, 1274). Wenn Eduard jedoch als einer der bedeutendsten Könige des englischen Mittelalters erscheint, liegt dies an seinem Bestreben zur Verrechtlichung und Verschriftlichung aller Lebensverhältnisse. Sein Einfluß auf die Fortentwicklung des englischen Rechts ist hoch einzuschätzen. Während aus germanischer (angelsächsischer) Wurzel bis dahin allgemein die Auffassung herrschte, daß Recht nicht gesetzt werden könne, sondern in den Bräuchen der Väter gefunden werden müsse (»Weistümer«), entwickelte Eduard I. nun das *Statute Law* als neues Element: Aufzeichnungen von Rechtssätzen, beurkundet vom König und von den Vertretern der betroffenen Untertanen. Das Parlament hatte insofern von Anfang an eine wichtige Funktion für die Gesetzgebung, wenn es auch nicht zu diesem Zweck institutionalisiert wurde. Zwar diente die Entwicklung des *Statute Law* wesentlich der Konsolidierung und Erweiterung königlicher Herrschaft, doch wurde diese im Kontakt mit den Ratgebern verwirklicht, welche nicht mehr einzig nach königlichem Gutdünken ausgewählt wurden, sondern im Zusammenspiel von Krone und Vertretern der Mächtigsten aus verschiedenen Kreisen des Volkes. Die neue Form der Institutionalisierung ermöglichte

Eduard I., † 1307
Kg. 1272–1307

Eduard II.
† 1327 (ermordet)
Kg. 1307, abged. 1327
∞
Isabella, T. v. Kg. Philipp IV.
v. Frankreich

Philippa v.
Hainault
∞
Eduard III.
† 1377
Kg. 1327–1377

John

Eleonora

Jeanne

Eduard (der
Schwarze Prinz)
† 1376

Lionel
† 1368
Hz. v. Clarence

Johann v. Gent
† 1399
Hz. v. Lancaster
∞ Blanca, † 1369
Erbin v. Lancaster

Richard II.
† 1400
Kg. 1377
abges. 1399
∞ Anna
v. Böhmen
† 1394

Edmund Mortimer
† 1425
Gf. v. March

Anna Mortimer
∞ Richard
Gf. v. Cambridge

Heinrich IV.
† 1413
Kg. 1399–1413.

(2) Johann
v. Bedford
† 1435
Reg. in
Frankreich

(3) Humphrey
† 1447
Hz. v. Gloucester
Reg. in England
1413–1422

(1) **Heinrich V.**
† 1422
Kg. 1413–1422
∞
Katharina
T. v. Karl IV.
v. Frankreich

Margarete
v. Anjou
∞
Heinrich VI.
† 1471
Kg. 1422, abges. 1461

Edmund Tudor
† 1456
Gf. v. Richmond
∞

Eduard
† 1471
Pr. v. Wales

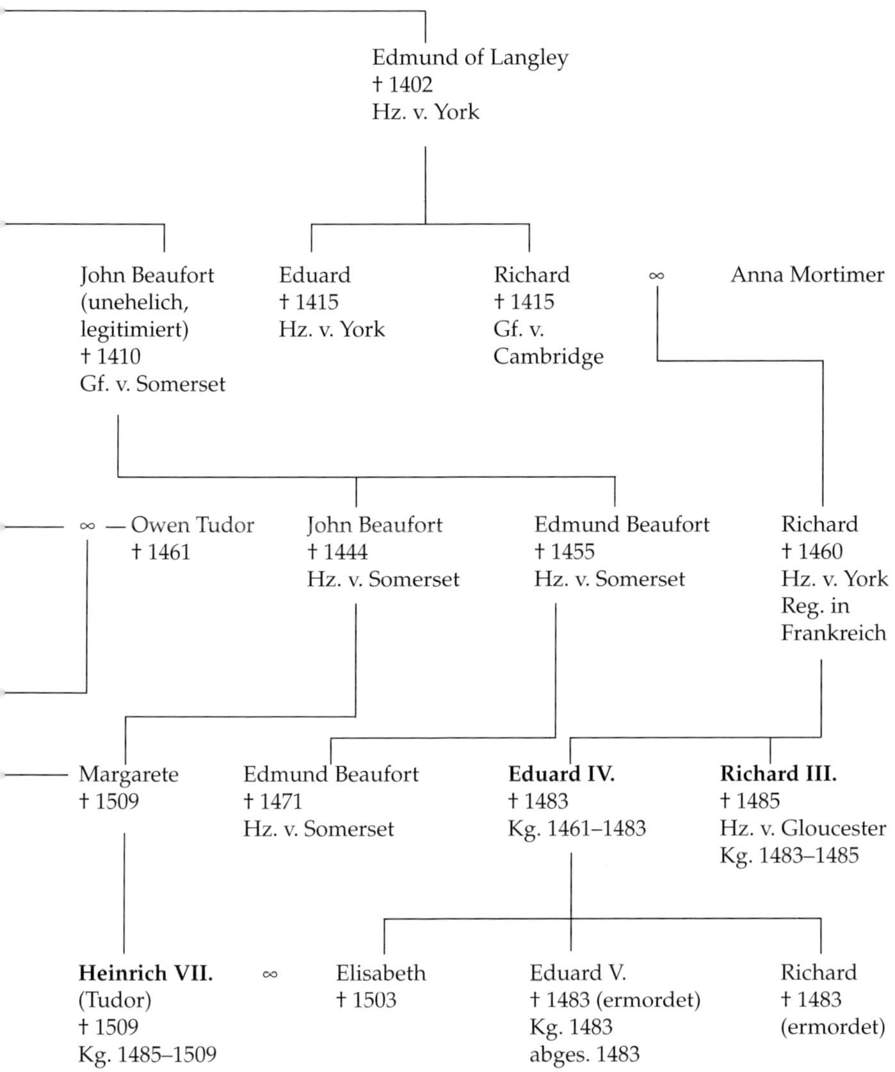

Anjou-
Plantagenet –
Lancaster

den allmählichen Übergang von der älteren germanischen Rechtsauffassung zur Verschriftlichung an zentraler Stelle im Dienste des Königtums.

Eduard I. verstärkte diese Tendenz noch durch unterstützende Maßnahmen. Mit dem Statut *Quo warranto* von Gloucester (1278) wurde den Reiserichtern aufgetragen zu untersuchen, aufgrund welcher Rechtstitel die Gerichthalter in den Grafschaften legitimiert waren. Anerkannt wurde nur Gewohnheitsrecht, das nachweislich bis in die Zeit vor 1189 zurückreichte, oder königliche Verleihung. Damit sollte das Prinzip durchgesetzt werden, daß alle Gerichtshoheit dem König zustehe und nur in seinem Auftrag ausgeübt werden könne.

Eduard I. institutionalisierte auch die Ausbildung der Juristen in eigenen *Inns of Court* und *Inns of Chancery* in London. Damit trug er zur Herausbildung einer neuen Berufsgruppe bei – der allein am königlichen Recht orientierten Rechtsgelehrten, die keine Kleriker waren.

Die Unterwerfung der walisischen Fürsten

Wales war in zahlreiche Fürstentümer zersplittert, die sich, begünstigt durch ihre topographische Lage in einer schwer zugänglichen Gebirgsregion, gegen die Angelsachsen und Normannen hatten halten können. Teilweise waren walisische Fürsten Vasallen des englischen Königs geworden; teilweise hatten auch, im Süden, Lehensträger des englischen Königs an Einfluß gewonnen. Aber im Norden hatten die walisischen Fürsten weitgehend ihre Selbständigkeit bewahren können. Der mächtigste dieser Fürsten, Llewelyn II. von Gwynned, nutzte die Abwesenheit Eduards I., der sich zur Zeit seines Herrschaftsantritts auf einem Kreuzzug befand, um die fällige Lehenshuldigung und Tributzahlung an Bedingungen zu knüpfen. Nach seiner Rückkehr führte deshalb Eduard einen Feldzug gegen Wales und unterwarf Llewelyn II. (1277). Das Land wurde zum Schutz englischer Siedlungen mit mächtigen Burgen befestigt, die noch heute die Landschaft dominieren: Caernarvon, Conway, Harlech. Doch rief die Anglisierungspolitik erneut den Widerstand der Betroffenen hervor, die in David, dem Bruder des Fürsten von Gwynned, einen fähigen Führer fanden (1282/83). Auch diese Widerstandsbewegung wurde militärisch niedergeworfen; das Land wurde der englischen Krone unterstellt, in Grafschaften aufgeteilt und dem englischen Rechtssystem eingegliedert. Wenn auch das späte 13. Jahrhundert von weiteren Aufständen erfüllt war, gehörte Wales doch seit dieser Zeit ungeschmälert zur englischen Krone. Am Ende des Mittelalters wurde es kaum noch als distinkte Einheit wahrgenommen.

Das Königreich Schottland behauptet seine Unabhängigkeit

Schottland hatte sich von alters her als unabhängiges Königreich gegen England behaupten können. Doch hatten schottische Könige jeweils für einzelne Gebiete dem englischen König als Oberlehensherrn gehuldigt. Daraus leitete dieser einen Anspruch als Oberlehensherr über das gesamte Königreich Schottland ab, der jedoch schottischerseits nicht anerkannt wurde. Allerdings erhielt Eduard I. die Gelegenheit, in einem Thronfolgestreit die schottischen Barone in Berwick um sich zu scharen und einen Schiedsspruch zu fällen. Über den von ihm empfohlenen Kandidaten für das Amt des Königs suchte er in Schottland Einfluß zu nehmen, das Land seinem Rechtssystem einzugliedern und die Heeresfolge der schottischen Barone durchzusetzen. Als es zum Konflikt kam, führte Eduard I. 1296 einen Heereszug gegen Schottland, setzte den König ab und übernahm selbst die schottische Krone. Doch infolge kriegerischer Verwicklungen in Frankreich gelang es den Schotten wiederum, ihre Selbständigkeit weitgehend zu behaupten. Zwischen 1297 und 1314 wurden zwischen England und Schottland mehrere Kriege mit wechselndem Glück geführt. Einen definitiven Sieg errangen die Schotten in der Schlacht von Bannockburn (1314). Sie formulierten in einer berühmten Erklärung zu Arbroath (1320) ihren beständigen Willen zur Unabhängigkeit von England. Und es gelang ihnen auch auf Dauer, diese zu behaupten. Bis 1603 blieb Schottland ein von der englischen Krone unabhängiges Königreich – was sich erst änderte, nachdem mit Jakob VI. und I. ein schottischer König den englischen Thron bestieg und beide Reiche zunächst in Personalunion vereinigte, bevor es schließlich 1707 zu einer staatlichen Angliederung kam.

Das Ausgreifen auf Irland

In Irland bestand eine Vielzahl gälischer Königreiche, die 1169 mit der Nachbarinsel in Kontakt gerieten, als der König von Leinster in einer Auseinandersetzung um die Hegemonie in Irland anglonormannische Soldritter anwarb und die Unterstützung des englischen Königs suchte. Da die anglonormannischen Ritter durch ihre Bewaffnung und militärische Technik überlegen waren, gelang es ihnen, binnen kurzem beträchtliche Teile Irlands zu erobern. Um seine Vasallen nicht zu mächtig werden zu lassen, reiste Heinrich II. selbst nach Irland. Er berief eine Synode nach Cashel ein und ließ sich huldigen. Bis zum Ende des Mittelalters galt deshalb Irland in englischer Sicht als der englischen Krone unterworfene »Lordschaft«. Dazu hatte auch eine päpstliche Bulle beigetragen, in welcher dem englischen König die Reform der irischen Kirche und ihre Unterwerfung unter die Herrschaft Roms aufgetragen worden war.

Zwei Generationen lang breiteten sich anglonormannische Ritter in Irland immer weiter aus. Sie überzogen das Land mit einem Netz von Bur-

Eindringen in Irland: Der Earl of Gloucester trifft auf den König von Leinster (Miniatur aus einem französischen Manuskript, um 1400)

gen und die keltische Gesellschaft mit Feudalbindungen. Im 13. Jahrhundert wurde der größte Teil Irlands in *Shires* und *Counties* eingeteilt. Die anglonormannischen Barone übertrugen ihre Institutionen auch auf dieses Land – einschließlich des Parlaments, des *Exchequer*, des *Court of the King's Bench*. Sie übernahmen die *Magna Carta Libertatum*. Sie führten verbesserte Anbaumethoden ein und machten Irland zu einem agrarischen Exportland, das vor allem als Lieferant für die Kriege der englischen Krone in Frankreich Bedeutung erlangte.

Freilich war die Herrenschicht sehr dünn; je mehr der Nachzug von Kolonisten ausblieb, desto anfälliger wurde die anglonormannische Herrschaft in Irland. So erlebte das Spätmittelalter eine bemerkenswerte Regeneration der gälischen Gesellschaft, die sich in einer Blüte der autochthonen Kultur ausdrückte, in einer Ausdehnung gälischen Rechts auf den größten Teil der Insel, in Tributzahlungen der Städte und englischen Herren an gälische Fürsten. Die ansässig gewordenen Anglonormannen hatten sich vielfach an die gälische Kultur assimiliert; die offizielle Politik, die dagegen mit Apartheidgesetzen einschreiten wollte, blieb angesichts der Zahlenverhältnisse zwischen der Grundbevölkerung und den Einwanderern chancenlos. Letztlich wurde die englische Herrschaft auf einen kleinen Bezirk um Dublin herum beschränkt (*Pale*). Der englische Herrschaftsanspruch über ganz Irland war ein toter Buchstabe, da verschiedene Heerführer stets mit zu geringen Mitteln ausgestattet wurden und kurzfristige Erfolge bald wieder in sich zusammenbrachen. Bis zum 17. Jahrhundert konnte sich die gälische Kultur erhalten. Die darüber errichtete politische Superstruktur blieb weitgehend nominell.

Bevölkerung, Wirtschaft und Gesellschaft im Spätmittelalter

In Übereinstimmung mit der europäischen Entwicklung folgte auch in England auf die Phase der Bevölkerungszunahme vom mittleren 11. bis zum mittleren 14. Jahrhundert ein markanter Einschnitt durch die Pest und ein demographischer Rückgang bis zum Ende des Mittelalters. Die Pest erreichte die Insel 1348; zu einer zweiten Epidemie kam es 1361/62, und weitere brachen bis zum Ende des 15. Jahrhunderts immer wieder aus. Das Massensterben nahm solche Ausmaße an, daß die Bevölkerung in England wahrscheinlich binnen einer Generation auf die Hälfte reduziert wurde.

Daraus ergab sich eine Umkehrung des Trends, der die drei vorangehenden Jahrhunderte gekennzeichnet hatte: Die Löhne stiegen, weil es an Arbeitskräften mangelte, und die Preise für Lebensmittel fielen, weil es an Konsumenten mangelte. Während die bäuerliche Bevölkerung zunächst durch das Massensterben hart getroffen wurde, profitierten die Überlebenden vom Ergebnis. Gesinde verdingte sich dem Meistbietenden; Landarbeiter wechselten nach Lohnangebot. Freie Bauern kauften teilweise billig Land und versuchten, wirtschaftlich unabhängige Großbauern zu werden (*Yeomen*). Adlige Grundbesitzer reduzierten bei verfallenden Preisen ihr eigenes Engagement in der Landwirtschaft. Sie gingen vom lohnintensiven Ackerbau zur Schafzucht über, die sich mit wenig Arbeitskräften bewerkstelligen ließ, oder sie ließen das Land, wo es nicht mehr rentabel zu bewirtschaften war, unbebaut. Im übrigen versuchten sie, ihnen geschuldete Pachtgelder in Dienstleistungen umzuwandeln. Manche Bauern, die sich seit alters her als frei betrachteten, hatten unter diesen Umständen Mühe, ihren Status zu beweisen und zu halten. Andererseits gelang es unfreien Bauern zum Teil, von ihren Grundherren bessere Bedingungen zu erhalten, die sie sich schriftlich verbriefen ließen (*Copyholders*). Damit wurden ihre Rechte einklagbar, seit dem späten 15. Jahrhundert sogar vor königlichen Gerichten. Freie und unfreie Dorfbewohner glichen sich soweit an, daß die Leibeigenschaft am Ende des Mittelalters in England weitgehend verschwunden war.

Die Barone versuchten, sich in der ökonomischen und sozialen Krise, die durch die Pest entstanden war, der Hilfe des Königs zu versichern, was ihnen auch ohne Mühe gelang. So entstand 1351 das berüchtigte *Statute of Labourers*, welches die Mobilität der bäuerlichen Bevölkerung weitgehend einschränken und Löhne und Preise einfrieren sollte. Anfangs scheint es gewirkt zu haben; aber auf Dauer setzten sich die Gesetze des Marktes durch. So verdoppelten sich die Löhne etwa im Laufe einer Generation.

1381 ereignete sich ein umfassender Bauernaufstand unter Wat Tyler, als zu den Schwierigkeiten im Verhältnis von Grundherren und Bauern infolge des kriegerischen Engagements der Krone auf dem Kontinent auch noch eine neue Kopfsteuer hinzukam. Der König meisterte die Situation durch sein persönliches Auftreten; die Aufständischen ließen sich durch Versprechungen beruhigen, die dann nicht gehalten wurden.

Mittelalterliches Gewerbe: Schmiede mit doppeltem Blasebalg, Schmiedefeuer und Amboß (Miniatur 14. Jahrhundert)

Die anderthalb Jahrhunderte nach der Pest sind darüber hinaus durch den Aufstieg der Städte und durch eine zunehmende Marktverflechtung gekennzeichnet. Der Handel operierte großräumiger. Die fremden Kaufleute wurden größtenteils durch einheimische verdrängt. Vor allem London erlebte einen markanten Aufstieg, der gekennzeichnet war durch das Zusammenwirken von Krone und Stadt. Seit dem 13. Jahrhundert hatte sich der Hof dauerhaft in Westminster niedergelassen, in unmittelbarer Nähe der City of London. Die königlichen Interessen der Kontrolle und Besteuerung des Handels ließen sich am leichtesten über das Handelszentrum London verwirklichen. Einzelne Händler und ganze Gilden oder Handelsgesellschaften erhielten Privilegien und Monopole. Der König seinerseits griff auf den akkumulierten Reichtum zurück, indem er Anleihen aufnahm, vor allem für die Kriegsführung. Von solcher Symbiose profitierten schließlich beide Seiten, Hof und City.

In wirtschaftlicher Hinsicht ist nicht so sehr die Steigerung der Förderung und des Exports von Rohstoffen (vor allem Eisen, Zinn und Kohle) von Belang, sondern der Aufschwung der Textilindustrie. Der Export von Rohwolle ging zwar zurück, doch wurden statt dessen im Laufe des Spätmittelalters immer mehr fertige Tuche exportiert. Das zeigt nicht nur, daß die Prozesse des Spinnens, Webens, Bleichens und Färbens in England inzwischen einen höheren Standard erreicht hatten; es bedeutete vor allem mehr Beschäftigungsmöglichkeiten für die ländliche Bevölkerung.

Schule, Universität und Kirche

Seit der normannischen Eroberung stand England in regem Austausch mit Frankreich, das als Zentrum der Bildung galt. Die Wissenschaften, die im 11. und 12. Jahrhundert einen spürbaren Aufschwung genommen hatten durch die Rezeption der Schriften des Aristoteles, blühten in Paris und an den nordfranzösischen Kathedralschulen (Chartres, Reims, Laon, Orléans). Kathedralen waren auch in England zunächst die Orte, an denen Schulen entstanden. Bischöfe hatten im Prinzip die Verpflichtung, für die Existenz mindestens einer Schule zu sorgen. Der Nachwuchs an Schreibfähigen und Lateinkundigen war entscheidend für die Kirchen.

Universitäten entstanden dagegen eher zufällig, nämlich als genossenschaftliche Zusammenschlüsse der Lernenden und Lehrenden, in Oxford bereits vor 1200 und – durch den Abzug von Dozenten und Studenten aus Oxford – in Cambridge 1209. Diese Zusammenschlüsse waren weder von der Krone noch von der Kirche als solche geplant, doch entwickelten sie sich unter dem Einfluß beider Institutionen. Der König erteilte Privilegien,

Mittelalterliches Gewerbe: Wollfärberei. Aus einem 1482 in Brügge für Eduard IV. geschriebenen Manuskript »Des Proprietez des Choses«

stärkte die akademische Gemeinde im Streit mit der städtischen und verlangte als Kontrollmöglichkeit die Einschreibung in eine Matrikelrolle. Die Kirche sah es als ihre Aufgabe an, das Studium zu fördern. Die meisten Interessenten empfingen auch schon als Studenten die niederen kirchlichen Weihen. Seit der Mitte des 13. Jahrhunderts wurden in Oxford und Cambridge Kollegien gestiftet als Wohnort und materielle Sicherung für Professoren und fortgeschrittene Studenten.

Der Fächerkanon unterschied sich nicht von dem, was auf dem Kontinent üblich war: In Anlehnung an antike Traditionen durchliefen die Studenten zunächst das Trivium (Grammatik, Dialektik, Rhetorik), bevor sie sich dem Quadrivium zuwenden durften (Arithmetik, Geometrie, Astronomie und Musik). Dieses allgemeine Grundstudium nannte man die *artes liberales*. Nur ein kleiner Teil der Studenten ließ sich auf ein langjähriges aufbauendes Fachstudium ein, das nach Absolvierung von Trivium und Quadrivium möglich war: Theologie, Recht oder Medizin.

Die Welt der Gelehrsamkeit stand im Mittelalter in engem Kontakt über die Ländergrenzen hinweg. An allen Universitäten waren dieselben Autoren kanonisch, wurde nach denselben klassischen Autoritäten gelesen. Dazu trugen auch die neuen Mönchsorden bei, die sich in der ganzen Christenheit ausbreiteten. Seit den 1220er Jahren, also bereits in der Gründungsphase der Universitäten, wirkten in England die Bettelorden, vor allem die Dominikaner und Franziskaner. Sie trugen dazu bei, daß sich in Oxford und Cambridge eigene Zentren der Gelehrsamkeit von internationalem Standard entwickelten, die nicht direkt mit dem Hof des Königs oder den Kathedralen der Bischöfe verbunden waren.

Im Spätmittelalter stand die Kirche, in England nicht anders als im übrigen Europa, trotz ihres überwältigenden Einflusses auf Weltdeutung und Lebensführung in schlechtem Ansehen. Ein wesentlicher Grund dafür lag im Papsttum, das in der Zeit des Exils in Avignon (1309–1377) unter den Einfluß des französischen Königs geraten war und seine Unabhängigkeit eingebüßt hatte; vor allem aber schwächte die Zeit des Großen Schismas (1378–1417), als gleichzeitig zwei und mehr Päpste das Amt des Petrus und die Führung der Kirche beanspruchten, die Autorität des Papsttums. Die Kirche war als Institution unglaubwürdig geworden; es richtete sich immer mehr Kritik gegen Schwachpunkte des Systems und eingerissene Mißbräuche.

In dieser Zeit wurden auch die Bestrebungen der englischen Krone, sich vom päpstlichen Einfluß zu befreien, stärker. Das ganze Pfründenwesen sollte nicht vom Papst, sondern vom König abhängen (*Statutes De Provisoribus*, 1351, 1365, 1390). Appellationen der geistlichen Gerichte nach Rom sollten untersagt werden (*Statutes De Praemunire*, 1353, 1356 und 1393). Aus den Kämpfen um das Verhältnis von Staat und Kirche resultierte schließlich, daß englische Kleriker grundsätzlich der englischen Krone einen Gehorsamseid schuldig waren. So wurden die Bischöfe in England früh schon zu Staatsdienern. Auch behauptete der englische König mit Erfolg das Recht, den Klerus zu besteuern. Dessen ungeachtet blieb die Kirche in

England päpstlich, und zwar nicht nur in der Lehre, sondern auch in politischen und finanziellen Belangen (Mitsprache des Papstes bei der Vergabe von Benefizien durch den König; Abführung von Annaten nach Rom).

Die größte Herausforderung für die Kirche ging von der Bewegung aus, die John Wyclif (etwa 1320–1384) anstieß. Wyclif war ein Kleriker in Oxford, der zunächst das weltliche Regiment des Papstes angriff und seine Ansichten nach 1378 immer mehr radikalisierte: Er predigte eine Kirche als Schar der Auserwählten und ein allgemeines Priestertum aller dazu Berufenen – im Gegensatz zur Amtskirche, die ihm als Sekte des Antichrists in Rom erschien. Die Messe bewirkte – so Wyclif – keine materielle Gegenwart Christi, sondern nur eine mystisch-spirituelle. Allein die Lektüre der Bibel sei entscheidend. Deshalb gab er, zusammen mit Mitarbeitern, 1380–1384 erstmals eine vollständige Bibel in englischer Sprache heraus. Wyclif predigte gegen Mönchsgelübde und Ordenswesen, gegen Zölibat und Priesterweihe. Er fand Resonanz bei mehreren Parlamenten jener Jahre und hatte einen mächtigen Gönner, der ihn schützte. Er fand aber zugleich bei den Bauern Anklang, die sich im Aufstand von 1381 auch seine Kirchenkritik zu eigen machten. Eine Welle von Wanderpredigern zog über das Land. In manchen Gegenden Englands gab es zahlreiche Kirchenkritiker und Reformgesinnte, die man bald mit dem Schimpfwort »Lollarden« bedachte. Daß sich in dieser Bewegung auch sozialrevolutionäre Elemente sammelten, wurde in den Aufständen von 1414 und 1431 deutlich, die jeweils von der Krone blutig unterdrückt wurden.

Tod und Bischof. Glasfenster der Kirche von St. Andrews, Norwich (15. Jahrhundert)

Die von Wyclif angestoßene kirchenkritische Bewegung hatte in anderen Teilen Europas Parallelen, beispielsweise in Böhmen mit Jan Hus und den Hussiten. Die Besonderheit der Entwicklung in England ist darin zu sehen, daß die Krone einerseits zur Hüterin der kirchlichen Orthodoxie wurde, andererseits zur Speerspitze der nationalen Belange gegenüber dem Papsttum. Ein spezifisches Verhältnis wechselseitiger Abhängigkeit von Staat und Kirche war also schon vor der Reformation entstanden.

Sprache, Literatur und Kunst

Die Entwicklung der englischen Sprache läßt sich nur aus den historischen Gegebenheiten verstehen, die schon angesprochen wurden: Die Angeln, Sachsen und Jüten bildeten spätestens nach ihrer Landnahme in Britannien distinkte Dialekte aus, unter denen anfangs die nördliche Variante des Anglischen vorherrschend war, wohingegen sich unter Alfred dem Großen das Westsächsische durchsetzte. Die schriftlich überlieferte Literatur des Altenglischen liegt fast durchgehend im westsächsischen Dialekt vor, weil zur Zeit Alfreds des Großen auch anglische Literatur weitgehend westsächsisch umgeschrieben wurde. Im *Danelag* sprach man skandinavisch.

Die zweite historische Gegebenheit von tiefgreifender Bedeutung für die Entwicklung der englischen Sprache war die normannische Eroberung. Die Überlagerung des angelsächsischen Landes durch eine feudale normannische Herrenschicht führte zur Zweisprachigkeit: Französisch bei den Herren, Englisch bei den Knechten. Erst nach der Mitte des 13. Jahrhunderts, als die Normandie und die übrigen nordfranzösischen Gebiete des angevinischen Reiches für die englische Krone definitiv verlorengegangen waren, setzte sich auch unter den normannischen Baronen in England das Englische durch, und zwar in Form verschiedener mittelenglischer Dialekte, unter denen im 14. Jahrhundert die Sprache des Großraums London, die von Zuwanderern aus East Anglia geprägt war, besonders hervortrat; sie gilt als Grundlage der heutigen englischen Hochsprache. In sie gingen – weit mehr als in andere germanische Sprachen – Lehnwörter aus dem Französischen ein. Diese spiegeln das alte soziale Gefälle zwischen beiden Sprachen. Französische Wörter verwendete man in Verwaltung und Kirche, in Kunst und Küche.

Altenglische Literatur diente vor allem dem Preis, der Unterhaltung und Belehrung. Da sie ausnahmslos von Klerikern aufgeschrieben wurde, enthält sie Heidnisch-Heroisches nur in Grenzfällen. Mittelenglische Literatur war ebenfalls noch durchgehend Sache der Kleriker; unter ihren bedeutenderen Vertretern waren nur Geoffrey Chaucer und John Gower Laien. Während sich die literarische Entwicklung des Englischen hauptsächlich am Französischen und Lateinischen orientierte, ist doch seit dem 14. Jahrhundert ein Aufschwung erkennbar, der nationalbewußte Züge trägt. Der Aufstieg der Städte hatte ein Publikum hervorgebracht, das sich, im Gegensatz zu dem noch immer vor allem an französischer Literatur interessierten Adel, um die Volkssprache kümmerte und Schreiber solcher Literatur für ihre Produkte entlohnte. Diese Literatur des städtischen Bürgertums in englischer Sprache ist überwiegend erbaulich-moralisierend. Nicht die Dialektik höfischer Liebe war das Thema, sondern richtige Lebensführung, Klage über die Zeitläufte, Kritik des Alltagslebens, der Laster, der Kirche.

Von der englischen Bildenden Kunst des Mittelalters kann man sich heute nur noch schwer eine Vorstellung machen, da die meisten Zeugnisse nicht erhalten sind. Malerei gab es vor allem in Form von Buchmalerei – von den großen Psalterien des Früh- und Hochmittelalters bis zu den kleinformatigen Stundenbüchern des Spätmittelalters. Wandmalereien gab es in Kirchen und auch in weltlichen Repräsentationsgebäuden; es ist aber kaum etwas davon erhalten. Reste von bemalten Glasfenstern kann man in den Kathedralen von Canterbury und York sehen. Hier verhält es sich wie bei der Plastik: Die religiösen Anliegen des Mittelalters, die am häufigsten dargestellt wurden, von der Dreieinigkeit bis zur Marienverehrung, wurden auch am häufigsten zerstört, weil die Reformation oder spätere puritanische Wellen eines erneuerten Christentums gerade daran Anstoß nahmen.

Den deutlichsten Eindruck von mittelalterlicher englischer Kunst kann man sich anhand architektonischer Zeugnisse machen. An weltlichen Bauwerken sind es vor allem die Burgen und Wehrtürme (und unter diesen insbesondere die erwähnten Fortifikationen Eduards I. in Wales!), die mit ihrer Vereinigung von militärischer Bedeutung, Repräsentationscharakter und zeitgemäßem ästhetischem Anspruch zu uns sprechen. Die größten und dauerhaftesten Meisterwerke englischer Kunst des Mittelalters sind jedoch die Kathedralen. Stilprägend für weitere Kathedralen wurde diejenige von Canterbury, nachdem sie infolge eines Brandes von 1174 neu gebaut werden mußte. Ihr Grundriß mit dem spezifisch erweiterten Ostabschluß, der wie ein zweites Querhaus wirkte, wurde zum Vorbild für die Kathedralen in Salisbury, Lincoln, Rochester und Worcester. Von grundsätzlicher Bedeutung ist darüber hinaus die Förderung der Architektur durch königliche Bautätigkeit, vor allem in Westminster – schon durch Eduard den Bekenner, aber auch später durch Heinrich III., der mit dem Neubau von Westminster Abbey einen Repräsentationsbau in Auftrag gab, welcher offenbar in Konkurrenz mit dem französischen König Ludwig IX. dessen Krönungskirche überbieten sollte.

Die Krise des Spätmittelalters

(1337–1485)

1337–1453	»Hundertjähriger Krieg« der Engländer in Frankreich.
1337	Konfiszierung der Gascogne (engl. Lehen) durch den franz. König.
1346	Eroberung von Calais (engl. bis 1559).
seit 1348	Auftreten der Pest auch in England. Demographische Katastrophe mit fundamentalen sozialen Auswirkungen.
1351	*Statute of Labourers:* Einfrieren der Löhne und Preise, Unterbindung der Mobilität der ländlichen Bevölkerung (auf Dauer ohne Erfolg).
1360	Frieden von Brétigny bringt England große Territorialgewinne in Frankreich.

1380–1384 John Wyclif bringt mit Mitarbeitern erstmals eine Bibel in englischer Sprache heraus. Kirchenkritik, Reformvorschläge, Wanderprediger.

1381 Bauernaufstand unter Wat Tyler.

1399 Während Richard II. sich in Irland aufhält, greift Heinrich Bolingbroke (Lancaster) nach der Krone. Er sammelt die Unzufriedenen und läßt sich vom Parlament als König bestätigen.

1401 Statut *De comburendo haeretico*: Harte Ketzerverfolgung durch die Krone (Bündnis Lancasters mit der Kirche).

1415 Heinrich V. nimmt den Krieg in Frankreich wieder auf. 25. Oktober: Sieg bei Azincourt.

1420 Vertrag von Troyes zwischen Burgund und England (auf Kosten des franz. Dauphin).

1429 Auf Initiative von Jeanne d'Arc (Johanna von Orléans) erobert der Dauphin die Krönungsstadt Reims und läßt sich dort zum König krönen und salben (17. Juli). Johanna gerät in burgundische Gefangenschaft und wird von den Engländern als Hexe verbrannt (Rouen, 30. Mai 1431).

1453 Wiedereroberung von Bordeaux durch die Franzosen: Ende des Hundertjährigen Krieges.

1455–1485 »Rosenkriege«: Auseinandersetzungen zwischen rivalisierenden Adelsfamilien mit Privatarmeen um die englische Königskrone.

1485 Heinrich Tudor, Earl of Richmond, führt eine Invasion von Frankreich her und landet in Wales. 22. August: Sieg bei Bosworth über Richard III. Heirat mit der Erbin des Hauses York. Krönung zum König.

Der Hundertjährige Krieg

Das englische Spätmittelalter ist von Kriegen erfüllt. Beim »Hundertjährigen Krieg« handelt es sich um eine Auseinandersetzung zwischen der englischen Krone und der französischen, die größtenteils auf französischem Boden ausgekämpft wurde. Die Anfänge des Hundertjährigen Krieges werden auf das Jahr 1337 datiert; als Ende kann die Rückeroberung von Bordeaux 1453 gelten. Der Krieg hatte folgende Ursachen (nach Krieger):

1. Das aufstrebende Königtum in Frankreich suchte seine Macht auch dadurch zu erweitern, daß es die Lehensherrschaft über die noch in englischer Hand befindliche Gascogne in direkte Herrschaft umzuwandeln suchte. Damit war ein Konflikt mit der englischen Krone unumgänglich.

2. In der Konfrontation zwischen England und Schottland war der schottische König an den französischen Königshof geflohen, wo er günstige Auf-

nahme gefunden hatte; er arbeitete aus eigenem Interesse auf einen Krieg zwischen Frankreich und England hin.

3. Der wirtschaftliche Zusammenhang zwischen dem englischen Wollexport und der Tuchindustrie in Flandern schien durch französisches Vordringen in dieser Region bedroht.

4. Seit dem Ende des 13. Jahrhunderts beanspruchte die englische Krone eine Souveränität über den Kanal, die ebenfalls einen Streitpunkt mit Frankreich bildete.

Als der französische König 1337 die Gascogne konfiszierte mit der Begründung, der englische König habe seine Vasallenpflicht ihm gegenüber verletzt, antwortete Eduard III. damit, daß er Philipp VI., dem ersten König aus dem Hause Valois, den Anspruch auf die französische Krone streitig machte. Durch Geblüt habe er als Enkel Philipps des Schönen ein näheres Recht auf den Thron der Kapetinger als der Neffe dieses Königs. Dagegen machte die Gegenseite das »salische Gesetz« für die Erbfolge in Frankreich geltend, das heißt die rein männliche Linie, die für den Valois und gegen den Plantagenet sprach.

Die konkurrierenden Ansprüche konnten nur militärisch entschieden werden. In der Seeschlacht vor dem Hafen Sluys (1340) errang die englische Flotte einen entscheidenden Sieg. Daraufhin trug Eduard III. 1345 den Krieg auf den Kontinent: drei Expeditionsheere landeten in Flandern, in der Bretagne und in der Gascogne. Ein viertes fiel in der Normandie ein, und hier kam es zur entscheidenden Schlacht (Crécy-en-Ponthieu, 26. August 1346): Eine Kombination von zu Fuß kämpfenden Rittern, Fußsoldaten und Langbogenschützen erwartete defensiv ein zahlenmäßig weit überlegenes französisches Heer und tötete über 1500 Ritter der französischen Krone. Daraufhin eroberten die Engländer Calais, das ihnen als Brückenkopf auf dem Kontinent bis 1559 erhalten bleiben sollte, und zwangen den französischen König zum Waffenstillstand.

Als der Krieg 1355 wiederum aufflammte, errangen die Engländer erneut einen entscheidenden Sieg bei Maupertuis (1356); sie wurden vom Thronfolger angeführt, dem legendären »Schwarzen Prinzen«; es gelang, den französischen König Johann gefangenzunehmen. Daraufhin brach in Frankreich das Chaos aus: Kämpfe zwischen rivalisierenden Adelsfraktionen und ein weit um sich greifender Bauernaufstand (*Jacquerie*). Im Frieden von Brétigny (1360) verzichtete Eduard III. zwar auf die französische Krone, wollte aber dafür territorialen Gewinn.

Bis dahin hatte der Krieg auf dem Kontinent England große Gewinne beschert, die keineswegs auf die Krone und die führenden Barone beschränkt blieben, sondern sozial breit gestreut wurden. Dies war vor allem in der ökonomischen Krise infolge der Pest von großer Bedeutung. Freilich hatte die englische Kriegsführung noch andere Rückwirkungen auf die Insel. Denn von den früheren Vasallitätsbeziehungen war man mehr und mehr zu Geldzahlungen übergegangen: Niedere Adlige traten zu den führenden Baronen oder zum König selbst in ein vertragliches Verhältnis; sie boten militärische (und andere) Dienste gegen Unterhaltszahlungen auf Lebenszeit (*Bastard Feudalism*). Einerseits konnte der englische König nur unter diesen Verhältnissen weiträumige und langdauernde Kriegszüge führen; andererseits entstanden auf diese Weise Privatarmeen von Magnaten, die dem König später selber gefährlich werden konnten.

Infolge der kriegerischen Verwicklungen und der Rückschläge der englischen Krone in Frankreich entwickelte sich das englische Parlament immer mehr zu einer eigenständigen Kraft. Der König bedurfte gesteigerter Mittel für seine Kriege; das Parlament gewährte sie ihm, aber nur unter der Voraussetzung, daß keine neuen Steuern ohne Zustimmung des Parlamentes erhoben und die bis dahin errungenen Privilegien bestätigt wurden. Der Machtzugewinn des Parlamentes führte aber auch zu einer Neuordnung des Gerichtswesens. Die im Interesse der Krone Kontrolle in den Grafschaften ausübenden Reiserichter wurden abgeschafft. Ihre Funktion ging im Lauf der Zeit auf die Friedensrichter (*Justices of the Peace*) über, die bis zum Ende des 14. Jahrhunderts immer umfassendere Befugnisse an sich zu ziehen vermochten und die Sheriffs in den Grafschaften schließlich zu Hilfsbeamten degradierten. Friedensrichter waren ehrenamtlich tätig; sie stellten die Spitzen der lokalen Gesellschaft dar. Sie wurden von den Mächtigen der jeweiligen Grafschaft unter ihresgleichen ausgewählt, mußten aber vom König bestätigt werden und übten ihr Amt in königlichem Auftrag aus.

Infolge der allgemeinen Unzufriedenheit mit der Kriegführung und der daraus resultierenden Fiskalpolitik der Krone kam es im »Guten Parlament« des Jahres 1376 zu einem zukunftsweisenden Vorgang, indem nämlich die *Commons* ihre Beschwerden von einem *Speaker* aus dem Ritterstand vortragen ließen; sie liefen darauf hinaus, der König solle seine üblen Ratgeber entlassen, womit sie auch durchdrangen. Hier wurde erstmals ein Verfahren praktiziert, das später in der englischen Geschichte noch Bedeutung erlangen sollte: Die *Commons* bringen eine Klage gegen bestimmte Personen in der Umgebung des Königs ein, die *Lords* sitzen darüber zu Gericht und die Entscheidung wird vom König anerkannt (*Impeachment*).

1383 wurde erneut ein Expeditionsheer gegen den französischen König nach Flandern geführt, das jedoch scheiterte. Immer wieder verlängerte Waffenstillstände ergaben letztendlich eine Phase des Friedens mit Frankreich bis 1415.

Dieses Aussetzen der Kriegführung hing auch mit einem verstärkten Engagement Richards II. (1377–1399) in Irland und mit dynastischen Problemen zusammen. Richard II. hatte sich in seinen letzten Jahren zunehmend als despotischer Herrscher verhaßt gemacht. Als er Heinrich Bolingbroke, dem Earl of Derby (aus dem Hause Lancaster), am Ende langer Auseinandersetzungen seine Güter aberkannte, wehrte sich dieser durch die Flucht nach vorne: Während sich Richard II. mit seinem Heer in Irland aufhielt, verbündete sich Heinrich mit dem ins Exil getriebenen Erzbischof von Canterbury und sammelte im Norden unzufriedene Barone um sich, an deren Spitze er schließlich Richard II. die Krone streitig machte. Als Richard, aus Irland zurückgekehrt, von einem großen Teil seines Heeres

Rechte Seite: Richard II. wird gefangen in den Tower gebracht

verlassen wurde, konnte ihn Heinrich gefangensetzen und in den Tower bringen, wo er gezwungen wurde, abzudanken und seinen Gegner zum Nachfolger zu ernennen. Das Parlament von 1399 sanktionierte dieses Vorgehen; Richard II. habe seinen Krönungseid gebrochen und sei deshalb zu Recht abgesetzt worden. Näher erbberechtigte Nachfolger wurden übergangen; das Parlament sprach Heinrich (IV.) die Krone zu (1399–1413). Unter diesen Umständen erlangte das Parlament zunehmend Bedeutung als Legitimationsinstitution für einen König von zweifelhaftem Erbrecht. (Man hat sogar von einem »Lancaster-Konstitutionalismus« gesprochen!) Außerdem stützte sich Heinrich IV. auf die Kirche, die er sich durch ein besonders hartes Vorgehen gegen Ketzer und Lollarden verpflichtete (*Statute De comburendo haeretico*, 1401). Als Adelsrevolten ausbrachen, wurde Richard II. im Tower ermordet.

Heinrichs IV. Sohn, Heinrich V., konnte seinem Vater unangefochten auf den Thron folgen (1413–1422). Um die rivalisierenden Parteien hinter sich zu scharen, nahm er den Krieg mit Frankreich wieder auf, der schon in seiner ersten Phase von einer feudalen Auseinandersetzung unter Rittern zu einer nationalen Angelegenheit mit breitem Anklang im englischen Volk geworden war. Die Gelegenheit schien günstig, da sich in Frankreich damals die Herzöge von Orléans und Burgund um die Krone stritten und die bürgerkriegsähnlichen Unruhen England die Chance eröffneten, seine frühere Macht in Frankreich wiederzuerlangen. 1415 landete Heinrich V. mit einem Expeditionsheer in der Normandie. In der Schlacht von Azincourt (25. Oktober 1415) setzten sich die englischen Bogenschützen erneut gegen eine zahlenmäßig weit überlegene französische Streitmacht durch und richteten ein großes Blutbad an. Heinrich V. kehrte im Triumph nach London zurück. Zwischen 1417 und 1419 eroberten die Engländer die Normandie. Nachdem der Dauphin (Orléans, *Armagnacs*) den burgundischen Herzog bei einem persönlichen Treffen ermordet hatte, verbündeten sich Heinrich V. und Burgund und einigten sich im Vertrag von Troyes (1420) darauf, Karl VI. von Burgund solle auf Lebenszeit König von Frankreich werden, nach seinem Tod aber der Engländer. Dieses Abkommen wurde mit einem Ehebündnis zwischen Heinrich V. und der Tochter des Burgunders besiegelt. Der ausgeschlossene Dauphin errichtete in Bourges eine Gegenregierung.

Die Durchsetzung der englisch-burgundischen Seite wurde dadurch aufgeschoben, daß beide, Karl VI. und Heinrich V., bereits 1422 kurz nacheinander starben und der vorgesehene Thronfolger erst ein Jahr alt war. Doch 1428 beschloß England, den Krieg wiederaufzunehmen.

Bei den Kämpfen um Orléans trat ein lothringisches Bauernmädchen ins Rampenlicht, das Jeanne d'Arc genannt wurde oder Johanna von Orléans. Es berief sich auf überirdische Visionen und bestärkte den Dauphin Karl VII. darin, um die französische Krone zu kämpfen und die Engländer aus dem Land zu vertreiben. Auf Initiative dieser Johanna von Orléans erzwang der Dauphin den Zugang zur Krönungsstadt Reims und ließ sich dort zum König krönen und salben (17. Juli 1429). Doch bei weiteren

Kämpfen geriet Johanna in burgundische Gefangenschaft; von den Engländern wurde sie schließlich in einem politischen Prozeß als Hexe verurteilt und hingerichtet (Rouen, 30. Mai 1431).

Nachdem Burgund aus dem Bündnis mit England ausgeschert war und eine Versöhnung mit Karl VII. stattgefunden hatte, verloren die Engländer allmählich ihre Herrschaft über ihre französischen Gebiete. Zu einem Friedensvertrag kam es zwar nie, doch war der Krieg praktisch beendet, als die Franzosen Bordeaux wiedererobert hatten (1453). Den Engländern blieb auf die Dauer nichts als Calais.

Die »Rosenkriege«

Die drei Jahrzehnte zwischen 1455 und 1485 sind gekennzeichnet durch Kriege rivalisierender Adelsfraktionen mit der Tendenz zur Selbstausrottung der traditionellen Führungsschicht. Drei Gründe lassen sich isolieren:

1. Der Rückzug aus Frankreich ließ einen kampferprobten Adel und Ritterstand ohne äußeres Objekt. Wirtschaftliche Langzeitfolgen der Pestzeit, die teilweise durch die Kriegszüge und die Beute in Frankreich aufgefangen werden konnten, schlugen nun ungemildert durch.

2. Die erwähnten Erscheinungen des *Bastard Feudalism* hatten dazu geführt, daß sich die führenden Barone mit Privatarmeen umgeben hatten. Zu Zeiten einer schwachen Krongewalt war die Versuchung zu Rivalitätskämpfen besonders groß.

3. Seit der Usurpation von 1399 bestand eine dynastische Unsicherheit, die unter mächtigen Königen wie Heinrich IV. und Heinrich V. zwar aufgefangen und in einen Krieg nach außen abgelenkt werden konnte, die jedoch gefährlich werden mußte, wenn der Inhaber des Throns schwach war. Dies war die Lage unter Heinrich VI. (1422–1461), dessen Herrschaft mit einer langen Phase der Minderjährigkeit und Regentschaft begann und später in Phasen geistiger Krankheit immer wieder durch Regenten vertreten werden mußte.

In dieser Situation war die Versuchung groß, ein besseres Geblütsrecht zum Vorwand für einen Umsturz zu machen. Die Häuser York und Lancaster waren beide mit den Plantagenets verwandt, York noch näher, doch wirkte das Parlament, das 1399 die Usurpation Heinrichs IV. sanktioniert hatte, stabilisierend für Lancaster.

Die einzelnen Bündnisse, Schlachten und Friedensschlüsse können hier nicht verfolgt werden. Doch erreichte Eduard von York 1461 seine Krönung als König Eduard IV. und konnte sich im Laufe von zehn Jahren einigermaßen durchsetzen. Nach seinem militärischen Sieg von 1471 ließ er Heinrich VI. im Tower hinrichten. 1475 führte er einen Feldzug nach Frankreich, auf dem er zwar keinen Landgewinn, aber hohe Tributzahlungen erreichte. Unter anderem mit diesen Summen, die zu den Zöllen und zu seiner um großen Familienbesitz erweiterten Krondomäne hinzukamen, erlangte er eine relativ selbständige Stellung gegenüber dem Parlament und ein finanziell solides Fundament für seine Herrschaft. Die prekäre Situation der Dynastie York wurde jedoch beim Tode Eduards 1483 deutlich, als sein Bruder Richard von Gloucester die Macht an sich riß und die unmündigen Söhne Eduards in den Tower werfen ließ. Daraufhin brachen erneut Rivalitätskämpfe verschiedener Gruppen des hohen Adels aus. Daß die beiden Prinzen, Söhne Eduards IV., im Tower getötet wurden, steht außer Zweifel; die Frage ist nur, ob auf Befehl Richards. Die so erneut verschärfte dynastische Krise führte dazu, daß sich immer mehr Opposition um den letzten verbleibenden Erben der Lancaster-Partei sammelte, Heinrich Tudor, den Earl of Richmond, der frühzeitig in die Bretagne in Sicherheit gebracht worden war. Er führte durch seine Heirat die verfeindeten Häuser York und Lancaster zusammen und brachte das Parlament auf seine Seite. Durch die Stabilisierung seiner Dynastie schuf er die Voraussetzung für den Aufstieg des englischen Staates.

DER NEUZEITLICHE STAAT UND DIE REFORMATION

England 1485–1603

Epochenüberblick

Die Epoche von 1485 bis 1603 ist gekennzeichnet durch die Erhebung einer Dynastie über alle englischen Magnatenfamilien. Seit Heinrich VII. gelang es den Tudors, das Gewaltmonopol an sich zu ziehen und die Privatarmeen der konkurrierenden Magnaten abzuschaffen. So entstand der englische Staat. Voraussetzungen dafür sind die Kooperation mit dem Parlament (institutionalisiert schon seit dem Mittelalter) und die Kooperation mit der ökonomisch aufsteigenden Metropole London (formal ungeregelt, aber von hoher Bedeutung, vor allem für die Kreditschöpfung). Drittens schließlich bezog die Tudor-Monarchie ihre Stärke aus dem Verhältnis zur Kirche, das unter Heinrich VII. zunächst ein enges Bündnis war, unter Heinrich VIII. dann zur Unterwerfung der Kirche unter den Staat führte. Die Kirche wurde von Rom abgelöst; der englische König machte sich zum Haupt einer Nationalkirche, deren Reichweite mit dem Herrschaftsbereich des Königs deckungsgleich war. In diesem Zusammenhang wurde das gesamte Territorium der Krone als weitgehend einheitlicher Rechtsbereich konstituiert, indem die kirchlichen Freistätten, das Rechtsprivileg des Klerus und die Berufungsmöglichkeit ins Ausland aufgehoben wurden. Der König war nun nicht nur oberster, sondern einziger Gerichtsherr in seinem Lande. In den Grenzbereichen zu Wales und Schottland (*Marches*) und im *Pale* (um Dublin herum) griff die Herrschaft stärker ein. Wales wurde rechtlich und verwaltungsmäßig vollkommen integriert. Für Irland wurde eine neue Politik entworfen, doch blieben im 16. Jahrhundert die gälischen Fürsten noch im größten Teil der Insel weitgehend autonom.

Trotz einiger Feldzüge nach Irland, Schottland und Frankreich, trotz der Abwehr der spanischen Armada nach Aufbau einer eigenen schlagkräftigen Flotte und trotz erster Seereisen nach Rußland, Nordamerika, in die Karibik, ja um die Welt, war England in der Tudorzeit noch wesentlich auf Herrschaftssicherung im eigenen Lande ausgerichtet. Mit Calais ging der letzte Brückenkopf auf dem Kontinent verloren. Die gesteigerte Macht der Dynastie machte sich jedoch phasenweise auch in der europäischen Politik bemerkbar. Im 16. Jahrhundert entwickelte sich eine Konstellation gleichrangig souveräner Staaten, die sich in kriegerische Auseinandersetzungen verstrickten. Aus begrenzten Machtkonflikten entspannen sich im Zuge der Konfessionsspaltung ideologisch überhöhte Auseinandersetzungen zwischen Nationen. Die Konfessionalisierung aller europäischen Staaten beschränkte die Koalitionsfähigkeit: Die altehrwürdige Allianz zwischen England und Spanien zerbrach; jede Seite schürte Binnenkonflikte im Machtbereich der Gegenseite (spanische Invasionen in Irland, englische Unterstützung der aufständischen Niederlande). Die Konfessionalisierung schuf aber auch neue Allianzen: Die traditionelle Verbindung von Schottland und Frankreich gegen England wich 1560, nachdem in Schottland ein calvinistisches Adelsbündnis die Macht erlangt hatte und die englische Staatskirche unter den Einfluß calvinistischer Theologen geraten war, einem Bündnis, das 1603 zu einer Personalunion und 1707 zu einer staatlichen Union erweitert werden konnte.

Die englische Krone unterwarf sich die Kirche vollständig: den Klerus, das Kirchengut und die Lehre. Der Aufstieg der Tudor-Dynastie hängt wesentlich mit der Ausplünderung der Kirche zusammen, die in Aktionseinheit mit den jeweiligen Parlamenten vorgenommen wurde. Diese kooperierten mit der Krone, weil die grundbesitzenden Schichten, welche traditionell die Steuern aufzubringen hatten, davon profitierten, wenn sich die Krone an der Kirche schadlos hielt, in zweiter Linie dann auch, weil sie daran mitverdienten. Die Enteignung der Kirche wurde möglich, nachdem sich vor allem in der geistlichen Gerichtsbarkeit viele Mißbräuche eingeschlichen hatten. Nach teilweise lutherisch beeinflußten Ansätzen unter Heinrich VIII. durchlief England eine Protestantisierung unter Eduard VI., eine Rekatholisierung unter Maria I. und eine erneute Protestantisierung unter Elisabeth I. Ihre eigentümliche Gestalt gewann die anglikanische Staatskirche erst im elisabethanischen Zeitalter: calvinistisch geprägt in der Lehre, aber in manchem Äußeren der alten Kirche ähnlich. In elisabethanischer Zeit kämpften die Puritaner um ihren Platz innerhalb der Staatskirche und um deren Umformung nach ihren Einsichten. Katholiken wurden zunehmend ausgegrenzt und nach 1570 verstärkt verfolgt, zumal angesichts der äußeren Bedrohung durch Spanien.

Latein wurde im Gottesdienst, im Recht und in der Bildung fast völlig verdrängt; die englische Volkssprache entwickelte sich zu einer hohen Literatursprache, die im Zeitalter Shakespeares einen wichtigen Beitrag zur Weltliteratur zu leisten vermochte. Unter Aufnahme literarischer und künstlerischer Anregungen vom Kontinent (vor allem aus Italien: Renaissance) und religiöser Impulse (vor allem aus Deutschland und der Schweiz: Reformation) entstand eine distinkte englische Nationalkultur, welche für die Neuzeit Europas Maßstäbe setzte.

England am Beginn der Neuzeit

(1485–1547)

1485–1509	Heinrich VII., der erste König aus dem Hause Tudor.
1487	Schlacht von Stoke: Sieg über den Prätendenten Lambert Simnel.
1491–1498	Bedrohung durch den Prätendenten Perkin Warbeck. Danach Tudor-Herrschaft gefestigt.
1497/98	Reisen John Cabots an die Ostküste Nordamerikas.
1509–1547	Regierungszeit Heinrichs VIII.
1509	Thronbesteigung und Heirat mit Katharina von Aragón, der Witwe seines Bruders.
1513	Schlacht von Flodden: Sieg über die Schotten. König Jakob IV. von Schottland gefallen.
1515–1529	Kardinal Wolsey leitet die engl. Politik als Kanzler.
1516	Geburt Marias. Thomas Morus: *Utopia* (engl. 1551).
1525	Druck der ersten Übersetzung des Neuen Testamentes aus dem Griechischen ins Englische von William Tyndale in Köln und Worms.
1529	Sturz Wolseys. Kanzler (bis 1532): Thomas More.
1529–1536	Reformationsparlament.
1532–1540	Thomas Cromwell bestimmt die engl. Politik.
1532	Thomas Cranmer wird Erzbischof von Canterbury.
1533	Cranmer erklärt die erste Ehe des Königs für ungültig und traut Heinrich VIII. mit Anne Boleyn. 7. September: Geburt Elisabeths.
1534	Suprematsgesetz: Trennung der engl. Kirche von Rom, König Oberhaupt der *Anglicana Ecclesia*.
1535	Druck der ersten kompletten engl. Bibel in Zürich (Miles Coverdale).
1536	Zehn Artikel: Erste Bekenntnisschrift der anglikanischen Kirche (noch wesentlich der alte Glaube).
1536–1538	Thomas Cromwell setzt als Bevollmächtigter des Königs in Kirchenfragen Verordnungen durch, die protestantische Einflüsse zeigen (z. B. Hl. Schrift in engl. Sprache in jeder Pfarrgemeinde anzuschaffen).
1536–1539	Aufhebung der Klöster.
1536	*Pilgrimage of Grace*: Volksaufstand in Lincolnshire und Yorkshire gegen die religiösen Neuerungen. Anne Boleyn wird des vielfachen Ehebruchs angeklagt und hingerichtet. Heinrich VIII. heiratet Jane Seymour.
1537	Sie stirbt bei der Geburt des Thronfolgers Eduard.
1539	Sechs Artikel: Konservativere Fassung des anglikanischen Glaubensbekenntnisses.

1540 (4.) Ehe Heinrichs VIII. mit Anna von Kleve und Scheidung. Thomas Cromwell hingerichtet. (5.) Ehe Heinrichs VIII. mit Catherine Howard (hingerichtet 1542).
1542 Krieg zwischen England und Schottland; engl. Sieg bei Solway Moss; Tod Jakobs V. von Schottland.
1543 Krieg in Frankreich; Eroberung Boulognes. (6.) Ehe Heinrichs VIII. mit Catherine Parr.
1547 28. Januar: Tod Heinrichs VIII.

Das Problem der Dynastie und die Anfänge des neuzeitlichen Staates unter Heinrich VII.

Die Menschen des Spätmittelalters und der Frühen Neuzeit waren zwar davon überzeugt, daß die Ordnung, auch die politische Ordnung, von Gott gesetzt sei, so daß jeder Widerstand gegen die Obrigkeit sie in schwere Gewissensskrupel stürzte. Sie waren aber nicht der Ansicht, der jeweilige Inhaber des Königsamtes sei ein übermenschliches Wesen. Einen für sich selbst und ungefährdet bestehenden Staat gab es damals noch keineswegs. Die Zentralverwaltung ging weniger von einer »Krone« als vielmehr von der konkreten Person eines Königs aus. Das Parlament bestand noch nicht als autonome Institution, vielmehr berief der König jeweils nach Gutdünken Parlamente zu seiner Beratung ein und vertagte oder beendete sie nach Belieben. Das wesentliche Regierungsgremium war der königliche Rat, das heißt die Gesamtheit der Männer, welche der König zu seinen persönlichen Räten ernannt hatte.

Auf der anderen Seite war die Staatstätigkeit keineswegs allumfassend. Die meisten Bereiche des Lebens funktionierten autonom: Kirche, Universitäten, Städte. Eine staatliche Verwaltung, die auf die lokale Ebene durchgegriffen hätte, gab es noch nicht; die jeweiligen adligen Grundbesitzer hatten alle lokal bedeutsamen Funktionen in ihrer Hand, vom Kirchenpatronat bis zur Gerichtsbarkeit. Vor allem sahen sich die Adligen nicht als Untertanen des Königs, sondern als Vasallen. Sie fühlten sich dem jeweiligen Inhaber der Krone im Prinzip ebenbürtig; sie spielten oft genug mit dem Gedanken, ihn abzusetzen, oder sahen sich auch berechtigt, für einen Konkurrenten um die Krone in den Kampf zu ziehen. Die Frage, ob es eine Königsdynastie gebe, konkretisierte sich insofern in der Frage, ob sich der jeweilige Inhaber der Krone gegenüber seinen Konkurrenten und Rivalen behaupten konnte; wie weit es ihm gelänge, sich ihre Treue zu sichern. In diesem Bestreben des jeweiligen Inhabers der Krone, sich gegen seine hochadligen Standesgenossen durchzusetzen, entstand am Beginn der Neuzeit tatsächlich ein »Staat«, das heißt eine politische Verfassung, die überpersönlichen Charakter annahm. Dazu trug der erste Tudor auf dem englischen Thron wesentlich bei.

Heinrich Tudor aus dem Hause Lancaster hatte 14 Jahre im Exil in der

Bretagne und am französischen Königshof gelebt. Als Eduard IV. 1483 überraschend gestorben war und sein Bruder als Richard III. die Krone an sich gerissen hatte, wobei zwei minderjährige Prinzen, die erbberechtigten Söhne Eduards IV., im Tower verschollen waren, schlug Heinrich Tudors Stunde: Alle Unzufriedenen sammelten sich um ihn, und der französische König half ihm, ein Heer auszurüsten. Die Armeen Heinrich Tudors und Richards III. trafen am 22. August 1485 bei Market Bosworth in Leicestershire aufeinander. Zahlenmäßig war die königliche Armee überlegen. Doch die Entscheidung suchte Richard III. durch eine persönliche Attacke auf seinen Herausforderer herbeizuführen; diese brachte ihm den Tod. Die Anhänger Richards flohen, als sie ihren Führer verloren hatten. So wurde Heinrich VII. auf dem Schlachtfeld zum König. Für die Zeitgenossen hatte der Schlachtentod Richards III. in der direkten Konfrontation mit seinem Rivalen wohl noch die archaische Bedeutung eines Gottesurteils.

Heinrich VII. (Porträt von Michiel Sittow, 1505)

Schon im Exil in der Bretagne hatte Heinrich Tudor in einem öffentlichen Versprechen in der Kathedrale von Rennes angekündigt, Elisabeth von York heiraten zu wollen, die Tochter Eduards IV. So entstand die Hoffnung, daß der Sproß des Hauses Lancaster durch seine Ehe mit der Erbin der Ansprüche des Hauses York beide Linien zusammenführen und die dreißigjährigen Auseinandersetzungen der Rosenkriege beenden würde.

Heinrich VII. ergriff seine Chance mit Umsicht. Die offizielle Krönungsfeierlichkeit in Westminster beraumte er auf den 30. Oktober an und das erste Zusammentreten des Parlamentes auf den 7. November. Damit brachte er zum Ausdruck, daß er seine Königsherrschaft keineswegs vom Parlament bekommen hatte. Die Heirat mit Elisabeth von York erfolgte erst am 18. Januar 1486. Durch dieses späte Datum stellte er klar, daß er seine Krone nicht seiner Frau verdankte. Als am 19. September 1486 ein gesunder männlicher Erbe geboren und auf den Namen Arthur getauft wurde, eröffnete sich die Perspektive der Kontinuität. Doch die Überlebenden des Hauses York sowie verschiedene Prätendenten bedeuteten immer aufs neue eine Gefahr für seine Herrschaft: als Sammelpunkte der Opposition, als Führer für Rebellionen und als Kristallisationskerne für Invasionen von außen, von Frankreich, Flandern, Schottland und Irland. Trotzdem gelang Heinrich VII., was seinen drei Vorgängern nicht gelungen war: die Krone seinem Sohn unangefochten weiterzugeben und damit eine neue Dynastie zu begründen.

Heinrich VII. war nicht nur klug und gerecht; er war vor allem ein Rechner. Kein König vor ihm oder nach ihm hat sich in solchem Maße um die Finanzverwaltung gekümmert, und keiner hat wie er persönlich fortwährend Rechnungsbücher geprüft und seine Finanzexperten beaufsichtigt. Gerade weil seine Herrschaft noch ungesichert war, mußte ihm der Zustand seiner Kasse als Überlebensfrage erscheinen. Nur ein zahlungsfähiger König, der im Bedarfsfall Söldner anheuern konnte, konnte sich wirklich König nennen. Heinrich VII. perfektionierte alle Methoden, die königliche Kasse aufzubessern. Als er starb, atmeten deshalb viele erleichtert auf.

Welche Einnahmequellen hatte ein englischer König am Beginn der Neuzeit? Man unterscheidet zwischen »ordentlichen« und »außerordentlichen« Einnahmen. An der Spitze der »ordentlichen« Einnahmen stehen die Einkünfte des Königs als Grundeigentümer. Es galt, durch geeignete Verwalter möglichst viel aus den Krondomänen herauszuwirtschaften. Zu den ordentlichen Einnahmen des englischen Königs gehörten auch die Import- und Exportzölle sowie Gebühren, die sich aus der Lehensverfassung ergaben. Hier war Heinrich VII. besonders erfinderisch und erfolgreich. Er schuf neue Ämter und Behörden für die Kapitalisierung von Feudalgefällen und achtete darauf, daß sie sich bezahlt machten. Ordentliche Einkünfte standen dem König schließlich auch durch die Gerichtsbarkeit zur Verfügung, weil jede Eröffnung eines Verfahrens dem König eine Gebühr einbrachte und weil ihm die verhängten Geldstrafen zustanden. Heinrich VII. scheint Geldstrafen den Vorzug gegeben zu haben gegenüber Gefängnis- oder Todesstrafen – was durchaus zu seinem Charakterbild paßt. An »außerordentlichen« Einnahmen konnten Könige Gelder erwarten, die ihnen von ihren Parlamenten bewilligt wurden, aber jeweils nur in begründeten Fällen, vor allem im Kriegsfall. Heinrich VII. machte von dieser Möglichkeit nur zurückhaltend Gebrauch. Er hinterließ seinem Nachfolger ein geordnetes Finanzwesen und eine gefüllte Staatskasse.

Auf der unteren Ebene gab es in England in älterer Zeit keine staatliche Verwaltung. Es bestand die Vorstellung, daß Ruhe und Ordnung, Verbrechensbekämpfung und Infrastruktur wesentlich Aufgabe und Interesse der Grundbesitzer selbst seien. Wie weit sie sich um all dies kümmerten und wie weit sie die Zügel schleifen ließen, war nach Zeit und Gegend verschieden. Heinrich VII. war bestrebt, die Friedensrichter (*Justices of the Peace*) zu stärken. Der örtliche Adel wählte diese aus seiner Mitte jeweils für ein Jahr; sie wurden dann vom König ernannt und amtierten ohne Bezahlung. Sie waren für Verwaltungsaufgaben zuständig, beispielsweise für Wege und Straßen, für die Durchführung von Gewerbeverordnungen,

Lohn- und Preisregulierungen. Kleine Kriminalfälle konnten sie als Richter auf der Stelle entscheiden. Schwerwiegendere wurden auf sogenannten *Quarter Sessions* behandelt, vierteljährlichen Gerichtsverhandlungen für größere Regionen, auf denen jeweils alle JPs der betreffenden Gebiete gemeinsam zu Gericht saßen. Heinrich VII. erkannte ihnen zunehmend größere Befugnisse zu.

Das eigentliche Problem waren für Heinrich VII. nicht die kleinen Diebe oder Ruhestörer, sondern die Führer der großen Adelsfamilien, die weite Bereiche unkontrolliert beherrschten. Der König wagte Änderungen: In seinen letzten Jahren besetzte er die für die Kontrolle des Nordens wie auch von Wales entscheidenden Posten nicht mehr mit den mächtigsten Männern, sondern ließ den *Council of the North* und den *Council of Wales* jeweils unter dem Vorsitz eines Bischofs zusammentreten und bezog dabei stärker die *Gentry* ein. Außerdem wurden diese Gremien mehr als früher von der Zentrale beaufsichtigt. Insofern steigerte er in diesem Bereich die Macht der Monarchie, ohne neue Institutionen zu schaffen, durch kluge Adaption der traditionellen.

Das Zentrum der Regierungsgeschäfte lag von alters her im königlichen Rat (*Council*). Die Mehrzahl der königlichen Räte waren Bischöfe; neben hohen Adligen gab es auch *Gentry* sowie Bürger niederer Herkunft. Heinrich VII. legte mehr Wert auf Leistung und Effizienz, so daß die Ehre oder das Geblüt an Bedeutung verloren. Am deutlichsten ist dies bei einem Gremium, das eigens von Heinrich VII. geschaffen wurde, dem *Council Learned (in the Law)*. 1495 entstand er in dem Bestreben, die Rechte des Königs als Feudalherrn wiederzubeleben und durchzusetzen, anfangs für das Herzogtum Lancaster, später für das ganze Land. Juristen führten einschneidende Untersuchungen durch und kapitalisierten die Rechte der Krone. Da die herausragenden Akteure bürgerlicher Herkunft waren und die Betroffenen Magnaten, machte die neue Institution, indem sie im Sinne des Königs erfolgreich operierte, bei den Betroffenen viel böses Blut. So wurde die einzige institutionelle Neuschöpfung Heinrichs VII. von seinem Nachfolger sogleich wieder abgeschafft.

Bevölkerung und Wirtschaft am Beginn der Neuzeit

Um 1500 mag die Bevölkerung von England und Wales 2 Millionen Menschen betragen haben. Diese Zahl kann man in verschiedenen Relationen sehen: Im europäischen Maßstab war es wenig. Spanien, Italien, Frankreich und Deutschland hatten jeweils ein Mehrfaches. Aber auch in Relation zu den Lebensmöglichkeiten auf den Britischen Inseln war es wenig, wenn man bedenkt, daß vor dem ersten Auftreten der Pest in England und Wales etwa 6 Millionen Menschen gelebt hatten. Diese Zahl war infolge der großen demographischen Katastrophe bis zur Mitte des 15. Jahrhunderts auf etwa 1,5 Millionen, auf ein Viertel also, gefallen und stieg seitdem; um

Schiffsverkehr auf der Themse: Blick auf den Tower und die London Bridge (Miniatur, um 1500)

die Mitte des 16. Jahrhunderts wurden 3 Millionen überschritten (um 1600: 4 Millionen). Am Ende der Epoche lebten also etwa doppelt so viele Menschen in England und Wales wie am Anfang, aber immer noch weit weniger als vor der großen Pest.

In England erbte der Älteste; er konnte also in der Regel erst dann heiraten und eine Familie gründen, wenn der Vater starb. Den jüngeren Geschwistern blieb die Gründung einer Familie entweder überhaupt versagt, oder sie mußten sich anderswo umtun. Da nun seit der großen Pest und der demographischen Katastrophe des mittleren 14. Jahrhunderts viele bäuerliche Stellen unbesetzt waren und die Löhne allgemein in die Höhe geschnellt waren, war es relativ leicht, Land zu kaufen oder einen günstigen Pachtvertrag zu bekommen, so daß man nicht mehr unbedingt auf den Erbfall zu warten brauchte und jünger heiraten konnte.

Das Wohlergehen des Landes hing am Beginn der Neuzeit sehr stark von den jährlichen Ernteergebnissen ab, weil England damals noch eine Subsistenzwirtschaft war und die Marktverflechtung, die Import- und Exportmöglichkeiten eher gering waren. Das Land blieb agrarisch bestimmt. 90 % der Bevölkerung lebten auf dem Lande und nur 10 % in Städten. Von den Stadtbewohnern wohnte nicht weniger als die Hälfte in London, die andere Hälfte verteilte sich auf alle übrigen Städte, etwa 700 an der Zahl. London hatte um 1500 vielleicht 60000 Einwohner und war in starkem Wachstum begriffen (um 1600: 215000). Alle übrigen Städte hatten jeweils weniger als 12000 Einwohner – Norwich gegen 12000, Bristol 10000, Exeter, York und Salisbury je 8000, Coventry 7500. Die meisten bekannten Städte, zum Beispiel Oxford, Cambridge, Ipswich, Canterbury, Colchester oder Yarmouth, lagen in der Größenordnung unter 5000. Allgemein läßt sich sagen, daß die ganze Epoche durch zunehmende Verstädterung gekennzeichnet ist. Fast alle englischen Städte waren Hafenstädte. Entweder lagen sie direkt an der Küste oder nicht weit von der Küste entfernt an einer schiffbaren Flußmündung.

Das 16. Jahrhundert war ein Zeitalter der Inflation. Die Jahrhundertmitte ist durch einen besonderen Preissprung bei Getreide markiert. Weniger sprunghaft, aber ebenfalls zunehmend entwickelten sich die Preise für Fleisch, Milch und Eier bzw. Wolle.

Doch wo liegen die Ursachen für diesen Inflationsprozeß? Der säkulare Bevölkerungsanstieg mußte zu einer säkularen Inflation führen, weil die verstärkte Nachfrage nach Gütern einen Preisanstieg zur Folge hatte. Hinzu kamen staatliche Eingriffe: Nach den Münzverschlechterungen von 1526, 1543, 1548 und 1551, bei denen dem Silber immer mehr Kupfer beigemischt worden war, enthielten die englischen Münzen nur noch ein Viertel des Edelmetallgehaltes, den sie am Jahrhundertanfang gehabt hatten!

Wie wirkte sich der säkulare Inflationsprozeß auf die Lebensverhältnisse aus? Den größten Profit hatten die Anbieter von Waren, vor allem von Lebensmitteln, am meisten von Getreide. Am schlechtesten ging es den städtischen Lohnarbeitern, die aber damals noch nicht sehr zahlreich waren. Schlecht ging es den Landarbeitern ohne Zugang zu Land. Von der Inflation profitierten hauptsächlich die Grundbesitzer. Das gilt nicht nur für den Adel, sondern auch für freie Bauern; es gilt aber teilweise auch für Pächter, wenn sie, was in der ersten Jahrhunderthälfte noch häufig war, durch langfristige Pachtverträge (99 Jahre) aus der Zeit des Bevölkerungsmangels begünstigt waren.

In der Siedlungsweise gibt es vielerlei regionale Variationen; aber es lassen sich auch hier Großbereiche trennen: In den *Highlands*, wo Schafzucht am wichtigsten war, gab es Streusiedlungen; die Gebiete waren abgegrenzt und wurden individuell bewirtschaftet. In den *Lowlands* waren Haufendörfer vorherrschend, die von meist drei Feldern umgeben waren, welche umschichtig genutzt und häufig von der Dorfgemeinde gemeinsam bestellt wurden, wobei jedes Feld nach Maßgabe des Privateigentums in Streifen eingeteilt war. Außerhalb dieses Ackerbereichs um die Dörfer herum lagen

Commons, das heißt Allmendgebiete, welche der ganzen Dorfgemeinde gehörten: um Vieh dorthin zu treiben, Holz und Beeren zu sammeln, Torf, Sand oder Lehm zu graben. Diese Nutzung von *Commons* war lebenswichtig für arme Dorfbewohner: Pächter ohne eigenes Land und Lohnarbeiter hatten so die Möglichkeit, einen Teil ihres Bedarfs ohne Geld, also von der Inflation unbeeinflußt, zu decken. Infolge des Bevölkerungswachstums entstand freilich ein Druck auf das Land, der oft dazu führte, daß Allmenden in Privateigentum umgewandelt wurden, und zwar durch eine Übereinkunft zwischen der Dorfgemeinde und dem Käufer. Solches Land wurde dann eingehegt, mit Gräben, Zäunen und Hecken umfriedet, so daß es kenntlich war, daß das Vieh beisammengehalten wurde und der Privateigentümer einen kontrollierten Anbau betreiben konnte. Die politische Öffentlichkeit war der Meinung, daß solche *Enclosures* dem Gemeinwohl abträglich seien und soziale Unruhen beförderten. Durch das ganze 16. Jahrhundert zieht sich eine Gesetzgebung gegen *Enclosures*, die aber wenig Wirkung zeigte.

Insgesamt ist die englische Landwirtschaft des 16. Jahrhunderts dadurch charakterisiert, daß sie stärker als früher für den Markt produzierte. Der wichtigste Faktor dabei war das Wachstum der Stadt London, aber auch das der kleineren Städte. Die Figur des Kleinbauern, der gerade das produzierte, was er mit seiner Familie aufzehrte, und zu arbeiten aufhörte, wenn er genug hatte, wurde in der Neuzeit seltener. Häufiger brachte man nun Überschüsse zu Markt und baute im Überfluß an, was gute Marktpreise zu erzielen versprach. Charakteristisch für diese Entwicklung ist vor allem der Anbau von nicht eßbaren Pflanzen, die eine gewerbliche Bedeutung hatten, angefangen von Flachs und Hanf für Leinen und Stricke bis zu Färbepflanzen wie Safran, Krapp und Waid.

Die englischen Bauern kann man in drei Großgruppen einteilen: *Copyholders* waren Erbpächter, die in einem schriftlich fixierten vertraglichen Verhältnis mit ihren Grundherren standen. Sie waren praktisch unkündbar. Die zweite Gruppe, die *Leaseholders*, waren Pächter mit einem zeitlich befristeten Pachtvertrag, der immer wieder neu ausgehandelt werden mußte, wenn die Pachtzeit abgelaufen war, und dessen Pachtzins deshalb der Marktlage angepaßt werden konnte. Die dritte Gruppe, die *Freeholders*, waren ihren Grundherren nur noch nominell zinspflichtig; faktisch konnten sie über ihr Land frei verfügen. Man schätzt, daß in der ersten Hälfte des 16. Jahrhunderts etwa ein Fünftel der englischen Bauern *Freeholders* waren, ein Neuntel *Leaseholders* und über die Hälfte *Copyholders*.

Erweiterung der landwirtschaftlichen Nutzfläche, verbesserte Düngemethoden und Einführung von Futterpflanzen für das Vieh (Klee, Luzerne), Marktorientierung und organisatorische Verbesserungen kennzeichneten die englische Landwirtschaft schon im 16. Jahrhundert. Vor allem aber ging man teilweise über zur abwechselnden Nutzung von eingehegtem Land für Ackerbau und Viehzucht (im Gegensatz zur älteren Dreifelderwirtschaft mit einem Brachjahr).

Ein Großteil der Bevölkerung war gleichzeitig in mehreren »Berufen« tätig. Ackerbau und Viehzucht waren die elementaren Beschäftigungen, die für 90 % der Bevölkerung den Jahreslauf bestimmten. Im Winter, wenn auf dem Land nicht viel zu tun war, betätigten sich Männer und Frauen in gewerblichen Arbeiten aller Art. Schon seit dem 13. Jahrhundert hatten sich in England zahlreiche Textilunternehmen auf dem Lande niedergelassen. Dort hatten die Arbeiterinnen und Arbeiter gewöhnlich kein Kapital, aber Fertigkeiten und vielleicht Werkzeuge. Sie erhielten also Rohstoffe auf Kredit; der Verleger holte ihre Produkte dann wieder ab und verrechnete sie gegen seinen Vorschuß. Verleger waren für eine agrarisch bestimmte Wirtschaft von Bedeutung, weil nur sie das Anfangskapital stellen und nur sie die Distribution von Rohstoffen und Fertigwaren besorgen konnten.

Während sich England bereits seit dem Mittelalter als Wollieferant und Tuchproduzent auf dem internationalen Markt etabliert hatte, setzte nach etwa 1550 eine rückläufige Bewegung ein. Ein Wandel der Mode wirkte sich gegen die schweren englischen Wolltuche aus, die nun *old draperies* genannt wurden; gefragt waren dagegen *new draperies*, worunter man leichtere Stoffe verstand, denen Baumwolle, Leinen oder Seide beigemengt war. Solche leichteren Tuche wurden in Nordfrankreich und in den Niederlanden gefertigt. Die Engländer lernten, sich dieser veränderten Nachfrage anzupassen.

Erst seit dem späten 16. Jahrhundert entwickelte sich England zu einem bedeutenden Handelsstaat. Um 1450 war noch über die Hälfte des englischen Exports und Imports in der Hand von Ausländern, vor allem von Italienern und Hansekaufleuten. In älterer Zeit schlossen sich Überseekaufleute grundsätzlich zu Handelsgesellschaften zusammen, um das Risiko besser zu verteilen, durch gemeinsame Passagen die Verteidigungsfähigkeit gegen Kaper zu verbessern und sich Schutz und Geleit von Fürsten zu sichern. Um 1500 war die mächtigste dieser Gesellschaften die der *Merchant Adventurers* in London. Sie unterstützten Heinrich VII. und sicherten ihm Kredit, während er sie seinerseits mit Monopolen privilegierte. Sie waren hauptsächlich im Woll- und Tuchhandel tätig. Der größte Teil des Handels war auf eine einzige Kanalroute zusammengezogen: London–Antwerpen. Antwerpen war bis zur Mitte des 16. Jahrhunderts der führende Überseehafen: Dort konnte man alle Waren aus dem Orient (Seide, Gewürze, Edelsteine) ebenso bekommen wie die Handelsgüter Europas: Metallwaren, feine Textilien, Salz, Glas, Farbstoffe und Wein. Umgekehrt war dort ein unersättlicher Markt für englische Wolle und Tuche.

Eine Folge dieses in Monopolgesellschaften organisierten Fernhandels über London war auch der Niedergang der anderen englischen Hafenstädte und das Wachstum der Metropole. Häfen wie Bristol, Sandwich, Colchester, Boston, Hull und Beverley verloren immer mehr Handelsanteile zugunsten Londons. Um 1450 betrug der Anteil der Hauptstadt am Tuchexport 50 %, hundert Jahre später 90 %. Diese herausragende Stellung verstärkte sich immer mehr, da die Londoner Kaufleute durch ihren Kontakt mit den Niederländern, die damals nebst den Italienern in der Finanzwirtschaft führend waren, immer bessere Kenntnisse erwarben. Das führte dazu, daß es Kaufleute in englischen Provinzstädten bequemer und vorteilhafter fanden, ihren Fernhandel über London abzuwickeln. Dieser blühte seit der elisabethanischen Zeit.

Besonderheiten der englischen Sozialverfassung

Im mittelalterlichen England war – ebenso wie im übrigen Europa – die Vorstellung von drei Ständen sehr verbreitet: Danach bildete der Klerus den ersten Stand, weil er für das Seelenheil aller zuständig war (»Lehrstand«). Den zweiten Stand bildete der Adel, der als »Wehrstand« definiert wurde: Mit dem König an der Spitze garantierte er die politische Ordnung und die Sicherheit nach außen. Den dritten Stand bildeten alle übrigen, in erster Linie die Bauern, welche als »Nährstand« definiert wurden; sie seien zur Nahrungsmittelproduktion, also zur Subsistenzsicherung für alle drei Stände, berufen.

Im sozialen Denken der Tudor-Zeit wurde die mittelalterliche Drei-Stände-Lehre durch andere Klassifikationen abgelöst, wobei zunächst noch nicht die materielle Grundlage als entscheidend betrachtet wurde, sondern das Amt, das heißt die Funktion im Gemeinwesen. Damit ging eine Differenzierung der Kategorien einher. Am häufigsten findet man im 16. Jahrhundert Vier-Stände-Lehren. Die ersten beiden Ränge (*Nobility* inklusive der *Gentlemen*, aber auch *Citizens*) sind gekennzeichnet durch ihre Teilhabe an der Obrigkeit, durch ihre Befehlsgewalt über andere, und zwar sowohl im Staat (Rat, Parlament, Gerichte) als auch auf Grafschaftsebene bzw. in den Städten. Der dritte Rang (*Yeomen*: freie Bauern mit mindestens 40 *Shillings* Gewinn jährlich) ist ebenfalls an verantwortlichen Aufgaben beteiligt (meist auf lokaler Ebene), während der vierte Rang (*Labourers*) gerade dadurch gekennzeichnet ist, daß er keine herrschaftlichen Aufgaben wahrnehmen darf. Diese Einteilung berücksichtigt noch nicht wirtschaftliche Differenzen, zeigt aber deutlich den sozialen Wandel am Beginn der Neuzeit auch in der Konzeption von Gesellschaft: Das Stadtbürgertum findet Berücksichtigung, während die Geistlichkeit entfällt.

Bereits Sir Thomas Smith hatte darauf hingewiesen, daß man den Adel zwar von Geburt an besitze bzw. vom König verliehen oder aberkannt bekommen könne, daß aber der niedere Adel nicht mehr streng einzugrenzen sei. *Gentleman* sei letztlich, wer als solcher auftrete, den nötigen Reichtum und die nötige Bildung habe und die entsprechenden Funktionen und Lasten innerhalb des Gemeinwesens übernehme. Mit diesem Prinzip wurde zwar das adlige Rangsystem nicht eigentlich tangiert, es bedeutete aber doch, daß keine kastenmäßige Verkrustung eintreten konnte. Die Kombination von Reichtum und Bildung ermöglichte es einzelnen und ganzen Familien, das gesellschaftliche Ansehen des niederen

Adels, der *Gentry*, zu teilen. Die scharfe Trennung zwischen Adel und Bürgertum, die sich auf dem Kontinent ausbildete, bestand in England nicht.

Eine weitere folgenreiche Besonderheit der englischen Sozialverfassung war die Tatsache, daß der Adelstitel jeweils nur auf den Ältesten überging. Wie die Töchter mit einer Mitgift in Geld ausgestattet wurden, hatten gleichermaßen die jüngeren Söhne grundsätzlich keinen Anteil am Landbesitz zu erwarten. Auch im höheren Adel galten sie nur als *Gentlemen* – freilich mit der Möglichkeit, einem etwa sterbenden älteren Bruder in Titel und Besitz nachzufolgen. Diese Besonderheit der englischen Sozialverfassung hatte weitgehende Folgen für die englische Geschichte. Denn die jüngeren Söhne von Adligen mußten sich in der Welt umtun und in anderen Lebensbereichen eine entsprechende Stellung durch Leistung erringen. Freilich waren ihnen durch ihre Herkunft oft alle Wege geebnet, wenn sie sich etwa um Stellungen im Heer oder bei der Flotte, im königlichen Haushalt oder in der Staatsverwaltung bemühten. Für jüngere Söhne von Adligen war es außerdem akzeptabel, sich der Gelehrsamkeit an Universitäten zu widmen oder kirchliche Stellen zu übernehmen. Ja, manch einer war sich nicht dafür zu schade, in Handel und Gewerbe ein Auskommen zu suchen. Während eine solche Verhaltensweise überall in Europa derogierend wirkte (zum Verlust des Adels führte), war die Handelstätigkeit von englischen Adligen im 16. Jahrhundert zwar noch umstritten, fand aber im 17. schon weitgehend Anerkennung. Auch in dieser Hinsicht gab es also eine Brücke zwischen Bürgertum und Adel.

Die grundlegende Lebenseinheit am Beginn der Neuzeit war der Haushalt. Früher hatte man die Vorstellung, in vorindustrieller Zeit seien die Haushalte Großfamilien gewesen, in denen außer Eltern und Kindern unverheiratete Verwandte, Großeltern und Bedienstete unter einem Dach gewohnt hätten. Für England ist das längst widerlegt. Am ehesten mag es noch in adligen Haushalten zugetroffen haben. Aber im bäuerlichen wie im städtischen Bereich waren Kleinfamilien vorherrschend, die gar nicht sehr viel anders als heute zusammengesetzt waren. Der wesentliche Unterschied zur Industriegesellschaft bestand darin, daß man Knechte und Mägde zur Familie rechnete, bei Handwerkern und Kaufleuten Lehrlinge, Gesellen und Kommis. Der ältere Familienbegriff enthält also auch nichtblutsverwandte Personen, die gleichwohl für den Haushalt als ökonomische Einheit selbstverständlich waren. Besonders große Haushalte findet man deshalb im Adel, wo nicht nur zahlreichere und differenziertere Aufgaben anfielen, sondern das Element der Repräsentation und Klientelbildung hinzukam. Adlige Haushalte konnten deshalb leicht mehr als 50 Personen umfassen. (Die Haushalte Heinrichs VIII. und Wolseys lagen in der Größenordnung von 500.) In dieser Beziehung unterschied sich die englische Gesellschaft am Beginn der Neuzeit vielleicht am deutlichsten von der bürgerlichen Epoche: Sobald Kinder etwas arbeiten konnten, mußten sie das auch tun; sobald sie merklich zu ihrem Lebensunterhalt beitragen konnten, wurden sie außer Haus gegeben, meistens schon im Alter von

Heinrich VII. (Tudor), † 1509 ∞ Elisabeth v. York, † 1503
Kg. 1485–1509

Jakob IV. Stuart, † 1513 ∞ Margarete
Kg. v. Schottland † 1541
1488–1513

Maria, † 1533

Fances ∞ Henry Grey
Hz. v. Sufflok

Jane Grey, † 1554 (hinger.)
Kgn. 1553

Jakob V. ∞ 1. Magdalene, † 1537
† 1542 2. Maria v. Guise-
Kg. v. Schottland Lothringen, † 1560
1513–1542

Margarete Douglas
∞ Matthäus Stuart
Ururenkel Jakobs II.
Kg. v. Schottland

Jakob Stuart, † 1570
Gf. v. Murray
Regent v. Schottland

Maria Stuart ∞ 2. Heinrich Stuart
† 1587 (hinger.) † 1567 (ermordet)
Kgn. v. Schottland Gf. v. Darnley
1542–1567

Anna v. Dänemark ∞ **Jakob** (VI.) **I.**, † 1625
† 1619 Kg. v. Schottland 1567–1625
Kg. v. England 1603–1625

Elisabeth, † 1662
∞ Friedrich V.
Kfst. v. d. Pfalz, Kg. v. Böhmen, † 1632

Heinrich Friedrich, † 1612

Sophia, † 1714 ∞ Ernst August, † 1698, Kfst. v. Hannover

Georg I., † 1727
Kg. v. Großbrit. u.
Hannover 1714–1727

Sophie Charlotte, † 1705
∞ Friedrich I., † 1713
Kg. in Preußen

Georg II., † 1760
Kg. v. Großbrit. u.
Hannover 1727–1760

Sophie Dorothea, † 1757
∞ Friedrich Wilhelm I., † 1740
Kg. in Preußen

Friedrich Ludwig, † 1751
Pr. v. Wales

Georg III., † 1820
Kg. v. Großbrit. u. Hannover 1760–1820

Heinrich VIII., † 1547
Kg. 1509–1547

∞

1. Katharina v. Aragon, † 1536
2. Anna Boleyn, † 1536
3. Jane Seymour, † 1537

Maria I., † 1558
Kgn. 1553–1558
∞ Philipp II.
Kg. v. Spanien
† 1598

Elisabeth I., † 1603
Kgn. 1558–1603

Eduard VI., † 1553
Kg. 1547–1553

Karl I., † 1649
Kg. v. England u.
Schottland 1625–1649

∞

Henrietta Maria
† 1669
T. v. Heinrich IV. v. Frankreich

Karl II., † 1685
Kg. 1660–1685

Maria, † 1660
∞ Wilhelm II. v. Oranien
Gen.-Statth. d. Ndld.

Jakob II., † 1701
Kg. 1685, vertr. 1688

Wilhelm III.
v. Oranien
† 1702
Gen.-Statth.
d. Ndld.
Kg. 1689–1702

∞

Maria
† 1694
Kgn. 1689–1694
(gemeinsam mit
Wilhelm III.)

Anna
† 1714
Kgn. v. Großbrit.
1702–1714
∞ Pr. Georg v.
Dänemark, † 1708

Jakob Eduard
† 1766
Thronprätendent

Karl Eduard
† 1788
Thronprätendent

Tudor –
Stuart –
Hannover

6 bis 8 Jahren. In den unteren Schichten übernahmen sie dann einfache Dienstleistungen, in den mittleren wurden sie Lehrlinge.

Ein weiterer Grund für dauerhafte Ortswechsel waren Heiraten. Im Prinzip läßt sich feststellen, daß die Einwilligung in ein Ehebündnis stärker wirtschaftlichen als emotionalen Charakter hatte, weil damit ja ein neuer Haushalt gegründet wurde, der eine ökonomische Einheit war. Deshalb sprachen auch die Eltern, die für die Ausstattung dieses neuen Haushaltes sorgen sollten, dabei wesentlich mit. Freilich wirkte sich dieses Prinzip in verschiedenen sozialen Verhältnissen unterschiedlich aus: Im Adel war es eine Staatsangelegenheit; für jede Heirat eines *Peers* war die Erlaubnis des Königs vonnöten. Unter der *Gentry*, den *Yeomen* und den Stadtbürgern dürften Heiraten ebenfalls stark formalisiert und zustimmungsbedürftig gewesen sein, da ja immer Land- oder Kapitaltransaktionen damit verbunden waren. Wo es aber nicht um dingliche Verträge ging, hatten die Eltern wenig mitzureden. Im Prinzip sollte eine Eheschließung nach Meinung der Geistlichen zwar erst nach dreimaligem Aufgebot erfolgen. Doch nach alter Tradition galten Mann und Frau bereits dann als verheiratet, wenn sie sich vor Zeugen ein Versprechen gaben, bei dem das Präsens verwendet wurde, und sich ein Pfand oder Geschenk überreichten, etwa einen Ring. Als gültig betrachtete man sogar ein futurisches Versprechen, wenn es vor Zeugen erfolgt war und anschließend Geschlechtsverkehr stattgefunden hatte. Offenbar waren am Beginn der Neuzeit in England wie auch in anderen Ländern weder Staat noch Kirche in diesen wichtigen Schritt notwendigerweise einbezogen, obwohl sie darauf drängten. Das ist insofern erstaunlich, als die Ehe allgemein für unauflöslich gehalten wurde. Ein Scheidungsrecht gab es nicht. Scheidungen waren nur durch *Private Acts of Parliament* möglich, eine Prozedur, die so langwierig wie kostspielig war. Gewöhnlich kam sie nur im Adel vor und da nur selten. Üblich und gesellschaftlich akzeptiert war es auch, erst dann zu heiraten, wenn die Frau bereits schwanger war. In Unterschichten verzichtete man teilweise auf Eheschließungen aus Mangel an Mitteln. Im Prinzip war es jedoch möglich, daß Kinder, die mit 6 bis 8 Jahren in fremde Dienste gegangen waren, sich in zehn Jahren, da sie ja Kost und Wohnung hatten, von ihrem Lohn soviel zusammensparten, daß sie eine Familie gründen konnten. Praktisch wartete man immer länger mit einer Eheschließung, so daß im Laufe des 16. Jahrhunderts in England Männer wie Frauen erst im Alter von 27 bis 29 Jahren heirateten. Damit war die (verbleibende) Fruchtbarkeitsperiode verhältnismäßig kurz und die Kinderzahl dementsprechend eher gering. Beim Adel war es umgekehrt: Dort wurden nicht selten schon Kinder verheiratet, und die Kinderzahl war dementsprechend hoch.

Die Epoche Heinrichs VIII.: Die frühen Jahre

Als Heinrich VIII. 1509, knapp 18jährig, den Thron bestieg, geschah dies unter allgemeinem Jubel: Er beeindruckte seine Zeitgenossen durch seine außergewöhnliche Größe, Stärke und Gewandtheit, verbunden mit überdurchschnittlichen Geistesfähigkeiten und gelehrten Kenntnissen. Er vereinigte die höchsten ritterlichen Fähigkeiten (Reiten, Lanzenstechen und Bogenschießen) mit den höchsten humanistischen (Musik, alte und neue Sprachen, Theologie). Die frühen Schilderungen lassen noch nichts ahnen von den abstoßenden Zügen, die später hervortreten sollten. Einen Monat nach dem Tod seines Vaters heiratete er Katharina von Aragón, die Witwe seines Bruders, wofür ein päpstlicher Dispens eingeholt wurde. Heinrich VIII. hatte dabei wohl vor allem die Sicherung der noch jungen Tudor-Dynastie vor Augen.

Ohne Not brach er einen Krieg mit Frankreich vom Zaun. Damals lebten in England noch Erinnerungen an die »große Zeit«, als man halb Frankreich besessen hatte; der junge König war gewillt, in die Fußstapfen der großen Kriegshelden zu treten, von denen in den Ritterbüchern Ruhmvolles gesagt und gesungen war. Er genoß den Vorteil, daß ihm sein Vater eine gefüllte Staatskasse hinterlassen hatte. Doch das Kriegsglück war wechselnd. Die ersten Züge brachten wenig. 1513 schließlich unternahm Heinrich selbst an der Spitze eines ungeheuren Heeres eine Fahrt auf den Kontinent, belagerte Thérouanne und Tournai; nachdem er, wenig überraschend, mit seinem Riesenheer die beiden Städte eingenommen hatte, kam er nach London zurück, um sich als Sieger feiern zu lassen. Währenddessen war Englands traditioneller Feind und Frankreichs traditioneller Verbündeter, Schottland, im Norden eingefallen. Die englische Abwehr siegte in der Schlacht von Flodden über ein zahlenmäßig überlegenes Heer; mehr als zehntausend Schotten sollen dabei umgekommen sein, auch der König selbst. Dies war von höchster Bedeutung für Heinrichs ganze Regierungszeit: Dem gefallenen schottischen König Jakob IV. folgte Jakob V., der noch ein Kind war; die Vormundschaftsregierung führte die Witwe, Heinrichs Schwester Margarete.

Die erste Hälfte der Regierungszeit Heinrichs VIII. wurde dominiert von einem einzigen Mann, der in ungewöhnlicher Weise die Geschäfte an sich zu ziehen vermochte und keinen anderen neben sich aufkommen ließ: Thomas Wolsey. Er war von geringer Herkunft, Sohn eines Metzgers aus Ipswich, und hatte die übliche Klerikerkarriere eingeschlagen. Im Kronrat verdrängte er allmählich alle anderen Ratgeber des Königs durch seinen Arbeitseifer, durch sein Selbstbewußtsein und durch seine Skrupellosigkeit. Von 1515 bis 1529 war er Kanzler; er betrieb die politischen Geschäfte fast allein, da Heinrich VIII. mit der Jagd, dem Tafeln und den Künsten vollkommen ausgelastet war. Er verließ sich auf Wolsey. Dieser stieg zu immer einträglicheren Ämtern auf. Als (außerordentlicher) päpstlicher Legat hatte er größere Vollmachten als jeder Erzbischof. Er machte sich viele Untertanen des Königs zu Feinden durch seine Steuerpolitik. Ehrgei-

Heinrich VIII. bei der feierlichen Überreichung einer Urkunde an die Company of Barber-Surgeons, 1540 (Hans Holbein d. J. zugeschrieben)

zig war er in der Außenpolitik. Seit Karl V. 1519 zum Kaiser gewählt worden war, beherrschte die Auseinandersetzung zwischen Habsburg und Valois Europa. England hatte dabei keine große Bedeutung. Es blieb eine Macht am Rande Europas. Meist war es mit Habsburg verbündet, weil die traditionelle Feindschaft der Engländer gegen Frankreich dies nahelegte und weil wirtschaftliche Interessen für sichere Beziehungen mit Flandern sprachen. Doch Wolsey versuchte immer wieder, als Schiedsrichter zwischen den verfeindeten Blöcken aufzutreten. Als 1529 der Frieden von Cambrai ohne Einbeziehung Englands geschlossen wurde, war Wolseys ambitionierte Außenpolitik endgültig gescheitert. Kurz darauf stürzte er von der Höhe seiner Macht.

Den entscheidenden Beitrag dazu leistete er selber durch sein Versagen in der Scheidungsaffäre seines Herrn. Heinrichs VIII. Ehe mit Katharina von Aragón schien, je länger sie währte, um so deutlicher unter einem Unstern zu stehen: Nur ein Kind, die 1516 geborene Maria, überlebte; sonst lauter Fehlgeburten, Totgeburten und im Säuglingsalter verstorbene Kinder. In einem religiösen Zeitalter war es für einen theologisch gebildeten Zeitgenossen wie Heinrich VIII. fast unvermeidlich, die Bibelstelle Lev. 20 f. auf sich zu beziehen, wo dem Kinderlosigkeit angedroht wird, der das Weib seines Bruders nimmt. Falls der König ohne einen Erben stürbe oder nur eine Tochter hinterließe, war ein Bürgerkrieg zu befürchten. Insofern war die Frage eines legitimen männlichen Nachfolgers tatsächlich von öffentlicher Bedeutung. Schließlich ereignete es sich, daß Heinrich VIII. eine junge Frau kennenlernte, die ihn nicht nur anzog, sondern in die er sich leidenschaftlich verliebte: Anne Boleyn. Im Unterschied zu anderen

Frauen war sie jedoch nicht gesonnen, sich mit der Position einer königlichen Mätresse abzufinden; sie wollte Königin werden und hielt den König hin. So entstand allmählich jene Situation, in der Heinrich VIII. alles daran setzte, um eines männlichen Erben willen seine erste Ehe für nichtig erklären zu lassen und Anne Boleyn zu heiraten. Diese Frage rückte seit 1527 in das Zentrum der englischen Politik.

In jenen Jahren war Kaiser Karl V. sehr mächtig in Italien. Der Papst hatte, selbst wenn er dies gewollt hätte, gar keine Möglichkeit, aus dem Schatten des Kaisers herauszutreten. Der Kaiser aber war klar an der Gültigkeit der Ehe interessiert – auch deshalb, weil Katharina seine Tante war. Die Kurie verstand sich meisterhaft aufs Hinhalten, und Wolsey erreichte nichts. Am 9. Oktober 1529 wurde er unter Anklage gestellt, gegen das *Statute of praemunire* verstoßen zu haben, indem er das Amt eines päpstlichen Legaten angenommen hatte. Wolsey bekannte sich schuldig, wurde verurteilt und gnädig behandelt. Doch ließ er sich unklugerweise in Komplotte hineinziehen, die seine Feinde gegen ihn verwenden konnten. Erneut angeklagt, verstarb er auf dem Weg nach London.

Unter den Männern, die Wolsey in der Macht nachfolgten, fand sich keine treibende Kraft: Thomas More wurde zwar Kanzler, doch hatte er sich ausbedungen, nicht für die Scheidungssache eingespannt zu werden. Heinrichs wichtigste Angelegenheit erhielt erst neuen Schwung, als 1532 Thomas Cranmer mit päpstlicher Zustimmung Erzbischof von Canterbury wurde. Von ihm war bekannt, daß er für die Trennung der Ehe war. Entscheidend wurde aber, daß einer der führenden Beamten, die bereits unter Wolsey gedient hatten, Thomas Cromwell, mittlerweile eine Lösung entwickelt hatte: Es galt, unabhängig vom Papst zu handeln und das Parlament in die folgenden Prozeduren einzubeziehen. Wenn man den königlichen Willen als unbeugsam voraussetzte und die Hoffnung aufgegeben hatte, vom Papst jemals eine Einwilligung zu erlangen, wurde die Trennung von Rom unausweichlich.

Anne Boleyn erklärte im Januar 1533, von Heinrich schwanger zu sein. Daraufhin wurde sie insgeheim von Cranmer mit dem König getraut. Im Mai 1533 berief der neue Erzbischof von Canterbury eine Gerichtsversammlung ein und fällte das Urteil, daß Heinrich und Katharina nie in einer gültigen Ehe gelebt hätten und ihre Tochter Maria unehelich und ergo nicht erbfolgeberechtigt sei. Der Papst verwarf dieses Vorgehen erwartungsgemäß und annullierte das Urteil. Er setzte seine geistlichen Waffen ein und exkommunizierte Cranmer, die Mitglieder des Gerichts und den englischen König. – Diese Folgen waren durchaus vorhersehbar gewesen. Der zweifelhafte Prozeß war in der Hoffnung geführt worden, England einen männlichen Thronfolger zu sichern und einen Bürgerkrieg zu vermeiden. Am 7. September 1533 gebar Anne Boleyn – ein Mädchen, Elisabeth.

Die Anfänge der Reformation: Der königliche Supremat und die Folgen

Während Heinrich VIII. seine Sache betrieben hatte, schenkte man in der englischen Öffentlichkeit zunehmend den kirchlichen Mißbräuchen Aufmerksamkeit: Pfründenkumulation und Abwesenheit der Geistlichen von ihren Gemeinden, Wirtschaftstätigkeit des Klerus, kirchenrechtlicher Fiskalismus, die lange schon beklagt worden waren, riefen zunehmende Empörung hervor. Es verstärkte sich der Eindruck, daß man solchen Mißbräuchen nur abhelfen könne, wenn man die Kirche der Krone unterstelle. Daß das Papsttum in Rom reformunfähig war, hatte es ja seit langem unter Beweis gestellt. Diese Diskussionen rankten sich um den Begriff *imperium*: Das Königreich England, so meinten die königlichen Ratgeber, sei ein *imperium*, eine politische Größe, in die niemand vom Ausland her hineinreden dürfe, weder Papst noch Kaiser. Im Herbst 1529 berief Heinrich VIII. ein Parlament nach Westminster ein. Dieses Parlament verabschiedete eine der wichtigsten Gesetzesserien der Neuzeit.

Eine antiklerikale Gruppe von meist Londoner Kaufleuten und Rechtsanwälten trat mit scharfen Angriffen auf die Kirche hervor, welche der Krone offenbar gut zupaß kamen. Aus ihren Beschwerden wurden sogleich Gesetzesvorlagen entwickelt. Es war eine neue Konstellation entstanden, in der die staatliche Macht nicht mehr selbstverständlich die kirchliche bestärkte und deckte, sondern der König sich gewissermaßen als Schiedsrichter zwischen widerstreitenden Interessen zweier Gruppen seiner Untertanen profilieren konnte, zwischen den Geistlichen und den Weltlichen.

Die Kirche war verletzlich geworden. Nachdem die Anklage gegen Wolsey so durchschlagenden Erfolg bewiesen hatte, ging die Krone dazu über, zunächst fünfzehn weitere führende Kirchenmänner, sodann den gesamten Klerus der englischen Kirche wegen Verstößen gegen das *Statute of praemunire* unter Anklage zu stellen. Als im Januar 1531 die Konvokation zusammentrat (üblicherweise tagten zur Zeit der Parlamentssitzungen auch die Versammlungen der Geistlichen), wurde sie vom König schnöde erpreßt. Auch wurde das seit Jahrhunderten geltende Kirchenrecht in England der englischen Krone untergeordnet.

Weiter sollte die Appellationsmöglichkeit nach Rom abgestellt werden. Der direkte Anlaß war Heinrichs Scheidungsangelegenheit, doch hatte die Frage auch prinzipielle Bedeutung: Ein Staat konnte kaum als souverän angesehen werden, wenn es über dem König noch eine weitere Autorität gab, an die man appellieren konnte. Während bis dahin die Kirchenprovinzen von Canterbury und York gleichberechtigt unter der Kurie in Rom gestanden hatten, wurde durch dieses Gesetz nun der Erzbischof von Canterbury zur höchsten Instanz für das ganze Königreich England und Wales, damit also zur Spitze einer Nationalkirche, deren Grenzen politisch definiert waren durch den Machtbereich der Krone (*imperium*). Damit kam ein Denken zu gesetzlicher Kraft und zu einem gewissen Abschluß, das üblicherweise als »Caesaropapismus« bezeichnet wird: Weil der König von Gott mit dem Schwert belehnt sei und für Recht und staatliche Ordnung zu sorgen habe, komme ihm auch, in seinem Machtbereich, die volle Gewalt zu: die weltliche des Kaisers und die geistliche des Papstes.

In einem Gesetz von 1534 wurden alle diese Linien zusammengeführt. Darin wurde die Unabhängigkeit einer englischen Staatskirche von Rom mit dem König als ihrem Oberhaupt deklariert (*Act of Supremacy*). Durch die Zusammenarbeit mit dem Parlament, als *King in Parliament*, erreichte der englische König zu Beginn der Neuzeit eine Machtstellung, die er in früheren Jahrhunderten nicht besessen hatte. Dazu trug die Neuordnung der geistlichen Gerichtsbarkeit bei, die Lehrhoheit, das uneingeschränkte Visitationsrecht, das Recht zur Ernennung von Bischöfen, die Erhöhung der Abgaben von Geistlichen an die Krone bzw. an den Erzbischof von Canterbury, der nun unzweideutig dem König untergeben war.

Weiteres kam hinzu. Das Recht der Freistätten (*Sanctuaries*) erlosch. Bis zum frühen 16. Jahrhundert hatte es auch in England Bereiche gegeben, die von weltlicher Gerichtsbarkeit ausgenommen waren und allein der Kirche unterstanden. Wer sich dorthin flüchtete, hatte vom weltlichen Arm nichts mehr zu fürchten. Solche Gebiete konnten klein sein (das Innere von Kirchen, Friedhöfe, Klosterbezirke), sie konnten aber auch unermeßlich groß sein (beispielsweise die gesamte Grafschaft Durham). Durch den Zusammenfall von geistlicher und weltlicher Spitze in der Krone konstituierte sich nun ganz England und Wales als einheitlicher Rechtsbereich.

Eine weitere Anomalie wurde gleichzeitig beseitigt: *Privilege of Clergy*. Nach mittelalterlichem Brauch unterstanden Geistliche nur geistlichen Richtern. Wenn einer ein Verbrechen begangen hatte, brauchte er nur zu behaupten, er sei ein Geistlicher, dann konnten ihm königliche Gerichte nichts anhaben. Nun wurde dieses geistliche Sonderrecht abgeschafft.

Seit dem *Act of Supremacy* war Heinrich VIII. *Supreme Head* der Kirche von England. Damit hatte er die Möglichkeit, weitgehend in das kirchliche Leben einzugreifen, ohne sich mit dem Papst abstimmen zu müssen. Der Erzbischof von Canterbury und die übrigen Bischöfe waren vom König abhängig; von ihnen war kein Widerstand zu erwarten. Die Konvokationen hatten sich unterworfen. Die Kirche wurde – unter dem König – weitgehend von Thomas Cromwell regiert. Unter seinem Einfluß kam es in den 1530er Jahren zu mancherlei Reformen, die protestantischen Einfluß erkennen lassen, wenn auch Heinrich VIII. in allen wesentlichen Punkten am alten Glauben festhielt – und gar gleichzeitig Lutheraner als Ketzer verbrannt wurden. 1536 proklamierte Cromwell die Reduzierung von Feiertagen: Außer den Sonntagen sollten fortan nur noch 25 Feiertage gehalten werden. Mit einer ersten Bekenntnisschrift (*Ten Articles*, 1536) griff der König in die Lehre der Kirche ein.

Diese Linie wurde fortgeführt durch *Royal Injunctions* aus den Jahren 1536 und 1538. Es handelt sich dabei um Verfügungen Thomas Cromwells, die jedoch bindend waren, da sie im Namen des Königs erlassen worden waren. Unter Bezug auf den Begriff des »Aberglaubens« wurde eine »Reinigung« der Lehre vorgenommen. Bilder, Reliquien und Wunder seien abzuschaffen, vor allem aber Wallfahrten. Gott sei die Quelle der Gnade, niemand sonst. Es gelte, Gottes Gebote zu halten und die Werke der Liebe zu vollbringen, das heißt, körperlich zu arbeiten und seinem Beruf nachzugehen und für das Wohlergehen der Familie zu sorgen. 1538 wurde angeordnet, daß in jeder Pfarrei die ganze Heilige Schrift in englischer Sprache angeschafft und an einem zugänglichen Ort ausgelegt werden solle. Schließlich wird noch angefügt, daß von nun an Pfarregister über Taufen, Eheschließungen und Beerdigungen zu führen seien.

Bestärkt durch Aufruhr im Norden, setzten sich konservativere Ratgeber bei Hofe durch. 1539 wurde in beiden Häusern des Parlamentes ein Gesetz verabschiedet, das unter dem Namen *The Act of Six Articles* bekannt ist, aber auch unter dem Titel *An Act Abolishing Diversity in Opinions*. Es schloß sich an die älteren Ketzergesetze an und aktivierte wiederum die geistliche Gerichtsbarkeit – nur daß diese inzwischen nicht mehr vom Papst, sondern vom König abhing. Weil Uneinigkeit in Religionsfragen für das Gemeinwohl gefährlich sei, habe der König beschlossen, die wesentlichen Sätze des Glaubens wiederum verbindlich zu regeln. Die Transsubstantiationslehre wird eindeutig bekräftigt, ebenso Zölibat, Ohrenbeichte und Seelenmessen.

In Deutschland und in der Schweiz, für Luther und Zwingli, waren die Abschaffung der Mönchsgelübde und die Aufhebung der Klöster ein wesentlicher Bestandteil des reformatorischen Programms, der sofort und mit breiter Unterstützung auch im Volk in die Tat umgesetzt wurde. Der theologische Grundsatz, um den es dabei ging, war im Kern die protestantische Rechtfertigungslehre: Nicht durch Werke, sondern allein aus dem Glauben sei der Mensch vor Gott gerechtfertigt. In der Deutung der Reformatoren folgte daraus unter anderem auch, daß der Anspruch der Mönche und Nonnen auf eine höherwertige Form des Lebens (mit Gehorsams-, Armuts- und Keuschheitsgelübden) falsch war. Die Reformation heiligte vielmehr das Leben der Laien, Arbeit, Familie und Beruf. – In England erfolgten ebenfalls Angriffe auf die Klöster. Der König konnte, nachdem er sich zum Oberhaupt der englischen Kirche aufgeschwungen hatte, nicht mehr daran gehindert werden, auch in diesen Bereich einzugreifen. 1536 wurde verfügt, daß alle Klöster, die ein Jahreseinkommen von weniger als 200 Pfund hatten, zu schließen seien. Der Besitz dieser kleinen Klöster wurde der Krone zugeschlagen. Nachdem diese Aktion relativ reibungslos vonstatten gegangen war (nur im Norden Englands hatte sich Widerstand gemeldet), wurden in einer zweiten Phase alle Klöster aufgelöst: 1540 gab es in England kein einziges Kloster mehr.

Doch muß auch der Widerstand vermeldet werden. Gegner der Scheidung und Trennung von Rom waren zwei der wichtigsten Klöster in England, die observanten Franziskaner von Greenwich und die Kartäuser von Charterhouse in London. Nicht wenige Mönche starben im Gefängnis oder wurden hingerichtet. Zwei der führenden Köpfe Englands wurden 1534,

Thomas Morus und seine Familie (Gemälde von Rowland Lockey, 1593)

weil sie den Suprematseid verweigerten, in den Tower geworfen und im Jahr darauf enthauptet: Thomas More und John Fisher, der Bischof von Rochester.

Die größte Gefahr für Heinrich VIII. ergab sich aus einer Aufstandsbewegung, die im Norden Englands entstand und gewöhnlich als *Pilgrimage of Grace* bezeichnet wird (1536). Das bewaffnete Pilgerheer, das eine Stärke von etwa 35 000 erreichte, verhielt sich diszipliniert; den Unterhalt bezahlte man mit Geldern, die Reiche, vor allem Äbte, zu diesem Zweck zusammengebracht hatten. Der König hatte keine Möglichkeit, die Rebellion militärisch niederzuwerfen, da er sich auf die örtlichen Kräfte im Norden Englands nicht verlassen konnte und die im Süden zusammengezogenen Truppen keine nennenswerte Stärke erreichten. Da half nur verhandeln. Heinrich erreichte, daß die »Pilger« kampflos umkehrten und sich wieder zerstreuten gegen die Zusicherung, ihre Vorschläge würden geprüft und gegebenenfalls verwirklicht. Am Ende ließ er jedoch, als die Gefahr der Rebellion gebannt war, den führenden Köpfen den Prozeß machen. Was die *Pilgrims of Grace* eigentlich wollten, ist letztlich unklar. Ihre Vorstellung war, der König sei von schlechten Ratgebern abhängig; diese sollte er entlassen. Am deutlichsten war die Position der Aufrührer in religiösen Dingen: Sie sprachen sich einhellig gegen die Abtrennung der englischen Kirche vom Papst, gegen die protestantischen Tendenzen, gegen die Aufhebung der Klöster aus. Man gewinnt den Eindruck, daß die Aufständischen

Ketzerjagd: Öffentliche Verbrennung der Anne Askew, 1546 (Druck des 17. Jahrhunderts)

durchaus etwas begriffen hatten vom frischen Wind der neuen Zeit, der ihre Lebensverhältnisse schneidend betreffen sollte: Statt lokaler Gewalt einzelner Lords des Nordens staatliche Zentralgewalt im Süden. Statt traditioneller religiöser Bräuche, die seit Jahrhunderten geübt wurden, nun Reformen und Einschränkungen durch die neue Kirchengewalt in London und Canterbury, von der Abschaffung der Feiertage bis zur Aufhebung der Klöster und der kirchlichen Stiftungen, die ihre Vorfahren gemacht hatten.

Die Epoche Heinrichs VIII.: Die späten Jahre

Außenpolitik und Religionspolitik hingen aufs engste mit den persönlichen Angelegenheiten des Königs zusammen. Anne Boleyn hatte zwar die Gelegenheitsursache für die Trennung der englischen Kirche von Rom abgegeben; aber das Problem Heinrichs, einen legitimen männlichen Thronfolger zur Sicherung seiner jungen Dynastie hervorzubringen, war nach wie vor ungelöst. Im April 1536 setzte der König eine Kommission ein, die über das Verhalten Anne Boleyns befinden sollte. Man bezichtigte sie des vielfachen Ehebruchs. Bereits im Mai mußte sie, nebst fünf Männern, ihr Leben auf dem Schafott lassen. Wenige Tage später heiratete der König die Hofdame Jane Seymour. In dieser dritten Ehe erzielte Heinrich VIII. nun zwar den gewünschten männlichen Erben – am 12. Oktober 1537 wurde Eduard geboren –, doch starb Jane Seymour im Wochenbett.

In diesen Jahren zeichneten sich deutlicher die Konfliktlinien ab, die zu Cromwells Sturz führen sollten. Da gab es zunächst religionspolitische Verwerfungen. Einen klar protestantischen Kurs verfocht Thomas Cranmer, der Erzbischof von Canterbury. Auf der Gegenseite standen Stephen Gardiner, der Bischof von Winchester, und Thomas Howard, der dritte Duke of Norfolk. Beide waren religiös konservativ und arbeiteten auf ein Bündnis mit Frankreich hin. Cromwell setzte sich hier, sehr zu seinem Schaden, mit seiner Option für ein Bündnis mit den lutherischen Mächten Deutschlands und für Anna von Kleve durch. Holbein hatte ein schmeichelhaftes Porträt dieser Prinzessin gemalt, mit dem er sowohl den König als auch Cromwell täuschte. Als die Braut eintraf, war Heinrich entsetzt, glaubte jedoch, aus politisch-diplomatischen Gründen nicht mehr zurück zu können. Die Hofpartei um Norfolk und Gardiner vermochte Frankreich dazu zu bringen, für ein Bündnis Cromwells Kopf zu fordern, und führte dem König eine attraktive Frau zu. Norfolks Nichte Catherine Howard war dazu ausersehen, der konservativen Faktion zur Macht zu verhelfen. Cromwell wurde verhaftet, in den Tower geworfen, des Verrats und der Ketzerei angeklagt und am 28. Juli 1540 hingerichtet. Die Ehe Heinrichs VIII. mit Anna von Kleve wurde augenblicklich geschieden: sie ließ sich fürstlich abfinden. Der König heiratete Catherine Howard noch am Tage der Hinrichtung Cromwells. Doch im November 1541 sah sich der König veranlaßt, gegen seine junge Frau wegen Ehebruchs vorzugehen; eine Untersuchungskommission der Gegner der Howards wurde eingesetzt, welche die Beweise zusammenstellte; im Februar 1542 wurde Heinrichs fünfte Frau vom Parlament wegen Verrats zum Tode verurteilt und hingerichtet. Im Juni 1543 verheiratete sich Heinrich VIII. erneut; Catherine Parr war so klug, sich aus der Politik herauszuhalten, und überlebte ihren königlichen Gatten.

Zu gleicher Zeit sah Heinrich nochmals eine Chance, internationalen Ruhm zu erwerben und an die Kriegstaten seiner frühen Jahre anzuknüpfen. Schottland wurde überfallen, ging aber zum Gegenangriff über. Doch ein zahlenmäßig unterlegenes englisches Heer siegte bei Solway Moss. Die Nachricht von der Katastrophe traf den schottischen König tödlich. Seine Tochter Maria war erst sechs Tage alt. Für sie regierten nun die Freunde Frankreichs. Heinrich unterstützte deren Gegner. Er diktierte Schottland einen Friedensvertrag. Währenddessen hatte Heinrich bereits einen großen Kriegszug gegen Frankreich geplant und war 1543 mit 40000 Mann von Calais aus in Frankreich eingefallen. Die Engländer eroberten nichts als Boulogne. Heinrich vermochte gerade noch, das Gesicht zu wahren und sich zum Sieger zu proklamieren. Doch war dieser geringe Gewinn teuer

Nonsuch Palace, 1538 unter Heinrich VIII. begonnen, später einer der bevorzugten Aufenthaltsorte Elisabeths I. (lavierte Federzeichnung von Joris Hoefnagel, 1568)

erkauft worden. Heinrich VIII. hinterließ Schulden, einen zerrütteten Haushalt und eine eklatante Wirtschaftskrise.

1543 bereits war die Thronfolge per Gesetz geregelt worden: Erstens der männliche Erbe, Eduard; dann die ältere Tochter, Maria; schließlich die jüngere, Elisabeth. Diese Reihenfolge bestätigte der König in seinem Testament. Sonderbarerweise vermochte er es nicht mehr, sein Haus so zu bestellen, daß seinem Willen in jeder Hinsicht stattgegeben wurde. Denn das männliche Kind, das sein Nachfolger werden sollte, war von protestantischen Lehrern erzogen und selbst fanatisch protestantisch geworden. Wie es zur Wahl solcher Lehrer kommen konnte, ist bis heute ungeklärt. Heinrich VIII. starb am 28. Januar 1547, als Eduard erst neun Jahre alt war.

Nach diesen 38 Jahren war England völlig verändert. Bei allen abstoßenden Zügen der späten Jahre Heinrichs VIII. ist immerhin bemerkenswert: Die gemeinsamen Interessen der Krone und der führenden Schichten waren enger geworden. Nach den Bürgerkriegen des 15. Jahrhunderts war die Führungsschicht vor allem an Stabilität und Ordnung interessiert. Man förderte aktiv eine starke Monarchie. Außerdem hatten um 1540 nicht wenige Engländer schon protestantische oder zumindest reformgesinnte Meinungen in religiösen Fragen. Es gab materielle Interessen, die durch die Ausplünderung der Kirche breiter gestreuten Reichtum in Laienhand erwarten ließen. Die Machtentfaltung nach außen (Frankreich, Schottland, Irland) war keineswegs unpopulär. Heinrichs VIII. Supremat bedeutete zunächst eine Machtsteigerung der Krone, sodann aber auch einen weiteren Schritt zur Souveränität der Nation. Nicht nur in bezug auf das Recht wurde nun die territoriale Souveränität verwirklicht, sondern auch in bezug auf die geistliche Hierarchie, die Doktrin, das Schul- und Universitätswesen.

Renaissance und Humanismus, Schulen und Universitäten

Die Begriffe »Renaissance« und »Humanismus« werden häufig beinahe als Synonyme verwendet. »Renaissance« bedeutet wörtlich »Wiedergeburt«, das heißt Erneuerung der in allen Lebensbereichen als vorbildlich betrachteten Antike, damit also Rückwendung zu dieser Antike und Verachtung des unmittelbar vorangehenden Mittelalters – oder jedenfalls einiger seiner Tendenzen. »Humanismus« bedeutet Hinwendung zum Menschen, Betonung alles Menschlichen, aber in der spezifischen Weise der Gelehrten, das heißt durch das Studium der alten Sprachen und Literaturen. Damit konvergieren beide Bewegungen im Grundsätzlichen des Geschichtsbildes und im Medium der Sprache: Statt des mittelalterlichen Lateins, das man nun als degeneriert betrachtete, klassisches Latein, wie es Cicero gelehrt hatte, sowie Griechisch, das seit dem Fall Konstantinopels 1453 und der daraus resultierenden Flucht der byzantinischen Gelehrten im Westen neu entdeckt wurde. Statt der theologischen Subtilitäten der Scholastik eine einfache, menschliche Frömmigkeit. Statt Aristoteles: Platon. Während die

Autoritäten des hohen Mittelalters nun allmählich in Verachtung gerieten, wandte man sich dem Studium der Kirchenväter zu. Auch in dieser Beziehung gilt der Wahlspruch der Humanisten: *Ad fontes*, zurück zu den Quellen, dorthin, wo man die Wahrheit unverfälscht bekommt. Insofern kann der Humanismus als eine der Voraussetzungen der Reformation gelten.

In Italien hatten sich solche Ideen bei einzelnen Persönlichkeiten schon seit dem 14. Jahrhundert zu erkennen gegeben. Renaissance und Humanismus in England liegen deutlich später; sie lassen sich auf Kontakte mit Italien zurückführen. Wenige einzelne sind es, welche schon im 15. Jahrhundert diese Beziehung herstellten: Humphrey, Duke of Gloucester, brachte wertvolle antike Manuskripte aus Italien mit nach Oxford, womit er den Grundstein der späteren Bodleian Library legte. John Tiptoft, Earl of Worcester, studierte in Padua. George Neville, Erzbischof von York, hatte griechische Schreiber in seinem Dienst. William Grocyn, der in Florenz studiert hatte, war der erste Lehrer des Griechischen in Oxford.

Einige italienische Humanisten kamen nach England auf der Suche nach Protektion und Anstellung: Pietro Carmeliano 1481 und Polydore Vergil 1502. Im Zeitalter Heinrichs VII. und Heinrichs VIII. wurden solche persönlichen Kontakte dichter. William Blount, Lord Mountjoy, brachte seinen Pariser Lehrer Erasmus von Rotterdam mit nach England. Zu den engsten englischen Freunden des Erasmus gehörte neben Thomas More auch John Colet, der als Dean of St. Paul's in London eine neue Schule stiftete: die erste, die sich ganz dem Humanismus verschrieben hatte.

Die neue Bewegung war völlig auf Schriftlichkeit ausgerichtet, doch ist es schwierig, die wirkliche Bedeutung des Lesens und Schreibens am Beginn der Neuzeit richtig einzuschätzen. Denn für viele Haltungen und Verhaltensweisen, die wir uns nur durch Schrift vermittelt vorstellen können, funktionierten damals noch die üblichen Wege mündlicher Kommunikation. Man konnte gebildet sein, ohne lesen und schreiben zu können. Das meiste, was man im Gedächtnis hatte, hatte man gehört, nicht gelesen. Auch konnte man bis zur Reformation fraglos religiös sein, ohne lesen zu können. Für alle wichtigen Gehalte der Religion gab es Bilder und Glasfenster, Statuen und symbolische Akte. Und es gab Predigt und Seelsorge, Gebete und Sakramente.

Andererseits bestand immer schon die enge Verbindung von Klerus und Schrift. Die Zugehörigkeit zum Stand der Geistlichen bewies man nicht durch Personalpapiere, sondern durch Demonstration der Lesefähigkeit. Doch die Sprachkompetenz des Klerus, die allein auf das Lateinische, die Kirchensprache, gerichtet war, wurde am Beginn der Neuzeit zunehmend durch die Sprachkompetenz in der Muttersprache verdrängt. Im juristischen Bereich wurde Englisch wichtiger als Latein. Statuten des Parlamentes wurden seit 1484 englisch aufgezeichnet. Die Reformation brachte die Heilige Schrift in der Muttersprache zu hoher Bedeutung – was im mittelalterlichen England bereits die Lollarden ansatzweise gefordert und befördert hatten, so daß man allgemein davon ausgeht, daß Ketzer seltener Analphabeten waren. Hinzu kommt schließlich noch, daß die Schriftlichkeit im städtischen Bereich immer schon eine größere Rolle spielte. Handwerker und Kaufleute waren öfter des Lesens und Schreibens kundig als Bauern und Landarbeiter. In manchen Zünften war dies Voraussetzung für die Aufnahme.

Im Mittelalter hatte es vor allem zwei Schultypen gegeben: Lese- und Singschulen bei Kathedralen und Klöstern sowie Grammatik- oder Lateinschulen, die ebenfalls im wesentlichen liturgische Funktionen hatten. Man benötigte für den Gottesdienst Chorknaben und Ministranten, Küster und Priester, die alle ein gewisses Minimum an Schulkenntnissen aufweisen mußten, um ihre Funktionen erfüllen zu können. Aus diesem Kreis gingen dann auch die Diener des Staates hervor. Neben dem König als Patron gab es eine große Zahl von Adligen, Geistlichen und Bürgern, die sich um die Gründung neuer Schulen verdient machten. Die Welle der Schulgründungen in der henrizianischen Epoche zeugt ganz deutlich von einem gestiegenen Bewußtsein für die Bedeutung der Schriftlichkeit und der formalen Bildung. Fühlbar ist das auch im Adel, wo die ritterlichen Künste an Ansehen verloren und die intellektuellen Fähigkeiten nun stärker trainiert wurden. Um sein angestammtes Prestige erhalten zu können, mußte sich der Adel den Bildungsvorstellungen der neuen Zeit anpassen.

In der ersten Hälfte des 16. Jahrhunderts herrschte allgemein die Ansicht vor, ein Ausbau des Schulwesens sei nötig und nützlich, um dem Staat kompetente Diener heranzuziehen, um die Gebrechen der Gesellschaft zu reformieren und die Individuen zu bessern. Im späteren 16. Jahrhundert wurde diese Auffassung zunehmend problematisch durch die religiösen Zwistigkeiten und die soziale Unruhe. Im 17. Jahrhundert schließlich hatte sich die allgemeine Ansicht in England dahingehend verändert, daß Wissen und Bildung eher eine Gefahr für die Gesellschaft darstellten, weil sie zur Stärkung des Individuums gegenüber der gesellschaftlichen, kirchlichen und politischen Ordnung beitrügen, weil sie die Zwietracht der Meinungen verschärften und weil sie die traditionelle soziale Hierarchie durch Mobilität (bzw. Unzufriedenheit über versagte Mobilität) gefährdeten.

Die mittelalterlichen Universitäten waren wesentlich kirchliche Institutionen gewesen; durch die Reformation kamen sie in die Hand des Staates. Die Masse der Studenten an spätmittelalterlichen englischen Universitäten hatte Kirchenrecht studiert, nicht etwa freie Künste oder Theologie. Innerhalb der Kirche hatte sich eine alles durchformende Tendenz zur Verrechtlichung entwickelt. Auch die Struktur der scholastischen Wissenschaft selbst war von juristischem Denken bestimmt. Dagegen wandten sich die Humanisten, dagegen wandten sich die Vertreter des *Common Law*, daraus speiste sich wesentlich der 1529 an die Oberfläche getretene Antiklerikalismus.

Die kombinierte Attacke der Humanisten gegen die Scholastik, der *Common Lawyers* gegen das Kirchenrecht, des Königs gegen den Papst und der Reformation gegen die alte Kirche hätte leicht dazu führen können, daß die Universitäten Oxford und Cambridge überhaupt abgeschafft worden wären. Dies geschah nicht; statt dessen wurden sie tiefgreifend umgeformt. Das Hauptstudienfach der meisten Studenten, das Kirchenrecht, wurde 1535 abgeschafft. Es wurden königliche Professuren eingerichtet und königliche Kollegien eröffnet (Trinity College in Cambridge und Christ Church in Oxford). Die Universitäten dienten nicht mehr primär der Bildung von Geistlichen, sondern der von Laien. Während sie im Mittelalter als kirchliche Institutionen auch für Sprößlinge aus der Unterschicht offen gewesen waren, wurden sie im Laufe der folgenden Jahrzehnte stärker von *Gentry* und Adel frequentiert, die sich hier für den Staatsdienst ausbildeten, aber auch durch ihre Lebensformen ein verändertes Klima schufen. Die Kontrolle wurde verschärft: durch die Lebensform in den *Colleges* und durch den neuen Zwang zur Immatrikulation (in Cambridge 1544, in Oxford 1564/65). Die Studentenzahlen stiegen: In Oxford wie Cambridge lagen die Neuzugänge pro Jahr um 1500 bei 150, um 1600 bei 400 bis 500.

Thomas Wyatt (Zeichnung von Hans Holbein d. J., um 1535)

Im Zeitalter Heinrichs VIII. zirkulierte ein Großteil der literarischen Werke nur in Form von Handschriften in Hofkreisen. Ein beträchtlicher Teil der englischen Literatur dieser Zeit bestand aus Übersetzungen. Man fühlte sich an einer historischen Bruchstelle: Die Diktion Chaucers wirkte bereits veraltet; neue Einflüsse der Renaissance ließen erkennen, was der englischen Literatur fehlte. So ist es wohl kein Zufall, daß die gebildetsten Engländer Botschafter ihres Landes in verschiedenen europäischen Staaten wurden; und wenn sie zurückkehrten, wurden sie Botschafter der neuen Literatur in England. Sir Thomas Wyatt war 1527 auf einer diplomatischen Mission in Frankreich und Italien. Er nahm den Geist der italienischen Renaissance in sich auf und trat als Dichter englischer Sprache hervor; vor allem gilt er als derjenige, der die Sonettform Petrarcas in die englische Literatur brachte. Von Wyatt beeinflußt war Henry Howard, Earl of Surrey, der zeitweilig am französischen Hof lebte, wo er Renaissance-Einflüsse aufnahm; er verwendete als erster im Englischen den Blankvers. Entscheidend ist, daß durch zahlreiche Übersetzungen in die englische Volkssprache im Laufe von Jahrzehnten fast der ganze klassische Kanon auch für solche Leser zugänglich gemacht wurde, die der gelehrten Sprachen nicht mächtig waren.

Auf dem Feld der Sprache, der Übersetzungen und der Literatur trafen sich Bestrebungen des Humanismus und der Reformation. Die für die englische Entwicklung folgenreichsten Sprachbemühungen galten nicht den heidnischen Klassikern, sondern der Heiligen Schrift. Das Pionierwerk schuf der Lutherschüler William Tyndale: 1525 wurde in Worms die erste englische Übersetzung des Neuen Testamentes gedruckt, die sich direkt auf das Griechische berufen konnte, ohne Umweg über die Vulgata. Und 1535 erschien in Zürich die erste komplette Ausgabe der Heiligen Schrift in englischer Sprache, für die Miles Coverdale Übersetzungen Tyndales sowie lateinische und deutsche Versionen verarbeitet hatte. Die lateinische Messe wurde durch den Gottesdienst in englischer Sprache abgelöst.

Im Mittelalter waren künstlerische Aktivitäten wesentlich von der Kirche ausgegangen; in der Frühen Neuzeit sollten die Höfe zu entscheidenden künstlerischen Zentren werden. Diese Rolle mußten sie jedoch erst noch finden. Heinrich VIII. war erst in Ansätzen Mäzen der Bildenden Künste. Insofern bedeutete die Plünderung der Kirche einen entscheidenen Einschnitt in die Entwicklung der Künste und einen mehrfachen Verlust: 1. Zunächst gab es kein adäquates Tätigkeitsfeld mehr für Künstler. 2. Die internationalen Beziehungen wurden gekappt; während die Renaissance in Italien eine stupende Entwicklung durchmachte und die Künste blühten, erreichte nur in Einzelfällen ein Abglanz davon England. 3. Je mehr sich innerhalb der englischen Staatskirche protestantisches und puritanisches Denken geltend machte, desto weniger gelang es den Bildenden Künsten, sich zu entwickeln. Die neue Religiosität war in Abgrenzung gegen die alte dezidiert bilderfeindlich.

Während das Spätmittelalter auch in England die »Zeit der Kathedralen« gewesen war, entstand in der ersten Hälfte des 16. Jahrhunderts kein einziges kirchliches Gebäude von Bedeutung. Die weltliche Architektur kann gleichfalls nur wenige Beispiele aufweisen (Hampton Court, Nonsuch Palace). Zwei bedeutende Florentiner Bildhauer wirkten zeitweise in England (Pietro Torrigiano, Benedetto da Rovezzano), doch im allgemeinen beschränkte sich die Skulptur dieser Zeit in England auf die Verzierung von Kaminen und Grabmälern. In der Malerei gab es, da die religiösen Sujets nun verpönt waren und der Geschmack des Adels noch nicht zu Historienmalerei und Landschaft erwacht war, fast nur Porträts. Man erwartete nun von einem Porträtmaler möglichst gut getroffene Darstellung der Persönlichkeit, höchste Ähnlichkeit zwischen Mensch und Bild.

The first boke of Moses, called Genesis. Fo. i.

The first dayes worke. The seconde dayes worke. The thirde dayes worke.

The fourth dayes worke. The fifth dayes worke. The sixte dayes worke.

The first Chapter.

A 4.Esd.6.d Eccli.18.a Iere.10.b Hebr.11.a Esa.44.c

In the begynnynge God created heauen & earth: and the earth was voyde and emptie, and darcknes was vpon the depe, & the sprete of God moued vpon the water.

And God sayde: let there be light, & there was light. And God sawe the light that it was good. Then God deuyded the light from the darcknes, and called the light, Daye: and the darcknes, Night. Then of the euenynge and mornynge was made the first daye.

And God sayde: let there be a firmament betwene the waters, and let it deuyde the waters a sunder. Then God made the firmament, and parted the waters vnder the firmament, from the waters aboue the firmament: And so it came to passe. And God called the firmament, Heauen. Then of the euenynge & mornynge was made the seconde daye.

And God sayde: let the waters vnder heauen gather them selues vnto one place, that the drye londe maye appeare. And so it came to passe. And God called the drye londe, Earth: and the gatheringe together of waters called he, the See. And God sawe that it was good. Iob.26.b Pro.8.c

And God sayde: let the earth bringe forth grene grasse and herbe, that beareth sede: & frutefull trees, that maye beare frute, euery one after his kynde, hauynge their owne sede in them selues vpon the earth. And so it came to passe. And the earth brought forth grene grasse and herbe, that beareth sede euery one after his kynde, & trees bearinge frute, & B

Erste Seite der Bibel von Miles Coverdale, der ersten vollständigen Bibel in englischer Sprache (1535)

Die Krise der Jahrhundertmitte

(1547–1558)

1547–1553	Eduard VI.
	Der Rat wählt Somerset zum *Lord Protector*.
	Aufhebung der Zensur.
	Einziehung der Meßstiftungen.
1549	(1.) *Common Prayer Book*: protestantische Kirchenordnung. Rebellion in Devon und Cornwall gegen die Reformation. Soziale Unruhen in East Anglia.
1550	Warwick (Northumberland) übernimmt die Macht als *Lord President* des Rates; Bündnis mit den Protestanten.
1552	(2.) *Common Prayer Book*: eindeutig protestantische Kirchenordnung.
1553	6. Juli: Tod Eduards VI.
	6. Juli: Putsch Northumberlands für Lady Jane Grey.
	19. Juli: Maria Tudor zieht in London ein.
	22. August: Northumberland hingerichtet.
	Thomas Wyndham erreichte Guinea, Richard Chancellor Rußland von Norden. Gründung der *Muscovy Company* (1555).
	Beginn der Rekatholisierungsmaßnahmen.
1554	Heirat Marias mit Philipp von Burgund (Philipp II. von Spanien). Rebellion unter Thomas Wyatt in Kent gegen die spanische Heirat.
	Unterstellung der anglikanischen Kirche unter den Papst. Erneuerung der Ketzergesetze. Hinrichtung von Protestanten.
1556	Beginn der (zunächst wenig erfolgreichen) Kolonisierungspolitik in Irland.
1557/58	England an Spaniens Seite im Krieg gegen Frankreich, Verlust von Calais (Vertrag 1559).
1558	17. November: Tod Marias.

A Mid-Tudor Crisis?

Bei grober Betrachtung zerfällt das englische 16. Jahrhundert oder die Tudor-Zeit (nach der Gründungsära Heinrichs VII.) in die jahrzehntelangen Herrschaftszeiten Heinrichs VIII. und Elisabeths I.; mit beiden Monarchen verbindet man klare Vorstellungen und eine im Inneren wie im Äußeren, im Politischen, Religiösen und Kulturellen ereignisreiche Entwicklung. Diffiziler erscheint der Zwischenbereich, die uneindeutige Interimszeit von Heinrichs VIII. Tod 1547 bis zu Elisabeths I. Regierungsantritt 1558. Zum einen hat dieses starke Jahrzehnt kein klares Gesicht, keine eindeutige Ent-

Edward VI. am Totenbett Heinrichs VIII. (anonymes Gemälde, um 1548–1549)

wicklungstendenz: Was unter Eduard VI. geschaffen wurde, wurde unter Maria wieder eingerissen. Die Mitte des 16. Jahrhunderts zeigt sich als Krise, vor allem als dynastische Krise. Dieses Szenario wird noch düsterer, wenn man die Volksaufstände von 1549 und 1554 mitbedenkt. Ihre Überwindung zeigt zwar, daß noch Mittel und Kräfte vorhanden waren, Staat und Gesellschaft zu stabilisieren; freilich entstanden aus ihrer Niederschlagung wiederum neue Ansprüche auf Macht und Geltung, neue Krisen der Herrschaft. Wenn man, was in der englischen Geschichtsschreibung sowohl marxistischer als auch revisionistischer Observanz gang und gäbe ist, von einer *Mid-Tudor Crisis* spricht, denkt man neben den dynastischen und religionspolitischen Schwierigkeiten in erster Linie an die Wirtschaftskrise. Das Finanzproblem, ein Erbe Heinrichs VIII. und seines Krieges, wurde verschärft durch Inflation, Münzverschlechterung und eine Exportkrise, aber auch durch unvorhergesehene Mißernten und Epidemien.

Eduard VI. und die Protestantisierung der Staatskirche

Heinrich VIII. hatte für seinen unmündigen Nachfolger die Kollektivregierung eines sorgfältig zusammengesetzten *Privy Council* von 16 altgeprüften Räten vorgesehen. Das Gleichgewicht zwischen dezidierten Protestanten und dezidierten Konservativen, das Heinrich angestrebt hatte, war jedoch schon vor seinem Tode durch die Entfernung Norfolks und Gardiners zugunsten der Protestanten verschoben worden. Nach Heinrichs Tod hielten Sir William Paget und vor allem Edward Seymour, der Onkel des Königs, der soeben als siegreicher Feldherr aus dem Krieg gegen die Schotten zurückgekehrt war, das Heft fest in der Hand. Binnen kurzem machte der *Privy Council* diesen zum *Lord Protector*: Offenbar konnte man sich eine effektive Regierung nur mit einer quasi-monarchischen Spitze vorstellen. Seymour wurde zum Duke of Somerset erhoben und mit ehemaligem Kirchenbesitz reichlich ausgestattet.

Freilich stand England vor Problemen, die weder der *Privy Council* noch der *Lord Protector* zu lösen vermochten – vom nominellen König ganz zu schweigen. England lag nach wie vor im Krieg mit Schottland und Frankreich. Die öffentliche Stimmung war für diesen Krieg; Somersets Macht hing bis zu einem gewissen Grade von seinem militärischen Erfolg ab. Andererseits schuf jeder neue Feldzug auch neue Finanzprobleme. Hinzu kam schließlich noch die Religionsfrage. Denn ein wichtiger Teil der politischen Elite schien an einer klaren Wendung zum Protestantismus auf Dauer interessiert. Andererseits war ein prononciert protestantischer Kurs wiederum zu gefährlich, weil er die dezidiert Konservativen in die Rebellion treiben konnte. Somerset lavierte so: Er berief noch Ende 1547 ein Parlament ein. Eine ganze Reihe früherer Gesetze, welche Verrat, Zensur und Häresie betroffen hatten, wurde widerrufen. So konnte eine breite öffentliche Diskussion über religiöse Angelegenheiten entstehen, in der immer mehr neue Schriften lutherischer und calvinistischer Provenienz, sowohl vom Kontinent importierte als auch in England verfaßte, ans Licht kamen. Die Aufhebung der harten Strafandrohungen der henrizianischen Epoche begünstigte klar die Reformation, wenn auch im Prinzip alle Meinungen nun straffrei geäußert werden durften.

Durch den *Chantries Act* von 1547 wurden alle Seelenmessen untersagt. Die zu diesem Zweck gestifteten Kapitalien wurden von der Regierung eingezogen. Dies war im protestantischen Sinne konsequent, da die Reformatoren das Fegefeuer für eine mittelalterliche Erfindung erklärten und die Werkgerechtigkeit scharf angriffen. Aber wie die Aufhebung der Klöster war es in erster Linie eine Maßnahme zur Bewältigung der Finanzkrise des Staates. In gleicher Absicht visitierte man die Pfarrkirchen und zog alles überflüssige Kirchengerät ein (Gold und Silber).

Die langfristigen Probleme Bevölkerungswachstum und Inflation wurden durch die aktuellen, die Mißernten und Kriegskosten, so krisenhaft zugespitzt, daß eine harte Sozialgesetzgebung unaufschiebbar schien

(Gesetz gegen Vagabundieren, 1547). Immer deutlicher wurde die Angst der Regierung vor Aufruhr und sozialen Erhebungen.

Das Uniformitätsgesetz von 1549 verpflichtete alle Untertanen des Königs auf das von Thomas Cranmer ausgearbeitete (erste) *Book of Common Prayer* als neue Gottesdienstordnung für ganz England. Die lateinische Messe wurde abgeschafft und durch einen meßähnlichen Gottesdienst in englischer Sprache ersetzt, der freilich kein Opfer mehr sein sollte, sondern eine Abendmahlsfeier. Das Altarsakrament wurde an alle Gläubigen unter beiderlei Gestalten ausgeteilt. Doch wurde es in katholischer Weise als Transsubstantiation definiert. Auch die Gewänder der Priester blieben erhalten.

Diese Neuerungen scheinen sich im Lande weitgehend durchgesetzt zu haben: Die sozialen Eliten führten sie ein und die einfachen Untertanen nahmen sie hin. Eine Ausnahme von dieser Regel bilden Devon und Cornwall. In diesen südwestlichen Gegenden Englands entstand eine Aufstandsbewegung, die teilweise von Priestern angeführt wurde und sich definitiv gegen die Neuerungen in Religionssachen richtete, wenn sich auch andere Beschwerden mit diesem Anliegen vermischten. Wirtschaftliche und soziale Unzufriedenheit entluden sich 1549 in dieser *Western Rebellion*, die sich gegen *Enclosures* und gegen die Enteignung der Kirche zur Bereicherung von *Gentry* und Adel richtete. Die Formulierungen der Aufständischen lassen klar erkennen, daß man hier (wiederum, wie bei der *Pilgrimage of Grace* im Norden Englands, in einer entfernten und zurückgebliebenen Region) etwas begriffen hatte vom eingreifend revolutionären Charakter der englischen Zentralregierung, des sich nun deutlicher ausformenden neuzeitlichen Staates, der seine Macht zu steigern wußte durch Ausplünderung der Kirche, wobei die führenden Schichten mit der Monarchie zusammenwirkten, und durch religiöse Neuerungen, welche in den Randbereichen der Insel eine Anglisierung zur Folge hatten, die vielleicht mehr als einen Nebeneffekt darstellte.

Im selben Jahr kam es auch in East Anglia zu einer Rebellion, die stärker die wirtschaftlichen und sozialen Ursachen in Erscheinung treten läßt. Hier hatten die Rebellen gegen die religiösen Neuerungen nichts einzuwenden.

1552 brachte Cranmer ein zweites *Book of Common Prayer* heraus, das mit einem zweiten Uniformitätsgesetz durchgesetzt wurde. Auf diese revidierte Fassung hatten kontinentale Reformatoren wie Martin Bucer und Peter Martyr, die damals in England wirkten, maßgeblichen Einfluß genommen. Es handelte sich nun um eine unzweifelhaft protestantische Reform des anglikanischen Gottesdienstes. Die Transsubstantiationslehre, die Gebete für die Toten, die Kirchengewänder verschwanden. Der Altar wurde durch einen hölzernen Kommuniontisch ersetzt. 1552 schien die Anglikanische Kirche also auf dem Weg zum Protestantismus. Was fehlte, war eine runde protestantische Doktrin. Cranmer arbeitete eine solche Schrift aus, welche 42 Artikel umfaßte, aber nicht mehr in Kraft treten konnte, weil Eduard VI. bereits im Jahr darauf verstarb.

Die Frage der religiösen Entwicklung spielte eine entscheidende Rolle in den Machtkämpfen der eduardianischen Ära. Der König selbst wie auch Somerset waren unzweifelhaft Protestanten. Vom nächsten starken Mann läßt sich das nicht mit gleicher Bestimmtheit sagen. Es hat vielmehr den Anschein, als habe John Dudley, Earl of Warwick, nachdem er die Rebellion in Kent niedergeschlagen und Somerset kaltgestellt hatte, aus opportunistischen Gründen ein Bündnis mit den dezidierten Protestanten innerhalb des *Council* und vor allem mit Cranmer, dem Erzbischof von Canterbury, gesucht. In dieser Konstellation vermochte er sich denn auch durchzusetzen. Seit 1551 Duke of Northumberland, bereicherte er sich und seine Anhänger ebenso skrupellos wie sein Vorgänger an Kirchengut und Kronländereien. Er gründete seine Macht auf den Ausbau des *Council* und auf seine Stellung innerhalb dieses Gremiums (*Lord President*). Obwohl Northumberland in mancher Beziehung mit Somerset zu vergleichen war, etwa als militärischer Führer, zog er doch aus der krisenhaften Zuspitzung der wirtschaftlichen Lage die Konsequenz, daß eine Beendigung der Kriege mit Schottland und Frankreich Voraussetzung für jede Lösung sei. Eine verschärfte Gesetzgebung gegen *Enclosures* und Neuansätze einer Politik zur Steuerung der Massenarmut folgten.

Eduard VI. war schwächlich und kränklich; als 1553 eine Tuberkulose zum Ausbruch kam, war das Ende dieser Ära abzusehen. Nach dem immer noch gültigen Thronfolgegesetz Heinrichs VIII. war Maria, die Tochter Heinrichs VIII. aus der ersten Ehe mit Katharina von Aragón, die nächste Thronfolgeberechtigte. Nun hatte Maria nie einen Hehl aus ihrem Festhalten am alten Glauben gemacht, und es stand zu erwarten, daß sie die Reformen in Religionsdingen rückgängig machen und die Anglikanische Kirche erneut dem Papst unterstellen würde. Dies bedeutete eine Bedrohung auch für diejenigen, die Land aus Kirchenbesitz erworben hatten. Insofern lag es nahe, daß sich diese Kräfte zur Verhinderung der Erbfolge Marias zusammenschließen würden. Am meisten hatte Northumberland zu fürchten, der sicher sein konnte, unter Maria nicht nur seine Macht zu verlieren, sondern auch wegen seiner protestantenfreundlichen Politik zur Rechenschaft gezogen zu werden. Er unternahm deshalb den desperaten Versuch, die gesetzliche Erbfolge zu umgehen. Dazu verheiratete er seinen älteren Sohn Guildford Dudley mit Lady Jane Grey, einer Enkelin der jüngsten Schwester Heinrichs VIII., zu deren Gunsten er einen Putsch versuchte. Dieser Schachzug war mit Billigung des unmündigen Königs unternommen worden. Als Eduard VI. im Juli 1553 starb, proklamierte der von Northumberland dominierte *Council* in London Lady Jane Grey als englische Königin, während sich Maria in Framlingham Castle in Suffolk selbst zur Königin ausrief. Northumberland marschierte mit 2000 Mann nach Suffolk. Doch war die öffentliche Meinung von der Legitimität des Anspruchs Marias, mochte sie auch katholisch sein, so durchdrungen, daß die Truppen desertierten. Angesichts dieser Situation wechselte der *Council* die Seite und proklamierte Maria als Königin. Northumberland wurde verhaftet und hingerichtet. Maria zog in London ein und wurde allgemein als Königin anerkannt.

Porträt der Lady Jane Grey

Maria und der Versuch der Rekatholisierung

Die allgemeine Hochachtung vor der legitimen Sukzession brachte Maria Tudor auf den Thron, obwohl man wußte, daß sie katholisch war und die spanische Seite favorisierte. Selbst eine Minderjährigkeitsregierung und die Herrschaft einer Frau schienen erträglicher als der bei einem dynastischen Wechsel drohende Bürgerkrieg. Die »politische Nation« hatte ein Interesse an dieser Dynastie und an ihrem nun schon weitgehend eingespielten Zusammenwirken mit dem Parlament. Ein beträchtlicher Teil der ehemaligen Kirchengüter war von der Krone im Lauf der Zeit veräußert worden und befand sich nun im Besitz von Adligen, von *Gentry* und von *Yeomen*. Sie waren einhellig der Ansicht, daß ihnen das, wofür sie bezahlt hatten, nicht genommen werden dürfe. Doch wenn die Eigentumsfrage zur Zufriedenheit der neuen Besitzer geklärt werden könnte, hatte man gegen den Papst nichts Grundsätzliches mehr einzuwenden. Trotz der eindeutig protestantischen Religionspolitik zur Zeit Eduards VI. war England beim Regierungsantritt Marias 1553 noch kein protestantisches Land geworden. Es gab eifrige Kämpfer für die neue Lehre, und es gab eifrige Streiter im Dienste der alten Kirche – aber beide waren rar. Die Mehrzahl der Engländer war damals bereit, dem Glauben anzuhängen, der ihnen vom Staat vorgeschrieben und von den sozial Führenden unterstützt wurde.

Maria umgab sich mit einem außergewöhnlich großen *Privy Council* aus Männern, denen sie trauen konnte, weil sie bereits in ihrem Haushalt Verantwortung getragen hatten, übernahm aber auch den größten Teil der alten Räte. Stephen Gardiner wurde aus dem Tower geholt und an die Spitze der Regierung gestellt, Politiker der vorangegangenen Regierung, wie Sir William Paget, erhielten Einfluß. Es schien geradezu Marias Prinzip zu sein, die Protestanten nicht vor den Kopf zu stoßen und weiter an der Verantwortung zu beteiligen. Man kann nicht sagen, daß die Parlamente dieser Jahre Maria entgegengearbeitet hätten. Die Repräsentanten des englischen Volkes trugen die Rekatholisierungspolitik anfangs mit, zumal sie ja vorsichtig angegangen wurde. Erst im Laufe der Regierung Marias verhärteten sich die Fronten.

Der Bischofsstand wurde gesäubert. Vor allem dezidierte Protestanten – Cranmer, Latimer, Ridley, Hooper – mußten weichen. An ihre Stelle setzte Maria katholische Bischöfe. Damit machte sie, obwohl ihr dies widerstrebte, von ihrer Funktion als *Supreme Head* der englischen Kirche Gebrauch, wenn auch selbstverständlich im Einverständnis mit dem Papst.

Von entscheidender Bedeutung war die Heiratsfrage. Maria wollte eine Erneuerung des Bündnisses mit dem Hause Habsburg; dazu hatte man ihr den Sohn Kaiser Karls V. vorgeschlagen, Philipp von Burgund. Diese traditionelle Allianz hatte durch die Konfessionsfrage eine neue Brisanz gewonnen. Maria berücksichtigte die Befürchtungen ihrer Untertanen, England würde künftig von Spanien ins Schlepptau genommen. Laut Heiratsvertrag sollte Philipp zwar Gemahl der Königin werden, aber ohne königliche Gewalt. Ausländer dürften nicht in den *Privy Council* berufen werden. England sollte nicht verpflichtet sein, für Kriege Spaniens Geld aufzubringen. Falls die Ehe ohne Nachkommen bliebe, sollte ihre Schwester Elisabeth als nächste auf den Thron folgen. Trotz dieser einseitigen Abmachungen war die Stimmung unter den politischen Köpfen der englischen Nation klar gegen die spanische Heirat. Dies ging soweit, daß führende Männer des vorigen Regimes gegen Maria konspirierten. Der von Sir Thomas Wyatt (d. J.) in Kent geführte Aufstand bedeutete wegen der Nähe zu London eine akute Gefahr, konnte aber niedergeschlagen werden.

Die Parlamente der vorangehenden Jahre hatten katholische Religionspraxis unter Strafe gestellt; um diese Gesetze aufzuheben, gab es keinen anderen Weg als die Einberufung eines neuen Parlamentes. Dies geschah bereits 1553; der Religionszustand von 1547 wurde wiederhergestellt. Das bedeutete also: Statt des protestantischen Gottesdienstes wiederum die Messe, die sieben Sakramente der Tradition, Auffassung des Altarsakraments im Sinne der Transsubstantiation, Abschaffung des Laienkelches. Der nächste Schritt waren neue Religionsverordnungen und Zensur. Die Bischöfe sollten verheiratete Kleriker ihrer Ämter entheben.

1554 wurde auf dem Weg des Gesetzes die erneute Unterstellung der Anglikanischen Kirche unter den Papst in Rom durchgeführt. Weil das Gesetz aber gleichzeitig die Rechte der Eigentümer früherer Kirchenländereien, die von der Krone säkularisiert worden waren, erneut bestätigte, kann man es auch als einen Kompromiß zwischen dem für Maria Unabdingbaren und dem materiellen Interesse der führenden Schichten interpretieren. Ebenfalls 1554 wurden die mittelalterlichen Ketzergesetze wieder in Kraft gesetzt. Damit hatte Maria eine Handhabe, gegen Protestanten vorzugehen. Vor allem in London und im Südosten Englands setzte nun eine rege Aktivität kirchlicher Gerichte ein: Wie man einst gegen Lollarden und Ketzer vorgegangen war, konnte man jetzt gegen Protestanten vorgehen. In der englischen Tradition ist Maria vor allem wegen dieser Aktivitäten berüchtigt. Die Verbindung mit Spanien ist für die Engländer unauflöslich mit der Protestantenverfolgung der Jahre seit 1555 verbunden. John Foxe hat die Opfer in der elisabethanischen Ära dann in seinen *Acts and Monuments* (bekannter als *Book of Martyrs*) verewigt. Nach neuesten Forschungen starben etwa 290 Protestanten als Ketzer auf dem Scheiterhaufen. Unter ihnen waren vier Bischöfe (Cranmer, Ridley, Latimer und Hooper). Doch fast alle übrigen waren kleine Leute, Opfer aus der Unterschicht, deren öffentliche Verbrennung bei ihren Mitbürgern zunehmend Empörung hervorrief. Von den politischen Führern

Frontispiz zu John Foxe, »Acts and Monuments« (Ausgabe von 1563)

aus dem Laienstande war kein einziger betroffen. Sie hatten entweder rechtzeitig das Mäntelchen nach dem Wind gehängt oder waren klug genug, sich nicht zu verraten. Eine weitere Möglichkeit des Entkommens war das Exil auf dem Kontinent. Etwa 800 Männer, Frauen und Kinder gingen in diesen Jahren nach Frankfurt am Main, nach Straßburg, Zürich oder Genf (um nur die wichtigsten Ziele zu nennen).

Trotz der rigiden Verfolgung kam die Rekatholisierung nicht recht voran. Das liegt vor allem am Mangel an katholischen Geistlichen, welche die Form auch mit Inhalt hätten füllen können. Vor allem aber war die Zeit dieser katholischen Restauration zu kurz: Schon 1558 starb Maria, verbittert über ihr Unglück und Mißgeschick. Anfang 1555 hatte sie sich schwanger gewähnt, was sich jedoch als Irrtum herausstellte. Die Zukunft des Katholizismus in England hätte sie aber nicht anders als durch einen Thronfolger sichern können, der ihr versagt blieb.

So erscheint die Regierungszeit der sich spanisch fühlenden Maria der Katholischen und ihre Ehe mit Philipp II. (seit 1556 zugleich König von Kastilien und Aragón) in der englischen Geschichte als Intermezzo. Dieser Eindruck ergibt sich hauptsächlich aufgrund der religiösen Entwicklung, verstärkt sich aber noch durch die Außenpolitik. Denn Philipp II. vermochte es, bei seinem zweiten Aufenthalt in England 1557 dieses Reich in seinen Krieg gegen Frankreich hineinzuziehen. Damit konnte er an frühere Verhältnisse anknüpfen; auch dieser Krieg war keineswegs unpopulär und mag dazu beigetragen haben, daß sich der Adel erneut im Dienste der Krone einigen ließ. In der Rückschau aber wird er auf Marias Schuldkonto geschrieben, weil er zum Verlust von Calais führte, mithin zum vollständigen Rückzug der Engländer vom Kontinent.

Da Marias Regierungszeit traditionell als düsteres, blutiges Intermezzo angesehen wurde, hat man versäumt, die positiven Ansätze wahrzunehmen: eine Reform der Finanzverwaltung, eine bemerkenswerte Steigerung der Einkünfte aus den Krondomänen, eine grundlegende Reform der Zölle, welche der Krone fortan kräftigere Einnahmen brachten, und einen Neuansatz zum Aufbau der Flotte. Am meisten profitierte von diesen Reformen Marias Schwester und Nachfolgerin Elisabeth.

Das elisabethanische Zeitalter

(1558–1603)

1558–1603	Elisabeth I.
Bis 1598	wird die Regierung wesentlich von William Cecil (Burghley) bestimmt.
1559	Suprematsgesetz und Uniformitätsgesetz: Erneuerung der von Rom unabhängigen Staatskirche. Königin als *Supreme Governor*.
1560	Vertrag von Edinburgh: Ablösung der französischen Herrschaft in Schottland durch eine von England unterstützte Adelsfronde mit calvinistischem Glaubensbekenntnis (John Knox).
1561	Rückkehr Maria Stuarts (Witwe des franz. Königs) nach Schottland.
1562	*Statute of Artificers:* Arbeits- und Gewerbegesetz, das bis ins frühe 19. Jahrhundert gültig bleibt.
1563	*39 Articles* (Gesetz seit 1571): protestantisches Glaubensbekenntnis der Anglikanischen Kirche, unter Beibehaltung alter Formen (Ritus, Gewänder, Musik); im wesentlichen noch heute gültig.
	John Foxe: *Acts and Monuments (Book of Martyrs).*
1565	Maria Stuart heiratet Lord Darnley.
1566	Geburt Jakobs, des späteren schott. und engl. Königs, aus dieser Ehe.
1567	Ermordung Darnleys. Heirat Maria Stuarts mit dem Earl of Bothwell. Adelsaufstand: Maria Stuart zur Abdankung gezwungen. Sie flieht nach England (1568).
1568	Gründung eines engl. Priesterseminars in Douai durch William Allen (Gegenreformation).
1569	Adelsaufstand im Norden Englands niedergeschlagen.
1570	Stiftung der Londoner Börse durch Thomas Gresham.
	Papst exkommuniziert Elisabeth und entbindet ihre Untertanen vom Eid.
1571	Verschwörung gegen Elisabeth (*Ridolfi Plot*).
1577–1580	Weltumsegelung Sir Francis Drakes.
1579/80	Vom Papst unterstützte spanische Invasionsversuche in Irland.
1581	Parlament beschließt hohe Geldstrafen für Rekusanten (Katholiken, die nicht am anglikanischen Gottesdienst teilnehmen).
1585	Abkommen zwischen England und den Niederlanden; militärische Unterstützung gegen Spanien.
1585/86	Raubzug Drakes in der Karibik; 1587 Überfall auf Cádiz.
	Sir Walter Raleigh versucht die Kolonie Virginia zu gründen.

1586 William Camden: *Britannia* (engl. 1610).
Verschwörung gegen Elisabeth (*Babington Plot*).
1587 8. Februar: Hinrichtung Maria Stuarts.
1588 Große Armada, die span. Truppen von den Niederlanden zur Invasion Englands übersetzen soll, wird vor Gravelingen geschlagen und auf der Rückfahrt um Schottland und Irland von Stürmen dezimiert.
1589 William Shakespeares große Dramen beginnen zu entstehen; Aufführungen in London.
1590–1596 Edmund Spenser: *The Faerie Queene*.
1594–1603 Krieg in Irland.
1597/1601 Parlamentsdebatten um Monopole.
Zusammenfassende Armengesetzgebung (*Old Poor Law*), gültig bis 1834.
1600 Gründung der *East India Company*.
1603 24. März: Tod Elisabeths.

Elisabeth I.: Eine Frau auf dem Thron

Elisabeth bestieg den Thron unter dem Jubel des Volkes. Sie brachte Fähigkeiten und einen Charakter mit, die zu Hoffnungen berechtigten. Sie war hervorragend erzogen und ausgebildet. Sie beherrschte alle höfischen Künste in hohem Maße, ob es sich um Musik oder Tanz, Poesie oder Umgangsformen handelte. Vor allem aber hatte sie ein ausgeprägtes Talent für Sprachen. Sie setzte diese Kenntnisse überaus geschickt ein im Umgang mit Untertanen und Botschaftern fremder Mächte; sie kamen ihr zustatten, wo es galt, Männer anzuziehen und gegeneinander auszuspielen, für sich einzuspannen und zu neutralisieren. Sie agierte in einer Männerwelt – alles, was Macht hatte, war männlich –, und sie vermochte es zunehmend, sich diese Verhältnisse zunutze zu machen.

Im 16. Jahrhundert erwartete man von einer Königstochter vor allem, daß sie eine prestigeträchtige Heirat eingehen und der Nation einen männlichen Stammhalter schenken würde. Elisabeth lernte es, mit diesen Erwartungen umzugehen. Eigentlich war keiner ihrer Untertanen der Hand einer Königin würdig, ganz davon abgesehen, daß es Schwierigkeiten geschaffen hätte, einen über alle anderen hinauszuheben. Aber einen ausländischen König zu heiraten, war vielleicht noch gefährlicher, wie man soeben im Verhältnis Marias zu Philipp II. von Spanien gesehen hatte. Ohne Zweifel war England mächtiger, als alle Großmächte um Elisabeths Gunst buhlten, als zu den Zeiten, da Maria an die spanische Politik gebunden war. Einen königlichen Gatten wollten die Parlamente, welche die Königin um eine Heirat anflehten, nicht eigentlich; sie wollten einen männlichen Nachfolger aus königlichem Geblüt. Dementsprechend drängte man Elisabeth jahrzehntelang, doch wenigstens eine Nachfolgeregelung zu treffen. Sie hütete

Die Tudor-Dynastie: Heinrich VIII. mit seinen Töchtern Maria (links, mit Philipp II. von Spanien, bringt den Krieg) und Elisabeth (rechts, führt Frieden und Wohlstand herbei; anonymes Gemälde, um 1590)

sich weislich, weil sie ja selbst erlebt hatte, wie ein Thronfolger im Wartestand beständig zur Opposition und zum Putsch gedrängt wurde. Betrachtet man den Erfolg, kann man sich des Eindrucks nicht erwehren, daß Elisabeth nicht nur klüger war als Maria, sondern auch klüger als ihre Räte.

Die Vollendung der Reformation: Die Anglikanische Staatskirche zwischen Katholizismus und Puritanismus

Als Elisabeth 1558 den englischen Thron bestieg, erhielten Katholiken wie Protestanten Zeichen, die sie im Sinne ihrer Hoffnungen deuten konnten. Aber das sprechendste Symbol war: Wo früher in allen Pfarrkirchen Christus am Kreuz mit Maria und Johannes seinen Platz hatte, wurde nun das Wappen der Tudors angebracht als sichtbares Zeichen der Unterwerfung der Kirche unter den Staat und der Verknüpfung von Dynastie und Religion! Die englische Kirche wurde erneut von Rom getrennt. Jedem Geistlichen und Amtsträger der englischen Krone wurde der Wortlaut eines Eides auf die Königin als *Supreme Governor* der Kirche in England vorgeschrieben (*Act of Supremacy*, 1559). Einzig die überzeugten Anhänger des Papstes unter den Katholiken mußten dieses Gesetz ablehnen. 17 der 18 marianischen Bischöfe verweigerten den von ihnen geforderten Suprematseid und wurden aus ihren Ämtern entfernt. Das gab Elisabeth die Möglichkeit, die Bischofssitze in ihrem Sinne zu besetzen, doch mußte sie mehr, als sie dies wünschte, auf aus dem Exil zurückgekehrte Theologen zurückgreifen, also gerade auf jene Kreise, die besonders rigide Vorstellungen von Lehre und Gottesdienst hatten.

Ebenfalls 1559 wurde ein neues Uniformitätsgesetz erlassen, das nun einheitlich das zweite *Book of Common Prayer*, das unter Eduard VI. verpflichtend geworden war, mit geringfügigen Modifikationen wiedereinführte und die Anwesenheit beim sonntäglichen Gottesdienst zur Pflicht machte. Wer nicht erschien, wurde mit einer fixierten, wenngleich anfangs geringen Geldstrafe belegt.

Die Anglikanische Kirche nahm also bereits 1559 im wesentlichen Gestalt an. Die genaue Festlegung der Doktrin übertrug die Königin nicht dem Parlament, sondern dem Klerus. Die Konvokation von 1563 fixierte die Lehre in den *39 Articles*, die jedoch erst 1571 Gesetzeskraft erhielten. Diese Artikel bildeten eine eindeutig protestantische Basis in der Lehre, was dadurch etwas verschleiert wurde, daß Elisabeth sowohl aus taktischen als auch aus persönlichen Gründen in Fragen der Liturgie, der Gewänder, der Kirchenmusik und überhaupt in allem Äußerlichen den Konservativen und Katholiken, dem einfachen Kirchenvolk und den Nichttheologen Brücken zu bauen suchte.

Das Ergebnis der anglikanischen Reformation besteht gerade darin, daß sie im protestantischen Sinne unvollendet blieb. Diesen Einwand artikulierten vor allem die »Puritaner«. Bei den ersten Puritanern handelte es sich um diejenigen, die unter Maria wegen ihrer protestantischen Überzeugung ins Exil gegangen waren und nun unter Elisabeth, vor allem aus Genf, mit der Überzeugung zurückkehrten, in England müsse eine der Kirche Calvins ähnliche Struktur geschaffen werden. Die Puritaner waren allgemein bestrebt, ihren Lebenswandel möglichst nach der Heiligen Schrift auszurichten. Sie hielten den Sonntag als Tag des Herrn aufs strengste; sie gingen nicht nur in den vorgeschriebenen Gottesdienst, sondern trafen sich außerdem zu gemeinsamer Bibellektüre und zum Studium von Erbauungsschriften. Sie waren gegen volkstümliches Brauchtum, gegen Tanzveranstaltungen, gegen Wirtshäuser, gegen Karten- und Würfelspiele, gegen freizügiges Sexualleben. In den ersten Jahren Elisabeths konnten die Puritaner noch hoffen, daß sich die Staatskirche nach ihren Vorstellungen ändern würde. In dieser Zeit ließ man ihnen (wie auch den Katholiken) Spielraum. Doch nach 1570 entstand unter Puritanern eine »presbyterianische Bewegung«: Vor allem jüngere Protestanten, die sich nicht damit abfinden mochten, wie sich die elisabethanische Kirche verfestigt hatte, sprachen sich gegen die Bischofskirche aus. Kirche sei eigentlich *congregatio*, das heißt der freiwillige Zusammenschluß der Auserwählten; diese sollten dann aus ihrer Mitte Pastoren, Diakone und Älteste wählen. Dieser Standpunkt wurde in öffentlichen Druckschriften vertreten. Desgleichen wurden entsprechende Gesetzesvorlagen im Unterhaus eingebracht. Puritaner organisierten Treffen von Geistlichen, auf denen sich diese in gemeinsamen Schriftlesungen und Predigtübungen erbauten und wechselseitig in ihren Reformvorstellungen bestärkten. Elisabeth wollte diese Treffen als subversive verboten wissen, doch Edmund Grindal, der Erzbischof von Canterbury, weigerte sich, gegen die Geistlichen vorzugehen. Er wurde bis zu seinem Tode unter Hausarrest gestellt. In dieser Zeit schlossen sich in mehreren Gegenden Englands Puritaner zu *congregations* zusammen, um eine Kirche innerhalb der Staatskirche zu bilden. An mehreren Orten wurden Synoden zusammengerufen, und schließlich wurde dem Parlament 1587 gar ein Antrag auf Errichtung einer presbyterianischen Kirche unterbreitet. Die Königin schüchterte das Parlament durch Verhaftung der Initiatoren ein. Unter John Whitgift, dem Nachfolger Grindals als Erzbischof von Canterbury, wurde der Klerus von puritanischen Aktivisten gesäubert. Um 1590 war die Staatskirche vollkommen durchgesetzt.

Wahrscheinlich war zu Beginn der Herrschaft Elisabeths die überwältigende Mehrzahl der Engländer noch katholisch; am Ende ihrer Herrschaft aber waren es nur noch ein oder zwei Prozent. Die meisten Untertanen übernahmen diejenige Religion, die ihnen von der Königin als dem Haupt der nationalen Kirche, von ihren Bischöfen und Pfarrern vorgeschrieben wurde – insbesondere dann, wenn sie gleichzeitig noch von den sozialen Eliten darin bestärkt wurden. Außerdem handhabte Elisabeth die Veränderungen in Religionsdingen absichtlich zurückhaltend; sie kalkulierte offenbar mit dem Faktor Zeit. Dieses Kalkül wurde jedoch durch die Anstrengungen der Gegenreformation gestört. 1570 schleuderte der Papst endgültig seinen Bannstrahl nach England: Elisabeth wurde exkommuniziert, ihre Untertanen wurden vom Treueid entbunden. Eine konzentrierte Aktion zur Wiedergewinnung des abgefallenen England setzte sein. William Allen gründete 1568 in Douai ein katholisches Priesterseminar. Hier wurden junge Engländer, die aus Glaubensgründen aus ihrer Heimat geflohen waren, theologisch ausgebildet, für die Missionstätigkeit in ihrem Heimatland vorbereitet und dazu erzogen, notfalls um des Glaubens willen das Martyrium auf sich zu nehmen. 1574 kamen die ersten vier nach England; in den folgenden Jahren immer mehr. 1580 waren es bereits etwa hundert, zu denen nun noch die ersten Jesuiten hinzukamen, die in dem 1578 in Rom gegründeten englischen Kolleg vorbereitet worden waren. Wie konnten diese katholischen Missionare wirksam werden? Die Kirchen und Gemeinden waren fest in der Hand der Anglikanischen Staatskirche. Sie konnten also nur privat tätig werden, konspirativ, in den Haushalten von Adel und *Gentry*. Während in Unterschichten Katholiken immer seltener wurden, gewann der alte Glaube in den führenden Schichten an Anhang. Während in den ersten Jahren Elisabeths die Strafen für das Fernbleiben vom anglikanischen Gemeindegottesdienst gering gewesen waren, wurden sie 1581 drastisch erhöht. 1585 wurde es für Felonie, also ein todeswürdiges Verbrechen, erklärt, wenn man einem katholischen Priester Unterschlupf oder sonstige Hilfe gewährte. Entdeckte Priester mußten mit der Todesstrafe rechnen. Insgesamt weiß man von etwa 650 katholischen Priestern, die in der elisabethanischen Zeit in England tätig waren; 133 von ihnen wurden hingerichtet, 377 saßen zeitweilig im Kerker. 63 Laien wurden in dieser Zeit Märtyrer der katholischen Kirche; weitere 71 Männer und 27 Frauen starben in Gefängnissen.

Elisabeth I. in einer Prozession, getragen von den Großen des Reiches (Gemälde von Robert Peake d. Ä., um 1575)

Internationale Verwicklungen: Schottland, Frankreich, Spanien

Die Königreiche Schottland und England waren seit alters her verfeindet gewesen; Schottland hatte stets in Frankreich einen natürlichen Bundesgenossen gegen seinen Nachbarn gefunden. Diese Verhältnisse sollten sich im Zeitalter Elisabeths ändern. Da Maria von Guise, die Witwe Jakobs V., Schottland geradezu wie eine französische Provinz verwaltete, wobei sie sich auf französisches Militär und einen französischen Beamtenapparat stützte, war unter den schottischen Lords zunehmend Unmut und Widerstand wach geworden. Es bildete sich eine Fronde, die – das war neu – ein einigendes Band in einem konfessionell bestimmten Zusammenschluß fand, einem protestantischen *Covenant*. Elisabeth hatte dem aus dem Genfer Exil zurückkehrenden schottischen Reformator John Knox die Durchreise durch ihr Land gestattet. Sie unterstützte einen Thronrivalen aus königlichem Geblüt, James Hamilton, den dritten Grafen von Arran, und die frondierenden schottischen Lords hoben ihn auf den Schild. 1559 griffen sie die französischen Garnisonen an, die sich aber zunächst behaupteten. Doch als Maria von Guise im Juni 1560 plötzlich starb, brach der Widerstand zusammen. Im Vertrag von Edinburgh wurden die Beziehungen zwischen England und dem nun protestantisch geführten Schottland neu geregelt. Frankreich hatte seine Machtbasis in Schottland eingebüßt.

In dieser schwierigen Situation kehrte Maria Stuart, die 18jährige Witwe König Franz' II. von Frankreich, dezidiert katholisch und an Frankreich orientiert, in das Königreich zurück, auf dessen Thron sie einen Erbanspruch hatte, obwohl ihr das Land selbst vollkommen unbekannt war. Sie versuchte, ihre Untertanen für sich zu gewinnen. 1565 heiratete sie Henry, Lord Darnley, einen jungen Verwandten, in den sie sich verliebt hatte. 1566 wurde aus dieser Ehe ein Sohn Jakob geboren (der eine Generation später die englische und die schottische Krone vereinigen sollte).

Frankreich war damals durch einen Bürgerkrieg neutralisiert. Gleichzeitig entwickelte sich in den Niederlanden ein immer gefährlicheres Konfliktpotential gegen Spanien, so daß auch von Spanien her für England in dieser Phase wenig zu fürchten war. Doch in Schottland nahmen die Dinge nun eine unvorhergesehene Wendung: Maria Stuart entzweite sich nach nur kurzer Ehe mit Darnley und vertraute sich ihrem italienischen Privatsekretär David Riccio an. Mit einigen Spießgesellen drang Darnley voll Eifersucht bei seiner Gattin ein; Riccio wurde erstochen. Im Jahr darauf wurde Darnley von einer Gruppe schottischer Verschwörer unter Anführung von James Bothwell, wahrscheinlich mit Wissen, wenn nicht unter Anstiftung von Maria, aus Rache ermordet. Maria Stuart ließ sich von Bothwell nach Dunbar entführen, wo sie ihren Entführer heiratete. Damit gab sie freilich ihren Untertanen das Signal zum Aufstand. Denn eine unbeliebte, französisch gesinnte und zudem noch katholische Königin, die so wenig tat, um den Anschein von Mord und Ehebruch von sich abzuwälzen, strapazierte die Loyalität ihrer Untertanen aufs äußerste. Alle schottischen Faktionen verbündeten sich und zwangen sie, zugunsten ihres Sohnes die Krone abzutreten und einer Regentschaft des protestantischen Grafen Murray zuzustimmen. Im Mai 1568 gelang es Maria, aus ihrer Gefangenschaft zu entkommen und sich nach England unter den Schutz Elisabeths zu flüchten. Damit brachte sie die englische Königin in eine Zwickmühle: Nach ihren Vorstellungen von Geblüt und dynastischer Legitimität hätte Elisabeth Maria Stuart in ihrem Bemühen um Restauration ihrer Herrschaft in Schottland unterstützen müssen. Dies hätte jedoch bedeutet, diejenige Gruppe von der Macht zu verdrängen, die ihr politisch und konfessionell am genehmsten war. Diese ungelöste Situation bestand 19 Jahre lang!

Während das Parlament und der Rat auf die Hinrichtung Maria Stuarts drängten, weigerte sich Elisabeth standhaft, königliches Blut zu vergießen. Schließlich unterzeichnete sie auf Drängen einen Vollstreckungsbefehl, den sie jedoch zurückzuhalten befahl. Ohne ihr Wissen schickte der Rat diesen ab. Am 8. Februar 1587 wurde Maria Stuart in Fotheringhay Castle enthauptet. Daß Elisabeth ihre Hinrichtung zu vermeiden suchte, braucht keineswegs bezweifelt zu werden, auch wenn ihr das Ergebnis nützte. Die englische Opposition, die Katholiken und auch schottische Feinde Eng-

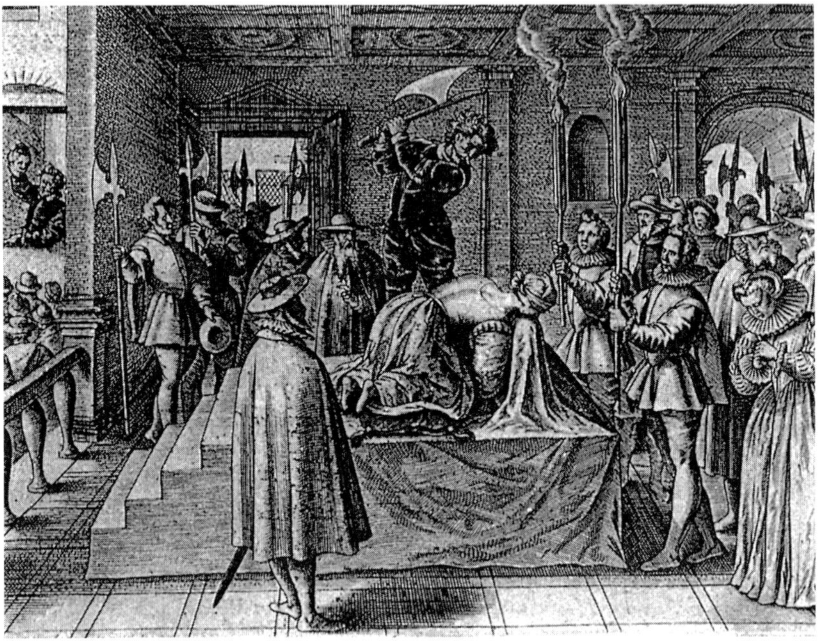

Die Hinrichtung Maria Stuarts (Zeichnung von Richard Verstegan, »Theatrum crudelitatem haereticorum nostri temporis«, Antwerpen 1587)

lands hatten ihren Kristallisationspunkt verloren. Freilich mußten sich nun im Ausland alle antienglischen und prokatholischen Kräfte gegen das protestantische Regime Elisabeths zusammenschließen. Aber 1587 war der internationale Konflikt schon so weit eskaliert, daß das neue Faktum keine große Bedeutung mehr hatte. England lag bereits mit Spanien im Krieg.

In der ersten Hälfte des 16. Jahrhunderts hatte eine relativ stabile Allianz zwischen England und Spanien bestanden. Doch diese wurde infolge von Reformation und Gegenreformation zunehmenden Belastungen ausgesetzt. Spanien unterstützte die Katholiken in England und gestattete (bis 1574) die geistliche Offensive der Gegenreformation auf England von Douai aus. Und England bot den Piraten Zuflucht, welche spanische Schiffe im Kanal angriffen; es unterstützte unter der Hand die Rebellen gegen Spanien in den Niederlanden und nahm die vor Albas blutiger Herrschaft geflohenen Protestanten auf. Mit Blockade und Gegenblockade wurde der Handel zwischen England und den Niederlanden ruiniert. Die Krise erreichte 1569–1572 ihren Höhepunkt, als Spanien aktiv Erhebungen in England gegen die Königin unterstützte. 1569 organisierten die Häupter aufrührerischer Adelsfamilien im Norden Englands eine gefährliche Aufstandsbewegung. Ihre Niederwerfung durch Truppen der Königin kostete etwa 8000 Menschen das Leben. Dabei wurde der Norden als eigene politische Größe vernichtet. Dies war durch die neue schottisch-englische Allianz möglich geworden. Seit 1572 entwickelte sich in den Niederlanden eine Aufstandsbewegung gegen Spanien; schließlich vereinigten sich vier der 13 Provinzen unter Wilhelm von Oranien. Elisabeth unterstütze sie zwar zunächst nicht offiziell, aber unter der Hand. 1574 kam es zu einem Abkommen zwischen England und Spanien, das die Wiederaufnahme des Handelsverkehrs zwischen beiden Staaten ermöglichte, den niederländischen Rebellen die englischen Häfen verschloß und die Feinde der englischen Königin aus dem spanischen Herrschaftsbereich vertrieb.

Seitdem der Papst 1570 seine Bulle gegen Elisabeth hatte ergehen lassen, hatte es immer wieder Pläne der katholischen Mächte gegeben, durch ein militärisches Unternehmen gegen England die ketzerische Königin zu stürzen. Als vielversprechenden Ansatzpunkt fanden die Unternehmungen, zu denen sich Papst und Spanien zusammenschlossen, immer wieder Irland. Dort war die englische Herrschaft noch nicht genügend gefestigt; dort gab es ein beträchtliches Potential von Unzufriedenen, dort war die Bevölkerung weitgehend katholisch. Doch die Invasionen in Irland (Dingle 1579, Smerwick 1580) wurden abgewehrt. In jenen Jahren verband sich im Bewußtsein der Engländer mit den Spaniern immer stärker die Vorstellung von Feinden Englands, die aus religiösem Fanatismus vor keiner Attacke auf die englischen Interessen und auf das Land selbst zurückschreckten. Man kultivierte ein tiefsitzendes Feindbild, das stereotype Züge annahm. Die Konfessionalisierung der Politik, der gewachsene Einfluß der Puritaner, der Interessenkonflikt auf den Meeren – alles trug dazu bei, den Gegensatz ideologisch zu fixieren.

1585 erbot sich Philipp II. zu einem großen Unternehmen gegen England. Der Papst sollte das Geld dafür aufbringen. Der spanische König verband dabei die religiöse Absicht, das abgefallene England wiederum zur katholischen Kirche zurückzuführen, mit eigenen Ansprüchen auf den englischen Thron. Auch militärisch und handelspolitisch war ein Unternehmen Spaniens angezeigt, da die englischen Seehelden und Freibeuter die alte Großmacht immer öfter provozierten. 1588 rückte die große Armada, von der man schon seit Jahren gemunkelt hatte, mit günstigem Wind nach Norden aus, etwa 50 schwerbewaffnete Kampfschiffe und etwa 80 weitere Fahrzeuge. Ihr Auftrag war es, in den Niederlanden die Truppen des Prinzen von Parma aufzunehmen und nach England überzusetzen. Während der langsamen Fahrt durch den Kanal wurde sie von der etwa gleich starken, aber besser bewaffneten englischen Flotte verfolgt und in Scharmützel verwickelt. Vor Calais gelang es den Engländern, die Armada durch geschickt manövrierte Brandschiffe auseinanderzutreiben und die Flotte zu einem planlosen Kappen der Anker zu verleiten. Vor Gravelingen kam es zur entscheidenden Seeschlacht. Zwar wurden nur vier spanische Schiffe versenkt, aber viele leck geschlagen und beschädigt. Tausende von Spaniern kamen um. Die verbliebenen Schiffe wollten bei aufkommendem Südwestwind nach Norden entkommen. Bei der Fahrt um Schottland und Irland wurden Dutzende spanischer Schiffe von den heftigen Stürmen erfaßt und auf die Klippen getrieben. So waren die Spanier erstmals von den Engländern in offener Seeschlacht besiegt worden: mit wendigeren Schiffen und besseren Geschützen. Die Katastrophe war jedoch erst eingetreten, als die Stürme des Nordatlantiks das ihre zum Ausgang des lange geplanten spanischen Unternehmens beigetragen hatten. Elisabeth ließ Münzen prägen mit der Aufschrift »*Afflavit Deus et dissipati sunt*« – »Gott blies, und sie wurden zerstreut«. Damit reklamierte sie den Sieg nicht für sich, sondern stellte ihn als Teil eines göttlichen Heilsplans dar. Für das katholische Europa wurde es schwieriger, sich im Alleinbesitz göttlicher Wahrheit zu wähnen. Viele Engländer sahen im Sieg über die Armada eine Bestätigung des Protestantismus als der wahren, nämlich gereinigten christlichen Religion. Es nahm die Neigung zu, sich (wie die Juden des Alten Bundes) als Gottes auserwähltes Volk zu betrachten.

Während es Elisabeth in den ersten 27 Jahren vermocht hatte, ihre Herrschaft zu konsolidieren, waren die 18 Jahre von 1585 bis zu ihrem Tod von Kriegen erfüllt. Inzwischen war eine schlagkräftige Flotte aufgebaut worden; inzwischen hatte sich die Nation konfessionell und politisch gefestigt und in der Bedrohung durch das Papsttum und Spanien zusammengeschlossen. Die Parlamente bewilligten die Kriegskosten anfangs großzügig, später widerwillig. Zum elisabethanischen Zeitalter gehört diese militante Wendung nach außen, dieser Überschuß an Kraft und Dynamik. Darunter hatte vor allem Irland zu leiden.

Ansätze zur Kolonisierung Irlands

Seit 1540 nannte sich Heinrich VIII. nicht mehr Lord, sondern König von Irland. In dieser Titeländerung drückt sich nicht nur ein Anspruch aus, sondern auch eine Realität: Die führenden Familien waren entmachtet worden. Am Ende hatten sich Heinrich VIII. vierzig der mächtigsten Fürsten Irlands unterworfen. Wenn sie sich ihm unterwarfen, konnten irische Fürsten damit rechnen, vom englischen König erneut mit ihrem Land belehnt zu werden. Sie erhielten dann einen englischen Grafentitel; das Erbrecht wurde auf englische Weise nach der Primogenitur geregelt. Daraus entstanden in den folgenden Jahrzehnten vielerlei Konflikte. Aber weite Teile Irlands außerhalb des *Pale* wurden so an den englischen Staat herangeführt: durch feudale Bindung an die Krone. Es bedeutete die Aufnahme der meisten irischen Fürsten in das *Common Law*, eine zunehmende Anglisierung in bezug auf Sprache, Sitten und Kleidung – aber auch, daß die englische Krone die erfolglose Apartheidpolitik des Spätmittelalters aufgegeben hatte und die ethnischen Gesichtspunkte nun keine Rolle mehr spielen sollten.

Die Reformation schien sich in Irland anfangs wie in England durchsetzen zu lassen: Heinrich VIII. berief auch in Irland 1536 ein Parlament ein. Es bewilligte die Loslösung von Rom ebenso wie die Aufhebung bestimmter Klöster. Widerstand leisteten einzig die *Proctors*, die niederen Geistlichen, die daraufhin, da sie im Vergleich mit Westminster ohnehin eine Anomalie darstellten, für alle Zukunft vom Parlament ausgeschlossen wurden. Eine wirkliche Protestantisierung Irlands bedeutete dies nicht; bilderstürmerische Aktivitäten, die im *Pale* vorkamen, hielten sich in engen Grenzen; protestantisch orientierte Geistliche gab es kaum.

Auch das *Common Prayer Book* von 1549 (bzw. 1552), das in Irland ebenfalls, wenngleich verzögert, eingeführt wurde, bewirkte wenig Änderung. Die Gegenreformation Marias wurde, wie zumindest in Einzelfällen bezeugt ist, mit Jubel aufgenommen. Doch auch die Veränderungen unter Elisabeth wurden ohne weiteres mitvollzogen: Das 1560 einberufene irische Parlament übernahm ohne Schwierigkeiten (wenngleich unter rätselhaften Umständen) das Uniformitätsgesetz. Im *Pale* wurden die Verhältnisse analog zu den englischen gestaltet. Doch im übrigen Irland fehlten die wirklichen Reformatoren. Dadurch kam es zu einer Neuformierung: Nicht nur die gälische Bevölkerung blieb weitgehend beim alten Glauben, sondern auch die im Mittelalter angesiedelte Bevölkerung anglonormannischer Abstammung, die *Old English*, hielt am katholischen Glauben fest, während die protestantische Konfession zum Signum der Neueinwanderer wurde. In elisabethanischer Zeit kam es in Munster zu regionalen Kriegen, bei denen immer öfter die Konfession als identitätsstiftendes Band (oder als Vorwand) wirkte.

Außerdem hatten die Engländer seit der Jahrhundertmitte eine aktive Politik der Ausdehnung des *Pale* durch das Schwert betrieben. Wer, obwohl er sich der englischen Krone unterworfen hatte, rebellierte (oder wessen Verhalten als Rebellion ausgelegt werden konnte), mußte mit der Einziehung seines Landes rechnen. In Ulster war ein langjähriger Krieg ausgebrochen, dessen Elisabeths Feldherrn kaum Herr zu werden vermochten. Der Krieg weitete sich aus, nachdem 1601 ein Expeditionsheer der Spanier in Kinsale im Süden Irlands gelandet war. Die gälischen Heerführer in Ulster stellten die Verbindung nach Süden her. Doch die Engländer siegten über dieses Heer, worauf sich die Spanier ergaben. O'Donnell, der Earl of Tyrconnell, ging mit ihnen ins Exil. Hugh O'Neill, Earl of Tyrone, mußte

Rebellische Iren unterwerfen sich Henry Sidney, dem englischen Lord Deputy of Ireland (Illustration zu John Derrick, »Image of Ireland«, 1581)

sich 1603 ergeben. Weitere Aufstände in Ulster führten dazu, daß sich 1607 schließlich die maßgeblichen Führer Ulsters in einer spektakulären Aktion mit ihren Getreuen auf den Kontinent einschifften, worauf die Engländer das gesamte Land einzogen und ein großangelegtes Kolonisationswerk begannen, welches für die irische Geschichte insgesamt folgenreich werden sollte.

Die überseeischen Entdeckungen

Als man sich in England für die Weltmeere zu interessieren begann, waren sie bereits vergeben: 1493 hatte der Papst die Welt zwischen Spanien und Portugal aufgeteilt. Solange England mit Spanien im Bündnis war, vermied man es, dieses Verhältnis unnötig zu belasten. Als sich im Zeitalter Elisabeths I. die englische Präsenz auf den Weltmeeren verstärkte, kam es häufig zu Zusammenstößen mit Spanien. Der Verlauf der Entdeckungsgeschichte ist demnach nicht nur in Relation zu den diplomatischen und merkantilen Interessen zu sehen, sondern auch zur Entwicklung der konfessionellen Auseinandersetzung.

Wie Spanien seinen spektakulärsten Erfolg dem Genuesen Columbus zu verdanken hatte, so war es auch in England ein Genuese, der den Anstoß gab, nämlich Giovanni Caboto (John Cabot), der seit 1490 in Bristol ansässig war. 1496 gab Heinrich VII. einem Bristoler Konsortium unter Cabots Führung eine Vollmacht für Reisen nach Norden, Osten und Westen. Cabot erreichte 1497 und 1498 die Ostküste Nordamerikas: Neuschottland, Neufundland und weiter südlich gelegene Gebiete.

Im anschließenden halben Jahrhundert war England an der Entdeckung überseeischer Gebiete kaum beteiligt. Die englischen Geschäfte florierten so glänzend, daß den Engländern gar nicht nach unkalkulierbaren Risiken zumute war. Wenn diese im elisabethanischen Zeitalter eingegangen wurden, ist das nicht zuletzt auch ein Ergebnis der Krise der traditionellen Handelsverbindungen in der Jahrhundertmitte. Northumberland förderte neue Unternehmungen. Die Öffentlichkeit wurde durch eine Fülle von Druckschriften, die in diesen Jahren zu erscheinen begannen, über alle Teile der Welt informiert und über die spanischen Entdeckungen und Kolonien ins Bild gesetzt. 1553 segelte Thomas Wyndham bis Guinea. Es entwickelte sich ein einträglicher Handel mit Gold und Elfenbein. Richard Chancellor erreichte 1553 mit seiner Expedition nach Norden das Weiße Meer und begründete mit seiner Reise an den Hof des Zaren nach Moskau die englisch-russischen Handelsbeziehungen. Anthony Jenkinson wiederholte diese Reise vier Jahre später und stieß von Moskau aus bis zum Kaspischen Meer und bis Buchara vor. Auch nach Westen suchte man nun intensiver nach Wegen. 1566 veröffentlichte Sir Humphrey Gilbert seine Hypothese einer Nordwestpassage nach China um Nordamerika herum, die von den Engländern zwei Jahrhunderte lang verfolgt wurde (Martin Frobisher, John Davis u.v.a.). Doch auch der Weg nach Osten blieb weiter verlockend. Der

Rechte Seite: Frontispiz zu Walter Raleigh, »The History of the World« (1614)

PROVIDENTIA
FAMA BONA
FAMA MALA
THE HISTORY OF THE WORLD
MAGISTRA VITAE
TESTIS TEMPORV
EXPERIENTIA
NVNCIA VETVSTATIS
LVX VERITATIS
VERITAS
VITA MEMORIAE
OBLIVIO
MORS
At London Printed for WALTER BVRRE
1614

Levante-Handel wurde wieder aufgenommen. John Newbery und Ralph Fitch unternahmen eine Landexpedition bis zum Hof des Großmoguls. Fitch erreichte die Molukken, die sagenhaften Gewürzinseln, und veröffentlichte nach seiner Rückkehr einen Reisebericht. Damit war die Richtung für die spätere (1600 gegründete) *East India Company* vorgegeben.

Das vom Papst den Spaniern zugeteilte Gebiet im Westen, vor allem die Karibik, wurde auch von Engländern und Hugenotten zunehmend weniger gemieden, je weiter sich die Feindschaft zwischen Protestanten und Katholiken einfraß. Freibeuter machten die Weltmeere unsicher. Ein internationales Völkerrecht gab es damals noch nicht. John Hawkins segelte 1562 nach Westafrika, kaufte dort Sklaven und brachte diese nach Haiti – eine folgenreiche Unternehmung. 1572 verbündete sich Sir Francis Drake in Panama mit Eingeborenen und entlaufenen Sklaven und brachte einen spanischen Goldtransport in seine Hände. 1577–1580 umsegelte er in einer fast dreijährigen Expedition die Welt.

In jenen Jahren entwickelte sich in England allmählich eine immer umfassendere Literatur zur Kosmographie. Neben John Dee und Sir Humphrey Gilbert ist hier vor allem Richard Hakluyt (d. J.) zu erwähnen. Mit dem gelehrten Interesse an Entdeckung fremder Welten und Aufzeichnungen alles Entdeckten verband sich nun schon deutlich ein Element nationalen Wettstreits. Vor allem aber wurde durch solche Publikationen eine größere Öffentlichkeit aufmerksam auf die Möglichkeiten, die sich für England auf den Weltmeeren boten – einschließlich der Gründung von Kolonien. Eine Gruppe von Adligen aus Devon beschäftigte sich besonders mit den Möglichkeiten der Kolonisierung sowohl Irlands wie auch Amerikas. Eine von Sir Walter Raleigh entsandte Mannschaft faßte Fuß auf der Insel Roanoke; zu Ehren der jungfräulichen Elisabeth nannte man diesen Teil Amerikas fortan Virginia. Doch die ersten Versuche der Kolonisierung scheiterten allesamt unter wechselnden Umständen.

Die Kultur des elisabethanischen Zeitalters

Ein Element der Selbstvergewisserung einer Gesellschaft, der Deutung der eigenen Zeit, ist in den Festen und Feiern zu sehen. Nachdem die Protestanten den mittelalterlichen Festkalender drastisch reduziert hatten, erfanden sie neue Festtage. Ohne zentrale Anordnung kamen in verschiedenen Städten des Landes neue Feiertage auf, welche auf die endgültige Überwindung des vorreformatorischen Glaubens Bezug nahmen und die Königin persönlich ins Zentrum eines quasi-religösen Kultes stellten. Sie häuften sich, als die Rebellionen des Jahres 1569 im Norden überwunden waren und die Königin 1572 von einer gefährlichen Krankheit genesen war. Nach dem Sieg über die Armada 1588 schließlich wurden sie allgemein. Im Mittelpunkt feierlichen Gedenkens stand dabei der 17. November, der Tag ihrer Thronbesteigung. Man beging ihn durch Läuten der Kirchenglocken,

Anzünden von Freudenfeuern, Salutschießen und Feuerwerke. Hinzu kamen festliche Gottesdienste, Predigten und Gedichte. Bald begann man auch noch Elisabeths Geburtstag zu feiern, den Tag ihres Einzugs in London, den Tag des Sieges über die Armada. Der tiefere Grund dafür liegt im Religiösen: Elisabeth gewährleistete den Sieg des erneuerten Glaubens über den alten. Sie stand für die protestantische Staatskirche; sie erschien vielen ihrer Untertanen als Gehilfin Gottes bei seinem Heilswerk mit der englischen Nation.

Szenen aus dem Leben des Sir Henry Unton (1557–1596). Ausschnitt aus dem von seiner Witwe in Auftrag gegebenen Gemälde eines unbekannten Künstlers

Die herrschaftslegitimierende Mythenbildung der Tudor-Dynastie erreichte unter Elisabeth I. ihren Höhepunkt. Edward Hall hatte 1548 bereits in seinem Geschichtswerk ein Zeitalter der Bürgerkriege in die Friedensherrschaft einer stabilisierten Tudor-Dynastie münden lassen. (Hier knüpfte Shakespeare mit der großen Folge seiner Historien an.) Raphael Holinshed maß seit 1577 in *The Chronicles of England, Scotlande, and Irelande* den britischen Radius der neuen Dynastie aus. Nachdem schon 1535–1543 John Leland mit seinem *Itinerary* England bis ins kleinste, in die *Counties* and *Boroughs*, beschrieben hatte, folgte nun William Camdens klassische *Britannia*. Alle diese Schriften trugen dazu bei, das nationale Bewußtsein zu stärken und die historische Würde und geographische Eigenständigkeit der Insel am Rande Europas herauszuarbeiten.

Das Gestaltungsprinzip der Historien Shakespeares und seiner Zeitgenossen war das eines Bilderbogens: Gestützt auf die Überlieferung der Chroniken, folgte man dem Leben der Hauptfigur. Außer diesem theatralischen Wildwuchs gab es jedoch auch in Anlehnung an antike Dramentheorie entstandene Tragödien und Komödien. Für die englische Tragödie der Renaissance wurde die Wiederentdeckung Senecas entscheidend, für die Komödie Plautus und Terenz. In den übrigen Tragödien wurden häufig berühmte Personen dargestellt, die Ursachen, die zu ihrem Sturz führten, und das Handeln des Menschen in Glück und Unglück. Während in der Überlieferung vor allem das blinde Schicksal, der Kampf des einzelnen gegen die unüberwindlichen Mächte, das Rad der Fortuna, das einen heute nach oben treibt und morgen fallen läßt, strukturbildend waren, wurde nun im Zeitalter Shakespeares die Autonomie des Individuums stärker betont. Zwar gab es immer noch undurchschaubare Mächte, aber die Einwirkungsmöglichkeiten der Menschen mit ihren Tugenden und Lastern wurde größer, der Ausgang blieb offener. Dadurch erreichten nicht wenige Tragödien dieser Zeit eine prototypische Funktion für das Lebensgefühl der Neuzeit.

Diese kann teilweise darauf zurückgeführt werden, daß in London in den 1570er Jahren erstmals eigene Theatergebäude entstanden waren, die bis zu 3000 Menschen zu fassen vermochten; daß mehrere Schauspielergesellschaften, die unter dem Schutz adliger Patrone standen, in direkter Konkurrenz und Rivalität miteinander ein Äußerstes zu leisten suchten, dabei privatkapitalistisch in Aktiengesellschaften organisiert waren; daß sie einem Kern der Schauspieltruppen geregelten Lebensunterhalt ermöglichten, also vom Dilettantismus gelehrter oder adliger Liebhaber wegführten. Inszenierung für großstädtische Massen bedeutete für die Anlage der Stücke, daß alle Schichten des englischen Volkes darin auf ihre Kosten kommen mußten: sowohl Gelehrte, die antike Schauspiele aus Büchern kannten, als auch die einfachsten Frauen und Männer aus dem Volke, die an Bänkelsänger und Jahrmarktsaufführungen gewöhnt waren. Die Stücke Shakespeares und seiner Zeitgenossen zeichneten sich aus durch Direktheit und Sinnlichkeit der Darstellung bei gleichzeitiger Komplexität der geistigen Anlage und Raffinesse der Durchführung.

Der Dialog mit Petrarca, den Wyatt und Surrey eröffnet hatten, wurde in den 1580er Jahren mit neuer Intensität wieder aufgenommen. Die bedeutendsten Dichter des Zeitalters befaßten sich auch mit dem Sonett (Philip Sidney, Edmund Spenser, William Shakespeare). Sonette wurden Mode: bei Hofe und an den Universitäten, in den *Inns of Court* und auf den Landsitzen. Am Ende des elisabethanischen Zeitalters schienen die Möglichkeiten des Genres erschöpft.

Das elisabethanische Zeitalter war die einzige Epoche, in der die englische Musik auf Europa ausstrahlte. Angeregt durch die italienische Musik, kam es in England in dieser Zeit zu einer eigenständigen Entwicklung, die erst in der Bürgerkriegszeit der 1640er Jahre abgebrochen wurde. Diese Blüte der musikalischen Kultur verdankt sich nicht so sehr einzelnen genialen Komponisten oder Virtuosen, sondern mehr der Breite der Musikkultur. Bei Hofe wurde die Musik gepflegt und gefördert; die *Chapel Royal* war das führende Zentrum der Kirchenmusik. Unter Elisabeth wurden bis zu 90 Sänger und Instrumentalisten dort unterhalten. Weitere Chöre und Orchester gab es an den führenden Kathedralen des Landes, zum Teil auch an einfachen Kirchen. Jede Stadt, die etwas auf sich hielt, leistete sich eine Stadtmusik. Vor allem aber wurde es nach etwa 1580 allgemein Mode, sich der Hausmusik zu widmen. Zu dieser Verbreitung der Musik trugen auch die nun gedruckten Noten bei. Im elisabethanischen Zeitalter war Musik so beliebt und so allgegenwärtig, daß etwa in Londoner Kaufläden und Amtsstuben überall Musikinstrumente zur Verfügung standen, mit denen sich Wartende die Zeit verkürzen konnten.

Trotz des dominierenden italienischen Einflusses war die englische Musik dieser Zeit noch offen für Volkstümliches. Dies zeigt sich vor allem in den Tanzformen. In elisabethanischer Zeit liebte man den Kontrast von langsamen, feierlichen Schreittänzen (*Pavans*) und schnellen, lebhaften Hüpftänzen (*Gaillards*). Zeitweise waren am Hofe auch irische Tänze Mode. Man liebte vor allem *Consorts*, das heißt Ensembles gleichartiger Musikinstrumente verschiedener Stimmung und Größe (also etwa die ganze Familie der Streichinstrumente). Daneben gab es *Broken Consorts*, gemischte Ensembles. Zwei Instrumente wurden besonders beliebt in England: Laute und Virginal. Die Musik für diese beiden Instrumente beeinflußte bald die der übrigen europäischen Länder und erreichte in ihrer Art klassischen Rang. Unter den führenden Lautenisten und Lautenkomponisten ist vor allem John Dowland zu nennen; für Virginal und andere Tasteninstrumente komponierten John Bull, William Byrd und Orlando Gibbons. Das elisabethanische Zeitalter ist auch die große Zeit des »Madrigals«, wobei man damals fast jede Art von Liedern, von ein- oder mehrstimmigen Singstücken, zumeist mit Instrumentalbegleitung, als »Madrigal« bezeichnete, vor allem dann, wenn es sich um die Vertonung von weltlicher Poesie handelte. Nach 1588 entstand ein wahres Madrigalfieber, ausgelöst von Nicholas Yonge durch den Druck seiner Sammlung *Musica Transalpina*, in welcher den italienischen Melodien englische Texte beigegeben waren. Seit diesem Datum verging kein Jahr mehr ohne neue gedruckte Madrigalsammlungen, darunter die bedeutenden Werke von Thomas Morley und John Dowland, von Thomas Weelkes und John Wilby. 1601 erschien das Werk *Triumphs of Oriana* zur Verherrlichung der alternden Königin, herausgegeben von Thomas Morley, enthaltend Kompositionen von mehr als 20 englischen Komponisten.

Arbeitsethos und Armenfürsorge

Die Einstellung zur Armut veränderte sich auch in England am Beginn der Neuzeit. Dabei ist nicht nur der Einfluß der Reformation zu berücksichtigen, sondern schon der des Humanismus. Die Humanisten trugen dazu bei, das traditionelle Denken in Kategorien von Macht und Status einzuschränken, indem sie die Bildungsfähigkeit jedes Menschen betonten und die positiven Auswirkungen des Studiums der alten Schriften. Das betraf auch die Frauen und die sozial schlechter Gestellten. In ihrem Denken war Armut nichts Unvermeidliches, sondern Ergebnis einer Schwäche des Willens.

Damit hängt die Vorstellung zusammen, die dann vor allem durch die Reformation weit verbreitet wurde: Das kontemplative Leben, das die Mönche des Mittelalters als sinnvolle Lebensform erstrebt hatten, schätzte man nun gering. Die Berufstätigkeit, die Arbeit zum Unterhalt einer Familie wurde jetzt über alles gepriesen. Der Mensch war dazu auf Erden, um etwas zu tun; er konnte sich seinem Schöpfer nähern, indem er selbst etwas schuf. Beten erschien nicht ausreichend. Die Protestanten sprachen sich, in Abgrenzung gegen den alten Glauben, gegen »gute Werke« als eine Möglichkeit aus, sich die ewige Seligkeit zu verdienen. Statt dessen betonten sie, daß diese »nur aus Glauben« erlangt werden könne. Wer aber den wahren Glauben habe, verhalte sich nach Maßgabe des Neuen Testamentes, übe also Werke der Nächstenliebe. Insofern führte die Ablehnung der »Werkgerechtigkeit« nicht zu einer Verminderung der praktischen Tätigkeit, sondern zu einer Vermehrung. Während im alten Glauben das Geben von Almosen prinzipiell ein gutes Werk war, stellte sich nun durchaus die Frage, ob man einem Bettler überhaupt etwas geben dürfe, da man damit gewissermaßen jemanden an der Arbeit, das heißt an einer richtigen Einstellung zum Leben, hinderte.

Daraus folgte innerhalb des neuen Denkens ganz konsequent, daß man unterscheiden müsse: Alten, Kranken und Schwachen zu geben, war ein Werk der Nächstenliebe; Jungen und Arbeitsfähigen zu geben, war dagegen ein Fehler.

Die Gesetze der Tudorzeit reagieren auf diesen Stand der Reflexion. Von 1495 zieht sich bis in die Stuart-Zeit eine Kette von Versuchen, das Armenproblem gesetzlich zu klären und zu regeln. Der Bereich der Armenfürsorge, der in früheren Zeiten wesentlich privaten oder kirchlichen Bemühungen überlassen geblieben war, wurde nun klar als Aufgabenbereich des

Staates erkannt und angepackt. Die Gesetze der elisabethanischen Epoche blieben mehr als zwei Jahrhunderte in Geltung. Man bezeichnete sie später als *Old Poor Law* (zusammenfassende Gesetze 1597 und 1601); erst 1834 sollte sich in diesem Sektor wieder Wesentliches ändern, nachdem durch Bevölkerungswachstum, Industrialisierung und geistigen Wandel größere Reformen unaufschiebbar geworden waren.

Das Hauptprinzip des *Old Poor Law* war die Unterscheidung von Unterstützungsberechtigten und Vagabunden. Unterstützungsberechtigte waren Alte, Kranke und Schwache, die nicht selbst für ihren Lebensunterhalt sorgen konnten, aber nur dann, wenn sie sich an ihrem Geburtsort oder an einem dauernden Wohnort aufhielten, wo sie als solche anerkannt waren. Das hängt mit dem zweiten Prinzip zusammen: der Unterstützungspflicht durch die Pfarrgemeinde. Daraus folgte, daß jede Pfarrgemeinde zugunsten der eigenen Armen die fremden Armen in ihre Geburtsorte zurückschicken mußte.

Im einzelnen entwickelten sich die Verhältnisse so: 1536, also gleichzeitig mit der Aufhebung der größeren Klöster und mit ersten Ansätzen zu protestantischen Maßnahmen, wurde angeordnet, daß jede Kirchengemeinde zwei Kirchenpfleger oder andere Personen dazu bestimmen möge, wöchentlich für die Armen zu sammeln und diese Kollekte den unterstützungsberechtigten Armen der Gemeinde wiederum zukommen zu lassen (*Overseers of the Poor*). 1547 wurden die Kirchengemeinden dazu verpflichtet, für Alte, Behinderte und Kriegsversehrte Wohnungsmöglichkeiten zu bieten und wöchentlich für sie zu sammeln. Ein weiteres Gesetz von 1552 ging insofern darüber hinaus, als erstmals ein Element des Zwanges aufkam: Wer nicht freiwillig beitrug, konnte vom Pfarrer ermahnt und vom Bischof vorgeladen werden, der geistliche Druck wurde also erhöht und damit auch der soziale.

Daran knüpfte das erste elisabethanische Gesetz von 1563 an: Wer sich weigerte, für die Armen zu geben, konnte nun vor Gericht geladen und bei fortgesetzter Weigerung schließlich sogar in Haft genommen werden. Die Armenfürsorge war zu einer Art von Steuer auf lokaler Ebene geworden, die zwar ohne staatlichen Verwaltungsapparat und durch von der jeweiligen Kirchengemeinde selbst gewählte Personen eingetrieben wurde, hinter der aber doch die Sanktionsgewalt von Staat und Kirche standen.

In einem Gesetz von 1576 wurden alle Kirchengemeinden dazu verpflichtet, den Arbeitsfähigen Arbeitsmöglichkeiten zu bieten, also etwa einen Vorrat an Hanf zum Spinnen oder Wolle zum Stricken anzulegen. Kinder zwischen 5 und 14, die durch Betteln auffällig geworden waren, konnten nun zwangsweise in Gesindedienst oder Lehrlingsverhältnisse gezogen werden. In London wurde 1553 ein ehemaliger Königspalast, Bridewell, in ein städtisches Arbeitshaus umgewandelt. Dieses wurde zum Vorbild für viele andere Städte, die ebenfalls Arbeitshäuser einrichteten. »Bridewell« wurde zum Begriff. Dort wurden nicht nur Materialien für allerlei Arbeiten bereitgestellt, sondern auch Leute eingesetzt, die Fähigkeiten und Fertigkeiten zu vermitteln hatten, mit denen Insassen vielleicht eine Stellung finden konnten. Ein Problem dieser Arbeitshäuser war, daß sie grundsätzlich an Unternehmer vergeben wurden, die dann selber sehen mußten, wie sie auf ihre Rechnung kamen. Das führte dazu, daß diese in manchen Fällen beklagenswerte Arbeits- und Lebensbedingungen zuließen. Wer in solche Arbeitshäuser eingewiesen worden war, verlor seine Freiheit, auch ohne straffällig geworden zu sein. Nach Maßgabe der nun herrschenden Vorstellungen von Arbeit und Armenfürsorge war schon Betteln ein Vergehen, das zur Einweisung berechtigte. Damit verlagerte der Staat freilich auch Probleme, die durch staatliches Handeln erst geschaffen wurden – vor allem durch die Kriege, welche Tausende von Männern entwurzelten, zum Teil auch verstümmelten, und sie dann sich selbst überließen –, auf die städtischen Institutionen und auf die Kirchengemeinden. Andererseits ist England der einzige größere Staat, der schon im 16. Jahrhundert das Problem der Armenfürsorge grundsätzlich regelte.

Die Krone und die Parlamente

Das verbreitetste Bild vom Gemeinwesen war das eines Körpers: Die Krone stellte dabei den Kopf dar, der für das Leben des gesamten Organismus so unverzichtbar war wie der Magen und die Gliedmaßen. Eine vergleichbare Analogie sah den Monarchen als Vater seines Volkes, um ihm im Staat dieselbe absolute Autorität zuzusprechen wie dem Hausvater in der Familie.

Mit den Namen Machiavelli und Bodin verbindet man einen neuen Begriff von der Würde des Fürsten, von seiner spezifischen *virtù*, die ihn über die Sphäre der privaten Moral hinaushebe, und von der Souveränität der Krone, welche äußere Eingriffe und ständische Mitregierung nicht leide. In England wurden diese Vorstellungen erst später breit rezipiert. Freilich kann man Ansätze zu entsprechendem Handeln durchaus bei Heinrich VIII. schon finden. Eine theoretische Rechtfertigung dieser Art blieb den Engländern jedoch fremd. Das rührt letztlich daher, daß das Parlament an der Erhöhung der Würde des Monarchen entscheidend beteiligt war. Während im 17. Jahrhundert die Frage der Abgrenzung der Kompetenzen von Krone und Parlament zur entscheidenden Streitfrage werden sollte, schien dieses Problem im Zeitalter Elisabeths noch von untergeordneter Bedeutung. Als Prärogativen der Krone galten damals: Entscheidung über Krieg und Frieden, Zusammensetzung des *Privy Council*, Münzrecht, Dispens von der Anwendung von Gesetzen im Einzelfall, Ernennung der Beamten, Rechtssprechung, überlieferte Feudalrechte. In allem Übrigen war die Krone an die Mitwirkung des Parlamentes gebunden. In elisabethanischer Zeit erhoben sich erstmals Stimmen, welche eine allgemeine Redefreiheit des Parlaments postulierten. Entscheidend war, daß das Parlament noch immer keine autonome Institution war, sondern an die Einberufung, Vertagung oder Auflösung durch die Krone gebunden war, wogegen sich auch keinerlei Widerstand regte. Insofern ist es durchaus berechtigt, von Parlamenten nur im Plural zu sprechen. In den fast 45 Jahren der Regierung Elisabeths wurden diese nicht öfter als dreizehnmal einberufen. Es wurden weniger Gesetze als in den vorangehenden Jahrzehnten verabschiedet. Das Gewicht verschob sich von der Politik auf die Verwaltung.

Dem Parlament kamen zwei Funktionen zu: der Königin Steuern zu bewilligen, was grundsätzlich für militärische Unternehmungen gefordert wurde, und Gesetze zu verabschieden. Gesetzesvorlagen konnten sowohl im Oberhaus als auch im Unterhaus eingebracht werden; Gesetzeskraft erlangten sie erst, wenn sie in beiden Häusern mit Mehrheit beschlossen und von der Königin in Kraft gesetzt worden waren. Organisierte Parteien oder eine ständige Opposition gab es noch nicht.

Elisabeths letzte Jahre

Nach 1588 war Spanien keineswegs geschlagen; immer wieder rüstete es Flotten gegen England aus. Wenngleich sie keinen entscheidenden Erfolg aufzuweisen hatten – die Bedrohung blieb bestehen. Und daß diese Bedrohung eine reale war, konnte man am Beispiel der spanischen Expeditionen nach Irland sehen. Am verhängnisvollsten war die steuerliche Belastung, die aus der langjährigen außenpolitischen Anspannung resultierte. Elisabeths Beliebtheit hatte – zumindest zum Teil – darauf beruht, daß sie zu Beginn ihrer Herrschaft ihre Untertanen nur mäßig belastet hatte. Doch diese Zeiten waren vorbei. Schon die Inflation hätte es kaum erlaubt, die Staatsausgaben konstant zu halten; der Krieg machte es unmöglich. Aus konservativer Vorsicht wurden die Zölle nicht erhöht; auch die Pachteinnahmen aus Krondomänen fielen real. Doch ihre Vergabe hatte viel mit Patronage zu tun, konnte also nicht einzig unter dem Ertragsgesichtspunkt betrachtet werden. Um Patronage und Monopole entstanden schließlich gegen Ende der Regierungszeit Elisabeths immer neu aufflammende Konflikte, mit denen sich Parlament um Parlament beschäftigte, ohne daß es zu wirklichen Lösungen gekommen wäre. Die staatlichen Ämter waren gering dotiert; attraktiv wurden sie nur durch Patronagemöglichkeiten. Die Krone hatte drei Ansatzpunkte: Erstens konnte sie nach Belieben Rangerhöhungen vornehmen. Doch Elisabeth verfuhr eher zurückhaltend; bei ihrem Tode gab es nicht mehr *Peers* als bei ihrer Thronbesteigung. Zweitens hatte die Krone Ämter zu vergeben: im königlichen Haushalt, im Justizwesen, in der Staatskirche. Die Zahl dieser Ämter betrug zwar über tausend, war aber viel zu klein für die große Zahl ehrgeiziger, dienstwilliger, profitgieriger und karrierelüsterner Untertanen, die sich danach drängten. Schließlich gab es noch die Möglichkeit von Geldgeschenken, Pensionen und Monopolen. Doch gerade hier häuften sich plötzlich die Konflikte. Monopole waren rechtliche Regulierungen des Wirtschaftslebens, welche die Könige von alters her zu ihrer Prärogative rechneten. Die zahlreichen

Flugblatt zur dankbaren Erinnerung an die Errettung Königin Elisabeths aus zahlreichen katholischen Anschlägen (um 1600)

königlichen Monopole ergaben eine Art von indirekter Steuer, die in elisabethanischer Zeit spürbar zunahm. Auch die Verteuerung alltäglicher Bedürfnisse wurde mit dem verhaßten Monopolwesen in Zusammenhang gebracht. Die Königin meisterte die Situation zwar taktisch in den Parlamenten von 1597 und 1601, hinterließ aber das grundsätzliche Problem ungelöst ihrem Nachfolger.

Als Elisabeth am 24. März 1603 im 70. Lebensjahr starb, war sie weniger beliebt als bei ihrer Thronbesteigung. Dazu trugen nicht nur die höhere steuerliche Belastung und dergleichen Realfaktoren bei, sondern auch ein psychologisches Element, das schwer greifbar ist, aber doch allenthalben zum Vorschein kommt. Elisabeth hatte sich überlebt. Es gab eine junge Generation mit einem anderen Lebensgefühl.

VON DER UNIFORMITÄT ZUM PLURALISMUS

England 1603–1714

Epochenüberblick

Die Könige aus dem Hause Stuart sind in der englischen Tradition belastet durch den Vorwurf absolutistischer und katholisierender Tendenzen. Die Jahrhundertmitte brachte, nach langwierigen Auseinandersetzungen zwischen den ersten beiden Stuart-Königen und ihren Parlamenten um Rechte und Finanzen, den Bürgerkrieg als Tiefpunkt der englischen Geschichte mit der Hinrichtung des Königs (1649). Da die europäischen Mächte in den Dreißigjährigen Krieg in Mitteleuropa verwickelt waren, blieben die Britischen Inseln weitgehend sich selbst überlassen. In dieser Phase des Umbruchs wirkten besonders Irland und Schottland auf die englischen Verhältnisse ein; das Ergebnis war jedoch die gefestigte Superiorität Englands über Irland und Schottland, die Cromwell mit militärischer Gewalt herstellte. In England selbst brachten die beiden Jahrzehnte nach 1640 eine Reihe von Verfassungsexperimenten, die am Ende in eine restaurierte Monarchie einmündeten. Nur in dieser Form schienen sich die destruktiven Kräfte und ein selbstbewußt gewordenes Militär letztlich bändigen zu lassen. Doch die Restauration der Monarchie bedeutete zugleich Restauration des Zwei-Kammer-Parlamentes (Ober- und Unterhaus) sowie Restauration der anglikanischen Staatskirche. Denn der Sturz der Monarchie hatte auch die Staatskirche mit sich gerissen; seit den 1640er Jahren florierten viele Sekten, die nach 1660 nicht mehr integriert werden konnten. Die Umbruchsphase der Jahrhundertmitte hatte überhaupt, nachdem die Zensur zusammengebrochen war, eine weitgehende Öffnung des Glaubens und Denkens zur Folge. Deshalb wirkte diese Phase nicht nur im Politischen und Religiösen, sondern auch im Wissenschaftlichen und Künstlerischen. Wesentliche Charakteristika neuzeitlicher Wissenschaft kamen gerade jetzt zum Vorschein; sie wurden nach der Restauration institutionell aufgenommen (*Royal Society*). Und im künstlerischen Bereich ging England nach dieser Zeit klarer seinen eigenen Weg, weil die englischen Entwicklungen der Musik und der Bildenden Künste teilweise abgebrochen waren und die europäischen Entwicklungen (Barock) als höfische mit den Stuarts, dem Katholizismus und dem Absolutismus konnotiert wurden. Diese wurden deshalb nach der Restauration vor allem von Ausländern, die auch unter den ersten Stuarts schon eine große Rolle gespielt hatten, vorangetrieben, während sich im Bereich der Sprache und der Wortkultur nun immer klarer englische Ideale ausformten, die im Zuge der Aufklärung dann auf Europa zurückwirken sollten.

Während die politische Konstellation Englands im 16. Jahrhundert gekennzeichnet werden kann durch die Formel *King in Parliament*, entwickelte sich nach den langwierigen Auseinandersetzungen um die Begrenzung der königlichen Prärogative in der ersten Hälfte des 17. Jahrhunderts die ständische Komponente immer kräftiger. Die politische Nation erkannte die monarchische Struktur des Staates als Bedingung des inneren Friedens, zügelte die Befugnisse des Königs aber Schritt für Schritt: 1660, 1688/89, 1701, 1714. Als am Ende der Epoche das Haus Hannover zur Königsherrschaft in England gelangte, war der König nur noch eine Art von Angestellter der Nation. Das Parlament hatte sich zu einer festen Institution entwickelt, deren Periodizität, Dauer, Wahl und Zusammensetzung strikt geregelt waren, sogar über den Tod eines Königs hinaus, und von diesem nicht angetastet werden konnten.

In den Kämpfen zwischen Krone und Parlament hatte die Religionsfrage im 17. Jahrhundert stets eine entscheidende Bedeutung. Ihrem Selbstverständnis nach war die englische Nation protestantisch. In diesem Bewußtsein grenzte sie sich gegen Irland, gegen Frankreich und gegen Spanien ab. Die eher vermittelnde oder katholisierende Linie der beiden Stuarts nach der Restauration führte schließlich, zusammen mit anderen Faktoren, im Gegenzug zu einer scharfen Ausgrenzung der Katholiken als Staatsfeinde. Andererseits fand sich auch ein beträchtlicher Teil der englischen Protestanten nach der Restauration außerhalb der anglikanischen Staatskirche wieder. Es entstand das für England so charakteristische Element des *Dissent*: Presbyterianer, Baptisten, Quäker usw. außerhalb der Staatskirche, die allmählich religiöse Toleranz erlangten, aber noch nicht gleiche staatsbürgerliche Rechte. Sie waren in Handwerk und Handel besonders stark vertreten. Sie öffneten die verkrusteten Strukturen des religiösen und politischen Denkens und gaben den Wissenschaften wichtige Impulse wie auch den englischen Künsten des Wortes ihre charakteristische Richtung.

Dem religiösen Pluralismus entsprach ein politischer. Seit der Krise um den Ausschluß des katholischen Thronfolgers (1679–1681) entstanden in England Vorformen politischer Parteien (*Whig* und *Tory*). Die vielfachen Trennungen der Bürgerkriegszeit wurden so allmählich in das politische Spiel einbezogen und domestiziert. Es bildeten sich zunehmend Regeln eines politischen Wechselspiels rivalisierender Gruppen, Interessen und Ideologien heraus. Die Verantwortungslosigkeit der Bürgerkriegsphase wich auf beiden Seiten einem kontrollierten Umgang mit Konflikten, da sich Positionen des Alles-oder-Nichts selbst eliminiert hatten und Versuche mit Religion als Politik falsifiziert worden waren. Eine zivile Gesellschaft distinkter Prägung entwickelte sich, die im 18. Jahrhundert europaweit ausstrahlte.

Seit der Mitte des 17. Jahrhunderts nahm England einen Aufschwung im Handel, wobei auch der Überseehandel nun größere Bedeutung erlangte.

Hand in Hand damit ging der Aufbau eines ersten Kolonialreiches. Es entstand ein spezifisches Element der Finanz, vor allem in der Londoner City, und um 1700 auch eine neuartige Form der Kreditschöpfung zu Kriegszwecken, welche es dem Staat zunehmend ermöglichte, die neugewonnene ökonomische Stärke eines Teiles der Gesellschaft für seine Durchsetzung in internationalen Konflikten in Dienst zu nehmen. Während England bis zur Mitte des 17. Jahrhunderts wesentlich insular ausgerichtet war, wurde es in der Restaurationszeit zunächst im Schlepptau Frankreichs in die europäischen Kriege hineingezogen, durch Wilhelm von Oranien dann aber zum Schlußstein einer großen europäischen Allianz gegen die Hegemonialbestrebungen Ludwigs XIV. Am Ende der Epoche hatte England die mächtigste Flotte der Welt. Im Spanischen Erbfolgekrieg erwiesen sich seine Landheere als schlagkräftig. Der Frieden von Utrecht (1713) bestätigte die protestantische Sukzession in England und dokumentierte die neue Rolle Großbritanniens (1707 war die staatsrechtliche Union von England und Schottland geschlossen worden) als Großmacht.

Die frühe Stuartzeit

(1603–1640)

1603–1625	Jakob I. (= Jakob VI. von Schottland). Friedensschluß mit Spanien und Frankreich.
1604	*Hampton Court Conference* über Kirchenverfassung.
1605	5. November: *Gunpowder Plot*: Kath. Anschlag auf König und Parlament.
1614–1628	Beherrschende Stellung des Günstlings George Villiers (Buckingham).
1618	*Book of Sports*: König erklärt sich für Sonntagsvergnügungen des Volkes (gegen die Puritaner).
1621	Protestation des Unterhauses: für Diskussionsfreiheit.
1622	Thronfolger und Buckingham auf Brautschau in Spanien. Danach Krieg. Mehrere gescheiterte Seekriegsunternehmungen gegen Spanien und zur Unterstützung der Hugenotten.
1625	27. März: Tod. Jakobs I. Thronbesteigung seines Sohnes, Karls I. Entfremdung von *Court* und *Country*.
1628	*Petition of Right*: Parlament für Rechte der Untertanen.
1629	Nach Auflösung des Parlamentes regiert Karl I. elf Jahre ohne Parlament. Frieden mit Spanien und Frankreich. Konflikte um Steuern und Zölle.
1633	William Laud Erzbischof von Canterbury.

Konflikte um Kirchenpolitik (Arminianer/Puritaner) und Prärogativgerichte (*High Commission, Star Chamber*).

1637 Gescheiterter Versuch der Übertragung des engl. Kirchensystems auf Schottland. »Bischofskriege«: Schotten fallen militärisch in England ein (1639, 1640).

Bevölkerung, Wirtschaft und Gesellschaft

Die englische Bevölkerung war seit der Überwindung der demographischen Katastrophe der Großen Pest des 14. Jahrhunderts in einem ungebrochenen Wachstum begriffen – ein Trend, der sich erst nach der Mitte des 17. Jahrhunderts umkehrte. Die englische Bevölkerung betrug (um 1600) 4,1 Millionen und stieg von Dekade zu Dekade: 4,4 Millionen, 4,7 Millionen, 4,9 Millionen, 5,1 Millionen und 5,2 Millionen (um 1650). Es war eine Epoche des kontinuierlichen Wachstums und eine Zeit ohne beträchtliche Aus- oder Einwanderung. Es erfolgte eine gewisse Zuwanderung vom Kontinent, namentlich aus den Niederlanden, aber auch aus anderen protestantischen Ländern und durch Krieg und Vertreibung betroffenen Gebieten; gleichzeitig erfolgte eine nicht sehr starke Abwanderung aus England, vor allem nach Irland, aber noch kaum nach Nordamerika und in sonstige überseeische Gebiete. Das geschilderte Bevölkerungswachstum spiegelt allem Anschein nach eine insgesamt günstige wirtschaftliche Entwicklung, die seit dem mittleren 16. Jahrhundert ungebrochen war. Dabei traten periodisch Mißernten auf, die immer wieder die Überlebensaussichten breiter Schichten der Bevölkerung einschränkten. Aufeinanderfolgende Hungerjahre hatte es 1594–1597 gegeben. Das frühe 17. Jahrhundert war davon frei. Sie kehrten von 1646 bis 1650 wieder. Der entscheidende Unterschied zur Bevölkerungsexplosion der »Dritten Welt« im 20. Jahrhundert liegt darin, daß alle Entwicklungsländer hohe Kinderzahlen infolge früher Heiraten haben, während es für das frühneuzeitliche Europa allgemein und für England insbesondere charakteristisch ist, daß Ehen erst dann geschlossen werden, wenn die wirtschaftliche Grundlage für die Erhaltung einer Familie gegeben ist. Das bedeutet, daß zwischen Geschlechtsreife und Heirat eine lange Spanne liegt. In England betrug das Durchschnittsalter bei der ersten Eheschließung in der ersten Hälfte des 17. Jahrhunderts für Frauen 26 Jahre, für Männer 28. Schon deshalb hielten sich die Kinderzahlen in Grenzen – von der hohen Säuglings- und Kindersterblichkeit ganz abgesehen. Die durchschnittliche Lebenserwartung der um 1580 geborenen Engländer betrug gegen 42 Jahre; sie sank in der Folgezeit etwas. Eine höhere Lebenserwartung wurde erst im 19. Jahrhundert erreicht.

Das 16. Jahrhundert war insgesamt von einer kräftigen Inflation beherrscht gewesen. Diese setzte sich, ebenso wie das Bevölkerungswachstum, im 17. fort. Die Inflation war am ausgeprägtesten bei Nahrungsmitteln zu spüren: bei Getreide mehr als bei tierischen Produkten. Sie betraf

Die Bedeutung der Familie: David des Granges, »The Saltonstall Family« (Gemälde um 1636/37; im Bett die verstorbene erste Ehefrau, daneben die zweite Ehefrau des Hausherrn)

weniger stark handwerkliche Produkte. Vor allem aber ist auffallend, daß die Lohnentwicklung allgemein weit dahinter zurückblieb. Ja, während die Preise gestiegen waren, waren die Löhne gefallen! Wenn man bedenkt, daß diese inflationäre Entwicklung denselben Verlauf zeigt wie die Bevölkerungsentwicklung – nach einem markanten Anstieg in den 1640er Jahren setzte ebenfalls nach der Jahrhundertmitte eine deflationäre Entwicklung ein –, liegt es nahe, beide auch kausal miteinander in Beziehung zu setzen. Das Bevölkerungswachstum erscheint dann als Hauptfaktor für die Zunahme der Preise für Nahrungsmittel, weil die Nachfrage kontinuierlich stieg. Die Nachfrage konnte zwar befriedigt werden – die stark gewachsene Bevölkerung konnte ernährt werden –, aber die zeitliche Verschiebung bewirkte jeweils einen Preisanstieg durch Überwiegen der Nachfrage. Damit kann man zudem das gleichzeitige Abfallen der Löhne erklären: Es bestand immer ein Überangebot an Arbeitskräften. Andere Faktoren, die auf die Inflation Einfluß hatten, spielten demgegenüber wahrscheinlich eine geringere Rolle. Die Geldmenge wurde kontinuierlich aufgebläht durch Zufluß von außen, namentlich seit etwa 1590 machten sich auch in England die Gold- und Silberimporte Spaniens aus Südamerika bemerkbar.

Trotz gewisser Fortschritte in Handwerk und Handel bildeten in der ersten Hälfte des 17. Jahrhunderts Ackerbau und Viehzucht nach wie vor die Grundlage der englischen Wirtschaft. Der Ertrag der Getreideernte war der entscheidende Faktor, nach dem sich Wohl oder Wehe breiter Kreise der Bevölkerung bemaß. Der überwiegende Teil – sowohl die Krone als auch die Kirche, der Adel, die *Yeomen* und Pächter sowie landwirtschaftlichen Arbeiter – war direkt vom Ertrag der Landwirtschaft abhängig. Wahrscheinlich baute man damals in England doppelt soviel Gerste wie Weizen an, was auf die große Bedeutung von Bier als Grundnahrungsmittel hindeutet. Nach Berechnungen von Gregory King aus dem späten 17. Jahrhundert wandte man damals über die Hälfte des gesamten Einkommens der Nation für Essen und Trinken auf, davon etwa ein Drittel allein für Bier.

Wo das Land kleinteilig bewirtschaftet wurde und im wesentlichen der Subsistenz der Bauern oder Pächter diente, war die Differenzierung des Anbaus immer relativ hoch, weil davon ja der Speisezettel abhängig war. Wo andererseits großflächig für den Markt angebaut wurde, wirkten sich Rationalisierungen und Optimierungen gewöhnlich so aus, daß ein bestimmtes Produkt vorwiegend kultiviert wurde. Solche Bemühungen waren in England in der ersten Hälfte des 17. Jahrhunderts deutlich festzustellen.

Die bedeutendsten Impulse bei der Verbesserung von Ackerbau und Viehzucht gingen im 17. Jahrhundert von den Niederlanden aus, nicht zuletzt dadurch, daß sich Flüchtlinge aus Glaubensgründen in England niederließen, vor allem in East Anglia, welche aus einer langen Tradition der Gartenkultur und Landgewinnung herkamen. In einem breiten Gürtel um London herum erlangte der Gemüsebau große Bedeutung. Die Niederländer führten auch Verbesserungen bezüglich gewerblich genutzter Pflanzen ein; sie importierten Ölsaaten und bauten Ölmühlen auf, vor allem in East Anglia. Sie verbesserten die Entwässerung und die Stickstoffanreicherung im Boden durch Spezialpflanzen wie Klee und Luzerne. Niederländer waren die entscheidenden Fachleute bei der Trockenlegung der Sumpf- und Marschgebiete in East Anglia. Aber auch anderwärts ist das 17. Jahrhundert eine Zeit agrarischer Meliorisierungen. Beispielsweise entwickelte man in Wiltshire ein System von Feuchtwiesen, bei denen im Spätwinter durch künstliche Überflutung das Frieren des Bodens verhindert wurde. In Devon erzielte man höhere Ernteergebnisse mit Asche, die man durch das Verbrennen von Torf gewann und im Winter auf die Felder ausbrachte.

Die Preise für Wolle und Getreide erreichten ihren Höhepunkt vor 1650; danach fielen sie langfristig. Dagegen stiegen weiterhin – bis zu einem Gipfel um 1700 – die Preise für Vieh und Fleisch.

Um 1600 machte der Export von Wolle und Textilien aus England etwa drei Viertel des englischen Exports aus, so daß die Krise in diesem Bereich für die Gesamtwirtschaft von großer Bedeutung war. Die Herstellung von Wolle und Tuchen, die in der Vergangenheit mehr oder weniger überall verbreitet gewesen war, konzentrierte sich in der Folge auf drei Hauptgebiete: im Osten auf Norfolk und Essex, im Norden auf den westlichen Teil von Yorkshire, im Westen auf einen Streifen von Gloucestershire bis Devon.

Das erste Lehrbuch für englische Landwirte: John Worlidge, »Systema agriculturae« (Titelseite der zweiten Auflage, 1669)

Im frühen 17. Jahrhundert begann darüber hinaus der Aufschwung der Kohle, für die England seither immer berühmt war. Die Grundlage dafür war ein empfindlicher Mangel an Holz. Dieser zeigte sich zwar auch in anderen Gegenden Europas, aber besonders deutlich in England, wo schon im Mittelalter viele der berühmten Wälder abgeholzt worden waren und wo nun der Bedarf für Schiffs- und Hausbau sowie für energiefressende Fertigungsprozesse das Holz zu einem immer rareren Gut machte. Die Lösung für dieses Energieproblem war die Kohle, die man im Norden Englands, vor allem in der Gegend um Newcastle-upon-Tyne, seit alters her abbaute und nun zunehmend mit Schiffen nach London brachte. In zwei Bereichen fand die Kohle nun durchgehend Anwendung: in privaten Haushalten, wo sie anfangs wegen des ungewohnten Geruchs noch verpönt war, und in den Gewerben, die Feuer brauchten, vom Brotbacken, Bierbrauen und Destillieren bis zum Seifensieden und Eisenschmelzen. Die günstigen Transportmöglichkeiten waren entscheidend, da man beim damaligen Zustand der Straßen und des Verkehrswesens zu Lande mit einer Verdoppelung des Warenpreises durch den Landtransport für jeweils zwei Meilen kalkulieren mußte!

So konnte sich die Stadt London, die im Laufe des 17. Jahrhunderts zur größten Metropole Europas heranwuchs, infolge der Kohlezufuhr über See entwickeln. Allein wegen der Kohle siedelten sich immer mehr Gewerbe, die einen hohen Energiebedarf hatten – wie Bierbrauer und Seifensieder –, in und um London an. Sie waren damit zugleich in unmittelbarer Nähe eines starken Konsumgütermarktes und eines exportorientierten Weltmarktes. – Die Wolke aus Steinkohlenrauch und Ruß, die über der Hauptstadt lag und sich vor allem in den nebligen Wintermonaten verdichtete, wenn es windstill war, wurde seit dem 17. Jahrhundert zum Wahrzeichen Londons.

Über den Außenhandel liegen Zahlen vor, weil die Zölle der Krone zustanden und darüber kontinuierlich Buch geführt wurde. Den Binnenhandel kann man nur schätzen, weil es keinerlei Binnenzölle gab. England war ein einheitlicher Wirtschaftsraum. Die zweite Bedingung für die Entwicklung des englischen Binnenhandels ist die günstige Infrastruktur infolge eines ausgedehnten Netzes von Wasserstraßen; das Meer um die Hauptinsel herum diente gewissermaßen als eine Ringstraße zur Versorgung des ganzen Landes von der Küste aus.

Der größte Teil der englischen Exporte und Importe in der ersten Hälfte des 17. Jahrhunderts war nach wie vor auf Europa konzentriert, und zwar auf den Nordseebereich. Zum Hauptumschlagsplatz auf dem Kontinent entwickelte sich, nach dem Niedergang Antwerpens, Amsterdam. Zeitweilig hatten auch Hansehäfen eine größere Rolle gespielt, namentlich Hamburg, Stade und Emden. Der Ostseehandel war fast gänzlich in der Hand der Niederländer. Dagegen machten die Engländer im Mittelmeerhandel, den sie sich in elisabethanischer Zeit eröffnet hatten, nun Fortschritte, indem sie die Venetianer verdrängten. Der Handel war nicht nur vorindustriell bestimmt, sondern auch vorkolonial.

Englands Städte lagen überwiegend im Südosten. Mehr als 10000 Einwohner hatten (außer London) nur die Hafenstädte Bristol und Norwich. Über 5000 lagen nur fünf weitere Städte: York, Newcastle, Oxford, Exeter und Salisbury. In der ersten Hälfte des 17. Jahrhunderts entwickelte sich einzig London kräftig: Um 1650 hatte sich die Bevölkerungszahl von 1600 (215000) schon fast verdoppelt. Das läßt sich nur durch stete Zuwanderung erklären: aus den Provinzstädten in die Hauptstadt, vom Land in die Stadt, aus dem Ausland. Doch stets übertrafen die Todesfälle die Geburten. Die Zeitgenossen waren allgemein der Meinung, die Zuwanderung in die Hauptstadt sei eine soziale und hygienische Gefahr. Freilich vermochten sie nichts Ernstliches dagegen zu tun.

London war immer ein doppeltes Zentrum gewesen: die eigentliche City in ihren Mauern und westlich davon, im 17. Jahrhundert noch räumlich deutlich getrennt, Westminster mit dem Hof, dem Parlament und zugehörigen Einrichtungen. Im Laufe des 17. Jahrhunderts wurde die Themseachse, Fleetstreet und Strand, zwischen diesen beiden Zentren stärker bebaut, vor allem mit den Palais führender Adelsfamilien. Das Bevölkerungswachstum der eigentlichen City of London, das im 16. Jahrhundert zu einer starken Verdichtung innerhalb der Mauern geführt hatte, bordete im 17. über auf die Umgebung. Im Osten der City entwickelte sich eine ungeheure Agglomeration oft sehr dürftiger und ungesunder Wohngelegenheiten. Bei den damaligen hygienischen Verhältnissen verwundert es nicht, daß hier immer wieder ansteckende Krankheiten ausbrachen und die Bevölkerung dezimierten.

Die Entwicklung des Handels vor allem (verbunden mit der Investition in Handelsgesellschaften, Seeunternehmungen einschließlich Piraterie, Kredite an die Krone und an den Adel) führte dazu, daß sich die Vermögen innerhalb der Städte immer stärker auseinanderentwickelten. Während ein beträchtlicher Teil der Bevölkerung von Armenfürsorge abhängig wurde, häufte ein kleiner Personenkreis Spitzenvermögen an. In London und in den kleineren Städten ergab sich eine Tendenz zur Oligarchisierung: Eine kleine Gruppe versuchte sich die Macht zu teilen und sich gegen Aufsteiger abzuschirmen. Außerdem änderte sich aber auch die Zusammensetzung der städtischen Eliten. In der ersten Hälfte des 17. Jahrhunderts ist vor allem die Zunahme der freien Berufe markant: Rechtsanwälte, Ärzte, Apotheker. Sie hatten ebenfalls die Tendenz, Standesorganisationen zu bilden und sich zunftmäßig abzuschließen.

Was sich als gesichert festhalten läßt, ist eigentlich nur, daß die Anzahl adliger Familien unter den ersten Stuarts durch den Verkauf von Titeln viel größer wurde und daß auch die *Gentry* zahlenmäßig zunahm. Ebenfalls nahmen die freien Berufe zu und der Anteil der städtischen Bevölkerung überhaupt. Dabei bestand aber ein reger Austausch zwischen Stadt und Land: Angehörige der *Gentry* bemühten sich um Parlamentssitze für städtische *Boroughs;* Kaufleute suchten ihren Geldreichtum in Land anzulegen. Die Gesellschaft hatte das Konzept einer festgefügten Ordnung; die gesellschaftliche Wirklichkeit war jedoch durch rege geographische und soziale Mobilität gekennzeichnet.

Höfische Kultur

Ein Dynastiewechsel bedeutet nicht das Aussterben einer Generation; trotzdem bleibt als faßlicher Faktor für den kulturellen Wandel dieses Zeitalters am ehesten der Hof, die Prägung der Stimmungen und ihrer Gestaltungen von der monarchisch-sozialen Spitze her. Unter Elisabeth gaben unternehmende, kühne und optimistische Männer den Ton an; unter Jakob I. obsiegten eher gelehrte, selbstquälerische, zerrissene Individuen. Das 17. Jahrhundert kündigt uns schwierigere, kompliziertere Menschen an. Im Melancholiker hat die Kultur der Zeit ihren Typus gefunden und gestaltet (vgl. Robert Burton, *Anatomy of Melancholy*, 1621).

Auffallend ist der Kontrast der Hofhaltung: Jakob I. zerschnitt die Verbindung mit volkstümlicher Repräsentation und entwickelte statt dessen immer stärker die höfische Schaustellung von Maskenspielen, zu denen nur der Kern des Hofes und der Mächtigen, die Diplomaten und die königliche Familie zugelassen waren. Während Elisabeth eine Fusion metropolitaner und höfischer Feste angestrebt hatte, trennten sich die beiden Elemente in der Folgezeit, weil Jakob I. Exklusivität suchte und die Schaustellungen der City of London mied. Die Maskenspiele der frühen Stuartzeit erlebten unter Jakob I. und Karl I. ihre höchste Blüte; sie wurden nach 1640 abgeschafft und später auch nicht mehr wiederbelebt.

Wie im 16. Jahrhundert wurden auch im 17. in England, vor der Restauration, kaum neue Kirchen gebaut. Das Hauptbetätigungsfeld der Architekten waren königliche Bauaufträge sowie Stadt- und Landhäuser für

Adel und *Gentry*. Das typische englische Herrenhaus änderte in der ersten Hälfte des 17. Jahrhunderts Funktion und Stil: Während es sich in älterer Zeit stets um massive Blöcke gehandelt hatte, die, sofern sie über das Burg- und Turmartige hinausgingen, um einen Innenhof gruppiert waren und ihre wesentlichen Räume zu diesem hin öffneten, wurden die großen Häuser des Adels nun auf eine Fassade hin ausgerichtet. Diese Entwicklung zeigt nicht nur ein neues Gefühl der Extraversion und Selbstdarstellung, es korrespondiert auch mit der veränderten Funktion des Adels. In älterer Zeit Feudaladel mit militärischer Funktion, war er mittlerweile zum Hofadel geworden, militärisch bedeutungslos; seinen Reichtum bezog er aus Landwirtschaft oder höfischen Ämtern. Die führenden Familien des Landes richteten deshalb ihre Landsitze darauf aus, den Hof dort empfangen und den König temporär aufnehmen zu können. Dementsprechend kam es auf Staatsräume an, auf repräsentative Qualität, auf prunkvolle Erscheinung (Audley End, Hatfield House).

Inigo Jones war der erste große englische Architekt, der Baumeister des Königs, dessen wahre Bedeutung erst im Laufe des 18. Jahrhunderts durch seine Wirkung offenbar wurde. Denn er war es, der in England Palladio proklamierte, und nichts kennzeichnet die spätere Architektur englischer Landhäuser so sehr wie der Palladianismus. Seine stilprägenden Bauwerke sind Queen's House in Greenwich (1616 begonnen) und Banqueting Hall in Westminster (1619–1622). Inigo Jones hatte schließlich als Oberaufseher der königlichen Bauten auch Einfluß auf den Städtebau, nämlich auf die Erweiterung der Stadt London (vor allem Covent Garden).

Die englische Kultur hatte seit der Reformation ein ambivalentes Verhältnis zu den Bildenden Künsten im allgemeinen und zur Malerei im

The Queen's House, Greenwich, von Inigo Jones (seit 1616) erbaut

besonderen. Damals waren die Kirchen von Gemälden und Schnitzwerken, von Statuen und Glasfenstern »gereinigt« worden. Vor allem Puritaner neigten dazu, das biblische Bildnisverbot (Ex. 20,4) grundsätzlich auszulegen: Nicht nur von Gott dürfe man sich kein Bildnis machen, sondern darüber hinaus nicht von den Dingen auf der Erde. Es verwundert nicht, daß unter solchen Voraussetzungen in älterer Zeit Maler in England kaum ihren Lebensunterhalt verdienen konnten. Was es dagegen gab, waren Porträts. Auf die Porträtkunst hatten ausländische Maler entscheidenden Einfluß. Schon Jakob I. (in gesteigertem Maße Karl I.) nahm Maler in königliche Dienste, welche die Personen der königlichen Familie abbilden, verherrlichen und inszenieren sollten. Damit sollten diese sowohl über ihre Untertanen hinausgehoben werden als auch – im europäischen Maßstab – als gleichrangig mit den übrigen Monarchen Europas in Erscheinung treten. Die Akzente wurden nun von neuen Malern ausländischer Abkunft gesetzt, die seit etwa 1617/18 die englische Szene dominierten (Paul van Somer, Daniel Mytens, Cornelius Johnson). Der größte von allen war Anthonis van Dyck, welcher der englischen Porträtkunst seinen Stempel aufdrücken sollte.

Musik faßte man damals psychologisch auf und setzte sie therapeutisch ein. In gewisser Hinsicht war sie die zentrale Kunst eines melancholischen Zeitalters. Häufig nahm man Musik auch als Medium religiöser Erfahrung: Disharmonie als Sünde, als Erdenleben; harmonische Auflösung als Vorgeschmack und Unterpfand der letztendlichen Erlösung. Man muß sich gegenwärtig halten, daß nach der zeitüblichen Denkform der Analogie von Mikrokosmos und Makrokosmos die Musik als Abglanz der Sphärenmusik interpretiert wurde.

Die englische Poesie dieser Zeit hat zwei wesentliche soziale Orte und Funktionen: Sie ist entweder religiöse Dichtung oder höfische. Die Hofdichter sind dabei die weniger bedeutenden: Thomas Carew, John Suckling oder Robert Lovelace. Die bedeutendste Dichtung der ersten Hälfte des 17. Jahrhunderts wurde von religiösen Dichtern geschaffen, wobei diese Kennzeichnung im weitesten Sinne aufzufassen ist – einschließlich der Exploration des Ichs, der melancholischen Stimmungen, der Kasuistik der Liebe. John Donne (1572–1631) ist der charakteristische Typus dieser Zeit: heftig, zerrissen, inkonsistent, melancholisch. Donne setzte die dominierende Zeitstimmung gültig ins Wort, wenn er dichtete: »*And new Philosophy calls all in doubt [...] 'Tis all in peeces, all cohaerence gone.*« Wie Donne verwarf auch Ben Jonson (1572–1637) die Tradition petrarkistischer Dichtung; er orientierte sich statt dessen an der lateinischen, an Catull, Martial und Horaz. Die Dichtung dieser Zeit, ob man sie nun unter religiösen bzw. mentalitätsgeschichtlichen Vorzeichen lesen will oder unter formalen bzw. poetologischen, ist von großer Fülle und Vielgestaltigkeit. Hier wurden die Spannungen der Epoche offenbar; in diesem Medium arbeiteten einige der interessantesten und widersprüchlichsten Geister.

Das Zeitalter Jakobs I. (1603–1625)

Maria Stuarts Sohn Jakob war bei Elisabeths Tod 37 Jahre alt. Während die Untertanen Elisabeths jahrzehntelang das Schlimmste für den Fall ihres Todes ohne Nachkommen befürchtet hatten, ergab sich nun ein reibungsloser Übergang von einer Dynastie zur anderen, von den Tudors zu den Stuarts.

Jakob I. hatte einen geistigen Horizont entwickelt, der weit über dem lag, was man von einem König erwarten konnte. Die meisten seiner Zeitgenossen waren entweder steife Protestanten oder steife Katholiken; Jakob hatte zwar deutliche religiöse Meinungen, fand aber, daß in einzelnen Punkten auch die andere Seite recht haben könne. Er war zwar, wie es seiner Erziehung entsprach, Calvinist, schätzte aber die katholische Kirche immerhin als die Mutterkirche, aus der alle hervorgegangen seien. Er neigte zur Toleranz – und zwar nicht nur aus politischen Gründen –, was den meisten seiner Zeitgenossen eine vollkommen unverständliche Denkart war.

Im Guten wie im Schlechten war Jakob I. durch seine Erfahrungen als König von Schottland geprägt. Er hatte es verstanden, sich unter rivalisierenden Adelsparteien und konfessionellen Zwistigkeiten zu behaupten. Er hatte jahrzehntelange Auseinandersetzungen mit rabiaten calvinistischen Geistlichen zu bestehen gehabt, die geneigt waren, die geistliche Macht der weltlichen überzuordnen. Gegen solche Theorien hatte Jakob seine Lehre von der Macht der Könige von Gottes Gnaden entwickelt und in zwei Schriften drucken lassen: *The True Law of Free Monarchies* (1598) und *Basilikon Doron* (1599). So erfreulich es für England war, einen erwachsenen,

Jakob I. im englischen Parlament (zeitgenössischer Druck, 1620)

gebildeten und gelehrten König mit männlichen Nachkommen zu erhalten, so problematisch fanden doch einige dessen Intelligenz, Herrschaftstheorie und Selbstbewußtsein.

Jakob I. beendete sofort den Krieg mit Spanien. Dies war ein unbestrittenes Recht des Königs. Freilich machte er sich damit nicht beliebt bei seinen Untertanen. Er wollte als allgemeiner Friedensfürst Europas in die Geschichte eingehen. Er stützte sich auf die Diplomatie und glaubte an die Bindewirkung von Heiratsverhandlungen. Es ist sehr typisch für den ersten Stuart-König auf dem englischen Thron, daß er gleichzeitig Verhandlungen mit einem der mächtigsten Protestanten, dem Kurfürsten Friedrich von der Pfalz (für seine Tochter Elisabeth), und (für den Thronfolger) mit der Vormacht des alten Glaubens, Spanien, führte. Dabei unterschätzte er offenbar die Eigendynamik von Konflikten, die außerhalb seiner Reichweite lagen. Die Verhandlungen mit Spanien trugen keine Früchte, und Friedrich heiratete seine Tochter Elisabeth, ohne sich deshalb politisch als Gefangener seines Schwiegervaters zu fühlen. Friedrich nahm gegen den ausdrücklichen Rat Jakobs I. die Wahl der böhmischen Stände zum König von Böhmen an, so daß die Gefahr bestand, daß England in den Dreißigjährigen Krieg einbezogen würde. Während die durch die böhmische Wahl provozierten österreichischen Habsburger sofort gegen Böhmen losschlugen und die mit ihnen verbündeten spanischen Habsburger Friedrichs Stammland, die Pfalz, mit Krieg überzogen, stand Jakob vor der unangenehmen Alternative, entweder ein Parlament einzuberufen und ein Heer zum Eingreifen auf dem Kontinent aufzustellen oder seinen Schwiegersohn im Stich zu lassen und seinen Ruf in der protestantischen Welt aufs Spiel zu setzen. Er beschränkte sich schließlich darauf, mit Mitteln der Diplomatie für eine Restitution der Pfalz einzutreten.

Jakob I. schlug eine Vereinigung von Schottland und England vor. Doch die Feindschaft zwischen Engländern und Schotten war damals noch so stark, daß dies kaum vorstellbar war. Jakob tat, was er als König tun konnte: Er nahm einen Gesamttitel an (*King of Great Britain* [...]), schrieb der Flotte beider Staaten eine gemeinsame Flagge vor, kündigte eine Währungsunion an und gab eine Unionsmünze heraus. Aber mehr war nicht durchsetzbar.

Zur Regelung der religiösen Fragen berief Jakob I. die puritanische Geistlichkeit wie auch die Bischöfe an den Hof (*Hampton Court Conference*, 1604), wo über alles debattiert wurde, meist unter dem Vorsitz des Königs persönlich, der solche Debatten liebte. Bei dieser Gelegenheit sprach er auch sein berühmtes Wort »*No bishop, no king*«, womit er den Episkopat klar als Stütze der Monarchie definierte und presbyterianischen Vorschlägen eine Absage erteilte. In anderen Punkten kam er den Puritanern entgegen. Zu einem härteren Vorgehen gegen Katholiken ließ sich Jakob jedoch nicht drängen – trotz des *Gunpowder Plot* des Jahres 1605, bei dem eine Gruppe katholischer Terroristen den König mitsamt dem Parlament in die Luft sprengen wollte, was freilich mißlang. Diese Art von katholischem Terrorismus war seitdem gründlich diskreditiert. Damit man fürderhin nie wie-

Die Verschwörer des Gunpowder Plots, 1605 (anonyme zeitgenössische Radierung)

der vergessen sollte, wie gefährlich Katholiken für den Staat seien, wurde der 5. November zu einem nationalen Gedenktag erklärt (*Guy Fawkes Day*).

Das Verhältnis von Krone und Parlament schien von Anfang an vergiftet. Manches davon war ein Erbe der elisabethanischen Zeit (Monopole, Staatsfinanzen, Redefreiheit). Aber die Parlamente traten nun mit neuem Selbstbewußtsein auf. Von Anfang an kam es zu Mißverständnissen; immer öfter erklärte sich das Parlament zum *Committee of the Whole House*. So wurde die geforderte Redefreiheit faktisch verwirklicht, weil der königliche *Speaker* nicht mehr die Sitzungen leiten konnte.

Eines der schwierigsten Probleme, die Jakob I. von seiner Vorgängerin geerbt hatte, war das der Staatsfinanzen. Noch immer erwarteten die Untertanen unrealistischerweise, der König solle »aus seinem Eigenen« leben, das heißt vom Ertrag der Krondomänen, der feudalen Gefälle, der Gerichtssporteln usw. Nur in außergewöhnlichen Fällen, vor allem im Krieg, solle ihm das Parlament Steuern bewilligen. Diese Vorstellung war schon im 16. Jahrhundert anachronistisch. Nun kam Jakobs mangelnde Beziehung zum Geld als abstraktem Wert hinzu. Faktisch war schon Elisabeth, trotz ihrer Sparsamkeit, mit Schulden gestorben; bei Jakobs Verschwendungssucht war an eine Sanierung der Staatsfinanzen gar nicht zu denken. Seit dem 16. Jahrhundert waren die Zölle zum wichtigsten Bestandteil des ordentlichen Einkommens der Krone entwickelt worden. Nun wurde die Zollschraube angezogen. Denn die außerordentliche Steuer, die von einzelnen Parlamenten jeweils von Fall zu Fall bewilligt wurde, war in ihrem Wert stark gefallen: teils durch die Inflation und teils durch die unvollkommene Praxis ihrer Eintreibung. Immer leichter gelang es, den Besitz geringer veranschlagen zu lassen oder die Steuereintreiber zu bestechen. Nachdem ein Plan zur Ablösung von Feudalgefällen gegen einen Fixbetrag gescheitert war, ging Jakob I. dazu über, Adelstitel gegen Geld zu verkaufen. Die Finanzmisere der Krone wurde auf diese Weise zwar nicht behoben, aber gemildert und aufgeschoben.

Das Verhältnis Jakobs I. zu seinen englischen Untertanen war von Anfang an durch den Haß belastet, den man in England gegen alle Schotten hegte und der sich mit unverminderter Kraft gegen die schottischen Günstlinge richtete, die Jakob aus dem Norden mitgebracht hatte. Ein weiteres Hindernis der Verständigung zwischen Jakob I. und seinem Volk war seine Herrschaftstheorie, verbunden mit dem Hang, dem Parlament lange Reden über seine Auffassungen zu halten. Da mochte er noch so oft beteuern, daß er auf die englischen Gesetze geschworen habe, daß er die traditionellen Institutionen und Bräuche Englands zu achten gedenke, daß er keine Steuern ohne Parlamentsbeschluß einziehen werde: Immer erinnerten sich die Abgeordneten an seine absolutistische Theorie; immer verdächtigten sie ihn, eigentlich das Parlament und die englische Freiheit abschaffen zu wollen. Hinzu kam der internationale Trend zum Absolutismus, der den Abgeordneten wohl bewußt war. Manche entwickelten die Vorstellung, mit dem englischen Parlament überhaupt für die Aufrechterhaltung der ständischen Verfassungen zu stehen, nachdem in Böhmen die Macht der Stände gebrochen war und in Frankreich seit 1614 keine Generalstände mehr einberufen wurden.

Ein Strukturproblem war das der *Patronage*. Während Elisabeth jahrzehntelang mit großer Klugheit zwei rivalisierende Faktionen aufgebaut hatte, um sie gegeneinander ausspielen und Herrin ihrer eigenen Entschlüsse bleiben zu können, eskalierten die Hofprobleme unter Jakob I. Die Schotten und die schönen jungen Männer, die Katholiken und die Spanienfreunde verursachten eine gefühlsmäßige Entfremdung zwischen dem König und der politischen Nation. Der Gegensatz zwischen *Court* und *Country* wurde zum Signum der Stuart-Zeit. *Court* meint dabei Neigung zum Katholizismus, Verschwendung und Absolutismus; *Country* steht für die puritanischen Tugenden des flachen Landes ferne vom Hof: überzeugt protestantisch, sparsam wirtschaftend und freiheitsliebend.

Das Parlament von 1621 entwickelte die Instrumente, die für die spätere Entwicklung so folgenreich werden sollten. Beim *Impeachment* handelte es sich um ein Verfahren, das im Mittelalter zuweilen angewendet worden war, bei dem das Unterhaus eine Anklage vorbereitete, über die dann das Oberhaus zu Gericht saß. Dieses Verfahren wurde nun hervorgezogen, um einen berüchtigten Monopolisten abzustrafen. Nach durchschlagendem Erfolg wandte man ein ebensolches *Impeachment* gegen Sir Francis Bacon an, den Lordkanzler, dem man Korruption vorwarf. Solche außergerichtlichen Verfahren waren freilich nur möglich, wenn und solange ein Parlament in Sitzung war, so daß dem König immer noch die Möglichkeit blieb, einen Erfolg zu verhindern, indem er ein Parlament plötzlich auflöste.

Im selben Jahr schwang sich das Parlament zu einer Erklärung auf, die später als einer der Schritte zu seinem Aufstieg gewertet wurde: Am 18. Dezember 1621 setzte das Unterhaus eine Protestation auf, in der es seinen Anspruch, alle Angelegenheiten der Kirche und des Staates zu diskutieren, als sein altes und unbezweifelbares Recht bezeichnete. Der König vertagte das Parlament sofort. Er ließ sich das Journal des Unterhauses bringen und riß die Protestation in einem feierlichen Akt, in Gegenwart des Rates und führender Richter, heraus. Der Anspruch des Unterhauses erschien ihm klar als revolutionär; einen solchen Präzedenzfall durfte es nicht geben.

Eines der schwierigsten Probleme für jeden englischen König seit der Reformation war die Kirche. Jakob I. brachte eine weitere Komplikation hinzu: Durch die Personalunion der Kronen von Schottland und England war es unvermeidlich, daß Entscheidungen diesseits der Grenze auch die jenseits beeinflußten. Während die Schwierigkeiten mit Katholiken und Puritanern ein Erbe der elisabethanischen Zeit waren, war der Arminianismus neu: eine gemäßigtere Auffassung der Prädestination sowie Betonung der sakramentalen und liturgischen Komponenten der Religion und des Bischofsamtes. Für die Anglikanische Kirche stellten arminianische Ansichten einen gefährlichen Sprengsatz dar, weil Arminianer dazu neigten, das göttliche Recht der Bischöfe zu betonen. Nun war aber die Anglikanische Kirche, worauf sich auch Jakob durchgehend bezog, darauf gebaut, daß Bischöfe unter dem König standen. Gleichwohl beförderte Jakob I. in mehreren Fällen Arminianer zu Bischöfen, um den Einfluß der Puritaner in der Staatskirche auszugleichen. Umgekehrt förderte er auch einige Puritaner, um diesen Teil seiner Untertanen innerhalb seiner Staatskirche zu halten. Sein taktisches Vorgehen gegenüber den Puritanern beruhte im wesentlichen darauf, die Extremisten zu isolieren und die Kooperationswilligen einzubinden, was ihm auch gelang. Die anglikanische Staatskirche wies freilich strukturelle Defizite auf, die auch Jakob I. nicht beheben konnte. Soweit es am König lag, leistete er dazu seinen Beitrag: Die Plünderung der Kirche hörte auf. Aber Pluralismus und Absentismus blieben bestehen.

Kontroverse Ansichten löste Jakob I. mit seinem berühmten *Book of Sports* (1618) aus: Die Puritaner legten größten Wert auf die Heiligung des Sonntags und wollten jedes Vergnügen verboten wissen. Jakob dagegen hatte soviel gesunden Menschenverstand, nach dem ohnehin schon gesetzlich vorgeschriebenen Besuch des Sonntagsgottesdienstes die üblichen Vergnügungen der kleinen Leute zuzugestehen, einschließlich sportlicher Übungen und Tanzveranstaltungen.

Jakob I. hatte von Anfang an die Vorstellung, sein Engagement für die protestantische Seite müsse aufgewogen werden durch Frieden mit der katholischen Vormacht, mit Spanien. An den Friedensschluß von 1604 schlossen sich sogleich Heiratsverhandlungen für den Thronfolger an, die schließlich fast zwei Jahrzehnte ausgesponnen wurden. Die Interessen waren dabei sehr ungleich verteilt. Jakob I. dachte vor allem an den sagenhaften Reichtum Spaniens. Das Parlament sah klar, daß die Spanier hauptsächlich den Katholizismus in England stärken wollten. Der Günstling Buckingham und der Thronfolger Karl unternahmen 1622 inkognito eine donquixotische Reise nach Spanien, der sich Jakob I. nicht zu widersetzen vermochte. Damit setzten sie sich selbst unter Erfolgsdruck. Doch nach langem, vergeblichem Bemühen kehrten sie wütend zurück und trieben zum Krieg gegen Spanien. Damit waren nicht nur die außenpolitischen Pläne Jakobs I. durchkreuzt; Günstling und Thronfolger standen nun sogar auf seiten des Parlamentes gegen den König.

So endete das Zeitalter in einiger Verwirrung: Jakob I. verstarb am 27. März 1625 unerwartet. Der Thronfolger hatte seine Regierung, noch bevor er sie antrat, aufs unvorteilhafteste belastet durch den Heiratsvertrag mit Frankreich, der eine geheime Zusatzklausel zugunsten der englischen Katholiken enthielt, die auf Dauer natürlich nicht geheim bleiben konnte. Das Parlament hatte in diesen Auseinandersetzungen um Heirats- und Außenpolitik deutlich an Macht gewonnen – weniger durch Unklugheit Jakobs I., mehr durch das wiederholt praktizierte Vorgehen, daß sich eine Faktion am Hof, die sich dort nicht durchsetzen konnte, mit dem Parlament verbündet hatte, um gegen den König zu arbeiten. Was er als Wind gesät hatte, sollte Karl I. als Sturm ernten.

Das Zeitalter Karls I. (bis 1640)

Als Karl I. 25jährig den Thron bestieg, hatte er bereits in den Parlamenten von 1621 und 1624 und auf dem diplomatischen Parkett Erfahrungen sammeln können; er war gebildet und künstlerisch sensibel. Die Ehe mit Henrietta Maria, einer Tochter Heinrichs IV. von Frankreich, wurde sogleich 1625 geschlossen. Die enge Beziehung zum Favoriten seines Vaters blieb erhalten: Buckingham war auch nach Jakobs I. Tod der mächtigste Mann in England. Karl verkörperte den Typus seiner Zeit: gebrochen, melancholisch.

Karl I. konnte erwarten, daß das Parlament den Krieg, auf den es so lange gedrängt hatte, finanzieren würde. Das geschah jedoch nicht in entsprechendem Maße. So entwickelte sich der Krieg schließlich zum Zwangsinstrument des Parlamentes der Krone gegenüber, die daraus wiederum Konsequenzen zog, welche neue Gravamina zur Folge hatten.

Vielleicht hätte sich das Verhältnis zwischen dem König und seinen Untertanen anders entwickelt, wenn das Kriegsglück auf seiner Seite gewe-

Karl I. (Gemälde von Anthonis van Dyck, um 1638)

sen wäre. Doch die Hilfsexpedition zur Rettung der Pfalz scheiterte kläglich. Sie verschlang aber Geld, so daß Karl I. sogleich 1625 ein Parlament einberufen mußte. Dieses verweigerte jedoch genau das, was die Krone brauchte. Schlimmer noch: Die Zolleinnahmen (*Tonnage and Poundage*), welche früheren Königen jeweils auf Lebenszeit zugestanden worden waren, erhielt dieser König nur für ein Jahr. Auf diesen Affront hin wurde das Parlament aufgelöst.

Wahrscheinlich hoffte Karl, durch einen erfolgreichen Kriegszug die Stimmung zum Umschlagen zu bringen. Das war ihm freilich nicht vergönnt. Eine See-Expedition nach Cádiz hatte keinen Erfolg. Buckingham war als Admiral diskreditiert. Das zweite Parlament, das 1626 zusammengetreten war, initiierte prompt ein *Impeachment* gegen den verhaßten Günstling, worauf es ebenfalls aufgelöst wurde. Die Lage war verfahren.

Karl I. griff, statt den doppelten Krieg gegen Spanien und Frankreich zu beenden, zu Zwangsanleihen. Dieses Instrument gehörte traditionell zu den Notstandsmaßnahmen. Nur konnten viele Untertanen keinen Notstand erkennen. Vielmehr herrschte die Ansicht vor, daß der König damit eine Art von Steuer ohne parlamentarische Bewilligung auferlegt hatte. Nachdem die City of London nicht weiter kreditwillig war, sah sich der König 1628 erneut gezwungen, ein Parlament auszuschreiben.

Nach Ansicht des Parlamentes war in den vorhergehenden Jahren die Balance der Kräfte völlig verschoben worden. Die königliche Prärogative schien über alle Maßen ausgedehnt, die traditionellen Rechte der Untertanen unverhältnismäßig eingeschränkt. Grundsätzliches Klärungsbedürfnis gebar die *Petition of Right* von 1628, die man später als einen Meilenstein in der Geschichte des Fortschritts der englischen Freiheit ansah.

In einer Petition konnten Beschwerden der Untertanen auch außerhalb des Parlamentes dem König vorgetragen werden. Sie hatte keine rechtlich bindende Kraft. Und doch erhielt diese Petition einen anderen Charakter, indem sie nämlich im Unterhaus und im Oberhaus jeweils drei Lesungen unterworfen wurde, das heißt derselben Prozedur, die normalerweise für Gesetze vorgesehen war. Insofern erschien diese Petition quasi als Gesetz. Um ihr wirkliche Gesetzeskraft zu verleihen, bedurfte sie jedoch der Zustimmung des Königs. Karl I. drückte sich zunächst vage aus. Schließlich aber gab er doch eine klare Zustimmung. Die gemeinsame Petition des Unter- und Oberhauses forderte in allgemeinen Worten vom König die Wiederherstellung der Rechte und Freiheiten der Untertanen. Aus dem englischen Gewohnheitsrecht wurde abgeleitet, daß der König ohne Zustimmung der betroffenen Untertanen keine Lasten auferlegen dürfe. Sodann wurden die eingerissenen Mißbräuche aufgezählt: Der König habe seinen *Privy Council* als Gerichtshof und seine Beamten bis hinunter zu den *Justices of the Peace* widerrechtlich als staatliche Maschinerie eingesetzt, um Zwangsanleihen zu erheben. Der König sei im Widerspruch zur *Magna Carta* von 1215 gegen Untertanen unrechtmäßig vorgegangen. Kein Freier dürfe gefangengenommen und seines Besitzes beraubt werden ohne rechtliche Untersuchung durch Gleichgestellte nach den Regeln des Gewohnheitsrechts. Der König habe gar Todesurteile ausgesprochen ohne vorherige rechtsförmige Verurteilung durch die zuständigen Gerichte. Der König habe willkürliche Verhaftungen vornehmen lassen, ohne daß die ausführenden Organe den Verhaftungsgrund bei der Festnahme hätten spezifizieren können. Der König habe sein Recht zur Einquartierung von Soldaten mißbraucht. Der König habe das Kriegsrecht im eigenen Lande zur Anwendung gebracht und es damit zu einem Instrument der Unterdrückung seines Volkes gemacht. Der König möge alle diese Mißbräuche abstellen und sich an das *Common Law* halten. Die angeführten Beschwerden waren zwar in juristische Sprache gekleidet, aber doch deutlich der

Form einer Petition angepaßt: Die geistlichen und weltlichen Lords sowie die *Commons* erbaten etwas von ihrem König und Herrn. Das Parlament konnte sich als Sieger fühlen, weil Prinzipienfragen geklärt schienen. Der König erhielt in der Folge die dringend benötigten Mittel zur Kriegführung.

Als Karls I. einschränkende Interpretation der *Petition of Right* in Verhandlungen mit einzelnen Abgeordneten deutlich geworden war, trieben es einige Unterhausabgeordnete um John Eliot zum Äußersten: In der Sitzung vom 2. März 1629 hielten sie den *Speaker*, da sie wußten, daß nun die Auflösung des Parlamentes bevorstand, auf seinem Sitz fest. Der Entschluß des Königs, die Zusammenarbeit mit einem so widerspenstigen Gremium zu vermeiden, wurde unabänderlich. Es folgten elf Jahre ohne Parlament.

Unverkennbar bestand nach 1629 eine Art von Notstandsregierung. Denn ohne Parlament war die Krone nur sehr eingeschränkt handlungsfähig. Eine eigenständige Außenpolitik Englands war unter diesen Umständen nicht möglich, und ein Krieg schon gar nicht. Auch Karl I. hatte diese Lektion mittlerweile begriffen. Die unmittelbare Folge der Auflösung des Parlamentes von 1629 waren deshalb Friedensschlüsse mit Frankreich und Spanien. Die stärkste Belastung des Haushalts entfiel damit, und der König konnte immerhin versuchen, mit den Finanzquellen auszukommen, die ihm ohne Parlament offenstanden. Das Risiko war dabei, daß er sich die politische Nation, die an Mitbestimmung im Parlament gewöhnt war, entfremdete. Schlimmer war noch, daß Karl I. offenbar den Kontakt zu seinen Untertanen in diesen elf Jahren völlig verlor. Er hatte kein Augenmaß mehr für durchsetzbare Maßnahmen und für solche, welche Empörung hervorrufen mußten. Er war auch schlecht beraten. Daran hatte sich auch nach dem Tode Buckinghams nichts geändert. Der Favorit war 1628 in Plymouth von einem Attentäter ermordet worden. In der Folge erlangte niemand mehr eine so starke Stellung; es fand sich aber kein fähiger Administrator, der die Sache des Königs vertreten hätte. Die stärkste Persönlichkeit war Thomas Wentworth, der spätere Earl of Strafford, der aber nach Irland geschickt und erst in einem Augenblick höchster Gefahr zurückgeholt wurde, in dem er die Interessen der Krone nicht mehr retten konnte. Wirklich unhaltbar wurde die parlamentslose Regierungsweise des Königs erst durch einen neuen Krieg, der ihm schließlich von den Schotten aufgezwungen wurde und ihn nötigte, die Zeit ohne Parlament zu beenden.

Nach 1629 war die Opposition gegen *Tonnage* und *Poundage* erledigt; der König erzielte aus dieser Quelle gute Einkünfte. Mehr Ärger verursachte das Schiffsgeld (*Ship Money*), das schon unter Jakob I. zu Musterprozessen Anlaß geboten hatte. Niemand bestritt dem König das Recht, von den Grafschaften an der Küste Gelder einzutreiben, mit denen eine Flotte unterhalten werden konnte. Solange Gefahr von Spanien drohte und Einfälle von Piraten an der Tagesordnung waren, schien eine solche Abgabe unmittelbar einsichtig und wurde auch von den Betroffenen bezahlt. Diese Zustimmung erlosch jedoch schlagartig, als Karl I. in seiner Finanznot 1635 so weit ging, *Ship Money* von allen Grafschaften, auch im Inneren des Landes, eintreiben zu lassen. Das Schiffsgeld sah nun wie eine allgemeine Steuer aus, nur mit dem Unterschied, daß es von keinem Parlament ausgeschrieben war. Zusätzlichen Ärger bereitete eine gewisse Willkür bei seiner Erhebung. Feudale Gefälle wurden empfindlich erhöht. Auch die Monopole boten weiter Anlaß zum Dissens und zur Geldschöpfung. Eine konsequente Politik ist dabei nicht zu erkennen. Das höchste und einzige Prinzip war die Aufbesserung der königlichen Kasse. – Alle diese Maßnahmen ermöglichten es Karl I., eine Reihe von Jahren ohne Parlamente zu regieren, solange der Geldbedarf Friedensmaße nicht überstieg.

Mißhelligkeiten zwischen Krone und Untertanen entstanden zum Teil auch durch bloße Verwaltungsmaßnahmen. Unter Karl I. wurde ein neues *Book of Orders*, das heißt neue Verwaltungsrichtlinien für die Lokalverwaltung, herausgegeben. Das verstärkte in den Grafschaften den Eindruck, der König erstrebe ein schärferes Durchgreifen bis hinunter auf die lokale Ebene – Absolutismus.

Zur Entfremdung zwischen der Krone und der politischen Nation trug darüber hinaus die Kirchenpolitik bei. Die anglikanische Staatskirche war schon zu Zeiten Elisabeths in ihrer Einheit bedroht gewesen durch radikale Kräfte, welche mit der Erneuerung des Lebens aus der Heiligen Schrift ernst machen wollten und die Kirche in ihrem Sinne umzugestalten trachteten: die Puritaner. Unter Karl I. waren die Arminianer offensichtlich auf dem Vormarsch. Er berief eine ganze Serie von arminianischen Bischöfen. Der wichtigste war William Laud, der 1628 als Bischof von London in eine Schlüsselstellung gelangte und 1633 als Erzbischof von Canterbury schließlich das geistliche Haupt der Anglikanischen Kirche wurde. Laud hatte politischen Ehrgeiz und diente dem König obendrein in säkularen Funktionen. Er war ein eifriger, ja übereifriger Reformer. Die Tendenz seiner Reformen stieß bei vielen seiner Mitbrüder und bei der Mehrzahl der englischen Gläubigen auf Widerstand, der auch dadurch nicht gebrochen werden konnte, daß Laud die geistlichen Gerichte auf seine Linie brachte und zu gefürchteten Tribunalen ausbaute. Ein wichtiges Element der Kirchenpolitik Lauds war es, die Stellung des Klerus zu verbessern. Er setzte sich für eine bessere Ausbildung und Bezahlung des Klerus ein. Er ermunterte Geistliche dazu, als *Justices of the Peace* zu fungieren, was die weltlichen *Gentlemen* vielerorts ungern sahen. 1636 gelangte erstmals seit Wolseys Zeiten wieder ein Kleriker in eine führende Regierungsposition: William Juxon, der Bischof von London, wurde *Lord Treasurer*. Laud selbst war eifrig als Mitglied des *Privy Council* wie auch in *Star Chamber*.

Für die Zeitgenossen waren die Parallelen mit den Bestrebungen der Gegenreformation unübersehbar. Hinzu kam die zeitweilige Schonung der Katholiken aufgrund des Ehevertrags mit der Königin. Auch entstand am Hof Henrietta Marias unübersehbar ein katholisches Milieu. Mehrfach wurden Botschafter des Papstes empfangen. Jesuiten erlangten Einfluß auf führende Staatsmänner. Gefährlich war dabei vor allem, daß sich

William Laud, Erzbischof von Canterbury (Porträt von Anthonis van Dyck, um 1635)

aus Lauds Kirchenpolitik und der Abgehobenheit des Hofes, der die Verbindung zur politischen Nation verloren hatte, ein gedankliches Konglomerat ergab: In den elf Jahren ohne Parlament erschien vielen Engländern die Politik der Krone gleichzeitig absolutistisch und gegenreformatorisch.

Irland: Die Siedlungspolitik bis zum großen Aufstand

Im Zeitalter Elisabeths hatte es eine ungeregelte Einwanderung von Schotten vor allem in den östlichen Teil Ulsters gegeben, die man aber von London aus nicht gern gesehen und teilweise unterbunden hatte. Seit der Thronbesteigung der Stuarts wurde die Auswanderung von Schotten nach Irland dagegen gefördert. Nach der »Flucht der Grafen« (1607) wurden sechs der neun Ulster-Grafschaften eingezogen; die Engländer betrachteten dieses Gebiet als *tabula rasa* und setzten ein großangelegtes Siedlungsprojekt ins Werk. Es ist durchdrungen vom Glauben an die Möglichkeit durchgreifender Sozialplanung, die über die wirtschaftliche und militärische Seite weit hinausgriff.

Doch nicht alle Depossedierten ließen sich einfach umsiedeln oder zur Auswanderung drängen, und teilweise fanden die Neusiedler aus Schottland und England gegen die Absicht der Regierung günstige Arrangements mit der gälischen Bevölkerung. Ein Teil zog sich jedoch auch in Wälder und Sümpfe zurück, nährte sich von Raub und Erpressung und wartete darauf, daß sich die Verhältnisse eines Tages ändern und sie ihr Land zurückerhalten würden. Das Kolonisierungswerk freilich intendierte Dauer und Stabilität. Die Kapitalkraft der City of London wurde mobilisiert, um Derry und die Grafschaft Coleraine (wieder)aufzubauen (Londonderry). Die kirchliche Infrastruktur Ulsters wurde auf eine tragfähige Basis gestellt; nun erst konnte ein protestantischer Bischof in Ulster dauerhaft residieren. Es wurden höhere Schulen in protestantischem Geist gegründet, und die einzige Universität Irlands (Trinity College in Dublin, seit 1592) wurde auskömmlich dotiert.

Von einem Hort der Gegner der englischen Krone wandelte sich Ulster zu einer Festung der Interessen des protestantischen Königs. Während in den Jahrhunderten davor auf beiden Seiten immer wieder nackte Gewalt eingesetzt wurde, konnte es im frühen 17. Jahrhundert den Anschein haben, als sei nun das Parlament in Dublin der Ort eines friedlichen Ausgleichs divergenter Interessen. Da die aus dem Mittelalter überkommene Repräsentationsstruktur sehr ungleichmäßig war, wurde im Zusammenhang der Siedlungspolitik eine Neuordnung beschlossen, die protestantische Mehrheiten sichern sollte. Während sich die englischen Parlamente des 17. Jahrhunderts als zunehmend renitent erwiesen, konnte sich die Krone auf die irischen fortan verlassen. Der protestantische Staat baute sich von Ulster aus seine eigene Gesellschaft auf.

Seit 1633 regierte in Irland Thomas Wentworth, der spätere Earl of Strafford, mit harter Hand. Wahrscheinlich war er der erfolgreichste Regent, den die Engländer jemals auf die Nachbarinsel schickten. Er hatte einen einzigen Grundgedanken, den er auf seinen verschiedenen Wirkungsfeldern konsequent durchführte: Er wollte die englische Krone stärken und sie, wenn möglich, von der Mitsprache gesellschaftlicher Gruppen und rivalisierender Machtzentren freimachen. In Irland gelang ihm das weitgehend. Er konzentrierte sich auf die Handelspolitik (Monopole, Zölle und Abgaben, Leinenherstellung, Bergwerke, Tabakimport), auf die Kirchenpolitik (Wiedergewinnung entfremdeten Kirchenlands, materielle Verbesserung der Pfründen von Bischöfen und Predigern, Angleichung der Doktrin an die Anglikanische Kirche) und auf das Militärwesen. Als er 1637 die schottischen Siedler, die in Ulster ihr eigenes Kirchenwesen aufgebaut hatten und sogar eigene Bischöfe stellten, den »Schwarzen Eid« schwören ließ, mit dem sie sich eindeutig von der schottischen *Kirk* lossagen und zur irischen Kirche bekennen sollten, forcierte er unnötigerweise einen tiefen Konflikt.

Während Wentworth in Irland geschickt *Old English* und *New English* gegeneinander ausspielte, hatte er doch einer Größe zu wenig Beachtung geschenkt, die in das politische Spiel noch nicht ausreichend eingebunden war, obwohl sie die weit überwiegende Mehrheit der Bevölkerung stellte: das gälische Irland. Dieses meldete sich 1641 unmißverständlich zu Wort – in archaischer Form, mit brutaler Gewalt. Zwar wurde ein Anschlag auf das Dubliner Schloß, welcher das Fanal zu einem allgemeinen Aufstand geben sollte, verraten und abgewendet, doch kam es in Ulster zu einer Aufstandsbewegung, bei der die Ereignisse den gälischen Führern entglitten und in Rachemorden und wilden Plünderungen ausarteten. Binnen weniger Monate wurden im Herbst 1641 wahrscheinlich 12 000 protestantische Siedler entweder ermordet oder starben aufgrund von Austreibung an Nahrungsmangel und Kälte, weil man sie ihrer Kleider beraubte und ihnen ihre Vorräte wegnahm.

Schottland: Die Entfremdung bis zu den Bischofskriegen

In Schottland gab es um 1600 zwei wesentliche Kräfte: Die Magnaten, nämlich die Führer der großen Clans, und die protestantischen Geistlichen. Die Macht der Krone war sehr relativ: In Schottland war es immer schon üblich gewesen, daß sich politische Machtverschiebungen oder Forderungen darin ausdrückten, daß eine Gruppierung den König in ihre Gewalt brachte. Seit die Stuarts in Westminster residierten, war diese Möglichkeit entfallen. Die erste Hälfte des 17. Jahrhunderts ist dadurch gekennzeichnet, daß die Kommunikation zwischen dem König im Süden und seinem Volk im Norden allmählich zusammenbrach, bis sich die Entfremdung in einem Aufstand entlud. Das institutionelle Gefüge des Königreichs Schottland war ausgesprochen schwach: Die Entfernung des Königs bedeutete zwangsläufig eine Machtsteigerung der rivalisierenden Magnaten, damit aber auch die Gefahr eines Rückfalls in ein vorstaatliches Fehdewesen. Schottland wurde seit 1603 von einer Ratsversammlung führender Magnaten regiert, die vom König dazu bestellt worden waren. Diese Ratsversammlung wurde durch einen leitenden Minister dirigiert, der ständig zwischen Westminster und Edinburgh hin und her reiste. Auch das Königreich Schottland kannte ein Parlament, wenngleich dessen Procedere noch nicht so formalisiert und institutionalisiert war wie in England. Wenn es zusammentrat, wurde es von einer Gruppe von Magnaten gegängelt, welche *Lords of the Articles* genannt wurden, weil sie die Geschäftsordnung und die Gesetzesvorlagen bestimmen konnten.

Ein Strukturproblem bestand darin, daß zwar in England der Klerus weitgehend dem Staat unterworfen war, in Schottland aber nicht. Die reformierte Kirche war von unten auf presbyterianisch organisiert. Der Klerus tagte insgesamt in *General Assemblies*. Jakob I. hatte, solange er in Schottland als Jakob VI. tatsächlich anwesend war, diese Körperschaft nicht ohne Erfolg manipuliert, indem er auf ihre Zusammensetzung und Einberufung Einfluß genommen hatte. Diese Möglichkeit entfiel, seitdem der schottische König im Süden war. Dementsprechend versuchte er, die Hierarchie der Bischöfe zu stärken. Denn Bischöfe gab es in Schottland außerdem noch, gewissermaßen als ausgleichendes Element, mit dem sich ein König zum Herrscher einer presbyterianischen Kirche machen konnte.

Schon Jakobs I. Politik war darauf gerichtet gewesen, durch Reformen in Schottland dieses Königreich regierbarer zu machen und sich dabei an englischen Gegebenheiten zu orientieren. Am wenigsten Erfolg hatte Jakob mit seinen Versuchen, die kirchlichen Verhältnisse an die der Anglikanischen Kirche anzugleichen. Die Liturgie in Schottland folgte einem *Book of Common Order*, das an Calvins *Institutiones* angelehnt war.

Sein Nachfolger entfremdete sich sukzessive beide Gruppen, auf die es in Schottland wesentlich ankam. Bei seinem Regierungsantritt erließ Karl I. ein Revokationsgesetz, mit dem er den Adel beunruhigte. Ein solches Gesetz war traditionell vorgesehen, um einem neuen König seine sämtlichen Rechte und Besitzungen wieder zu sichern, wenn ihm diese eventuell zur Zeit seiner Minderjährigkeit durch eine Vormundschaftsregierung entfremdet worden waren. Erst allmählich stellte sich heraus, daß Karl die Vielzahl von Schenkungen und Verleihungen rückgängig machen wollte, die unter seinem Vater erfolgt waren, zurück bis zur Reformation von 1567, ja schließlich 1540. Damit überdehnte er eine formalrechtliche Möglichkeit, und den Betroffenen erschien dies natürlich als Rechtsbruch. Die ebenfalls darin enthaltenen Elemente der Rechtsvereinheitlichung und Verwaltungsreform gingen unter im Kampf um Besitzstände. Das Vertrauen in den König wurde dadurch bei den Mächtigen seines Landes zutiefst erschüttert.

1636 gab Karl I. ein *Book of Canons* heraus, in dem er den königlichen Supremat in Kirchenfragen betonte. Bei Einführung einer neuen Liturgie 1637 brachen Unruhen aus, die sich in Windeseile im Lande verbreiteten. Der schottische Widerstand organisierte sich; ein *Solemn League and Covenant* wurde geschlossen, indem ein rechtsförmiges Dokument von einer großen Zahl von Personen unterschrieben wurde. Diese Bewegung wuchs sich binnen kurzem zu einer Bedrohung der königlichen Autorität aus.

Die Attacke auf den Prediger von St. Giles, Edinburgh, 1637 (zeitgenössische Radierung von Wenzeslaus Hollar)

Die Aktionseinheit der Schotten gegen die Krone beruhte auf einem Bündnis von Adel und Geistlichkeit. Die Presbyterialverfassung ließ Raum für eine Neuerung: Nun wurden *Ruling Elders* gewählt, ein neues Amt, das von Anfang an unter dem Einfluß des Adels stand. Der König mußte die Einberufung einer *General Assembly* wie auch eines Parlamentes versprechen. Die *General Assembly*, die nun zusammentrat, hatte einen ganz anderen Zuschnitt als frühere: Neben drei Fünfteln Geistlichkeit saßen nun zwei Fünftel *Ruling Elders*. Diese Versammlung schaffte die Bischöfe ab, die neue Liturgie und den verhaßten kirchlichen Gerichtshof. Die an sich geistliche *General Assembly* konnte, nachdem sie die Interessen des Adels integriert hatte, gewissermaßen an die Stelle des Parlamentes rücken. Man stellte ein Heer auf. Der erste Bischofskrieg war 1639 eher ein Manöver, aber 1640 erfolgte eine Invasion des schottischen Heeres im Norden Englands. Dabei wurde es ausschlaggebend, daß viele Soldaten und Offiziere, die im Dreißigjährigen Krieg auf dem Kontinent Erfahrung gesammelt hatten, nach Schottland zurückkehrten.

König Karl I. hatte keine andere Wahl: Er mußte nach elf Jahren wieder ein Parlament einberufen, um England zu verteidigen.

Die Krise der Jahrhundertmitte

(1640–1660)

1640 Einberufung des Kurzen (13. April) und des Langen Parlamentes (3. November).
Root and Branch Petition: Forderung nach Abschaffung der Bischofskirche.

1641 12. Mai: Hinrichtung Straffords. Radikale Reformen.
Aufstand in Irland (»Massaker von 1641«).
Grand Remonstrance im Parlament angenommen.

1642 4. Januar: Karl I. verlangt Auslieferung der fünf Abgeordneten.
10. Januar: Er verläßt nach seinem Mißerfolg London.
22. August: Förmlicher Beginn des Bürgerkrieges: König pflanzt seine Standarte in Nottingham auf.
23. Oktober: Unentschiedene Schlacht von Edgehill. Karl I. rückt zunächst auf London vor, bezieht dann aber Winterquartier in Oxford.

1643 Siege der königlichen Heere bei Adwalton Moor (30. Juni), Landsdowne (5. Juli) und Roundway Down (13. Juli).
25. September: *Solemn League and Covenant* vom engl. Unterhaus beschworen, Bund mit den Schotten, Presbyterialverfassung zugesichert.

1644 Oxforder Parlament.
2. Juli: Entscheidender Sieg Cromwells bei Marston Moor.

1645 10. Januar: Exekution Lauds.
New Model Army. *Self-Denying Ordinance*. 14. Juni: Sieg des Parlamentsheeres bei Naseby.

1646 Karl I. ergibt sich den Schotten. Fall Oxfords: Ende des ersten Bürgerkrieges.

1647 30. Januar: Schotten ziehen sich aus England zurück und übergeben Karl I. dem Parlamentsheer.
1. August: *Heads of the Proposals*. 20. Oktober – 1. November: *Putney Debates*: Forderungen der Levellers.

1648 Zweiter Bürgerkrieg: Schotten fallen erneut in England ein. Sieg Cromwells.
6. Dezember: *Pride's Purge*: Armee kontrolliert Parlament.

1649 30. Januar: Exekution Karls I.
6. Februar: Abschaffung des Oberhauses.
7. Februar: Abschaffung der Monarchie.
19. Mai: England *Commonwealth*.
Cromwell in Irland: Massaker von Drogheda (11. September) und Wexford (11. Oktober). Cromwell unterwirft auch Schottland.

1651	*Navigation Act* zur Begünstigung der engl. Schiffahrt und des Handels.
1652–1654	(1.) Seekrieg mit Holland.
1653	20. April: Auflösung des Rumpfparlamentes durch Cromwell. 6. Juli – 12. Dezember: *Parliament of Saints*. 15./16. Dezember: *Instrument of Government*: Cromwell *Lord Protector*.
1654	12. April: Vereinigung von England, Irland und Schottland.
1655	Krieg mit Spanien, Besetzung Jamaicas.
1657	*Humble Petition and Advice*.
1658	Einnahme Dünkirchens (1662 an Frankreich verkauft). 3. September: Tod Oliver Cromwells. Sein Sohn Richard folgt ihm im Amt, kann sich aber nicht halten. Wiedereinberufung des Rumpfparlamentes durch das Militär. Erneute Auflösung. Die Generäle Monck und Fairfax arbeiten auf eine Restauration hin.
1660	Ausschreibung einer *Convention*. Restauration.

Der englische Bürgerkrieg

Durch den Krieg der Schotten kam eine Ereignisfolge mit unabsehbaren Langzeitwirkungen ins Rollen. Der König sah sich gezwungen, ein Parlament einzuberufen, um die militärische Abwehr finanzieren zu können; das Parlament aber, erbittert über *Eleven Years Tyranny* und all die Gravamina, die sich in dieser langen Zeit aufgestaut hatten, war entschlossen, kein Geld zu bewilligen, wenn nicht zuvor seine Beschwerden Gehör gefunden hätten. Das Klima war außerdem vergiftet durch Gerüchte aller Art: Vielerorts wollte man etwas von einem *Popish Plot*, von einer großen Verschwörung der Katholiken, gehört haben. Im Mai 1640 löste Karl I. das erst im April zusammengetretene Parlament überstürzt auf – nach nur drei Wochen Sitzungsdauer. Die Lage schien verfahren.

Im Sommer 1640 folgte die Invasion der Schotten im Norden Englands; der König mußte einem Waffenstillstand zustimmen, welcher vorsah, daß bis zu einem definitiven Abkommen eine tägliche Zahlung von 850 Pfund an die Schotten zu leisten sei. Karl hatte keine andere Wahl, als erneut ein Parlament einzuberufen. Im Kontrast zum *Short Parliament* vom Mai 1640 nannte man das Parlament, das am 3. November 1640 in Westminster zusammentrat und formal (bis 1660) nicht mehr aufgelöst wurde, *Long Parliament*. Unter Führung des radikalen Abgeordneten John Pym richtete sich das Begehren nach Änderung der Regierungsführung zunächst nicht gegen den König selbst, sondern gegen seine Ratgeber. Thomas Wentworth, nun Earl of Strafford, wurde wegen Hochverrats angeklagt. In früheren Zeiten hatte ein *Act of Attainder* der Krone dazu gedient, Staatsfeinde unschädlich zu machen. Nun ergriff das Unterhaus dieses Instru-

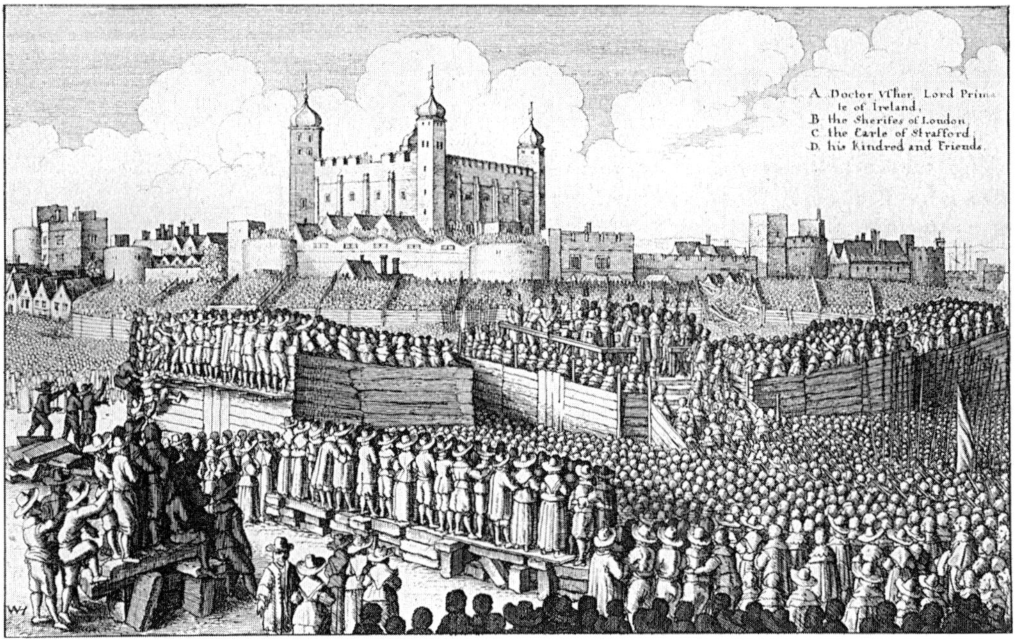

Die Hinrichtung des Earl of Strafford am 12. Mai 1641 (Radierung von Wenzeslaus Hollar)

ment, um Strafford den Prozeß zu machen. Das Oberhaus schloß sich an. Der König hatte große Skrupel, die Vorlage zu unterzeichnen, glaubte jedoch schließlich, seinen Ratgeber aus Staatsräson opfern zu müssen. (Der verhaßte Erzbischof Laud wurde ebenfalls in den Tower geworfen, aber erst 1645 hingerichtet.) Straffords Enthauptung wirkte jedoch keineswegs beruhigend oder ernüchternd auf die aufgewühlten Zeitgenossen; vielmehr war sie das Fanal zu einer weitgehenden Einschränkung der königlichen Prärogative durch parlamentarisches Vorgehen. Die verhaßten Prärogativgerichte (*High Commission* und *Star Chamber*) wurden abgeschafft. Das berüchtigte Schiffsgeld wurde für illegal erklärt. *Tonnage* und *Poundage* wurden Karl zwar zugesprochen, aber deren Eintreibung durch den König in der Vergangenheit für illegal erklärt. Die bereits durchgesetzte Forderung nach Periodizität des Parlamentes genügte nun nicht mehr; das *Long Parliament* beanspruchte, nur noch mit seiner eigenen Zustimmung aufgelöst werden zu können. Dies war ein definitiver Bruch mit der englischen Vergangenheit. Doch damit nicht genug. Pym brachte ein Gesetz ein, mit welchem dem König der Oberbefehl über die Milizen genommen werden sollte.

In der *Grand Remonstrance* wurden alle Beschwerden gegen den König und seine Ratgeber zusammengestellt, die sich in den Jahren der parlamentslosen Regierungsführung angesammelt hatten, und schleunige Abhilfe verlangt. Gefordert wurde unter anderem, der König möge die Bischöfe aus dem Oberhaus entfernen, die Rücknahme der Laudschen Kirchenreformen anordnen und eine nationale Synode einberufen, um die Kirchenverfassung neu zu regeln. Die *Grand Remonstrance* spaltete das Unterhaus. In einer dramatischen Nachtsitzung wurde sie mit knapper Mehrheit angenommen; man war auf beiden Seiten nahe daran, zu den Waffen zu greifen. Seit dieser Abstimmung formierte sich eine konservative Gruppe von Unterhausabgeordneten um Edward Hyde, die bereit war, mit dem König zusammenzuarbeiten. Die *Grand Remonstrance* bedeutete insofern eine neue Qualität der Politik, als man mit ihr bewußt in die Öffentlichkeit ging; das Parlament wandte sich an breitere Kreise, um seine Legitimation zu erhöhen.

Seit Dezember 1641 hatten die Radikalen in der Londoner City eindeutig die Oberhand gewonnen. In den folgenden beiden turbulenten Jahrzehnten war die City, sei es in Form ihres gewählten Rates, sei es durch den Druck rebellischer Volksmassen auf der Straße, stets auf seiten des Parlamentes und gegen den König. Dieses Element wurde sogleich fühlbar im berüchtigten Fall der fünf Abgeordneten. Karl hatte die nicht unvernünftige Maßnahme ergriffen, die kooperationswilligen Führer des Unterhauses in die Regierungsverantwortung einzubinden und beispielsweise Pym das Schatzamt anzubieten. Dieser lehnte ab, andere griffen zu. So kamen parlamentarisch gesinnte, aber gemäßigte Männer in königliche Ämter. Doch die komplementäre Maßnahme, nämlich die Isolierung und Vernichtung der radikalen Parlamentsabgeordneten, war ein völliger Fehlschlag. Auf Befehl des Königs erschien der Kronanwalt am 3. Januar 1642 im Parlament, um gegen einen Lord und fünf Mitglieder des Unterhauses vorzugehen, denen Hochverrat vorgeworfen wurde. Mit seiner Leibwache drang Karl I. am folgenden Tag in eine Sitzung des Unterhauses ein, um die bezeichneten fünf Mitglieder persönlich zu verhaften –, doch sie waren, gewarnt, entkommen und fanden in der City Zuflucht. Drohend ritt Karl I. mit bewaffnetem Gefolge in die City: ohne Erfolg. Der König mußte bemerken, daß London zu gefährlich für seine eigene Sicherheit wurde; am 10. Januar verließ er die Stadt; am folgenden Tag wurden die fünf Mitglieder im Triumph ins Parlament zurückgebracht.

Nach der Entfernung des Königs agierte das Parlament zunehmend unabhängig. Als Gerüchte von Zusammenrottungen aus verschiedenen Teilen des Landes eintrafen, wies es die Grafschaften an, sich in einen Zustand der Verteidigungsfähigkeit zu setzen. Damit griff es erneut in die königliche Prärogative ein, denn traditionell hatte nur der König die Macht, die Grafschaftsmilizen zu aktivieren. Nicht ohne Erfolg konnte Karl I. nun darauf verweisen, das Parlament höhle die englische Verfassung aus und *er* sei der eigentliche Garant der englischen Freiheiten und Rechte.

In einer Atmosphäre allgemeiner Unsicherheit und horrender Gerüchte hatte das Parlament Maßnahmen ergriffen, die bis dahin unerhört waren. In ähnlichen Umständen fühlte sich der König zum Äußersten ermächtigt. Die Königin wurde sicherheitshalber nach Holland geschickt; sie nahm die Kronjuwelen mit sich und hatte den Auftrag, sie zu versetzen, um Waffen und Munition anzuschaffen. Da das Parlament das Milizsystem an sich gebracht hatte, griff der König auf ein älteres feudales Instrument zurück, indem er *Commissions of Array* ausstellte, mit denen namentlich bezeichnete Untertanen und Städte aufgefordert wurden, in ihrem Einflußbereich Truppen auszuheben und dem König zur Verfügung zu halten. Die Situation trieb auf einen Bürgerkrieg zu. Als der König am 22. August 1642 seine Standarte in Nottingham aufpflanzte, gab er symbolisch das Signal dazu.

Vor der Schilderung des Kriegsgeschehens soll eine kurze Vorklärung versucht werden: Wer kämpfte eigentlich auf der Seite des Königs, und wer auf der Seite des Parlamentes? Welche Motive waren leitend?

Über die Gründe für den Bürgerkrieg haben schon die Zeitgenossen widersprüchliche Auskünfte gegeben; die Historiker sind ihnen darin gefolgt. Die Standardinterpretation (»*Whig Interpretation of History*«) ist seit dem 19. Jahrhundert, im Detail vor allem von S. R. Gardiner ausgearbeitet, daß es im englischen Bürgerkrieg um zwei Dinge gegangen sei: um die protestantische Religion und um die verfassungsmäßige Freiheit der Engländer. Für diese habe das Parlament zu den Waffen gegriffen; die Stuart-Könige hätten sich dagegen vergangen und deshalb die Krone eingebüßt. – Doch Eingriffe in das Gleichgewicht von königlicher Prärogative und parlamentarischer Freiheit wurden von beiden Seiten vorgenommen.

Im 20. Jahrhundert haben R. H. Tawney, Christopher Hill, Lawrence Stone und ein beträchtlicher Teil der englischen Geschichtswissenschaft sich damit abgemüht, die Gegnerschaft sozialgeschichtlich zu fixieren und den Bürgerkrieg als Klassenkampf zu deuten. So wurde der Bürgerkrieg, fortan »die englische Revolution« genannt, zur Wende der neueren Geschichte in England. Dies sei der Umschlagspunkt vom Feudalismus zum Kapitalismus; hier seien die Reste des Mittelalters abgetan worden und die Bahn für den Industriekapitalismus bereitet. Zunächst identifizierte man die Seite des Feudalismus mit dem König und der *Aristocracy*, die ökonomisch immer weiter ins Hintertreffen geraten sei gegenüber der aufsteigenden *Gentry* und deshalb in diesen Kampf eingetreten sei. Auf seiten des Parlaments hätten die fortschrittlichen Kräfte gekämpft, die aufsteigende *Gentry* und das Handelskapital. Dagegen ließ sich vor allem einwenden, daß Angehörige der *Aristocracy* wie auch der *Gentry* auf beiden Seiten gekämpft haben. Es ließ sich außerdem einwenden, daß der Bürgerkrieg keineswegs die Reste des Feudalismus (soweit vorhanden) beseitigte. Auch entstand nach dem Bürgerkrieg nicht der Industriekapitalismus, der vielmehr noch über hundert Jahre auf sich warten ließ. – In der Folge versuchte man es deshalb mit modifizierten Modellen, die beispielsweise – so H. R. Trevor-Roper – zwischen verschiedenen Gruppen der *Gentry* unterschieden: Auf der einen Seite habe die *Mere Gentry* gestanden, die infolge der Agrarkonjunktur abstiegsbedroht war, auf der anderen die *Court Gentry*, die mit ihren herkömmlichen Einkünften solche aus Verbindungen zum Hofe, aus Ämtern, Monopolen usw. zu vereinigen gewußt habe. Diese letztere habe auf seiten des Königs gekämpft; die erstere auf seiten des Parlamentes. – Aber auch diese Differenzierung erwies sich als ungenügend: Beispielsweise stand der katholische Adel einheitlich im Lager des Königs;

umgekehrt waren einige der reichsten Adligen, die ebenfalls dem Hofmilieu zuzurechnen waren, im Krieg im Lager des Parlamentes zu finden.

In den letzten Jahrzehnten hat man stärker herausgearbeitet, daß der Riß der Parteien oft durch einzelne Familien hindurchging. Damit werden aber sozialgeschichtliche Fixierungen fragwürdig. Das zweite Hauptergebnis neuerer Forschungen ist der Neutralismus weiter Regionen: Entgegen der früheren Vorstellung von einem zweigeteilten Land, dessen Affinität man kartographieren konnte, hat man mittlerweile festgestellt, daß in manchen Grafschaften Milizen aufgestellt wurden zu dem Zweck, sowohl die Truppen des Königs als auch die des Parlamentes von der Heimat fernzuhalten. Eine klare Zugehörigkeit läßt sich deshalb nur für ganz wenige Regionen angeben: Wales war von Anfang bis Ende für den König, und Essex war ganz überwiegend für das Parlament. Aber sonst fanden allerlei Wechsel und Mischungen statt. Ein drittes Ergebnis neuerer Forschungen ist es, daß sich offenbar *Roundheads* (Radikale) von *Cavaliers* (Anhängern des Königs) generationsmäßig unterschieden. Die Älteren standen eher auf seiten des Parlamentes, während die jüngere Generation, welche noch nicht durch die Kämpfe zwischen Krone und Parlament in der frühen Stuartzeit verhärtet war, eher zum König neigte. Damit läßt sich auch erklären, daß sich das Geschehen ganz anders entwickelte als vorhergesehen: Anfangs konnte das Parlament den Eindruck haben, es könne sein Ziel mit Hilfe der militärischen Aufgebote erreichen; aber schon im Oktober 1642 stand Karl I. mit einer 13 000 Mann starken Armee vor London.

Der König und sein Neffe Rupert von der Pfalz, der sich zu einem höchst fähigen Reitergeneral entwickelte, marschierten Richtung London. Nach einem unentschiedenen Gefecht bei Edgehill war die Annäherung an London so hart umkämpft und so verlustreich, daß der König auf einen Sturm verzichtete: Sein Ziel war es nicht, die Hauptstadt einzunehmen und zu zerstören; er wollte durch sein militärisches Vorgehen nur eine Verhandlungsbasis schaffen. Die Armee des Königs bezog Winterquartiere in Oxford. Verhandlungen begannen.

London bekam zu spüren, daß Karl I. Newcastle-upon-Tyne kontrollierte und der Hauptstadt die Kohlezufuhr sperrte. Andererseits bedeutete es für den König einen harten Schlag, daß die Flotte sich für das Parlament erklärte, so daß er die ihm zustehenden Zölle nicht mehr eintreiben konnte.

Da sich der König militärisch überlegen fühlte, erbrachten die Verhandlungen nichts. Dies stärkte Pyms Stellung im Parlament; er operierte geschickt zwischen den Befürwortern eines Krieges und den Vertretern eines Friedens um jeden Preis. Pym setzte durch, daß das Eigentum der Royalisten, soweit es im Machtbereich des Parlamentes lag, eingezogen wurde; darüber hinaus wurde dem ganzen Königreich eine wöchentliche Kriegsabgabe auferlegt. Das Parlament hatte zudem weitgehenden Zugriff auf die Ressourcen der Stadt London. Der König konnte sich auf freiwillige Beiträge führender Adliger verlassen, die auch Truppen für ihn aufstellten. Des weiteren zog er in seinem Machtbereich die Güter von Anhängern des Parlamentes ein. Er erhob ebenfalls eine Kriegsabgabe. In der Kampagne von 1643 war es das Kriegsziel des Königs, mit verschiedenen Heeren von Oxford aus Druck auf die Stadt London auszuüben, um das Parlament zu erneuten Verhandlungen zu zwingen. Königliche Heere errangen Siege in Yorkshire und im Westen, belagerten Hull und nahmen Bristol im Sturm. In dieser Situation hätte im Parlament fast diejenige Gruppe von Abgeordneten die Oberhand gewinnen können, welche für den Frieden und ein Arrangement mit dem König war, doch ihre Anträge wurden knapp überstimmt. Die Kriegspartei setzte sich durch. Eine Steuer auf Wein, Bier, Tabak, Zucker, Salz und andere Verbrauchsgüter sollte die nötigen Mittel in die Kriegskasse bringen. Nach mehreren unentschiedenen Treffen war Ende 1643 ein vorübergehendes Patt erreicht. Der König wartete auf Verstärkung aus Irland, wo sein Oberbefehlshaber einen Frieden geschlossen hatte. Das Parlament wartete auf Verstärkung aus Schottland. Der König berief ein Parlament nach Oxford ein, um die führenden Schichten von seinem guten Willen zu überzeugen und klarzustellen, daß er keine absolute Herrschaft anstrebe. Währenddessen suchte auch das Parlament in Westminster seine Basis durch Einberufung einer Synode zu verbreitern. Dabei stand von vornherein fest, daß die Bischofsverfassung abzuschaffen sei, weil die Schotten das als Preis für ihr Eingreifen forderten. Im Januar 1644 fielen die Schotten mit 20000 Mann in Yorkshire ein und trieben das Heer unter dem Earl of Newcastle bis York zurück. Der parlamentarische General Fairfax wandte sich von Yorkshire nach Westen und griff die Verstärkungen des königlichen Heeres an, die soeben aus Irland angekommen waren. Das Parlamentsheer, namentlich die Kavallerie der *Eastern Association* unter Oliver Cromwell, errang am 2. Juli 1644 bei Marston Moor einen entscheidenden Sieg.

Doch unter den Siegern brachen Zwistigkeiten über die religiösen Angelegenheiten aus: auf der einen Seite Presbyterianer, die das schottische Modell der Kirche in England einführen wollten; auf der anderen Seite Independente, die für selbständige Gemeindekirchen plädierten. Die Situation wurde noch kompliziert durch die Tatsache, daß die kirchenpolitischen Fronten mit den verfassungspolitischen nicht zur Deckung gebracht werden konnten. Mit Unterstützung der Independenten setzte sich im Parlament die Kriegspartei durch: Sie wollte eine militärische Reorganisation und eine Wiederaufnahme des Krieges, um am Ende dem König die Bedingungen diktieren zu können. Als Haupthindernis für eine effektive Kriegsführung erschienen ihr die aristokratischen Heerführer. Alle Kommandeure, die zugleich Sitze im Parlament hatten, sollten ihre Befehlsgewalt niederlegen (*Self-Denying Ordinance*). Eine *New Model Army* sollte geschaffen werden, die im Gegensatz zu den herkömmlichen Grafschaftsmilizen landesweit operieren, aber auch mit regelmäßiger Bezahlung rechnen konnte. An ihre Spitze trat Sir Thomas Fairfax, der Oliver Cromwell zum Befehlshaber der Kavallerie machte. Mit dieser Strukturreform wurde der Krieg erneuert. Am 14. Juni 1645 trafen sich die Heere bei Naseby, nördlich von Oxford. Wiederum gab Cromwells Sieg den Ausschlag. Als Karl keine Möglichkeit für einen militärischen Fortschritt mehr erkennen konnte, übergab er sich selbst den Schotten bei Newark. Am 13. Juli fiel Oxford, das Hauptquartier der Royalisten.

Die erste Phase des Bürgerkrieges läßt erkennen, daß eine Neuordnung ohne den König nicht möglich war. Auch unabhängig von der militärischen Lage fehlte dem Parlament die Autorität, einen Kompromiß für die ganze Nation durchzusetzen. Das Parlament hatte zwar seine Permanenz erzwungen und eine effektive Finanz- und Heeresorganisation geschaffen, aber die kirchlichen Dinge schienen unlösbar. In diesem Feld waren die Meinungen besonders kontrovers; vor allem aber war nicht erkennbar, mit welcher institutionellen Sicherheit eine Mehrheit einer Minderheit hätte ihren Willen aufzwingen können.

Anders als in Deutschland waren die Kriegsaktionen in England eher isoliert; die Zivilbevölkerung war nur in geringem Maße betroffen; es gab kein allgemeines Morden und Brennen. Die Zahl der Soldaten war in England eher gering; auf dem Höhepunkt der Kämpfe, vor Naseby, standen insgesamt 40000 bis 50000 Mann im Felde. Es kam auch nicht zu einem Zusammenbruch des Binnenhandels und der Rechtspflege, die vielmehr, da dezentral organisiert, überwiegend in gewohnter Weise ihren Fortgang nahmen.

Als sich das Parlament mit Hilfe seines Heeres durchgesetzt hatte, ergab sich ein neues Problem: Wie konnte man dem selbstbewußt gewordenen Heer seine Macht wieder abnehmen? Nach Zahlung der Soldrückstände zogen sich die Schotten zurück und übergaben ihren höchsten Gefangenen, den König, an die parlamentarische Armee. Die *New Model Army* jedoch hatte inzwischen einen mächtigen Korpsgeist entwickelt. Die einfachen Soldaten hatten Sprecher für ihre Interessen gewählt (*Agitators*). Diese brachten Karl I. in ihre Gewalt und führten ihn im Juni 1647 nach Hampton Court zurück. Die Armee bildete einen *Army Council*, eine gewählte Vertretung von Offizieren und Mannschaften, die schwor, nicht auseinanderzugehen, bis die Ansprüche der Soldaten erfüllt seien. Dieser Armeerat verstieg sich zu der feierlichen Erklärung: Das Heer sei keine bloße Söldnertruppe im Dienste einer willkürlichen Staatsmacht, sondern vom Parlament berufen, seine und die Rechte und Freiheiten des ganzen Volkes zu verteidigen.

Plündernder Soldat (anonymer Holzschnitt aus dem Traktat »The English-Irish Soldier«, 1642)

Je selbständiger und bedrohlicher die Armee auftrat, desto mehr bemühte sich das Parlament unter Denzil Holles, eine Gegenmacht aus Londoner Miliz und entlassenen Soldaten aufzubauen. Nun rückte die Bürgerkriegsarmee auf London vor und bedrohte das Parlament. Sie forderte vom Parlament ein *Impeachment* gegen Holles und zehn namentlich genannte Abgeordnete. Cromwell versuchte, zwischen Armee und Parlament zu vermitteln. Von Radikalen aus der City bedroht, floh ein Teil der Abgeordneten zur Armee. Diese marschierte auf London und nahm die City ein.

In dieser Situation schien noch immer keine Lösung ohne die Autorität des Königs denkbar. Die Armee legte ihm einen Vorschlag vor, der unter dem Titel *Heads of the Proposals* in die Geschichte einging und sich durch besondere Mäßigung auszeichnete: Sogar eine Restauration der Bischofsverfassung war vorgesehen. Zumindest für zehn Jahre sollte die Gewalt über die Miliz beim Parlament liegen. Alle zwei Jahre sollte ein neues Parlament gewählt werden, auf breiterer Wählerbasis.

Zu dieser Zeit machten die sogenannten *Levellers* von sich reden: Londoner Radikale, welche sich die Forderung nach breiterem Wahlrecht, häufigeren Parlamentswahlen, öffentlicher Diskussion der Reformen für die politische und kirchliche Erneuerung Englands zu eigen machten. Doch mit ihrem Auftreten wurde evident, daß die Bedrohung des inneren Friedens nicht allein durch den König und seine Anhänger erfolgte, sondern die immer weitergehende Radikalisierung jede künftige Ordnung bedrohte. Der König floh im November 1647 auf die Isle of Wight. Allgemein war man des Krieges müde; aus den Grafschaften übte man Druck auf das Parlament aus, ein Abkommen mit dem König herbeizuführen.

So entstand schließlich jene Folge von Ereignissen, die üblicherweise als »zweiter Bürgerkrieg« bezeichnet wird: Anfang 1648 kam es in Kent und in Wales zu royalistischen Aufständen. Noch war das Parlament imstande, sie militärisch niederzuwerfen. Doch nun brach ein schottisches Heer von Norden ein, um für die Restauration des Stuartkönigs zu kämpfen: Er hatte den Schotten eine zumindest zeitweilige Einführung ihres Presbyterialsystems versprochen. Diese zweite Invasion verlief anders als die erste: Mittlerweile war die englische Seite militärisch trainiert und ausreichend ausgerüstet. Mit Cromwells Sieg bei Preston war die Macht des Parlamentes stabilisiert und die Position des Königs endgültig untergraben.

Nun bestanden noch zwei Kraftzentren in England: das Parlament und die Armee. Das Parlament versuchte vergeblich, seine Position zu halten, indem es erneut eine Vereinbarung mit dem König suchte. Doch die Independenten im Parlament hatten mittlerweile den Eindruck gewonnen, daß ihre Ziele am besten mit Hilfe der Armee zu erreichen seien. Die Armee ihrerseits war bereit zur Kooperation mit den Independenten. Ein Oberst namens Pride kontrollierte am 6. Dezember 1648 den Zugang zum Parlament mit Hilfe einer Liste; etwa hundert handverlesene Unterhausmitglieder wurden eingelassen, der Rest wurde ausgesperrt, teilweise verhaftet; manche entzogen sich der Gefahr. Fortan sprach man vom »Rumpfparlament«. Politisch und sozial waren die verbliebenen Parlamentarier uneinheitlich. Relativ klar war jedoch ihre radikale religionspolitische Linie: gegen jedwede etablierte Kirche, gegen die anglikanische wie auch gegen eine presbyterianische. Doch die aufsehenerregendste Tat war eine demonstrative Geste, die zur Beruhigung der radikalen Massen in der City of London dienen sollte. Das Rumpfparlament eröffnete einen eigens zu diesem Zweck installierten Gerichtshof, der den König unter Anklage stellte: Er habe in die Rechte und Freiheiten des Volkes eingegriffen und sein Königsamt zur Errichtung einer unbeschränkten Tyrannei mißbraucht. Karl erklärte, daß die Armee wohl einen Gerichtshof einrichten und ihn mit Gewalt beugen könne; daß dann aber kein Engländer mehr seines Eigentums und seines Lebens sicher sein könne. Daraufhin wurde kurzerhand das Urteil gesprochen, daß der besagte Karl Stuart als Tyrann, Verräter, Mörder und bekannter Feind aller guten Engländer enthauptet werden solle. Es wurde am 30. Januar 1649 vor einer unermeßlichen Volksmenge vor dem königlichen Palast von Whitehall vollstreckt. Während die Volksmenge bei der Hinrichtung Straffords gejubelt hatte, herrschte bei der Hin-

Karl I. als Märtyrer des Gottesgnadentums: Frontispiz zu »Eikon Basilike«, dem königlichen Gebets- und Meditationsbuch

richtung des Königs betretene Stille; ein entsetztes Aufseufzen lief durch die Menge, als das abgetrennte Haupt emporgehalten wurde. Während Karl zur Zeit seiner Herrschaft wenig Freunde gehabt hatte, wurde er durch seinen Tod zum Märtyrer. Die öffentliche Hinrichtung des Königs bildete insofern den Ansatzpunkt einer erneuerten Monarchie.

Commonwealth und Protektorat: Verfassungsexperimente

Nach dem Tod Karls I. schaffte das Rumpfparlament die Monarchie ab sowie das Oberhaus und die Staatskirche. England wurde zum *Commonwealth and Free State* erklärt. Die Legislative lag bei einem Einkammerparlament. Die Exekutive bestand aus einem Staatsrat, an dessen Spitze Oliver Cromwell trat.

Das Rumpfparlament hatte schleunige und freie Wahlen versprochen, machte aber keine Anstalten, dieses Versprechen einzulösen, zumal die Gefahr bestand, daß durch eine solche Wahl die Royalisten erneut an die Macht kämen. Auf der anderen Seite enttäuschte es aber auch die Radikalen, insbesondere die *Levellers*.

Das Rumpfparlament schickte Cromwell, seinen erfolgreichsten Feldherrn, nach Irland, um die dortige Aufstandsbewegung niederzuwerfen. Cromwell entledigte sich dieser Aufgabe 1649/50 mit gewohnter Effizienz, aber mit neuartiger Brutalität. Seinen Feldzug stilisierte er zum Religionskrieg; jedes Mittel schien gerechtfertigt, die von ihm als Gottes Willen erkannten Ziele durchzusetzen. Durch die Massaker von Drogheda und Wexford (Niedermetzelung der Zivilbevölkerung, nachdem sich die Städte ergeben hatten) schrieb sich Cromwell mit Blut in das Buch der irischen Geschichte ein.

Nachdem er Irland unterworfen hatte, zog Cromwell mit einem Heer gegen Schottland. Als die Schotten von der Hinrichtung »Karl Stuarts« gehört hatten, der ja auch das Oberhaupt von Schottland war, hatten sie seinen Sohn Karl zu ihrem König erklärt. Dieser kam nach Schottland und sammelte ein Heer. Cromwell zog ihm entgegen, siegte bei Dunbar und besetzte die Hauptstadt Edinburgh (1650). Im folgenden Jahr fiel Karl mit einem schottischen Heer in England ein; Cromwell schlug ihn bei Worcester. Karl konnte sich durch Flucht nach Frankreich entziehen, aber der schottische Widerstand war damit zusammengebrochen.

Das Rumpfparlament hatte mittlerweile einen Teil der durch Pride ausgeschlossenen Abgeordneten wieder in seine Reihen aufgenommen. Insgesamt wurde es dadurch gemäßigter. In der Religionspolitik blockierten sich die verschiedenen Lager. So entstand ein weitgehender Pluralismus: Man überließ es den einzelnen Pfarrgemeinden, wie sie ihre Gottesdienste halten wollten. Das Uniformitätsideal des 16. Jahrhunderts wurde damit hinfällig. Der sonntägliche Gottesdienstzwang entfiel. Aber die Freiheit des

Sonntags wurde auf puritanische Weise eingeschränkt durch strenge Gesetze gegen Vergnügungen aller Art, von Wirtshausbesuchen und Tanzvergnügungen bis zu Sport und Spiel.

Interessenpolitik trieben in dieser Zeit auch die Kaufleute, die 1651 mit dem *Navigation Act* zur Begünstigung des englischen Handels ein Jahrhundertgesetz durchbrachten und zum Krieg gegen den großen Handelsrivalen, die Vereinigten Provinzen (Holland), trieben. Tatsächlich erklärte das *Commonwealth* den protestantischen Glaubensbrüdern jenseits des Kanals den Krieg und war in mehreren Seeschlachten (1652–1654) erfolgreich.

Der Seekrieg und die Feldzüge gegen Schottland und Irland verschlangen ungeheure Summen. Das Rumpfparlament beschaffte sich Mittel durch den Verkauf von Krondomänen, Kirchengütern und Royalistenbesitz, aber auch durch fortwährend hohe direkte und indirekte Steuern. Es war entsprechend unpopulär. Was ihm abging, war eine Legitimität jenseits seines rein praktischen Erfolges. Nominell umfaßte es über 200 Abgeordnete, von denen aber nicht mehr als 60 oder 70 wirklich an Parlamentssitzungen teilnahmen. Von diesen bildeten 34 den Staatsrat, das heißt die Regierung. Sie erschien als Oligarchie, die sich gegen Auflösung und Neuwahlen sperrte. Aber die Armee, zunehmend radikalisiert und von einer religiös bestärkten Identität beseelt, war nicht bereit zu warten. Als Irland und Schottland unterworfen waren, kehrte die siegreiche Armee mit gestiegenen Ansprüchen nach England zurück. Cromwell drang mit Gewalt in das Parlament ein und sprengte den Rumpf auseinander.

Nachdem Cromwell das Rumpfparlament aufgelöst hatte, machte er zunächst einen Versuch, durch eine handverlesene Sammlung von Männern zu regieren, die wesentlich religiös motiviert waren. Das Anliegen der Puritaner war es immer schon gewesen, Staat und Gesellschaft nach der Bibel und ihrem Verständnis der christlichen Religion umzugestalten; nun erhielten sie dazu eine Chance (*Parliament of Saints*). In diesem Parlament hatten protestantische Geistliche, vor allem Independente, das Sagen. Hinter ihnen stand die Armee, und zwar namentlich James Harrison, einer von Cromwells Generälen. In dieser Versammlung kamen *Leveller*-Ideen ganz klar zum Durchbruch. Da nun nicht mehr die Rechtsanwälte dominierten, wurden bestehende Gerichte wie der *Court of Chancery* ohne weiteres abgeschafft, Rechtsvereinfachungen und Kodifikationen beschlossen. Zur Spaltung kam es dann über Fragen der Kirchenreform. Mit knapper Mehrheit setzten sich die Anhänger von Sekten durch, welche den Kirchenzehnten aufgehoben wissen wollten. Mit diesem Beschluß hatte die Versammlung ihr eigenes Ende beschleunigt. Denn Cromwell stand auf dem Standpunkt, daß nichts mehr sicher sei, wenn auf solche Weise in bestehende Eigentumsrechte eingegriffen werden konnte. Am 12. Dezember entschlossen sich die gemäßigten Mitglieder, Cromwell in aller Form die Macht zurückzugeben. Daraufhin besetzten die radikalen Abgeordneten das Parlamentsgebäude, welches Cromwell mit Gewalt räumen ließ. Damit war der Versuch gescheitert, Englands Geschicke durch eine religiös motivierte Versammlung übergangsweise leiten zu lassen.

Oliver Cromwell (Porträt von Robert Walker, um 1649)

Nun griff Cromwell auf einen anderen Vorschlag aus Armeekreisen zurück, für den sich vor allem der General John Lambert stark gemacht hatte: England durch eine schriftlich niedergelegte Verfassung zu stabilisieren. Sie sollte den guten Bestand der englischen Traditionen bewahren und gleichzeitig die politischen Errungenschaften von 1640 sichern (*Instrument of Government*). Man statuierte, die Souveränität ruhe auf »einer Person in Gemeinschaft mit dem Volk, wie es im Parlament versammelt« sei. Diese »eine Person« (Oliver Cromwell) sollte künftig den Titel »*Lord Protector of the Commonwealth of England, Scotland and Ireland*« tragen. Seine Befugnisse waren nach der Prärogative des früheren Königs modelliert – mit Zuständigkeit für Regierung und Außenpolitik, sogar mit einem festen Etat und einem Heer, aber dergestalt, daß er außerdem auf parlamentarische Bewilligungen angewiesen war. Das Parlament sollte zumindest alle drei Jahre zusammentreten und nicht gegen seinen Willen aufgelöst werden können. Der *Lord Protector* erhielt ein aufschiebendes Veto für Gesetzesvorlagen, aber nur für zwanzig Tage. Das Parlament, bestehend nur aus einer Kammer, sollte 400 Abgeordnete umfassen, von denen, erstmals in der englischen Geschichte, jeweils 30 aus Irland und 30 aus Schottland kommen sollten. Die Wahlkreise wurden reformiert und das Wahlrecht an eine beträchtliche Besitzqualifikation gebunden. Wenn das politische System des Protektorats also in gewisser Hinsicht (bei mäßigen Reformen) konservativ war, so zog Cromwell doch aus den religiösen Entwicklungen der Bürgerkriegszeit neuartige Folgerungen. Eine staatlich sanktionierte Kirche sollte es zwar geben, aber ohne Zwangsgewalt. Cromwell hatte das ältere Uniformitätsideal bewußt aufgegeben. Er war der Meinung, religiöser Pluralismus und Toleranz sei das wesentliche Erbe der Bürgerkriegszeit, das man nicht mehr zur Disposition stellen dürfe. Dabei dachte er natürlich an einen Pluralismus der Protestanten. Aber infolge des Verzichts auf kirchliche Zwangsgewalt betraf die Religionsfreiheit faktisch sogar die Katholiken. Ja, erstmals seit dem Mittelalter wurden in England wiederum Juden aufgenommen (1656).

Der Konflikt zwischen dem Parlament und der Militärherrschaft, die im Amt des Protektors verkörpert war, schien unausweichlich. Als das Parlament in der Religionspolitik einen Weg einschlug, der Cromwells Toleranzvorstellungen zuwiderlief, wurde es aufgelöst.

Für den Krieg gegen Spanien mußte Cromwell erneut ein Parlament einberufen. Dieses gewährte die geforderten Mittel, drang aber erneut auf Einschränkung der religiösen Toleranz. Doch innerhalb des Parlaments gab es Kräfte, welche eine Stärkung Cromwells wünschten, um ihn von der Unterstützung durch die Armee unabhängig zu machen. Sie erreichten eine Mehrheit, mit der sie im März 1657 eine neue Verfassung unterbreiteten (*Humble Petition and Advice*). In dieser trugen sie Cromwell die Königskrone an. Er lehnte ab, akzeptierte aber die übrigen Verfassungsvorschläge. Zug um Zug entstand so wiederum eine legitimierte Staatsgewalt. Denn die Körperschaft, welche diese Verfassungsvorschläge mit Mehrheit unterbreitet hatte, war immerhin ein vom Volk gewähltes Parlament, nicht mehr die blanke Gewalt der Armee. Man ersuchte den *Lord Protector*, einen Nachfolger zu benennen, und schlug die Einrichtung eines neuen Oberhauses vor. Die Kosten der Regierung wurden großzügig adjustiert, allerdings so, daß sich das Parlament nicht selbst überflüssig machte.

Außenpolitisch agierte Cromwell erfolgreich und suchte nicht ohne Geschick an die glorreichen Zeiten der englischen Seemacht unter Elisabeth anzuknüpfen. Er schloß wichtige Verträge mit den protestantischen Mächten, mit Holland und Dänemark, aber auch mit Portugal und seinen überseeischen Kolonien. Obgleich im Krieg gegen Spanien nicht alle erstrebten Ziele erreicht wurden, wurde doch Jamaica erobert.

Oliver Cromwell starb am 3. September 1658. Zum Nachfolger war sein Sohn Richard Cromwell designiert. Die Stellung Oliver Cromwells hatte wesentlich darauf beruht, daß er die Interessen der Armee und des Parlamentes in seiner Person zusammenführte, sie geradezu verkörperte. Seinem Sohn fehlte die Unterstützung der Armee. Die Generäle Fleetwood und Lambert zwangen ihn zur Abdankung und beriefen wiederum das Rumpfparlament ein. Als dieses jedoch, an seine alten Vorstellungen anknüpfend, die Armee reduzieren wollte, wurde es erneut aufgelöst.

Nachdem alle Versuche gescheitert waren, blieb nur noch die Restauration der Monarchie. General Monck, der die Armee in Schottland befehligt, und Fairfax, der in den 1640er Jahren eine entscheidende Rolle gespielt hatte, aber am Prozeß gegen den König nicht beteiligt gewesen war und sich nach 1649 ins Privatleben zurückgezogen hatte, verbanden sich, um militärische Stärke und persönliche Autorität für die Restauration einzusetzen. Fairfax sicherte den Norden Englands, während Monck von Schottland aus sein Heer nach England führte und unbedroht, ja bejubelt, nach London zog. Dort hatte sich mittlerweile das Rumpfparlament erneut versammelt. Im Februar 1660 nahm es, auf Anordnung Moncks, alle früheren Mitglieder unter sich auf. Nachdem sich so gewissermaßen das Lange Parlament wieder konstituiert hatte, konnte es eine Institution des Übergangs ausschreiben (*Convention*), die im März 1660 wie ein Parlament gewählt wurde. Währenddessen verhandelte eine Delegation mit dem ältesten Sohn des enthaupteten Königs über eine Restauration. Von Breda aus erließ dieser eine Deklaration, in der eine allgemeine Amnestie für die Taten der vergangenen zwanzig Jahre und Gewissensfreiheit nebst einem neuen Parlament zugesichert wurden. Daraufhin konnte er ungehindert an der englischen Küste landen und im Triumph nach London ziehen. Mit der Restauration der Monarchie, des Unter- und Oberhauses sowie der Staatskirche begann eine neue Epoche.

Der Umbruch der Wissenschaften und Künste

Die politische Instabilität der beiden Jahrzehnte von 1640 bis 1660 hatte tiefgreifende Folgen für Wissenschaften und Künste, welche sich auf verschiedenen Ebenen verfolgen lassen. Die kollektive Erfahrung dieser Krisenzeit formte die englische Nationalkultur und hob sie deutlicher von anderen europäischen Kulturen ab.

Nachdem Karl I. und sein Hof Oxford verlassen hatten, traten dort Cromwells Leute ein und übernahmen in mehreren Colleges die Leitung. Dies bedeutete eine gewisse Öffnung; die Bindung an scholastisches Denken ließ nach. Nun setzten sich stärker Männer mit neuen wissenschaftlichen Interessen durch, insbesondere auch mathematisch-naturwissenschaftlichen. Der Gesichtspunkt der Nützlichkeit der Wissenschaften wurde stärker betont. William Petty, der als Landvermesser in Cromwells Gefolge Irland aufnahm, gilt als Begründer der Statistik. Das Baconische Ideal der Vermehrung des Wissens aus Beobachtung griff Raum.

1660/62 wurde in London die *Royal Society* gegründet, eine Gesellschaft von Gelehrten und Dilettanten aus dem Adel und dem Kaufmannsstand, die sich in besonderem Maße dem Wissenschaftsprogramm Bacons verpflichtet fühlte und Mathematik, Astronomie, Navigation, Chemie und Medizin förderte, dabei empirische Arbeiten mit Experimenten bevorzugte gegenüber der gelehrten Tradition im Anschluß an Aristoteles. Dafür erwies sich das Milieu in London als besonders fruchtbar; durch die Nähe zum Hof einerseits und zur City andererseits fehlte es nicht an Mitteln; praktische Anwendungen lagen immer nahe.

Die Bürgerkriegszeit war eine Zeit der Schulgründungen und pädagogischen Experimente. Bedeutende Reformer der Pädagogik wie Jan Amos Comenius und Samuel Hartlib weilten zeitweilig in England, wo sie mit einheimischen Reformern der Pädagogik wie John Drury und Gerrard Winstanley zusammenarbeiteten. Insbesondere ist die englische Literatur dieser Zeit reich an Prosawerken, nicht nur Predigten und Erbauungsschriften, politischen Pamphleten und staatstheoretischen Werken, sondern auch an Tagebüchern und Autobiographien (John Evelyn, Samuel Pepys, Richard Baxter, Edmund Ludlow). John Bunyan schrieb mit *The Pilgrim's Progress* einen Vorläufer des modernen Romans. Die großen Dichtungen John Miltons, welcher als Sekretär des *Commonwealth* diente, entstanden in dieser Zeit. Die erste englische Oper wurde aufgeführt. Erstmals sah man Frauen: auf der Kanzel und auf dem Theater.

Wenn es auch nicht richtig ist, daß die Puritaner durchwegs Feinde der Musik und der Künste waren (Oliver Cromwell z. B. war ein Patron der Musik), ist es doch richtig, daß Musik und Künste erst wieder in der Restaurationszeit einen entsprechenden Nährboden fanden.

Restauration und Innovation

(1660–1714)

1660–1685	Karl II.
1660	29. Mai: Einzug Karls II. in London. Restauration: Monarchie und Parlament mit Unter- und Oberhaus.
1660/62	Gründung einer gelehrten Gesellschaft in London (*Royal Society*).
1661	Beginn einer harten Religionsgesetzgebung zur Restauration der Staatskirche (1662 Uniformitätsgesetz).
1665–1667	(2.) Seekrieg mit Holland.
1665	Pest in London.
1666	Großes Feuer verwüstet einen beträchtlichen Teil Londons.

1667	Tripelallianz der protestantischen Mächte England, Holland und Schweden.
1670	Geheimverträge von Dover zwischen Karl II. und Ludwig XIV.
1672	*Declaration of Indulgence* Karls II. (Toleranzangebot).
1673	(1.) *Test Act* des Parlamentes (Amtsträger müssen zur Staatskirche gehören).
1678	*Popish Plot*-Hysterie in England.
	(2.) *Test Act* zum Ausschluß der Katholiken von Hof und Parlament.
1679	*Habeas Corpus*: Schutz der persönlichen Freiheit.
1679–1681	*Exclusion Crisis*: Kampf um die Ausschließung des kath. Bruders des Königs von der Thronfolge.
1683	*Rye House Plot*: Konspiration einiger Whigs.
1685	6. Februar: Tod Karls II. nach Konversion zur kath. Kirche auf dem Sterbebett. Sein kath. Bruder folgt ihm auf den Thron.
1685–1688	Jakob II.
1685	*Monmouth Rebellion*: Aufstand zugunsten eines protestantischen, unehelichen Sohnes Karls II. (niedergeschlagen).
1687	(1.) *Declaration of Indulgence* Jakobs II.: Förderung der Katholiken und *Dissenters*.
	(2.) *Declaration of Indulgence* Jakobs II.: Petition der sieben Bischöfe, Anklage und Freispruch.
1688	30. Juni: Einladung an Wilhelm von Oranien.
	15. November: Landung in Torbay.
	Ende Dezember: Einzug in London.
	Flucht Jakobs II. nach Frankreich.
1689	22. Januar: *Convention* tritt zusammen.
1689–1702	Wilhelm III. und (bis 1694) Maria II.
1689–1697	Krieg der Großen Allianz gegen Frankreich (Frieden von Rijswijk 1697: Wilhelm III. als englischer König auch von Frankreich anerkannt).
1689	*Bill of Rights, Toleration Act.*
	John Locke: *Two Treatises of Government.*
	30. Juli: Krieg in Irland: Abbruch der Belagerung Londonderrys durch Jakob II.
1690	11. Juli: Sieg Wilhelms III. am Boyne.
1691	3. Oktober: Vertrag von Limerick.
1695	*Licensing Act* nicht verlängert: Pressefreiheit.
1702	8. März: Tod Wilhelms III.
1702–1714	Anna (prot. Tochter Jakobs II.) Königin.
1702–1713	England am Spanischen Erbfolgekrieg beteiligt.
1703	Methuen-Vertrag zwischen England und Portugal.
1704	4. August: Engländer besetzen Gibraltar.
	13. August: Sieg Marlboroughs und des Prinzen Eugen von Savoyen bei Höchstädt an der Donau über die Franzosen.

1706 23. Mai: Sieg Marlboroughs bei Ramillies in Flandern über die Franzosen.

1707 25. April: Niederlage der Engländer gegen ein franz.-span. Heer bei Almanza in Spanien.
1. Mai: Staatliche Union von England und Schottland: *Great Britain.*

1708 11. Juli: Sieg Marlboroughs über die Franzosen bei Oudenaarde.

1709 11. September: Verlustreicher Sieg Marlboroughs und des Prinzen Eugen bei Malplaquet über die Franzosen.

1713 Frieden von Utrecht: Großbritannien Großmacht.
Asiento mit Spanien (Sklavenhandel).

1714 1. August: Tod Annas. Nun treten *Act of Settlement* (1701) und *Regency Act* (1707) in Kraft. Parlament sichert dynastischen Übergang.

Das Zeitalter Karls II. und Jakobs II. (1660–1688)

Die Restauration ging nicht eigentlich aus den Bemühungen des Königs im Exil oder der Royalisten hervor, sondern aus den Residuen wirklicher Macht in der englischen Nation. Abgesandte des Parlamentes, der Kirche und der Stadt London hatten mit dem Sohn des 1649 enthaupteten englischen Königs Kontakt aufgenommen. Mit seiner Deklaration von Breda gelang diesem ein entscheidender Durchbruch. Karl bezeichnete sich darin wie selbstverständlich als rechtmäßigen englischen König. Von Anfang an wurde ein Parlament als gesetzmäßige Repräsentation des englischen Volkes vorausgesetzt: Unter- und Oberhaus sollten genauso wie die Krone für die Restauration, für die Rückkehr zum bewährten Alten, stehen. Der König wies mit Klugheit unangenehme Aufgaben wie Begrenzung der Amnestie dem Parlament zu. Die vom Parlament zur Rechenschaft Gezogenen sollten sich gewissermaßen von der Nation selbst zur Verantwortung gezogen fühlen.

Hier deutet sich an, daß Karl Stuart gut beraten war und ein Meister strategischer und taktischer Finessen die politische Bühne Englands betreten würde. An seinem dreißigsten Geburtstag, dem 29. Mai 1660, zog er unter dem Jubel seines Volkes in London ein.

Karl II. hatte seinen Untertanen »*liberty to tender consciences*« versprochen – aber was das Parlament zu gewähren bereit war, blieb weit dahinter zurück. Die neu restaurierte anglikanische Staatskirche verhärtete sich und nahm einen eng gefaßten Standpunkt an. 1661 wurde ein *Corporation Act* erlassen, der bestimmte, daß alle Amtsträger auf lokaler Ebene einen Eid leisten mußten, der alle religiös ernsthaften Presbyterianer ausschloß. 1662 wurde gar wiederum ein Uniformitätsgesetz erlassen, mit welchem der restaurierten Staatskirche ein neues *Book of Common Prayer* verpflichtend gemacht wurde, das im wesentlichen das elisabethanische war. Dies war ein einschneidender Akt, denn in den Jahren des Bürgerkriegs und Cromwells war die Uniformität durch einen staatlich sanktionierten Pluralismus abgelöst worden. Infolge des Uniformitätsgesetzes wurden über 900 der etwa 9000 Pfarrer aus ihrer Kirche vertrieben, weil sie die geforderten Eide nicht mit ihrem Gewissen vereinbaren konnten. Schätzungsweise tausend presbyterianische Geistliche waren zwischen der Restauration und dem Uniformitätsgesetz bereits freiwillig gewichen oder von ihren Gemeinden oder Kirchenpatronen vertrieben worden. Damit veränderte sich auch die Anglikanische Kirche selbst.

Während sie in früherer Zeit hauptsächlich in Front zur alten, katholischen Kirche gestanden hatte und im übrigen für das Territorium der englischen Krone einen Monopolanspruch behauptete, hatte die nun enger gefaßte Anglikanische Kirche der Restauration auf ihren protestantischen Alleinvertretungsanspruch verzichtet, doch blieben Pfarreien und weltliche Ämter, Bildungsmöglichkeiten und Pfründen allen außerhalb der Staatskirche verschlossen. So entstand allmählich ein wichtiges Element der neueren englischen Geschichte, der *Dissent*. Eine nicht zu vernachlässigende Gruppe von Untertanen war in ihren Rechten beschränkt, durfte wohl ihrem religiösen Gewissen folgen, aber nur privat. Der König entdeckte den *Dissent* bald als politischen Faktor; sowohl die Protestanten außerhalb der Staatskirche als auch die Katholiken setzten ihre Hoffnungen auf die Krone. Andererseits bedeutete diese Ausgrenzung einen weiteren Schritt auf dem Weg zur Trennung von Staat und Kirche, von politischem und religiösem Bekenntnis. Seit der Restauration nahm der religiöse Faktor im öffentlichen Leben und in der Politik ab: Eine religiös motivierte Politik war in der Zeit des *Commonwealth* und des Protektorats gewissermaßen falsifiziert worden.

Am sinnfälligsten war die Restauration der Monarchie: Der König war mit Pomp zurückgekehrt. Diese Restauration war bedingungslos erfolgt. Doch Karl hatte ja ein »freies Parlament« versprochen und diesem sogleich wichtige Aufgaben zugewiesen. Es wurde in seiner alten Zweikammergliederung restauriert. Im Oberhaus saßen, wie früher, die Bischöfe neben den weltlichen Lords. Der restaurierten Krone stand ein erstarktes Parlament gegenüber. Die Wahlrechtsreformen der Bürgerkriegszeit wurden rückgängig gemacht. Das Wahlrecht orientierte sich an der Besitzqualifikation der alten Zeit. Es wurde das Prinzip festgesetzt, daß nur diejenigen Gesetze des Langen Parlamentes wirklich Gesetzeskraft erlangt hätten, denen Karl I. noch zugestimmt hatte. Daraus folgte, daß die Gesetze seit 1642 nicht einmal widerrufen zu werden brauchten. Daraus folgte aber auch, daß die Reformmaßnahmen des ersten Jahres des Langen Parlamentes ihre gesetzliche Gültigkeit behielten. So wurden also *Star Chamber*, *High Commission* und die übrigen Prärogativgerichte nicht restauriert. Desgleichen wurde das Prinzip bekräftigt, daß der König nur vom Parlament bewilligte Steuern einziehen dürfe. Die englische Monarchie der Restauration war mit einer kräftigen Prärogative ausgestattet: Wie in alten Zeiten

Rechte Seite: Triumphbogen, errichtet 1660 in London anläßlich der Krönung Karls II. (zeitgenössische Radierung)

CIVES
PERDUXIT
MISEROS
DIVO
DIVO
CAROLO
VOLVENDA DIES EN ATTULIT ULTRO
D. N. CAROLO II. D. G.
ADVENTUS AUG
In Solido
Rursus
Fortuna Locavit
Ausi Immane
Nefas
Ausóque Potiti

Der Brand Londons, 1666 (zeitgenössisches Ölgemälde)

hatte der König die volle Gewalt zur Einberufung, Vertagung und Auflösung von Parlamenten (beschränkt nur durch den *Triennial Act*). Der König hatte die Gewalt über Krieg und Frieden, über die Außenpolitik. Er hatte volle Freiheit zur Berufung und Entlassung von Ministern, die in keiner Weise dem Parlament verantwortlich waren. Vor allem bekam er – anders als sein Vater – ein festes Einkommen auf Lebenszeit. Abgeschaffte Feudalgefälle (*Wardship, Purveyance*) wurden nicht wieder eingeführt. Doch erhielt der König, wie in alter Zeit, sämtliche Exportzölle zugesprochen und zusätzlich die zur Zeit des *Commonwealth* eingeführte Akzise, das heißt eine indirekte Steuer auf Verbrauchsgüter, deren größter Teil auf dem Bier lag.

Zur Zeit des *Commonwealth* und Protektorats hatten Irland und Schottland Abgeordnete in das Parlament nach Westminster entsandt; nun wurden wieder eigene Parlamente in Dublin und Edinburgh restauriert. Irland wurde auf einen quasi kolonialen Status herabgedrückt: Die Restauration sanktionierte auch die gewaltigen Besitzverschiebungen zugunsten protestantischer englischer Grundbesitzer in der Zeit nach 1649. In Schottland erwies sich das Parlament als willfährig und brauchte eben aus diesem Grund lange Zeit nicht mehr einberufen zu werden. Das Hauptergebnis für Schottland kann darin gesehen werden, daß auch hier die politische Bedeutung des Klerus deutlich reduziert wurde; die Herrschaft der Kirche über den Staat war ein für allemal diskreditiert.

Weil Karl II. ohne Bedingungen wiedereingesetzt worden war, kam es in der Folge zu Kämpfen um eine neue Umschreibung der Prärogative. Dabei standen drei Punkte im Vordergrund: Karl II. nahm für sich in Anspruch, bestehende Gesetze zeitweilig suspendieren zu können. Dafür gab es Präzedenzfälle. Doch die Rechtsgelehrten hielten dies fast durchgehend für verfassungswidrig. Karl II. nahm auch für sich in Anspruch, im Einzelfall von gesetzlichen Sanktionen dispensieren zu können. Drittens schließlich dehnte er den Einfluß der Krone auf das Rechtswesen aus.

Religionspolitik und Außenpolitik waren im Zeitalter Karls II. in komplizierter Weise verflochten. Die Religion hätte ein Bündnis zwischen England und Holland nahegelegt, doch war die Handelsrivalität zwischen beiden Nationen damals auf dem Höhepunkt. Ein zweiter Krieg gegen Holland (1665–1667) war populär; der König wollte auf diesem Feld Ehre gewinnen, ebenso wie sein Bruder Jakob als Admiral. Aber der Erfolg blieb aus. Zusätzlich brach 1665 in London die Pest aus und forderte 70000 Opfer: die größte Katastrophe des Jahrhunderts. Und 1666 verwüstete ein Großfeuer einen beträchtlichen Teil der City of London. 1667 unternahmen die Holländer provozierende Überfälle auf die englische Flotte in der Themsemündung. Englands internationales Ansehen war auf einem Tief-

Sieg der holländischen Marine über die englische Kriegsflotte am 20. Juni 1667 vor Chatham (Ausschnitt aus einem zeitgenössischen Gemälde von Adriaen Pieters van de Velde)

punkt angelangt. Die Beliebtheit der Stuarts bei ihren Untertanen hatte spürbar abgenommen. Und im Parlament begann sich eine Opposition zu formieren. Karl II. opferte Clarendon, seinen von 1660 bis 1667 führenden Minister.

1667 waren französische Truppen in den südlichen Niederlanden eingefallen, weil Ludwig XIV. dort Gebietsansprüche für seine Gattin erhob (»Devolutionskrieg«). Darauf bildete sich die »Tripelallianz« der protestantischen Mächte Holland, England und Schweden gegen Frankreich. Aber aufgrund des damaligen Hasses vieler Engländer gegen Holland, mit dem man eben noch in einem erbitterten Krieg gelegen hatte, war diese Tripelallianz in England alles andere als populär. So versuchte der englische König schließlich eine erneute diplomatische Wendung, indem er sich mit Ludwig XIV. verbündete. Frankreich und England einigten sich auf einen geheimen und einen streng geheimen Vertrag. Der erste sah einen gemeinsamen Angriffskrieg auf die Niederlande vor. Ludwig XIV. sicherte Karl II. hohe Zahlungen für die Kriegsführung gegen Holland zu. Die geheimste Klausel: Diese Zahlungen sollten aufgestockt werden, wenn Karl II. zu einem ihm genehmen Zeitpunkt seine Aufnahme in die katholische Kirche bekanntgeben würde. Ludwig XIV. verpflichtete sich gar, notfalls mit Truppen zugunsten des Stuartkönigs in England einzugreifen. – Die offizielle Konversion fand erst auf dem Totenbett 1685 statt, die finanziellen Leistungen waren aber zur Hälfte bereits drei Monate später fällig (Vertrag von Dover, 1670).

1672 erließ Karl II. eine erste *Declaration of Indulgence*, mit der er sowohl die Katholiken als auch die *Dissenters* von den Strafen dispensierte, die aus ihrer Nichtteilnahme am anglikanischen Gottesdienst folgten. Was von ihm als Maßnahme zur Einigung der englischen Nation gemeint war, stieß bei der im Parlament versammelten politischen Nation auf entschiedenen Widerstand. Dazu trug auch das mangelnde Kriegsglück im Kampf gegen Holland bei. Infolge eines Volksaufstandes war Wilhelm von Oranien an die Macht gekommen; die Deiche wurden durchstochen und der Vormarsch der Franzosen blieb stecken. Karl II. sah sich genötigt, seine Indulgenzerklärung zurückzunehmen. Doch mehr noch: Das Parlament zwang ihm einen *Test Act* auf, das heißt ein Gesetz, das als Amtsträger nur noch erwiesene Anglikaner zuließ. Dies sollte belegt werden durch einen Eid, mit dem die Transsubstantiation geleugnet wurde, und durch den Nachweis des Abendmahlsempfangs nach anglikanischem Ritus.

Dynastische Probleme standen erneut im Kreuzfeuer der Öffentlichkeit: Karls II. Ehe mit Katharina von Braganza war kinderlos geblieben. Sein Bruder Jakob hatte Kinder aus erster Ehe mit der protestantischen Anne Hyde, der Tochter Clarendons, wollte jedoch nach deren Tod Maria von Modena heiraten, eine dezidiert katholisch und französisch ausgerichtete italienische Prinzessin. Diese Ehe wurde vollzogen, blieb jedoch kinderlos. Von um so größerer Bedeutung für die Thronfolge waren die Kinder aus der ersten Ehe, und unter diesen in erster Linie Maria, die 1677 im Zuge der protestantischen Politik mit Wilhelm III. von Oranien verheiratet wurde.

In der Papistenfurcht jener Jahre war es leicht, mit unwahrscheinlichen Gerüchten, die jedermann für bare Münze nahm, Wirkung zu erzielen. Eine antikatholische Hysterie verbreitete sich über England; sie war am stärksten dort, wo der Anteil der Katholiken überdurchschnittlich hoch war: in London, in den *Marches* und in Wales, in Lincolnshire und Yorkshire. Das Parlament erließ einen zweiten *Test Act*, mit dem alle Katholiken aus dem Parlament und vom Hofe ausgeschlossen wurden. Daraufhin löste Karl II. das Parlament, mit dem er fast 18 Jahre lang zusammengearbeitet hatte, auf.

Auf Neuwahlen folgte 1679 ein neues Parlament, das die politischen Gewichte deutlich verschob. Denn die Anhänger des Hofes, die in der Restaurationszeit so lange den Ton angegeben hatten, waren vollkommen ruiniert. Die Opposition im Parlament, die nun im Unterhaus schon eine klare Mehrheit hatte, kämpfte dafür, den katholischen Bruder Karls II. von der Thronfolge auszuschließen. Karl II. löste das Parlament auf. Er schickte seinen leitenden Minister Danby in den Tower und glaubte, damit die Stimmung ändern zu können. Doch das neue Parlament war wie das alte. Shaftesbury, der Kopf der Opposition, organisierte landesweite Petitionen für die Einberufung des Parlaments und für die Ausschließung Jakobs von der Thronfolge. Doch auch dagegen formierte sich ein Teil der politischen Meinung. Anfangs sprach man von *Petitioners* und *Abhorrers*; bald setzten sich für diese beiden politischen Gruppen die Bezeichnungen *Whig* und *Tory* durch. Die Meinungskämpfe wurden immer erbitterter. Als das zweite *Exclusion Parliament* schließlich zusammentrat, fand sich im Unterhaus wiederum eine Mehrheit für die Ausschließung Jakobs von der Erbfolge, aber das Oberhaus war mehrheitlich dagegen. Karl II. schlug wiederum verfassungsmäßige Einschränkungen der Macht seines Bruders vor, um nur den dynastischen Erbgang zu sichern. Der König machte dann den vergeblichen Versuch, die Lage durch die Einberufung eines neuen Parlamentes in das ruhige Oxford zu retten. In dieser Situation kam es wiederum zu einem Abkommen zwischen der englischen und der französischen Krone. Gegen hohe Subsidien von Frankreich verpflichtete sich Karl II. mündlich, kein Parlament mehr einzuberufen. England geriet außenpolitisch völlig ins Schlepptau des Sonnenkönigs. Die innenpolitischen Auseinandersetzungen zwischen *Whigs* und *Tories*, die sich stärker organisierten und bereits Züge der späteren Parteien annahmen, brachten England in den 1680er Jahren erneut an den Rand eines Bürgerkrieges. Wenn es nicht soweit kam, liegt das vor allem daran, daß die Erinnerung an den Bürgerkrieg der 1640er Jahre noch lebendig war. Shaftesbury wurde des Hochverrats angeklagt und floh nach Holland. Einen weiteren Schlag mußten die *Whigs* hinnehmen, als einige von ihnen einer verräterischen Übereinkunft zur Beseitigung von Karl II. und Jakob überführt werden konnten (*Rye House Plot*, 1683).

Während Karl II. zunehmend Zeichen von Senilität erkennen ließ, wurde der Einfluß seines Bruders Jakob auf den Hof, auf die Besetzung von Ämtern und auf die Politik immer stärker. Karl II. verschied plötzlich am

Illustriertes Flugblatt mit Neuigkeiten aus dem Jahre 1685

6. Februar 1685, nachdem er auf dem Sterbebett zur katholischen Kirche übergetreten war. Sein Bruder folgte ihm als Jakob II. auf den Thron, ohne daß jemand Anstalten gemacht hätte, ihn daran zu hindern. Damit saß in England erstmals seit Maria I. wieder ein Katholik auf dem Thron.

Die parlamentslose Zeit nach der *Exclusion Crisis* hatte die *Whig*-Agitation fast zum Erliegen gebracht. Als Jakob II. bei seiner Thronbesteigung wiederum ein Parlament einberufen mußte, ergaben Neuwahlen eine erdrückende *Tory*-Mehrheit, die ihm wohl zunächst eine reaktionäre Politik ermöglichte, doch, als er den Bogen überspannte, eine Verfassungskrise nach sich zog. Die Krone bediente sich ihres Patronagerechts in bezug auf kirchliche Stellen mit eindeutiger Tendenz. Auch die Universitäten wurden mit königlichen, ja katholischen Kandidaten konfrontiert. Katholiken wurden in den *Privy Council* aufgenommen. Anglikaner fühlten sich düpiert, zumal sich viele von ihnen prinzipiell als die treuesten Diener der Krone betrachteten. Es kam zu einer psychologischen Entfremdung zwischen Krone und Staatskirche, deren Gefährlichkeit Jakob II. nicht erkannte.

Zentrale Institutionen außer der Monarchie und dem Parlament waren der englischen Nation fremd. Es kennzeichnet die englische Geschichte bis weit ins 19. Jahrhundert hinein, daß es keine auf die lokale Ebene durchgreifende Bürokratie gab. In der Reaktionszeit der 1680er Jahre wurden Ansätze unternommen, dies zu ändern. Nicht nur für konservative Engländer bedeutete diese Effektivierung der Staatstätigkeit eine Provokation: Erstens fürchteten sie um ihre lokale Gewalt, wenn sich ein solcher Beamtenapparat immer weiter ausbreiten würde; zweitens konnten sie mit Recht diese Tätigkeit als Anschlag auf die englischen Freiheiten werten. Auch die Frage des Militärs erregte die Untertanen erneut. Die Reaktionszeit bedeutete eine deutliche Militarisierung: Das stehende Heer des Königs wurde immer größer und der König vergab immer mehr Offiziersstellen an Katholiken. Jakob II. betrieb eine absolutistische Politik, die entweder zu einem dauerhaften Erfolg für die Krone und damit zu einem völlig veränderten England oder zu einem Umkippen, zu Widerstand und Revolution führen mußte. Letzteres trat ein.

Die »Glorreiche Revolution«

Die Ereignisse, die gewöhnlich unter dem Begriff »Glorreiche Revolution« zusammengefaßt werden, ergaben sich trotz der geschilderten Voraussetzungen keineswegs folgerichtig. Die Zeitgenossen bemühten die »göttliche Vorsehung«. Manche sprachen auch von einem »protestantischen Wind«, der es Wilhelm von Oranien ermöglicht habe, in der stürmischen Jahreszeit unbehindert nach England überzusetzen.

Die positiven Voraussetzungen für eine stabile Regierung waren in gewisser Hinsicht günstiger denn je: Die wirtschaftliche Lage war gut, und der Staatshaushalt profitierte von der Zunahme des Außenhandels durch

Zölle und von der Zunahme des inneren Handels durch die Akzise. Jakob II. war der erste englische König, der ein beträchtliches stehendes Heer zur Verfügung hatte; hinzu kam noch eine gut ausgebaute Flotte. Auch die dynastische Situation schien günstig: Jakob II. war in den besten Jahren. Er hatte zwar noch keinen männlichen Erben, doch gab es mit Maria und Anna zwei Töchter mit Erbfolgerecht. Monmouth, ein unehelicher Sohn Karls II., hatte sich wenige Monate nach Jakobs II. Thronbesteigung von *Whigs* und Unzufriedenen zu einem Aufstand im Westen treiben lassen, der militärisch ohne Mühe niedergeworfen wurde. Monmouth wurde hingerichtet; in den westlichen Grafschaften fanden blutige Säuberungen statt. Danach, so konnte man denken, war die Dynastie so sicher wie noch nie. – Paradoxerweise trieb gerade das dynastisch gewünschte Ereignis, die eheliche Geburt eines Sohnes (10. Juni 1688), die Invasion voran. Die politische Nation war vielleicht bereit, einen katholischen König vorübergehend zu akzeptieren; aber die Aussicht auf eine Rekatholisierung Englands war den meisten schrecklich. Es kam hinzu, daß sich Jakob II. die Stützen des Thrones sukzessive entfremdete: die führenden Familien auf dem Lande, die *Tories*, die Anglikanische Kirche, das Heer.

Jakob II. konnte sich sicher wähnen im Bündnis mit Ludwig XIV., aber gerade dessen Eroberungswille schuf die Voraussetzung dafür, daß sich schließlich fast ganz Europa gegen ihn zusammenschloß. Da die englischen Könige mittlerweile aufgehört hatten, eine selbständige Außenpolitik zu treiben, wurden sie von diesem Zusammenschluß am stärksten betroffen, als sich das Blatt zu wenden begann. Der Kopf der Koalition gegen Ludwig XIV., der holländische Statthalter Wilhelm von Oranien, erkannte, daß die Hegemonie Frankreichs eingedämmt werden könne, wenn es gelänge, Englands Ressourcen für die Koalition gegen Ludwig XIV. verfügbar zu machen.

Die entscheidende Differenz zwischen Jakob II. und dem überwältigenden Teil seiner Untertanen war die Konfession. Der König war offenbar bereit, zugunsten der Katholiken in die Belange der Staatskirche einzugreifen. Jakob II. hatte die Vorstellung entwickelt, daß ihm die anglikanische Staatskirche ohnehin untergeben sei und letztlich gehorchen werde, daß es aber gelte, die wichtigsten Gruppen außerhalb, das heißt einerseits die Katholiken, andererseits die *Dissenters*, an den englischen Staat heranzuführen. Seine persönlichen Ansichten waren ohnehin tolerant; aber in den Jahren nach 1685 trat immer deutlicher das opportunistische Element in den Vordergrund. Im April 1687 erließ Jakob II. seine erste *Declaration of Indulgence*. Er erklärte, der Staat ruhe auf zwei Säulen, auf Eigentum und Religionsfreiheit. Diese wolle er seinen Untertanen garantieren. Jakob II. hob mit dieser Erklärung alle Strafen für Nichtanwesenheit beim Gottesdienst auf wie auch die für Nichtempfang des Altarsakramentes nach anglikanischem Ritus. Die *Tests* sollten hinfällig werden. Alle religiösen Versammlungen wurden grundsätzlich zugelassen. Diese *Declaration of Indulgence* von 1687 ist ohne Zweifel ein bemerkenswertes Dokument. Sie ging inhaltlich viel weiter als das, was die »Glorreiche Revolution« als *Act of*

Toleration erbrachte, und sie griff der englischen und europäischen Entwicklung weit vor. Eine Religionsfreiheit, wie sie hier vorgesehen war, erreichte England allerdings erst im 19. Jahrhundert. Das Problem lag darin, daß Jakob II. als Katholik in einem fast durchweg protestantischen Land nicht neutral war. Selbst die meisten Protestanten außerhalb der Staatskirche waren gegen eine solche Religionsfreiheit skeptisch. Die Presbyterianer etwa lehnten sie grundsätzlich ab. Positiv wurde sie von den Sekten aufgenommen, vor allem von den Quäkern. Aufgrund dieser Erklärung kamen im Jahre 1687 nicht weniger als 1660 Quäker frei, die bis dahin im Gefängnis geschmachtet hatten, weil sie die staatlichen Anforderungen nicht mit ihren religiösen Ansichten in Einklang gebracht hatten. Freilich war durch diese Politik des Königs ein eklatanter Widerspruch zur herrschenden Gesetzeslage entstanden. Die vom Parlament 1673 und 1678 verabschiedeten *Test Acts* standen wie ein Bollwerk gegen den erklärten Willen des Königs. Jakob II. gab sich seit 1687 verstärkt Mühe, diese *Test Acts* abschaffen zu lassen, was freilich nur durch ein neues Gesetz, und das heißt durch ein neues Parlament, ins Werk gesetzt werden konnte.

Nachdem Jakob II. im Herbst 1687 sein erstes Parlament aufgelöst hatte, ging er daran, Neuwahlen vorzubereiten – und zwar mit höchst ungewöhnlichen Mitteln. Beispielsweise unternahm er eine Rundreise durch den Südwesten Englands. Er veranlaßte eine Umfrage unter sämtlichen königlichen Amtsträgern im ganzen Lande, bei der sie Auskunft geben sollten, wie sie sich zur Indulgenzfrage stellen wollten. Die Ergebnisse nahm Jakob II. zum Anlaß für durchgreifende Säuberungen. So gelangten nun in größerem Umfange Katholiken, aber auch *Dissenters* in die entsprechenden Ämter. Dies hatte nicht nur eine religiöse, sondern mehr noch eine soziale Bedeutung, weil damit oft traditionelle Herrschaftsträger aus den angesehensten Familien entfernt wurden, während die neuen, die an ihre Stelle traten, ungleich weniger reich, mächtig und angesehen waren. Doch Jakob II. ging noch weiter. Im April 1688 erließ er eine zweite *Declaration of Indulgence*, die inhaltlich der ersten entsprach. Doch verlangte er von den Predigern der Anglikanischen Kirche, daß sie sie von den Kanzeln verlesen sollten. Die Hierarchie wehrte sich. Sieben Bischöfe, einschließlich Sancrofts, des Erzbischofs von Canterbury, beschlossen einen nicht sonderlich kühn scheinenden Vorstoß, indem sie dem König eine Petition überreichten. Da Jakob II. die Bittschrift als eine aufrührerische Schmähschrift einstufte, mußten die sieben Bischöfe in den Tower, was unter großer Anteilnahme des Volkes geschah. Am 30. Juni 1688 wurden sie freigesprochen. Das bedeutete implizit, daß das zuständige Gericht die Suspensions- und Dispensionsgewalt, die der König für sich in Anspruch nahm, zurückwies. Die sieben Bischöfe waren keine Revolutionäre. Doch angesichts der unnachgiebigen Haltung des Königs trugen sie, gegen ihren Willen, zur Herbeiführung einer Revolution bei.

Ebenfalls am 30. Juni 1688 saßen sieben andere Männer beisammen, um eine Einladung an Wilhelm von Oranien zur Invasion in England aufzusetzen. Seit langem schon hatte es konspirative Umtriebe gegeben. Wilhelm

Die Sieben Bischöfe, mit ihrer Bittschrift unterwegs zu Jakob II., 1688 (zeitgenössische Radierung)

von Oranien hatte wissen lassen, daß er sich in England nur dann einmischen würde, wenn er von einer gewissen Zahl einflußreicher Männer dazu schriftlich aufgefordert würde. Die hochverräterische Runde wurde in der späteren Geschichtsschreibung teilweise als »die unsterblichen Sieben« verherrlicht. Neben einem suspendierten Bischof waren es weltliche Lords, sowohl *Whigs* als auch *Tories*, mehrere von ihnen Angehörige der hingerichteten Verschwörer von *Rye House*.

Über seine Motive gab Wilhelm von Oranien in einem Manifest vom 30. September 1688 Auskunft. Von einem eigenen Thronanspruch ist darin nicht die Rede. Erwähnt wird der dynastische Anspruch seiner Frau, und es wird außerdem behauptet, dieser sei gefährdet worden, indem man Jakob II. ein falsches Kind als angeblichen Leibeserben untergeschoben habe. Die bösen Ratgeber des englischen Königs hätten sich verbrecherischer Handlungen schuldig gemacht. Mißbräuche sollten beseitigt werden, die *Tests* wieder in Geltung kommen, eine Lösung des *Dissenter*-Problems sei einvernehmlich anzustreben. Vor allem wolle er ein freies und gesetzmäßiges Parlament einberufen. Das wichtigste ungenannte Motiv ist Wilhelms Bestreben, Englands Ressourcen für die Koalition gegen Ludwig XIV. nutzbar zu machen.

Wie aber konnte eine Invasion in England glücken, da Jakob II. doch ein stehendes Heer zur Verfügung hatte und im Bund mit dem mächtigsten König Europas war? Jakob II. unterschätzte die Gefahr. Bis Anfang September 1688 hielt er es für unmöglich, daß Wilhelm von Oranien gegen ihn militärisch vorgehen könnte. Ein weiterer Faktor war die europäische Lage: Nachdem soeben der Erzbischof von Köln verstorben war und eine militärische Auseinandersetzung an der Ostflanke Hollands bevorstand, schien Wilhelm gebunden. Drittens schließlich hatte Ludwig XIV. bis Anfang September abgewartet; als aber auch zu diesem Zeitpunkt noch keine Flotte auslief, hatte er geschlossen, daß zumindest für 1688 mit einem solchen Unternehmen nicht mehr zu rechnen sei, weil die Äquinoktialstürme jedes spätere Seemanöver zu riskant machen würden. Daraufhin hatte er seine Truppen nach Deutschland geworfen, um Philippsburg zu erobern. Nun hatte Wilhelm von Oranien plötzlich freie Hand im Westen.

Als Jakob II., eigentlich ein politisch und militärisch erfahrener König, den Ernst der Lage erkannt hatte, reagierte er panisch, nahm seine Reformen zurück und machte Konzessionen. Ein politischer Erfolg war solchen Maßnahmen nicht beschieden, weil niemand einem so sprunghaften König mehr traute.

Wilhelm von Oranien wartete derweil mit einer invasionsbereiten Flotte in Holland. Als schließlich Ostwind einsetzte, segelte die Invasionsflotte unbehindert durch den Ärmelkanal nach Westen. Nach drei Tagen, am 5. November 1688, ging sie in Torbay vor Anker. Wilhelm von Oranien konnte ein Heer von 14000 bis 15000 Mann an Land bringen und zum Kampf aufstellen. Der Südwesten Englands erwies sich als ihm freundlich gesinnt. Jakob II. führte seine zahlenmäßig überlegenen Truppen nun seinem Schwiegersohn entgegen; entschloß sich aber in Salisbury plötzlich, sie wieder bis London zurückzunehmen. Desertionen mehrten sich. Jakob begann Verhandlungen, wartete deren Ergebnis aber nicht ab, sondern ergriff die Flucht. Er befahl, die Truppen aufzulösen, und warf das Große Staatssiegel in die Themse, bevor er sich nach Frankreich in Sicherheit brachte. – Als die City of London Mitte Dezember Wilhelm von Oranien einlud und ihm die Pforten öffnete, lehnte dieser nicht ab.

Neben der Stadt London, deren Entscheidung außerkonstitutionell, aber traditionell von hoher Bedeutung war, sollte es auch wiederum auf das Parlament ankommen. Ein solches bestand zur Zeit der Invasion zwar nicht, doch war sich die politische Nation darüber einig, daß nur mit Hilfe eines Parlamentes die gewünschte Stabilität zu gewährleisten sei. Man erinnerte sich an den Vorgang von 1660 und veranlaßte Wilhelm, zunächst eine *Convention* auszuschreiben. Verfassungsrechtlich setzte sich die gemäßigte *Whig*-Lösung durch: England sollte auch künftig eine Erbmonarchie bleiben; die Krone sollte von Wilhelm und Maria gemeinsam getragen werden. Jakob II. habe durch sein Verlassen des Landes abgedankt und damit für sich und seine Leibeserben auf die englische Krone verzichtet. Anklänge an die Vertragstheorie wurden zurückgedrängt. Doch der neue Krönungseid für Wilhelm und Maria enthielt den Satz, sie regierten *»according to the statutes in parliament agreed on«*. Einen solchen Satz hatten englische Könige noch nie beschwören müssen. In gewisser Hinsicht stellte er das Parlament über die Krone! Schließlich arbeitete es auch noch eine *Bill of Rights* aus, eine Grundrechtscharta. Uneinig sind sich die Historiker in der Frage, ob diese einen Herrschaftsvertrag darstellt. Wilhelm hatte von vornherein erklärt, er werde sich nicht durch Bedingungen binden lassen. Andererseits waren nicht wenige *Whigs* der Ansicht, sie hätten die Freiheiten der englischen Nation für immer durch einen Herrschaftsvertrag gesichert.

Die Thronfolge wurde auf protestantische Erbberechtigte beschränkt; Katholiken wurden für unfähig erklärt wie auch mit Katholiken verheiratete Personen. Die Dispensionsgewalt des Königs wurde gänzlich abge-

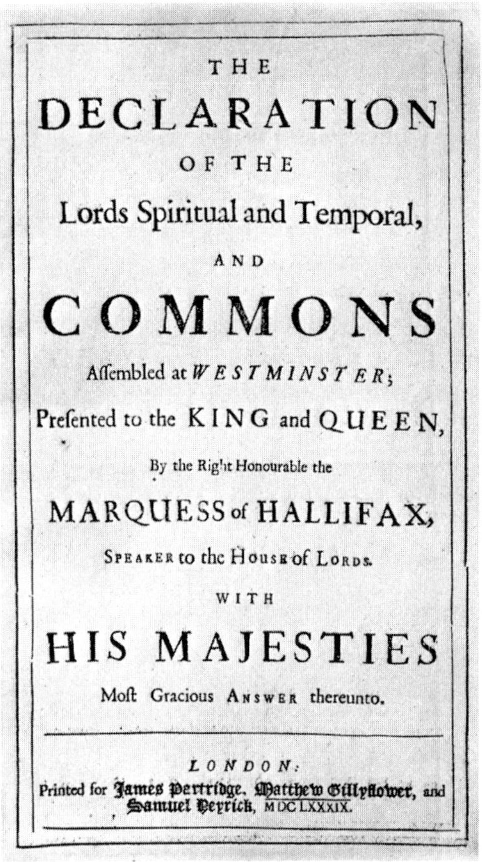

THE
DECLARATION
OF THE
Lords Spiritual and Temporal,
AND
COMMONS
Assembled at *WESTMINSTER*;
Presented to the KING and QUEEN,
By the Right Honourable the
MARQUESS of HALLIFAX,
SPEAKER to the HOUSE of LORDS.
WITH
HIS MAJESTIES
Most Gracious ANSWER thereunto.

LONDON:
Printed for James Partridge, Matthew Gillyflower, and Samuel Heyrick, MDCLXXXIX.

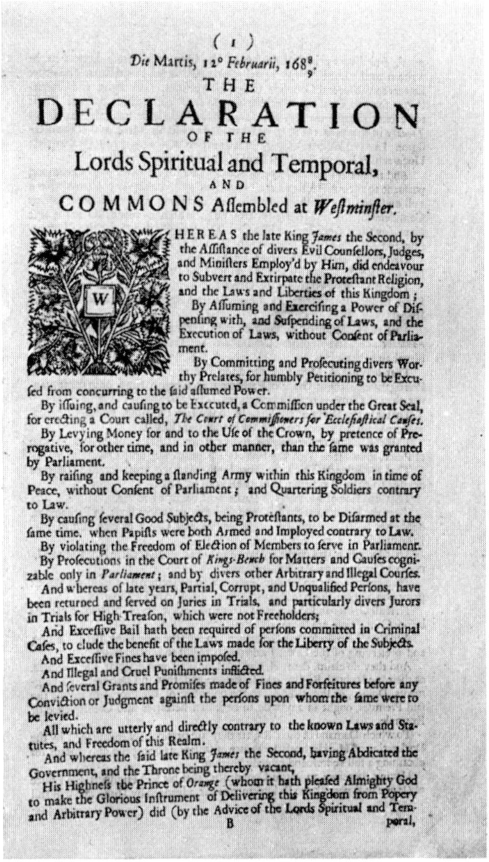

(1)
Die Martis, 12° *Februarii*, 1688/9.
THE
DECLARATION
OF THE
Lords Spiritual and Temporal,
AND
COMMONS Assembled at *Westminster*.

WHEREAS the late King *James* the Second, by the Assistance of divers Evil Counsellors, Judges, and Ministers Employ'd by Him, did endeavour to Subvert and Extirpate the Protestant Religion, and the Laws and Liberties of this Kingdom;

By Assuming and Exercising a Power of Dispensing with, and Suspending of Laws, and the Execution of Laws, without Consent of Parliament.

By Committing and Prosecuting divers Worthy Prelates, for humbly Petitioning to be Excused from concurring to the said assumed Power.

By issuing, and causing to be Executed, a Commission under the Great Seal, for erecting a Court called, *The Court of Commissioners for Ecclesiastical Causes.*

By Levying Money for and to the Use of the Crown, by pretence of Prerogative, for other time, and in other manner, than the same was granted by Parliament.

By raising and keeping a standing Army within this Kingdom in time of Peace, without Consent of Parliament; and Quartering Soldiers contrary to Law.

By causing several Good Subjects, being Protestants, to be Disarmed at the same time, when Papists were both Armed and Imployed contrary to Law.

By violating the Freedom of Election of Members to serve in Parliament.

By Prosecutions in the Court of *Kings-Bench* for Matters and Causes cognizable only in *Parliament*; and by divers other Arbitrary and Illegal Courses.

And whereas of late years, Partial, Corrupt, and Unqualified Persons, have been returned and served on Juries in Trials, and particularly divers Jurors in Trials for High-Treason, which were not Freeholders;

And Excessive Bail hath been required of persons committed in Criminal Cases, to elude the benefit of the Laws made for the Liberty of the Subjects.

And Excessive Fines have been imposed.

And Illegal and Cruel Punishments inflicted.

And several Grants and Promises made of Fines and Forfeitures before any Conviction or Judgment against the persons upon whom the same were to be levied.

All which are utterly and directly contrary to the known Laws and Statutes, and Freedom of this Realm.

And whereas the said late King *James* the Second, having Abdicated the Government, and the Throne being thereby vacant,

His Highness the Prince of *Orange* (whom it hath pleased Almighty God to make the Glorious Instrument of Delivering this Kingdom from Popery and Arbitrary Power) did (by the Advice of the Lords Spiritual and Tem-
B poral,

Titelseite und Textbeginn der Veröffentlichung der englischen Grundrechtscharta (»Bill of Rights«, 1689)

schafft. *Dissenters* erhielten Religionsfreiheit, wenn auch nicht gleiche bürgerliche Rechte. In den folgenden Jahren kamen hinzu: zumindest alle drei Jahre Neuwahlen, eine Neudefinition von Hochverrat und eine relative Unabhängigkeit der königlichen Richter. – Nimmt man dies alles zusammen, wird deutlich, daß das Parlament wiederum, wie schon durch die Restauration, an Macht gewonnen hatte.

In der *Whig*-Tradition wurde das Arrangement von 1688/89 überhöht und verherrlicht als eine unblutige, ja »Glorreiche« Revolution. Man sah in ihr geradezu eine Emanation der Vernunft, einen Fortschritt der politischen und religiösen Freiheit. Dagegen müssen mehrere Einwände geltend gemacht werden:

1. In einem stringenten Sinne kann der Revolutionsbegriff keine Anwendung finden. Was wir seit 1789 unter »Revolution« verstehen, ist etwas ganz anderes, als was sich hundert Jahre vorher in England zutrug. Die wesentlichen Ereignisse geschahen ohne Beteiligung des englischen Volkes, ja sogar ohne Beteiligung seiner Repräsentanten. Ein Umsturz des Regierungssystems fand nicht statt.

2. Ob eine solche Revolution als »glorreich« bezeichnet werden kann, ist fraglich. Denn so zufällige Manöver und absichtslose Ereignisabläufe haben wenig Glorreiches an sich. Glücklich waren sie insofern, als ein Bürgerkrieg vermieden wurde. Der übliche Hinweis auf den unblutigen Charakter einer so weitreichenden Veränderung muß relativiert werden durch den Blick auf Irland.

3. In der *Whig*-Interpretation brachte die »Glorreiche Revolution« einen Fortschritt der Religionsfreiheit. Dies ist jedoch objektiv unrichtig, da die *Declaration of Indulgence* Jakobs II. mehr Freiheit verhieß, als der *Act of Toleration* von 1689 erbrachte. Die *Whig*-Interpretation beruht auf der unausgesprochenen Voraussetzung, daß die englische Nation protestantisch sei und Katholiken keine guten Engländer sein könnten.

4. So bleibt schließlich der Fortschritt der politischen Freiheit übrig. Das Parlament hatte seine Macht gesteigert; das Gewicht des Unterhauses hatte zugenommen. Doch blieb das alte Wahlrecht erhalten, und die Minister wurden auch nicht dem Parlament gegenüber verantwortlich. Aber im Vergleich mit der fast überall in Europa siegreichen absolutistischen Tendenz der Fürsten ist es doch bemerkenswert, daß unter den geschilderten eigentümlichen Umständen in England die ständische Tendenz die Oberhand behielt.

Vom Gottesgnadentum zur Vertragstheorie

Durch die frühe Entstehung einer politischen Öffentlichkeit in England wurde das Reflektieren über Politik selbst Teil des politischen Handelns. Das Nachdenken über die Elemente des politischen Lebens war besonders rege in der Zeit des Umbruchs: in der Bürgerkriegszeit, aber auch 1688/89.

Die Brücke zwischen beiden Zeiten schlägt gewissermaßen die Kontroverse zwischen Sir Robert Filmer und John Locke. Sir Robert Filmer war ein royalistischer *Gentleman* aus Kent, der im Bürgerkrieg wegen seiner politischen Überzeugungen zeitweise im Gefängnis saß. Er publizierte in der Zeit des Krieges mehrere politische Traktate. Sein zusammenfassendes politisches Hauptwerk *Patriarcha, or the Natural Power of Kings Asserted Against the Unnatural Liberty of the People* kursierte aber zu seinen Lebzeiten nur in handschriftlicher Form. Es wurde auf dem Höhepunkt der *Exclusion Crisis* von den *Tories* in Druck gegeben (1680). Schon diese Publikationsgeschichte zeigt an, daß Filmer für eine Position stand, die 1680 noch nicht überholt war. Die Publikation rief aber auch sogleich Antworten hervor. Insbesondere war es John Locke, der sich provoziert fühlte, den *Whig*-Standpunkt seines Patrons Shaftesbury theoretisch zu explizieren. Die erste seiner beiden Abhandlungen beschäftigt sich in aller Ausführlichkeit mit der Widerlegung Filmers. Lockes *Two Treatises of Government* (abgefaßt während der *Exclusion Crisis* 1679–1681, gedruckt erst 1689) gehören zu den Klassikern der Staatstheorie.

Filmer formulierte eine alte Theorie neu, die in den Wirren des englischen Bürgerkrieges besonderes Gewicht haben mußte. Herrschaft, so Filmer, gab es immer schon, sie ist von Gott und mit dem ersten Menschen bereits in die Welt gekommen. Damit vertrat er eine Meinung, die auch Thomas von Aquin im Mittelalter schon vertreten hatte, und nahm Stellung gegen Augustin, nach dessen Ansicht Herrschaft erst eine Folge der menschlichen Sünden gewesen sei. Wenn es Herrschaft seit dem ersten Menschen schon gab, war auch klar, wem Gott zuerst Herrschaft verliehen hatte: Adam nämlich, sodann den Patriarchen, dann den Söhnen Noahs in den verschiedenen Weltteilen. Herrschaft war also nicht einer Gruppe von Menschen oder dem ganzen Volke gegeben, sondern dem jeweiligen König als Vater seines Volkes. Die unbezweifelbare Realität des Parlamentes hatte von Filmers Standpunkt aus nur die Bedeutung eines königlichen Rates; jede Kompetenz des Parlamentes konnte nur vom König abgeleitet sein. Die patriarchalische Theorie ließ sich trefflich mit dem von der Anglikanischen Kirche geforderten passiven Gehorsam in Einklang bringen, nach dem auch einem verbrecherischen oder unrechtmäßig ins Amt gelangten König Gehorsam zu leisten sei. Auf die Situation von 1688 bezogen: Solange Jakob II. auf dem Thron saß, mußte man ihn als rechtmäßigen König anerkennen; als Wilhelm III. auf dem Thron saß, schuldete man diesem Gehorsam.

Lockes Hauptargument gegen Filmer war, daß die Analogie von natürlicher und politischer Ordnung nicht zulässig sei. Die Gewalt des Vaters in der Familie sei nur zum Zweck der Erziehung gestiftet; wenn die Kinder erwachsen seien, unterstünden sie nicht mehr der väterlichen Gewalt. Die Gewalt, die Gott Adam gegeben habe, sei deshalb keine politische. Locke ging, wie die übrigen Naturrechtstheoretiker, davon aus, daß das fundamentale Prinzip das der Selbsterhaltung des Menschen sei. Dies ließ sich aus dem allgemeinen Glauben an die Erschaffung des Menschen durch Gott ableiten. Aus der Pflicht zur Selbsterhaltung folgte für Locke, daß der Mensch Eigentum brauche, um sich ernähren, kleiden und schützen zu können. Eigentum beruhe – und das ist ein origineller Gedanke Lockes, der für die Zukunft wichtig werden sollte – auf Arbeit: Was ein Mensch durch seine Hände geschaffen hatte, war sein Eigentum. Dieses war schützenswert, weil es für seine Selbsterhaltung notwendig war. Im Naturzustand war jeder selber für seine Sicherheit wie auch für die seines Eigentums zuständig. Dies war jedoch beschwerlich und hinderlich. Deshalb traten die Menschen vom Naturzustand in den Gesellschaftszustand, und zwar durch einen Vertrag. Doch während die absolutistisch gerichteten Vertragstheoretiker so die Delegierung von politischer Herrschaft letztlich an einen König begründeten, ging es Locke um die Eigentumssicherheit. Dabei ist zu bemerken, daß »Eigentum« bei Locke nicht auf bloß materielle Güter eingeschränkt ist, sondern, wie er mehrfach betont, *»life, liberty, and estates«* bedeutet. Lockes Eigentumsbegriff enthält also die Rückbindung an die Pflicht des Menschen zur Selbsterhaltung ebenso wie den Bezug auf nicht-dingliche Güter, nämlich Freiheiten, das heißt erworbene

John Locke, Porträt von Godfrey Kneller (1646–1723)

oder ererbte Rechte eines Menschen, die dadurch denselben schützenswerten Status wie materielle Güter einnehmen. Zum Schutze eines so verstandenen Eigentums delegierten die Menschen die Sicherung ihres Eigentums an einen Gewalthaber. So entstand, nach dieser Auffassung, der Staat. Ein einzelner Mensch oder eine Gruppe von Menschen erhielt das Gewaltmonopol übertragen, das heißt das Recht, andere Menschen, notfalls durch Tötung, daran zu hindern, das Eigentum der übrigen zu bedrohen. Die Definition dieser Übertragung als Vertrag bedeutet implizit auch Kündbarkeit. Wenn ein Treuhänder das Eigentum nicht schützt oder selber angreift, bleibt der Gemeinschaft der Eigentümer gar keine andere Wahl, als die

Übertragung ihres ursprünglichen Rechts zurückzunehmen. Als Problem bleibt nur, wer darüber zu erkennen hat, ob das Eigentum verletzt sei. Hier wartet Locke mit einer Neuerung auf: mit dem Mehrheitsprinzip. Die grundlegene Frage nach der politischen Basis (jeder Mensch oder jeder Eigentümer?) tritt zunächst zurück. Doch eröffnet der von Locke mehrfach explizierte erweiterte Eigentumsbegriff auch die Möglichkeit der Übertragung auf demokratische Verhältnisse.

Das Zeitalter Wilhelms III. und Marias II. (1689–1702)

Der dynastische Kompromiß der »Glorreichen Revolution« hatte zu einer Doppelherrschaft geführt: Die *Tories* und alle traditionell Denkenden konnten sich an Maria II. orientieren, die immerhin die Tochter des vorigen Königs war; die *Whigs* und die Vertreter der Volkssouveränität orientierten sich an Wilhelm III., den die Nation gewissermaßen als obersten Repräsentanten eingestellt hatte. Um den dynastischen Übergang zu sichern, entwarf man einen Treueid, den alle Amtsträger schwören mußten. Dieser war rein pragmatisch abgefaßt und enthielt keinerlei Aussagen über die Legitimität von Wilhelm und Maria. Die Zeit nach der »Glorreichen Revolution« war eine Zeit der *Whigs*, die wesentlich für die neue Ordnung standen.

Wilhelm von Oranien hatte von Anfang an den Krieg gegen Frankreich als seine wesentliche Aufgabe angesehen; er übernahm sofort die militärische Führung. Die ersten Jahre seiner Herrschaft sind von Feldzügen geprägt. Das Parlament tagte in dieser Zeit jährlich. Es zielte auch von Anfang an darauf ab, seine Permanenz zu sichern. Krieg bedeutete die Notwendigkeit von Steuern; und Steuern konnten nur durch das Parlament bewilligt werden. So sehr die englische Nation einer Führungspersönlichkeit bedurfte, so eifersüchtig wachte das Parlament doch auch darüber, daß diese nicht zu unabhängig würde. Man hatte Wilhelm von Anfang an im Verdacht autokratischer oder absolutistischer Tendenzen. Das Parlament von 1690 gewährte ihm deshalb zwar die Akzise wie seinem Vorgänger auf Lebenszeit, aber die Zolleinnahmen beleidigenderweise zunächst nur für vier Jahre. Für den Krieg gewährte man ihm zunächst ein Darlehen, das aber lächerlich gering war in Anbetracht der wirklichen Kriegskosten. 1692 sah man sich zu einem strukturell einschneidenderen Beitrag genötigt: Die traditionelle Grundsteuer, die man bei der Restauration abgeschafft hatte, die aber auch für die Kriege Karls II. wiederum eingeführt worden war, wurde nun erneut benötigt, und zwar permanent. Die langjährigen Kriege hatten zur Folge, daß die Flotte und das Landheer immer weiter anwuchsen und Wilhelm eine große Zahl von Ämtern und Stellen zu vergeben hatte. Die Offiziersstellen bei Heer und Flotte verdreifachten sich. Damit hatte Wilhelm zwar die Möglichkeit, durch Patronage seine Herrschaft zu sichern, doch andererseits weckte er auch Mißtrauen und Verdacht gegen sich. So bezeichnete man das Parlament, das 1693 zusammentrat, bereits als *The Officers' Parliament* oder *The Pension Parliament*, weil so viele Amtsträger der Krone darin Sitze erlangt hatten. Die sogenannten *Placemen* wurden zu einem politischen Problem – Männer, von denen man annahm, daß sie bei Abstimmungen nicht unabhängig oder im Sinne ihrer Wahlkreise votieren konnten, weil sie alles dem König zu verdanken hatten. Die Parlamente Wilhelms drangen immer wieder auf einen neuen *Triennial Act*, mit dem festgelegt werden sollte, daß zumindest alle drei Jahre Neuwahlen abzuhalten seien, und auf einen *Place Act*, mit dem Amtsträger aus dem Parlament ausgeschlossen werden sollten. Wilhelm machte in beiden Fällen von seinem Vetorecht Gebrauch, was allerdings nicht zu seiner Beliebtheit beitrug.

Der Frieden von Rijswijk 1697 brachte dem König zwar internationale Anerkennung, nicht aber innenpolitische Ruhe. In den Augen der Parlamentsmehrheit hatte sich das stehende Heer zu einem Problem entwickelt. Die Zahl der Soldaten war für englische Verhältnisse außerordentlich: 90000 Mann waren es zuletzt. Die Engländer sahen in einem solchen Heer eine potentielle Bedrohung ihrer Freiheit; noch nicht einmal Wilhelm von

Dreimaster der englischen Kriegsmarine (anonyme aquarellierte Zeichnung, Ende 17. Jahrhundert)

Oranien wollten sie ein solches Potential zugestehen. Außerdem scheuten sie die Kosten. Das Parlament drängte auf Reduzierung der Armee. Allerdings hatte es dem König auch etwas anzubieten: die sogenannte *Civil List*, das heißt einen festen Betrag für den königlichen Haushalt. Diese Art der Finanzierung der Krone machte endgültig Schluß mit dem ehrwürdigen Prinzip, der König solle »*of his own*« leben; die *Civil List* gibt es bis heute.

Im Zuge der Notwendigkeit, Kriegskosten zu finanzieren, welche das Parlament nicht zu tragen willens war, hatte ein findiger Kopf neue Methoden entwickelt. Dabei handelte es sich um eine Art von Kriegsanleihen; die Regierung nahm über die Bank von England Kredit bei ihren Untertanen auf und lieferte dafür als Sicherheit nur ein Papier, eine Verschreibung auf die Akzise. Politisch brisant war daran der sich neu entwickelnde Gegensatz von *landed interest* und *moneyed interest*: Bis dahin war die politische Nation von Grundbesitzern dominiert; nun machten sich immer stärker Elemente des Handels und der Finanz bemerkbar. Der Überseehandel hatte stark zugenommen, und durch die Kriegsfinanzierung wurden die Gewinner dieses Prozesses nun für den Staat und die Regierung immer wichtiger. Da sich die Landbesitzer im Parlament artikulieren konnten, meldete sich hier Opposition. Eine grundsätzliche Kapitalbesteuerung war damals noch nicht denkbar. Deshalb richtete sich der Zorn auf die Minister und Ratgeber des Königs. Wilhelm sah sich gezwungen, seine Regierung umzubilden.

Doch am Ende erhielt er nochmals Oberwasser, als sich in England aufgrund der Aktionen Ludwigs XIV. die Meinung durchsetzte, man müsse schon für die nationale Ehre wiederum zu Felde ziehen. Ludwig XIV. hatte, entgegen vorhergehenden diplomatischen Absprachen, nach dem Aussterben der spanischen Habsburger seinen Enkel Philipp von Anjou als neuen spanischen König akzeptiert. Außerdem nahm er die Barrierefestungen der Niederlande ein, die im Frieden von Rijswijk gegen französische Übergriffe geschaffen worden waren. Er gründete eine Überseehandelsgesellschaft für Süd- und Mittelamerika, also für diejenigen Bereiche, in denen sich bisher Spanien alle Rechte vorbehalten hatte. Eine Welle der Empörung erhob sich in England, als Ludwig XIV. auch noch, entgegen dem Friedensvertrag von Rijswijk, beim Tode Jakobs II. dessen Sohn als König von England anerkannte. Damit sicherte er letztlich die Zustimmung des englischen Parlaments zur Ausrüstung eines neuen Heeres von immerhin 40000 Mann zur Wahrung der Interessen Wilhelms von Oranien und der englischen Nation auf den Kriegsschauplätzen Europas.

Doch am 8. März 1702 starb Wilhelm plötzlich bei einem Reitunfall.

Toleranz

Durch den *Toleration Act* von 1689 war die anglikanische Staatskirche ihrer unangefochtenen Position verlustig gegangen. Die Uniformität war ausgehöhlt worden; nun konnte, wer wollte, sich dem Sonntagsgottesdienst entziehen. Doch was als *Toleration Act* in die Geschichte einging, diente nur dazu, *Protestanten* von gewissen Strafgesetzen zu befreien. *Dissenters*, hieß es nun, dürften in ihren eigenen Versammlungshäusern Gottesdienste abhalten, wenn diese zuvor eine Lizenz erhalten hätten und die Türen dieser Versammlungshäuser während des Gottesdienstes nicht verschlossen würden. Prediger dieser neuzugelassenen Religionsgemeinschaften mußten den Treueid und den Suprematseid leisten, sich gegen die Transsubstantiation erklären und 35 der 39 Artikel der Anglikanischen Kirche, nämlich die auf die Lehre bezüglichen, unterschreiben. Um auch die letzten Hindernisse noch hinwegzuräumen, wurden Ausnahmen zugelassen: Baptisten konnten den Artikel über die Kindertaufe auslassen, und Quäker brauchten überhaupt nichts zu beschwören, da ihr Glaube keinen Eid zuließ, mußten aber dafür positive Erklärungen abgeben, mit denen sie Wilhelm und Maria anerkannten und ihren Glauben an die Dreifaltigkeit Gottes und die Autorität der Bibel darlegten. Katholiken und Unitarier wurden explizit aus der Toleranz ausgeschlossen.

Gemeinden verschiedener Richtungen des *Dissent* blühten auf; überall entstanden ihre Versammlungshäuser, und sie waren voll. Man schätzt, daß um 1714 etwa 400000 *Dissenters* in England lebten, etwa 7% der Bevölkerung. Zwar hatten sie nach wie vor nicht gleiche bürgerliche Rechte – sie waren aus dem Parlament, von allen Ämtern, aus der Armee und aus den Universitäten ausgeschlossen –, aber Angehörige der anglikanischen Staatskirche fanden es alarmierend, daß diese Kreise nun jede gesellschaftliche Stigmatisierung verloren hatten. *Dissenters* konzentrierten sich in Hafenstädten wie London, Bristol, Exeter und Norwich, in Gewerbestädten der Metallbranche wie Birmingham und Sheffield, vor allem aber in Städten mit Textilgewerbe wie Colchester, Coventry, Leeds und Manchester.

Unter den von Wilhelm III. berufenen Bischöfen gab es nicht wenige, die mit dem *Dissent* sympathisierten, statt ihn zu verfolgen. Zwischen religiösem und politischem Denken gab es damals einen klaren Zusammenhang: *Dissenters* waren *Whigs*. Das bedeutete umgekehrt, daß die *Tories*, die in die Defensive geraten waren, da man sie katholischer und jakobitischer Neigungen bezichtigte, wieder an Boden gewinnen konnten, indem sie sich demonstrativ für die Belange der anglikanischen Staatskirche einsetzten.

Während sich dergestalt die Allianz der *Tories* mit der anglikanischen Staatskirche festigte, lockerte sich die Bindung der Engländer an jede Art von Religion. Seit dem späten 17. Jahrhundert wurde immer deutlicher, daß das Meinungsspektrum unwiderruflich pluralistisch geworden war. Neben Anglikanern, Presbyterianern und *Dissenters* aller Schattierungen standen nun nicht nur die Katholiken, sondern auch Deisten und Freidenker. Die persönlichen Äußerungen von Theologen und Philosophen konnten weitere Kreise erreichen, da seit 1695 faktisch Pressefreiheit bestand. Die Restauration hatte die öffentliche Meinung 1662 durch einen harten *Licensing Act* mit Vorzensur eingeschränkt, der jedoch regelmäßig erneuert werden mußte. Diese Erneuerung unterblieb in den Jahren der *Exclusion Crisis* und seit 1695; seit diesem Datum gab es in England höchstens noch die Möglichkeit, Drucker, Verleger und Autoren gerichtlich zu belangen, wenn sie gegen Gesetze verstoßen hatten.

Das Zeitalter Annas (1702–1714)

Die Regierungszeit Annas war erfüllt von Kämpfen um kirchliche und zugleich politische Positionen wie kaum eines der früheren oder späteren Jahrzehnte. Kontroversen mit religiösen oder kirchenpolitischen Themen nahmen im ersten Jahrzehnt des 18. Jahrhunderts eine dominierende Rolle ein. In ihrer Struktur war die Kirche in England noch mittelalterlich. Zu Beginn des 18. Jahrhunderts empfand man das als zunehmend problematisch, als die *Dissenters* überraschende Erfolge auf Kosten der Staatskirche davontrugen. Wo die Kirchenbänke bis dahin durch die alten Zwangsgesetze gefüllt waren, blieben nun nicht nur wenige Sektierer dem Gemeindegottesdienst fern, sondern auch die gewöhnlichen lauen Gläubigen. In der Folge sank die Bedeutung der kirchlichen Gerichtshöfe, die darüber gewacht hatten. Ein bis dahin ungelöstes Problem war auch, daß die Kirche nie mit Strukturreformen auf das Bevölkerungswachstum geantwortet hatte. Gemeinden, die eigentlich viel zu groß waren, wurden erst jetzt geteilt: In Städten wie Liverpool, Leeds und Sheffield gab es nach wie vor nur eine einzige Kirche. Manchester erhielt 1712 eine zweite, Birmingham 1715. Die Konkurrenz der *Dissenters* spornte die Staatskirche nun an, solche Probleme anzugehen. 1711 beschloß das Parlament ein neuartiges Gesetz: In den überbordenden Vororten Londons sollten nicht weniger als 50 neue Kirchen gebaut werden! Ein traditionelles Gravamen war auch die Armut des niederen Klerus. Weil die Pfründen dürftig ausgestattet waren, schien es unvermeidlich, daß ein einziger Amtsinhaber bisweilen mehrere auf sich vereinigte, mit der Konsequenz, daß er nicht überall wirklich amtieren konnte (Pluralismus – Absentismus). Unter Königin Anna wurde erstmals eine Bestandsaufnahme dieser Verhältnisse gemacht und durch eine königliche Stiftung den ärmsten Geistlichen eine Zulage gesichert.

Die Haupttrennung der Jahre zwischen 1697 und 1702, aber auch noch danach, war die zwischen *High* und *Low Church*. Die Positionen lassen sich so verdeutlichen: Anhänger der *High Church* betonten das enge Verhältnis von Staat und Staatskirche; sie waren gegen Toleranz, für Kirchenbesuchszwang, für die Stärkung der kirchlichen Gerichtshöfe, für die Einberufung von Konvokationen des Klerus. Und sie waren politisch auf seiten der

Tories, von denen sie sich eine Verbesserung der Stellung der Kirche erhofften. Anhänger der *Low Church* standen eher auf seiten der *Whigs*, waren zur Toleranz geneigt, befürworteten die Idee, daß nach dem Ende der geistlichen Gerichtshöfe auf andere Weise auf den Lebenswandel der Laien Einfluß genommen werden sollte, etwa durch *Societies for the Reformation of Manners*, also auf freiwilliger Basis. Sie waren der Überzeugung, die Kirche sei dem Staat untergeordnet; die meisten Angelegenheiten könne man dem Parlament zur Entscheidung überlassen, die Kirche habe sich zu fügen. Die Anfangsjahre Königin Annas waren gekennzeichnet durch eine enge Verzahnung von politischen und kirchlichen Kämpfen. Drei Parlamente beschäftigten sich sukzessive mit dem Problem der *Occasional Conformity*; entsprechende Gesetzesvorlagen der *Tory*-Mehrheit im Unterhaus wurden stets durch die *Whig*-Mehrheit im Oberhaus blockiert. Das Ergebnis dieser kirchlichen und politischen Kämpfe war, daß die enge Verbindung von Kirche und Parteipolitik sich letztlich gegen die Staatskirche auswirkte. Zu Zeiten von Königin Anna, als meist die *Tories* Mehrheiten im Unterhaus hatten, konnten die Männer der *High Church* hoffen, auf politischem Wege entscheidende Durchbrüche zu erzielen, doch als sich nach 1714 eine *Whig*-Mehrheit stabilisierte, hatten sie nichts mehr zu erwarten und zogen sich eher wieder aus der politischen Arena zurück. 1705 und 1710 wurden die allgemeinen Wahlen unter dem Schlachtruf »*The Church in Danger!*« geführt; sie brachten hohe *Tory*-Siege; Geistliche beteiligten sich aktiv am Wahlkampf. Später hatten sie dann darunter zu leiden, daß sich *Whigs* meist infolge dieser Aktivitäten eindeutig auf Antiklerikalismus festlegten und die Kirche, als sie schließlich an der Macht waren, entsprechend behandelten. Dazu trug auch die Stellungnahme in der Sukzessionsfrage bei. *Tories* wurden von ihren Gegnern als Jakobiten abgestempelt, als Anhänger der Stuartlinie – nicht wenige waren es wirklich. Als dann die Hannoveraner auf dem Thron waren, stützten sie sich hauptsächlich auf die *Whigs*, die sie auf diesen Thron gebracht hatten. Die Staatskirche wurde infolge der geschilderten Vorgänge zu einer domestizierten Institution, in der nur noch solche Geistlichen Beförderung erwarten konnten, die für die *Whigs* und für das Haus Hannover waren.

Außer kirchenpolitischen Fragen waren es vor allem solche des Krieges, welche die Regierungszeit Annas erschütterten. Die europäischen Staaten des 17. und 18. Jahrhunderts hatten sich in eine Folge kriegerischer Auseinandersetzungen verwickelt, die immer wieder von dynastischen, von Erbfolgeproblemen ihren Ausgang nahmen. Diese Kriege hatten entscheidenden Einfluß nicht nur auf das Verhältnis der Mächte untereinander, sondern auch auf die innere Entwicklung dieser Staaten: politisch, sozial und wirtschaftlich. Im Falle Englands ist dies besonders deutlich. Für den Protestantismus allein hätte Wilhelm von Oranien nie die Invasion der Herrschaften seines Schwiegervaters unternommen; es ging ihm um die Einfügung Englands in eine Allianz gegen Ludwig XIV. Die Entscheidung für Wilhelm war deshalb gleichbedeutend mit Krieg. Auf eine Phase des Krieges zwischen 1689 und dem Frieden von Rijswijk 1697 folgten für England einige Jahre des Friedens, bis die spanische Erbfolge Europa erneut in einen Krieg stürzte, in den England seit 1702 einbezogen war. Das England des frühen 18. Jahrhunderts war, obwohl keine Kriegshandlungen auf englischem Boden stattfanden, in vielerlei Hinsicht von dieser fortwährenden kriegerischen Anspannung betroffen: durch den Einfluß auf den Handel, durch die Höhe der Steuern, durch den politischen Anspruch der Militärs und durch das gewandelte Verhältnis zu Schottland. Die Zahl der aktiv am Krieg Beteiligten nahm Proportionen an, die zwar in absolutistischen Kontinentalstaaten noch übertroffen wurden, die aber für England eine einschneidende Neuerung darstellten. Unter Anna erreichte die englische Armee eine Stärke von durchschnittlich 120000 Mann. Auch die englische Flotte wurde in jenen Jahrzehnten kontinuierlich ausgebaut. Sie galt 1714 bereits als stärkste der Welt.

Sofort nach der Thronbesteigung Annas hatte England im Bündnis mit Holland und dem Kaiser Frankreich und Spanien den Krieg erklärt. Marlborough führte seinen ersten Feldzug in den Niederlanden, vertrieb die Franzosen aus verschiedenen Festungen an der Maas und am Niederrhein. 1703 schloß der englische Gesandte in Lissabon, Sir Paul Methuen, den nach ihm benannten Vertrag mit Portugal. Dieser beinhaltete ein Handelsabkommen (englische Woll- und Tuchexporte gegen portugiesische Weine). Zugleich räumte er England eine Marinebasis auf der Iberischen Halbinsel ein und verpflichtete es zur Landkriegsführung gegen Spanien. 1704 gelang Marlborough der größte Sieg seiner Karriere: Nachdem Ludwigs XIV. Verbündeter Max Emanuel von Bayern nach Österreich vorgestoßen war, um den Kaiser entscheidend zu treffen, verlegte Marlborough ein bedeutendes Heer überraschend von den Niederlanden an die Donau und siegte im Verein mit dem Prinzen Eugen von Savoyen und den kaiserlichen Truppen über Bayern und Franzosen bei Höchstädt (bzw. Blindheim) an der Donau. Daraufhin mußten sich die Franzosen aus dem Reich zurückziehen. Fast gleichzeitig besetzte die englische Flotte Gibraltar. Nun wurden englische Truppen auch in Spanien aktiv. Siege wechselten mit Niederlagen, worauf sich in England wieder die Kritik am Krieg verstärkte, was schließlich zu einem Wahlsieg der *Tories* und zu einer Umbildung der Regierung führte. Der Spanische Erbfolgekrieg schleppte sich zwar noch jahrelang hin, doch lag die Initiative nun nicht mehr bei den Militärs. Seit 1712 tagte in Utrecht ein Friedenskongreß, der im Jahr darauf zu einem internationalen Vertrag führte. Darin wurde Ludwig XIV. gezwungen, die vom englischen Parlament ausgearbeitete Thronfolgeordnung für England und Schottland anzuerkennen und den Stuart-Prätendenten aus Frankreich auszuweisen. Außerdem wurde festgelegt, daß die spanische Krone zwar dem bourbonischen Kandidaten überlassen werde, daß aber Spanien und Frankreich nie vereinigt werden dürften. In Amerika erhielt England Stützpunkte, ebenso in Spanien (Gibraltar, Menorca). Der *Asiento*, ein Handelsvertrag zwischen Spanien und England, ermöglichte einen genau spezifizierten und begrenzten Export englischer Waren in die spanischen Kolonien Amerikas; er wurde zum Grundstein des Sklavenhandels. Mit

Sieg des Herzogs von Marlborough über die französischen Truppen am 11. September 1709 bei Malplaquet (aus einem englischen Wandteppich, 1. Hälfte 18. Jahrhundert)

dem Frieden von Utrecht hatte England sein Interesse an einer Gleichgewichtspolitik auf dem europäischen Kontinent durchgesetzt. Die französische Hegemonie wurde durch den Frieden von Utrecht, Rastatt und Baden 1713/14 entscheidend eingeschränkt. England, inzwischen auch staatsrechtlich mit Schottland verbunden, war zu einer Weltmacht geworden.

Whigs und *Tories*

Im Zusammenhang der *Exclusion Crisis* hatten sich erstmals die späteren Parteilager *Whig* und *Tory* herausgebildet, wobei die *Whigs* wesentlich aus dem *Country*-Milieu hervorgingen, und die *Tories* sich durch ihre Treue zur Dynastie, selbst im Falle eines katholischen Thronfolgers, definierten. Diese Zuordnungen waren durch die »Glorreiche Revolution« und die Thronbesteigung Wilhelms III. in neuer Weise gemischt worden. Denn nun waren die Anhänger des Hofes überwiegend *Whigs*, die Opposition bestand überwiegend aus *Tories*. Bei alledem wurden die Affiliationen komplizierter. So war die alte Trennungslinie *Court/Country* auch im frühen 18. Jahrhundert noch vorhanden, aber sie war nicht unbedingt deckungsgleich mit *Whig/Tory*. Das erste Jahrzehnt des 18. Jahrhunderts war in besonderem Maße eine Epoche der Parteikämpfe, wozu die häufigen allgemeinen Wahlen beitrugen. Nicht wenige waren darüber beunruhigt, daß nun alle Fragen in den Kampf der Parteien hineingezogen wurden. Der Gegensatz von *Whigs* und *Tories* durchdrang allmählich alle gesellschaftlichen Bereiche.

Dabei darf man sich *Whigs* und *Tories* um 1700 noch nicht wie spätere Parteien vorstellen. Sie hatten noch kaum Merkmale einer Organisation, es gab keine Kader, keine Parteibücher und keine Mitgliedsbeiträge. Auch fragt es sich, wie weit die Parteien draußen im Lande wirklich eine Orientierungsgröße darstellten. Aber in der Metropole war dies die entscheidende Trennung.

Das Jahr 1701 gilt als große Wasserscheide in der Geschichte der englischen Parteien. Seit dieser Zeit folgten die parlamentarischen Abstimmungen in stärkerem Maße als früher der Trennung von *Whig* und *Tory*. Wilhelm III. hatte den Zenit seiner Akzeptanz erreicht. Der Krieg gegen Frankreich war so populär wie nie zuvor. Die Kirchenfrage trennte *Whigs* und *Tories* zuverlässig. Hinzu kam erneut die Sukzessionsfrage, in der die *Whigs* eindeutig für die protestantische Erbfolge und mithin für das Haus Hannover Stellung bezogen, während die *Tories* zwar nicht dafür waren, aber auch eine klare Haltung dagegen nicht riskieren konnten. Sie waren anfällig für Jakobitismus. Die *Whigs* liebäugelten mit dem aufsteigenden *moneyed interest*, welchem die *Tories* mißtrauten und sich voll auf die traditionelle Beziehung zum *landed interest* stützten. Die *Whigs* waren meist Anhänger der Vertragstheorie und des Widerstandsrechtes; die *Tories* predigten die Pflicht zum Gehorsam. Seit etwa 1710 zeigte sich, daß die Londoner Volksmassen eher den *Tories* Resonanz boten. Deshalb waren die *Whigs* nun nicht mehr, wie in ihren Anfängen, für Petitionen und eine Ausweitung des Wahlrechts.

Zu Beginn des 18. Jahrhunderts läßt sich die Anhängerschaft so zuordnen: Die *Dissenters* (mit Ausnahme eines Teils der Quäker) waren einheitlich für die *Whigs*. Das gilt auch für die Spitzen des Handelsstandes der großen Städte, während nun die *Tories* unter den kleineren Kaufleuten und Handwerkern besser Fuß fassen konnten als vor der Jahrhundertwende. Der Klerus der Staatskirche hielt sich ganz überwiegend zu den *Tories*, doch gab es unter den Bischöfen markante *Whigs*. *Gentry* und *Yeomen*, ein wichtiger Teil der politischen Nation, waren auf seiten der *Tories*, und die Regierungszeit Königin Annas war insgesamt eine eher von den *Tories* bestimmte Epoche. Die Zeit nach 1714 wurde in einem Maße von den *Whigs* dominiert und stabilisiert, das die *Tories* unter Anna nie erreicht hatten.

Die staatliche Union von England und Schottland

1603 war es aus rein dynastischen Gründen zu einer Annäherung von Schottland und England über eine Personalunion gekommen. Eine wirkliche Union beider Staaten war damals sowohl in Schottland als auch in England höchst unpopulär und wurde mit Erfolg verhindert. Zur Zeit des *Com-*

monwealth hatte Cromwell England, Irland und Schottland mit militärischer Gewalt vereinigt. Die Erinnerung an diese Zeit, die mit der Restauration zu Ende gegangen war, trug ebenfalls nicht zur Popularität des Gedankens einer staatlichen Union bei. Durch die »Glorreiche Revolution« war im Verhältnis von Schottland und England erneut eine Veränderung eingetreten: Nun fehlte die Stuart-Dynastie als einigendes Band.

Durch die Sukzessionsfrage stand das Verhältnis von Schottland und England erneut auf dem Spiel. Aktuelle Probleme, wie etwa der Krieg Englands, Mißernte und Hungersnot in Schottland, Ambitionen einzelner Magnaten und Parteirücksichten – all dies spielte mit, um die Vereinigung beider Königreiche schließlich herbeizuführen. Das englische Parlament scheute sich nicht, mit einem Ultimatum Druck auf die politisch führenden Schotten auszuüben. Am 1. Mai 1707 trat eine staatliche Union beider Königreiche in Kraft. Der *Act of Union* enthielt folgende Hauptbestimmungen: Das gemeinsame Königreich sollte den Staatsnamen *Great Britain* führen und eine gemeinsame Flagge erhalten (*Union Jack*: zusammengesetzt aus dem Georgskreuz für England und dem Andreaskreuz für Schottland). Die gemeinsame Erbfolge wurde auf das protestantische Haus Hannover fixiert und ein gemeinsames Parlament in Westminster als wesentliches Staatsorgan bestimmt. Bezüglich der *Land Tax* wurde eine bestimmte Proportion festgelegt, die Schottland jeweils in Relation zu England aufzubringen habe. Münzen, Maße und Gewichte sollten vereinheitlicht werden. Schottland sollte sein autonomes Rechtssystem behalten. Ebenso sollte die schottische *Kirk* frei von englischem Einfluß und bischöflicher Überwachung bleiben. Das Feudalrecht der erblichen Gerichtsbarkeit von Adligen in Schottland sollte so wenig angetastet werden wie die Rechte schottischer Städte. Schottland sollte 45 Abgeordnete nach schottischem Wahlrecht in das gemeinsame Unterhaus nach Westminster entsenden sowie 16 Adlige in das Oberhaus, die der schottische Adel aus seiner Mitte zu wählen habe. Im übrigen sollten dem schottischen Adel alle Privilegien des englischen zustehen. Durch das Unionsgesetz entstand eine in Europa damals einmalige Freihandelszone. England konnte bei den bestehenden Proportionen im Ober- und Unterhaus des Parlamentes sicher sein, daß es in jedem Falle die entscheidenden Mehrheiten stellen würde, während sich umgekehrt bei den Schotten das Gefühl durchsetzte, sie würden in Westminster stiefmütterlich behandelt. Trotz der staatlichen Union entstand 1707 keinesfalls eine einheitliche britische Nation. Anfangs stand man sich auf beiden Seiten noch eher mißtrauisch gegenüber. Die Union von Schottland und England hatte Bestand, doch erst die harte Niederschlagung der Jakobitenaufstände in Schottland 1715 und 1745, in denen sich noch einmal alle mit England und den bestehenden Verhältnissen Unzufriedenen sammelten und zu den Waffen griffen, schmiedete dieses Ergebnis. Dazu trug auch der wirtschaftliche Aufschwung im Laufe des 18. Jahrhunderts bei.

Irland unter den Strafgesetzen

Nach der Unterwerfung Irlands durch Cromwell, die dessen Schwiegersohn Henry Ireton 1651 und 1652 mit der Einnahme von Limerick und Galway vollendet hatte, lag Irland völlig darnieder. Sir William Petty schätzte 1652 in Irland 850000 Menschen; seit 1641, so sein Anschlag, seien 616000 ums Leben gekommen!

Englische *Adventurers*, die den Krieg finanziert hatten, und englische Soldaten, die Soldrückstände zu fordern hatten, wurden mit Land in Irland kompensiert. Dies ging zu Lasten der katholischen Grundbesitzer, die systematisch umgesiedelt wurden in den Westen der Insel, nach Connaught. Mit dieser Umsiedlung und Marginalisierung wurde die protestantische Grundbesitzerschicht in Irland zur neuen politischen Nation.

Die Restauration brachte den Iren wieder einen Stuart als König und ein eigenes Parlament in Dublin. Aber auch Karl II. hatte keine andere Wahl, als sich auf die von Cromwell installierte neue Grundbesitzerschicht zu stützen. Doch restituierte er Katholiken in Einzelfällen auf dem Gnadenwege.

Seit der Mitte des 17. Jahrhunderts entwickelte sich Irland zunehmend zu einem wichtigen Agrarproduzenten, der nicht nur einen Überschuß an Wolle und Butter exportierte, sondern auch Schafe, Schweine und Rinder. Das Wachstum der Stadt London schuf einen unersättlichen Markt. Doch nach der Restauration wurden zunehmend englische Gesetze zur Regulierung dieses Handels erlassen. Irland wurde als komplementäres agrarisches Nebenland der englischen Krone behandelt: Seine Erzeugnisse wurden gefördert, soweit sie nicht mit englischen Produkten konkurrierten, und eingeschränkt, wo das englische Parlament eigene Interessen zu vertreten hatte. Freilich muß auch erwähnt werden, daß Irland von Anfang an vom Aufbau des englischen Kolonialreiches profitierte, vor allem durch seine Lebensmittelexporte.

Unter Jakob II. schien sich eine für Irland günstige Entwicklung anzubahnen: Nun war erstmals wieder ein Katholik auf dem englischen Thron, nun wurde erstmals wieder ein Katholik *Lord Deputy* für Irland. Doch die »Glorreiche Revolution« blockierte diese Entwicklung. Nachdem Wilhelm III. in London Erfolg hatte, landete Jakob II. von Frankreich aus mit einem Invasionsheer in Kinsale im Süden Irlands und marschierte auf Dublin. Dort konstituierte sich das »Patriotische Parlament«, erstmals wieder ein katholisch dominiertes, erließ ein Toleranzgesetz und ging daran, Irland umzugestalten. Doch dieser Versuch war kurzlebig, weil die militärische Machtbasis fehlte. Die Protestanten zogen sich zunächst hinter die Wälle der Städte Enniskillen und Londonderry zurück, wo sie eine lange Belagerung bestanden. Wilhelm III. kam mit einem Heer nach Irland und siegte in der Schlacht am Boyne. Nur Patrick Sarsfield hielt noch in Limerick aus. Der Vertrag von Limerick führte noch einmal zu einem großen Exodus von Soldaten und Offizieren aus Irland, da alle, die sich ergeben hatten, freien Abzug auf den Kontinent erhielten, wo sie in den folgenden Jahrzehnten die Heere der europäischen Mächte füllten. Nach dem Frieden von Limerick wurde Irland noch weitergehend protestantisiert: Erneut erfolgte eine Landumverteilung zugunsten der Protestanten; das politische System war völlig in ihren Händen, die Kirche ebenfalls. Im 18. Jahrhundert wurde Irland überformt von einer dünnen protestantischen Herrenschicht (*Protestant Ascendancy*), die sich für die politische Nation Irlands hielt und eng an Großbritannien anschloß. Die katholischen Iren, also die große Mehrheit der Bevölkerung, wurde durch eine Fülle von Strafgesetzen unterdrückt (*Penal Code*). – So vollendete die »Glorreiche Revolution«, was Cromwell begonnen hatte. Irland hatte auf die katholisierenden Stuarts gesetzt und war mit ihnen besiegt worden. Die Einbeziehung der Britischen Inseln in das große System gegen die Hegemonialmacht Frankreich führte dazu, daß es aus strategischen Gründen nicht verschont werden konnte und letzten Endes für Wilhelm III. zahlen mußte, wie es für Cromwell gezahlt hatte.

Der Aufschwung des Überseehandels und die Anfänge des englischen Kolonialreiches

Zwischen dem Bevölkerungswachstum bis etwa 1650 und dem Bevölkerungswachstum ab etwa 1730 liegt eine untypische, gegensätzliche Zeitspanne: Die englische Bevölkerung betrug um 1650 schätzungsweise 5,2 Millionen und um 1714 wiederum etwa 5,2 Millionen. Zwischen diesen Daten fiel sie leicht, um sodann wieder anzusteigen. Eine eindeutige Begründung für diese Entwicklung gibt es jedoch nicht. Im Gegensatz zum Dreißigjährigen Krieg führte der englische Bürgerkrieg nicht zu demographisch relevanten Bevölkerungsverlusten. Auch die Auswanderung nach Übersee war in dieser Epoche noch unbeträchtlich. Am ehesten lassen sich epidemische Krankheiten namhaft machen: Die letzten großen Pestwellen dezimierten England 1603, 1625 und 1665/66; danach verschwand die Pest völlig. Außer der Pest gab es in diesem Zeitalter Typhus und Fieberkrankheiten mit Todesfolge, vor allem in den 1640er Jahren und 1678–1680. Hinzu kamen Pockenerkrankungen, die massenhaftes Sterben nach sich zogen.

Die Entwicklung der Preise und der Löhne läßt sich weitgehend vom Haupttrend der Bevölkerungsentwicklung ableiten. Die Preise blieben, langfristig gesehen, relativ konstant. Die Preise für Getreide gaben nach, wohingegen die Preise für Fleisch und tierische Produkte nach wie vor anzogen. Während in der langen Periode des Bevölkerungswachstums bis zur Mitte des 17. Jahrhunderts die Löhne immer weiter gefallen waren, stiegen sie in der Zeit des Bevölkerungsrückgangs. Zeitgenossen beklagten sich häufig darüber, daß abhängig Beschäftigte, sowohl in der Stadt wie auf dem Lande, zu arbeiten aufhörten, sobald sie zum Essen und Trinken genug hatten. Das planvolle Akkumulieren mit dem Ziel des sozialen Aufstiegs für sich oder seine Nachkommen war eher eine Verhaltensweise von Handwerkern, Kaufleuten und freien Bauern.

Der Bürgerkrieg brachte keine nennenswerten Verschiebungen des Besitzes oder der Wirtschaftsweise. Freilich änderten sich nach der Erfahrung der Krise die Bewältigungsmechanismen. Während die Bürgerkriegszeit noch egalitäre und eschatologische Ausbrüche gekannt hatte, nahm seit der Restauration die Rationalität zu. Der Glaube an übernatürliches Eingreifen Gottes, an die verschiedenen Formen der Magie und an die Vorzeichen der Gestirne ließ nach; man orientierte sich nun an den mechanischen Gesetzmäßigkeiten, welche die aufstrebenden Naturwissenschaften als universale Gesetze der Natur ableiteten. Für die Wirtschaft bedeutete das, daß man nun mehr über Nutzen und Ertrag nachdachte, wo man früher alles in Gottes Hand gesehen hatte. Man deutete die natürliche Umwelt weniger theologisch als vielmehr technologisch. Neben den landbesitzenden Anglikanern entstand ein zweites Milieu: der *Dissent* der Handwerker und Kaufleute. Hier entwickelte sich so etwas wie eine protestantische Wirtschaftsethik: Arbeitsamkeit und Nüchternheit, rationale Lebensführung und Profitmaximierung, Gottesfurcht und gleichzeitig peinlichste Aufmerksamkeit auf die Rechnungsbücher.

Nicht anders als früher war auch diese Epoche noch wesentlich von der Entwicklung im Agrarsektor bestimmt. Während England zur Zeit des Bevölkerungswachstums ein Getreideimporteur war, hatte es in dieser Epoche einen bedeutenden Getreideüberschuß, der sowohl in das krisengeschüttelte Mitteleuropa als auch in die überseeischen Kolonien, nach Nordamerika und in die Karibik, exportiert wurde. Während in früheren Zeiten die Kanalroute einzig entscheidend für Import und Export gewesen war, entwickelte sich seit der Mitte des 17. Jahrhunderts der Überseehandel kräftig. Von der Restauration bis 1714 verdoppelte sich das gesamte Handelsvolumen. Nun erst erntete England die Früchte der Entdeckungen in Übersee. In mehreren Regionen traten die Engländer das Erbe der Spanier und Portugiesen, aber auch der Holländer an. Zwar machten Wolle und Textilien nach wie vor einen beträchtlichen Teil der Exporte aus, doch sie sanken im Wert; Getreide und andere Nahrungsmittel wurden nun bedeutende Exportgüter. In der Restaurationszeit entstand der berüchtigte Dreieckshandel: Textilien und anderes von England nach Afrika; Sklaven von Afrika in die Karibik und nach Nordamerika; Zucker, Tabak und Rum zurück nach England. Auf dieser Basis entwickelte sich der englische Handel; aus solchen Geschäften kamen die großen Vermögen in der Londoner City. Immer öfter lösten nun auch Engländer die Holländer im internationalen Kredit- und Versicherungswesen ab. London wurde seit der Gründung der *Bank of England* (1694) zum wichtigsten Bankenzentrum. Die Kreditschöpfung erreichte im Zusammenhang der Kriege gegen Ludwig XIV. ungeahnte Höhen. Die Kriege dieser Epoche wie des 18. Jahrhunderts hatten immer auch einen merkantilen Aspekt: Es ging um Rohstofflieferanten und Absatzmärkte, um sichere Handelswege und Stützpunkte in Übersee.

Das von Christopher Wren 1663–1669 erbaute Sheldonian Theatre, Oxford

Thomas Shadwell, William Wycherley, Sir John Vanbrugh, William Congreve, George Farquhar, Colley Cibber – sie alle schufen eine Fülle von Komödien, von denen nicht wenige sich auch heute noch auf der englischen Bühne behaupten können.

Es war kein großes Zeitalter der Musik. Die Patronage des Hofes war durch die Bürgerkriegszeit unterbrochen und wurde nach 1660 erst allmählich wiederhergestellt. Der Adel, soweit er kulturelle Aspirationen hatte, richtete sich nach dem Hof. Kontinuität musikalischer Ausbildung und Talentförderung bot fast einzig die Kirche. John Blow widmete sich vor allem der Kirchenmusik; Matthew Locke galt als Meister des Generalbasses. Der größte englische Meister seiner Zeit war Henry Purcell. Er führte zwei Neuerungen in die englische Musik ein: die Sonatenform und die Oper. Versuche mit der neuen Kunstform der Oper, die in Italien um 1600 aufgekommen war, hatte es in England in der Zeit des Interregnums schon gegeben. Ein Meisterwerk schuf aber erst Purcell mit seiner 1689 aufgeführten Oper *Dido and Aeneas*, welche, trotz volkstümlicher Elemente, die Herkunft aus den *Court Masques* erkennen läßt.

Wie die Architektur der ersten Hälfte des 17. Jahrhunderts in England überragt wird von Inigo Jones, so brachte auch die zweite Hälfte einen Architekten hervor, der über allen anderen steht: Christopher Wren. Er kam von naturwissenschaftlichen und technischen Problemen zur Architektur und gehörte nicht zufällig zu den Mitbegründern der *Royal Society*. Seine Stunde schlug mit dem großen Feuer von London. 52 neue Kirchen wurden in der Stadt unter seiner Oberaufsicht gebaut. Wren formulierte seine Ansicht so: »In unserer reformierten Kirche scheint es eitel, eine Pfarrkirche größer zu machen als so, daß alle Anwesenden hören und sehen können.

Die Katholiken können größere Kirchen bauen, weil es für sie genug ist, wenn sie bei der Messe ein Murmeln vernehmen und die Erhebung der Hostie bei der Wandlung sehen, aber unsere Kirchen müssen Hörsäle sein.« Nach dieser Einsicht wurden die vielen Londoner Kirchen relativ klein, in menschlichen Dimensionen, entworfen. Eine grandiose Bauaufgabe bestand jedoch darin, die Londoner Hauptkirche, St. Paul's Cathedral, in repräsentativem Stil wiederaufzubauen. Diese jahrzehntelange Arbeit wurde erst 1710 mit der Kuppel vollendet. Insofern kann gerade St. Paul's als repräsentatives Bauwerk der Epoche gelten. Denn anders als bei gewöhnlichen Pfarrkirchen ging es hier um ein Wahrzeichen der Stadt London, ja, des ganzen Königreiches. Da Wren fast nur in königlichem Auftrag arbeitete, mußten andere Architekten für die Landsitze des Adels herangezogen werden. Unter ihnen ragen drei hervor: William Talman (Chatsworth House), Nicholas Hawksmoor (Easton Neston; eine Reihe von Kirchen mit bemerkenswerten Türmen in London); schließlich Sir John Vanbrugh (Castle Howard, Blenheim Palace).

Den Maßstab für das große Porträt hatte Anthonis van Dyck gesetzt. An ihm orientierte sich der führende Porträtmaler Englands, der schon in der Bürgerkriegszeit in London tätig geworden war, nach der Restauration aber Hofmaler Karls II. wurde: Sir Peter Lely aus Haarlem. Er malte die königliche Familie und die zahlreichen weiblichen Schönheiten, die nach 1660 am Hof verkehrten. Neben ihm hatten englische Maler nur als Spezialisten eine Chance, beispielsweise florierte in England immer noch, wie in elisabethanischer Zeit, die Miniaturmalerei, und der gefragteste Miniaturmaler der Restaurationszeit war Samuel Cooper. Einen Ansatz für die Landschaftsmalerei bot der Flame Jan Siberechts. Und der Böhme Wenzeslaus Hollar trat als Topograph, Kartenstecher und Aquarellist hervor. Eine eigentlich englische Malerschule gab es in dieser Zeit noch nicht. In England fehlte die Patronage durch die Kirche, welche in Italien, Frankreich, Spanien und Deutschland so viele Maler ins Brot setzte. Am Jahrhundertende wurde die Porträtmalerei in großem Stil erneuert durch Sir Godfrey Kneller, der in Lübeck geboren worden war, und durch seinen Rivalen Michael Dahl, der aus Schweden nach England gekommen war. Der einzige englische Maler, dessen Werk als wirklich barock erscheint, ist James Thornhill. Er schuf vor allem mit dem Deckenfresko der Painted Hall von Greenwich ein umfassendes allegorisches Figurenprogramm zur Verherrlichung von Wilhelm und Maria, das die Seemacht Englands, den Handel und die Religion des erneuerten Staates hervorkehrt: inhaltlich ein vollkommen nationales Programm, von den künstlerischen Mitteln her barock ausgeführt. Bei ihm lernte der Genius des 18. Jahrhunderts, sein Schwiegersohn William Hogarth.

Ansätze zu Zeitungen und Zeitschriften hatte es in England schon im früheren 17. Jahrhundert gegeben, doch erst seit der Nicht-Verlängerung des *Licensing Act* 1695 entwickelte sich der englische Journalismus mit Stetigkeit zu einer gesellschaftlich wichtigen Kraft. Das hatte mit den Parteikämpfen der *Whigs* und *Tories* zu tun. Es hatte aber auch mit der weltanschaulichen Verunsicherung zu tun, die als Resultat des religiösen Pluralismus seit dem späten 17. Jahrhundert eine manifeste Tatsache war. Während sich in der frühen Restaurationszeit hedonistische, aristokratische Ideale Bahn gebrochen hatten, artikulierten sich nun eher Kräfte des Maßes und vernünftiger Bürgerlichkeit. Am deutlichsten wurden solche Vorstellungen von den Moralischen Wochenschriften vertreten. Stilbildend waren die Zeitschriften, die Richard Steele und Joseph Addison herausgaben, zunächst *The Tatler* (1709–1711), dann *The Spectator* (1711–1712, 1714). Wenn diese Zeitschriften auch aus politisch-gesellschaftlichen Auseinandersetzungen hervorgingen, so suchten sie doch Abstand vom politischen Tageskampf. Es ging ihnen um kommentierende Einordnung gesellschaftlichen Wandels, um gesprächsweise Klärung verschiedener Standpunkte, um Verbreitung wissenschaftlicher Kenntnisse und ästhetischer Einsichten. Steele und Addison gehörten selbstverständlich zur *Society for the Reformation of Manners*. Sie wollten die neue Philosophie aus den Arbeitszimmern, Bibliotheken, Schulen und Kollegien herausholen und in die Clubs und Gesellschaften, an die Teetische und in die Kaffeehäuser vermitteln. Dazu bedurfte es einer spezifischen Sprache: einfach, leicht eingängig, für jeden verständlich, und doch harmonisch, klassisch,

Londoner Kaffeehaus (anonym, um 1705)

wohlgeformt. Steele und Addison waren keine originellen Denker, aber große Vermittler. Ihre Wirkung auf das ganze 18. Jahrhundert, nicht nur in England, sondern auf dem ganzen europäischen Kontinent, ist unabsehbar.

So ist es kein Zufall, daß diese Epoche in der englischen Kulturgeschichte als *Augustan Age* gilt – als ein klassisches Zeitalter kultureller Blüte, wie es Rom unter Kaiser Augustus erlebt hatte.

ZWISCHEN STABILITÄT UND REFORM

Großbritannien 1714–1837

Epochenüberblick

Die Epoche der Könige aus dem Hause Hannover läßt sich in drei Phasen einteilen: eine *Epoche der Stabilität* (1714–1760), dominiert von der mächtigen Gestalt des ersten Premierministers Robert Walpole, eine *Epoche der Krisen* (1760–1815), mit inneren Unruhen, Krieg gegen die Kolonien in Amerika, weiteren Zuspitzungen infolge der Französischen Revolution und des erstarkten Radikalismus im eigenen Lande, sodann eine *Epoche der Reformen* (1815–1837), in welcher die frühindustriellen Krisen, ein explosionsartiges Bevölkerungswachstum und verbreitete soziale Unruhen in die »Großen Reformen« der englischen Verfassung von 1832 mündeten, an die sich kleinere Sozialreformen anschlossen: in der Armenfürsorge, im Fabrikwesen, im Bildungswesen und in der Staatskirche.

Die Epoche ist insgesamt geprägt durch ein Vorherrschen des Adels und der *Gentry* – parteipolitisch anfangs von den *Whigs* (von 1714 an und bis über 1760 hinaus), dann von den *Tories* (zumindest seit 1801, bis 1830) –, doch die entscheidenden Reformen erfolgten unter den *Whigs* 1830 bis 1834. Dabei ließ man sich von der Vorstellung leiten, daß eine Revolution abzuwenden sei und man dies durch Konzessionen bewerkstelligen könne. Im Rückblick erscheinen die Verfassungsreformen von 1832 weniger einschneidend. Das entscheidende Ergebnis war jedoch, daß sich die (ungeschriebene) Verfassung Großbritanniens als veränderbar erwies.

Bei alledem blieb Großbritannien in mancher Hinsicht mittelalterlich; von Demokratie kann in dieser Epoche, trotz Aufklärung und Naturrechtsdenken, noch keine Rede sein. Obwohl das allgemeine Wahlrecht (für erwachsene Männer) gefordert und diskutiert wurde, blieb es beim Zensuswahlrecht. Auch konnte man sich noch nicht zu geheimen Wahlen durchringen. Die Prärogative des Königs, 1714 deutlich beschnitten, wurde nach 1760 von Georg III. zunächst ausgedehnt; in der Folge mußte er Einschränkungen hinnehmen. Dies war verbunden mit einer weiteren Machtsteigerung des Unterhauses; gleichzeitig ging das Gewicht des Oberhauses zurück. Während in der Ära Walpole der König noch durch Ämtervergabe über seinen Premierminister Mehrheiten im Unterhaus organisieren konnte, war es seit dem frühen 19. Jahrhundert umgekehrt: Die Mehrheit des Unterhauses nötigte dem König mehrfach den Mann ihres Vertrauens als Premierminister auf.

Die internationale Stellung Großbritanniens war schon 1714 sehr stark; sie wurde in der Folge in vielen Kriegen verteidigt und noch ausgebaut, wobei sich jeweils als entscheidend erwies, ob Großbritannien es vermochte, den Hauptrivalen Frankreich durch Verbündete auf dem Kontinent zu beschäftigen, oder ob es selbst mit Landstreitkräften zu intervenieren gezwungen war (so u. a. im Österreichischen Erbfolgekrieg, im Siebenjährigen Krieg und ab 1809 auf der Iberischen Halbinsel). Von anderen europäischen Mächten unterschied sich Großbritannien dadurch, daß die Priorität auf der Flotte lag und Seestützpunkte wie Gibraltar, Menorca, bestimmte Inseln in der Karibik usw. (nach 1815 dann auch Helgoland, Malta, Mauritius, die Kapkolonie und Ceylon) grundsätzlich wichtiger schienen als Territorialgewinne auf dem europäischen Kontinent. In dieser Epoche erwies sich das Stammland der Dynastie, das Kurfürstentum Hannover, mehrfach als strategische Achillesferse einer insularen Großmacht (Auflösung der Personalunion mit Hannover: 1837). Ansätze zu einem ersten *Empire* erlitten den empfindlichsten Rückschlag durch die Unabhängigkeit der »Vereinigten Staaten von Amerika« (völkerrechtlich anerkannt im Frieden von Versailles 1783). Fortan errichtete Großbritannien in Kanada, in der Karibik, in Australien und in Indien die Fundamente zu einem weltumspannenden *Empire*.

Die Verflechtung von inneren und äußeren Angelegenheiten zeigt sich am deutlichsten in der »industriellen Revolution«, jener Phase, in der Großbritannien zur »Werkstatt der Welt« wurde. Dabei konnte es auf den atlantischen Dreieckshandel (*Asiento*, 1713) aufbauen, der Europa, Afrika und Amerika in immer engere Austauschbeziehungen brachte. Die Baumwollverarbeitung spielte eine entscheidende Rolle im *Take-off* der Industrialisierung: Spinn- und Webmaschinen wurden entwickelt, Baumwollgewebe (Kattun) von England in alle Welt exportiert. Der Maschinenbau nahm seinen Aufschwung mit den verbesserten Eisenschmelzprozessen. Die von James Watt perfektionierte Dampfmaschine wurde zum Universalmotor für alle Industriezweige; sie führte zur Konzentration von Produktionsprozessen in Fabriken und schließlich, sekundär, zu urbanen Agglomerationen um diese Fabriken herum. Voraussetzung der Entwicklung war die überall verfügbare Energie in Form von Steinkohle (Koks), die kostengünstig transportiert werden konnte: zur See, auf den schiffbaren Flüssen und auf einem nun immer dichteren Netz künstlicher Kanäle.

Die frühe Industrialisierung zeitigte schwierige Anpassungsprobleme. Die Ausbeutung von Arbeitern an überlangen Arbeitstagen, auch von Frauen und Kindern, wurde zunehmend als brisantes Problem erkannt. Soziale Unruhe, hygienische Bedrohung und menschliche Verelendung in der überbevölkerten Metropole, den städtischen Agglomerationen der *Midlands* und im Norden und Westen Englands konnten nicht beseitigt werden, doch zeigten sich Reformansätze. Für die Einschätzung der Industrialisierung ist es jedoch von fundamentaler Bedeutung, daß das starke Bevölkerungswachstum seit der zweiten Hälfte des 18. Jahrhunderts nur durch äußerste Anstrengungen im Ackerbau und in der Viehzucht, aber auch in Gewerbe und Handel verkraftet werden konnte. Dabei blieb das noch dichter bevölkerte Irland, dem aber, von Ulster und der Gegend um Dublin abgesehen, die Industrie zumeist fehlte, ein ungelöstes wirtschaftliches, soziales und politisches Problem. Nach vorübergehender Lockerung des britischen Griffes infolge des amerikanischen Unabhängigkeitskrieges (»Verfassung von 1782«) wurde Irland nach inneren Unruhen und Invasionsdrohung von Frankreich her unter Kriegsrecht gestellt und 1801 per Gesetz mit der Nachbarinsel vereinigt (»Vereinigtes Königreich von Großbritannien und Irland«). Eine Rückwirkung der Integration Irlands war 1829 die von den irischen Katholiken unter Daniel O'Connell erkämpfte und in Westminster für den Gesamtstaat durchgesetzte Katholikenemanzipation.

Der Wandel von der Kultur der Stabilität des *Augustan Age* über die Vorromantik zur Romantik spiegelte, mentalitätsgeschichtlich betrachtet, die Verbürgerlichung der Künste (Ablösung der Patronage des Adels durch den freien Markt) und ihre Säkularisierung – ein Prozeß, in dem sich schließlich ein neues Bewußtsein von Individualität, ein neues Verhältnis zur Natur und eine fundamentale ästhetische Neuorientierung (Ende der Regelpoetik und des Nachahmungsprinzips, statt dessen die Leitwerte Originalität und Genie) manifestierten.

Die Epoche der Stabilität

(1714–1760)

1714–1727	Georg I.
1710–1759	Georg Friedrich Händel wirkt in England.
1714	Bernard Mandeville: *The Fable of the Bees, or, Private Vices, Publick Benefits.*
1715	Colen Campbell: *Vitruvius Britannicus*: Der Palladianismus beginnt seinen Siegeszug in England. *Whig*-Mehrheit bei Unterhauswahlen. Jakobitenaufstand in Schottland (älterer Prätendent). *Riot Act*: Notstandsrecht.
1716	*Septennial Act*: allgemeine Wahlen nur noch alle sieben Jahre.
1717	Unter der Regierungsführung Stanhopes beginnt Schatzkanzler Robert Walpole damit, die nationale Verschuldung durch einen *Sinking Fund* zu reduzieren.
1718	Gesetze zugunsten des *Dissent.*
1719	Stanhopes *Peerage Bill* scheitert. Daniel Defoe: *Robinson Crusoe.*
1720	*South Sea Bubble*: Spekulationsfieber, Finanzskandal.

1721 Ende des Großen Nordischen Krieges.
1721–1742 Walpole de facto Premierminister.
1721/22 *Atterbury Plot*: jakobitische Verschwörung unter Beteiligung des Bischofs von Rochester aufgedeckt.
1723 *General Workhouse Act*: Verhärtung der Armengesetzgebung.
1726 Jonathan Swift: *Gulliver's Travels.*
1726–1730 James Thomson: *The Seasons.*
1727–1760 Georg II.
1727–1742 *The Craftsman. A Country Journal* als Organ der Opposition gegen Walpole.
1728 John Gay: *The Beggar's Opera.*
1730 Griffith Jones gründet das *Circulating Schools Movement* in Wales.
1731 George Lillo: *The London Merchant: or, the History of George Barnwell* (»Bürgerliches Trauerspiel«).
1733 Akzise-Krise: Walpole scheitert mit seinem Projekt einer Ausdehnung der *Bonded Warehouses.*
1733/34 Alexander Pope: *An Essay on Man.*
1735 William Hogarth: *The Harlot's Progress* und *The Rake's Progress* (*Modern Moral Subjects*).
1737 Gesetz über die Theaterzensur.
1738 Gründung der Methodistenbewegung durch John und Charles Wesley sowie George Whitefield.
1739–1748 Krieg gegen Spanien, 1740 auch gegen Preußen und andere Mächte.
1740 Samuel Richardson: *Pamela, or Virtue Rewarded.*
1741 Mißtrauensvotum gegen Walpole scheitert. Spektakulärer Sieg der Kriegspartei bei Wahlen zum Unterhaus.
1742 Walpole resigniert. Henry Pelham Premier und Schatzkanzler, sein Bruder, der Duke of Newcastle, Staatssekretär des Äußeren.
Uraufführung von Händels *The Messiah* in Dublin.
1742–1745 Edward Young: *The Complaint, or Night Thoughts on Life, Death and Immortality.*
1743 Sieg Georgs II. bei Dettingen über die Franzosen.
1744–1748 Seekrieg zwischen England und Frankreich.
1745 Schlacht bei Fontenoy (Hennegau): Niederlage der Engländer und Hannoveraner gegen die Franzosen.
1745/46 Letzter Jakobitenaufstand: Niederlage des jüngeren Prätendenten in der Schlacht von Culloden.
1748 Friede von Aachen.
David Hume: *An Enquiry Concerning Human Understanding.*
1749 Henry Fielding: *Tom Jones.*
1750 Thomas Gray: *An Elegy Written in a Country Church Yard.*
1752 Kalenderreform.
1753 Hardwickes *Marriage Act.*

1756	Beginn des englisch-französischen Krieges: Nordamerika, Indien, Afrika, Europa. Westminster-Konvention Preußen-England; daraufhin verbündet sich Frankreich mit Österreich (*renversement des alliances*).
1756–1763	Siebenjähriger Krieg.
1756–1761	William Pitt d. Ä. (Lord Chatham) bestimmt die englische Politik.
1760	8. September: Kapitulation Montreals und der französischen Streitkräfte in Nordamerika. 25. Oktober: Tod Georgs II.

Die Kultur des *Augustan Age*

Politik und Gesellschaft der Zeit nach der »Glorreichen Revolution« sind gekennzeichnet durch Stabilität. Eine Parallelerscheinung in den Künsten ist der Klassizismus: Unter Rückbezug auf die Antike sollten dauerhafte Muster verwirklicht werden. Dabei hatte man die Vorstellung einer konstanten menschlichen Natur; durch Nachahmung der Muster der Antike wollte man sich der wahren Natur noch mehr nähern. Mit »Natur« verband man damals nicht in erster Linie ein schöpferisches Prinzip, das stete Wachsen und Werden, sondern vielmehr harmonisches Gleichgewicht, Maß und Ordnung. Die englische Kultur des *Augustan Age* baute auf Harmonie. Man kann sie am besten als nachrevolutionäre Kultur verstehen, als ein Medium des Ausgleichs nach politischen und religiösen Brüchen. Es ist eine Kultur der Urbanität, der Gesellschaftlichkeit, des Gesprächs – damit auch eine Kultur der Konvention, des Harmonisierens, des Übertünchens sogar. Der *common sense*, die vernünftigen Grundtatsachen, über die man sich einigen konnte, wenn jeder seine Sondermeinungen und Partikularinteressen zurückstellte, war die Leitvorstellung. In bezug auf den Ausdruck entsprach dem der *plain style*, eine ungeschmückte, unrhetorische Ausdrucksweise. Das Ideal der Einfachheit und Natürlichkeit ließ sich einerseits mit dem herrschenden Klassizismus gut verbinden, andererseits war es doch auch ein bürgerliches Programm, das heißt gegen den französisch orientierten Adel gerichtet. Die Künste nahmen diese Tendenz breit auf: Neben den Moralischen Wochenschriften muß man die *Modern Moral Subjects* sehen, die Hogarth favorisierte, neben dem »Bürgerlichen Trauerspiel« (*Domestic Tragedy*) den bürgerlichen Roman. Die Lebenswelt mittlerer Schichten in Stadt und Land wurde literaturwürdig und künstlerisch gestaltbar: bürgerliche Einfachheit, Nüchternheit, Arbeitsamkeit, Sparsamkeit.

Klassizismus vertrug sich bis zu einem gewissen Grad mit Realismus. Man setzte auf identitätsstiftende Elemente, die durchaus der Antike entnommen sein konnten, wie etwa den vielgepriesenen Römersinn der Engländer, das Leitbild der römischen Republik für die britische Monarchie. Rom war auch das Stichwort, mit dem man Weltgeltung und Beherrschung des bekannten Erdkreises assoziierte. Nach den Siegen im Spanischen und Österreichischen Erbfolgekrieg schien das Gefühl merkantiler und militärischer Macht und Geltung gerechtfertigt. Die Gemeinsamkeit der führenden Schichten des ganzen Landes in der Metropole, geschart um König und Parlament, beförderte auch in der Kultur den Ausdruck von Patriotismus, ja Nationalismus.

Die Epoche Georgs I. und II. ist in der Musik die Epoche Händels. In London gab es ein großes musikbegeistertes Publikum; nach London strömten die besten Sänger und Virtuosen Italiens; in London konnte man mit Musik Geld verdienen. Händel brillierte in allen musikalischen Formen, die zu seiner Zeit entwickelt waren, aber im Mittelpunkt stand anfangs die *opera seria*, eine in italienischer Sprache gesungene Oper nach literarischen Libretti, die oft einen antiken Stoff zum Gegenstand hatten. Ende der 1730er Jahre geriet die italienische Oper in England in eine Krise. Nun entwickelte Händel seine zweite große Stärke, das *Oratorium*. Diese Werke wurden, obwohl sie meistens auf Texten aus dem Alten Testament basierten, nicht in Kirchen aufgeführt, sondern in öffentlichen Konzerthallen, von denen es damals in London schon mehrere gab, in den Musikräumen von Tavernen und Kaffeehäusern.

Nach dem Regierungsantritt der neuen Dynastie entfaltete sich, gefördert von führenden *Whigs*, in der Architektur der Neoklassizismus. Er bezog sich auf den römischen Architekten Vitruv, und zwar in der Auffassung, die Palladio von ihm entwickelt hatte. Richard Boyle, der dritte Earl of Burlington, baute im Zentrum Londons an herausgehobener Stelle ein Stadtpalais im klassizistischen Stil, Burlington House, sowie eine Villa in kleinen Maßen, aber mit Kuppel, Chiswick House, in der Nähe von London an der Themse gelegen und der berühmten Villa Rotunda von Palladio nachempfunden. Auch weniger bekannte Architekten schlossen sich bald der neuen Richtung an, so daß England im Laufe des 18. Jahrhunderts ein neopalladianisches Gesicht erhielt, das man schon geradezu als eine englische Eigenart buchen muß.

Seit der Renaissance, vor allem aber im Barock, herrschte das Ideal der Regelmäßigkeit und hochgetriebenen Künstlichkeit bei der Anlage von Gärten (gerade Alleen, Blumen- und Rasenparterres, gestutzte Hecken, die abstrakte geometrische Körper wie Kuben, Kugeln und Obelisken bildeten oder Figuren nachahmten). Dagegen entstand nun eine andere Vorstellung: gewundene Wege, naturbelassene Bäume und Sträucher, Verbergen der Begrenzung. Während der barocke Garten die abstrakte Ordnung des Kosmos im Kleinen symbolisieren sollte, waren die neuen Landschaftsgärten, die bald schlechthin »englische Gärten« genannt wurden, nach einem anderen Ideal konzipiert: auf den Menschen, nämlich den jeweiligen Betrachter ausgerichtet, dessen Fassungsvermögen und seinen Dispositionen nach Abwechslung, Mannigfaltigkeit und Szenenwechsel angemessen. Dieser entscheidende kulturgeschichtliche Wandel ist nicht rein ästhetischer Art, sondern hat sowohl tiefe philosophische als auch politische Wur-

Holkham Hall, Norfolk, von William Kent erbaut

zeln. Bereits Francis Bacon hatte den französischen Barockgarten als Symbol des Absolutismus gedeutet. Shaftesbury entwickelte diesen Gedanken weiter: Absolutismus, Scholastik und französische Gartenkunst gehörten für ihn zusammen. Die Natur wurde nun zu einem ganz eigentümlichen Ideal der Kunst, das einerseits zu naturwissenschaftlichem Eindringen einlud, andererseits emotionale Qualitäten entband. Man schuf Perspektiven und Prospekte, die den Sehgewohnheiten eines klassizistisch geschulten künstlerischen Auges entsprachen. So entstanden Gartenkunstwerke, die eine außerordentliche Ausstrahlung auf ganz Europa hatten (Chiswick, Stowe, Stourhead).

Noch im frühen 18. Jahrhundert faßte man die Malerei in England als eine fremde Kunst auf, in der sich vor allem Ausländer hervorgetan hatten. In der zweiten Hälfte des 18. Jahrhunderts konnte kein Zweifel mehr daran bestehen, daß sich in England eine einheimische Malerschule eigener Prägung etabliert hatte. Dafür war maßgeblich William Hogarth verantwortlich. Er war es auch, der der Malerei in England ein eigenes Publikum erschloß und ihr eine moralische und nationale Funktion zuwies. Damit überwand er die traditionellen Schranken. Denn zunächst einmal war die Kunst eine Sache der höheren Stände, die sich auf ihren Auslandsreisen mit den berühmten Werken der Baukunst, der Skulptur und der Malerei bekannt machten, nach Möglichkeit fremde Kunstwerke importierten und daran ihre Maßstäbe bildeten. Im Laufe des 18. Jahrhunderts änderte sich das insofern, als Hogarth und andere ihre Entwürfe auch durch Stiche verbreiteten. Damit wandelten sich aber Inhalte und Stil: Denn nun kam es in neuer Weise auf den Bezug zur eigenen Lebenswelt, auf Realismus, an. Die

Thomas Gainsborough, »Mr. and Mrs. Andrews« (Ölgemälde, um 1750)

Lebenswirklichkeit Englands im 18. Jahrhundert wurde in solchen Bildern geschildert, kritisiert, satirisch behandelt. Hogarth hinterließ der Nachwelt eine Fülle von gemalten, gezeichneten und gestochenen Kommentaren zu seiner Gegenwart – in dem Maße, daß man eine Interpretation seiner Bilder und Bilderfolgen gewissermaßen als Sozial- und Alltagsgeschichte der Zeit darstellen konnte. Als höchste Gattung der Malerei galt die Historienmalerei, biblische oder klassische Themen, meist in einer weiten Landschaft. Im Laufe des 18. Jahrhunderts wurde die Landschaftsmalerei immer wichtiger. Hier wären Thomas Gainsborough, Richard Wilson und viele kleinere Meister zu nennen.

Englands Beitrag zur Weltliteratur waren im 18. Jahrhundert vor allem Romane. Vom Wort her (engl. *novel*, nach ital. *novella*) enthielt die neue Gattung einen Anspruch auf Aktualität (das Neue) und auf Faktizität (das Wirkliche). Von Bedeutung war dabei die realistische Nachbildung der eigenen Umgebung: Die meisten der großen Romane des englischen 18. Jahrhunderts spielen in der eigenen Zeit und in England selbst, unter gewöhnlichen Leuten, mit interessanten Ausflügen in die *High Society* und in die Unterwelt der Verbrecher. Für den Ich-Roman steht Daniel Defoe, für den Briefroman Samuel Richardson und für den auktorialen Roman Henry Fielding.

Höher angesehen als der Roman war die Dichtkunst, dominiert von Alexander Pope. Diejenigen Gattungen galten am meisten, welche die Antike schon gekannt hatte. Die Dichtung war eine gelehrte Übung, der nur wenige besonders Gebildete nachgingen. Ihre edle Sprache, die überlieferten Versmaße und Themen suchte man der eigenen Lebenswirklichkeit anzupassen, diese damit aber auch zu überhöhen. Typisch für die Zeit war auch das Lehrgedicht. Pope veröffentlichte 1733/34 *An Essay on Man*, in dem er in vier Büchern die Stellung des Menschen zum Universum, zu sich selbst, zur Gesellschaft und zum Glück darstellte.

Im Zeitalter Popes wurden auch schon poetische Stimmen laut, die ein ganz anderes England ahnen lassen: wohl noch klassizistisch und adligem Lebensgefühl angepaßt, aber doch schon mit neuer Akzentuierung von Natur und Gefühl. Das gilt vor allem für James Thomson, Edward Young und Thomas Gray.

Auf dem Theater trat neben die klassizistische Heldentragödie auch eine *Domestic Tragedy*, ein »Bürgerliches Trauerspiel«. Man artikulierte verschiedentlich die Meinung, daß von den Fürsten und edlen Heroen der Haupt- und Staatsaktionen gar nichts zu lernen sei, weil sie ja völlig übermenschlich dargestellt würden, mithin gar nicht nachgeahmt werden könnten. Worum es gehe, seien Dramen für gewöhnliche Bürger, in denen ihnen richtiges Handeln in allen Lebenslagen, moralische Werte zur Bewältigung ihrer Entscheidungssituationen vorgeführt würden.

Neues Denken: Empirismus – Utilitarismus

Als Ahnherr der englischen Philosophie des Empirismus gilt John Locke. Sein philosophisch bedeutendstes Werk ist der *Essay Concerning Human Understanding* (1690). In diesem vertrat er den Grundsatz, es gebe keine angeborenen Ideen; alles, was sich im Geist vorfinde, könne nur durch Sinneseindrücke dorthin gekommen sein. Locke steht also für eine reine Erfahrungsphilosophie, einen reinen Empirismus. Sein Werk galt der Analyse verschiedener Vorstellungsinhalte und ihrer Verknüpfung. Auch Fragen der Ethik hat Locke, aufbauend auf seine Erkenntnisphilosophie, behandelt. Er vertrat eine eudämonistisch-utilitaristische Ethik, wie die meisten englischen Philosophen nach ihm. Charakteristisch ist dabei das Gesetz der »öffentlichen Meinung«: Indem Locke die Bestimmung von Tugenden und Lastern von der jeweiligen sozialen Umgebung abhängig macht, stellt er gewissermaßen die Soziologie über die Ethik.

Der Vollender des Empirismus war der Schotte David Hume. Sein philosophisches Hauptwerk ist *An Enquiry Concerning Human Understanding* (1748). Auf Locke aufbauend, erläuterte er die Vorstellungen des menschlichen Verstandes im Sinne des Empirismus und des Psychologismus; er untersuchte vor allem die Assoziationen von Vorstellungen. Er orientierte sich dabei an Mustern wie dem Newtonschen Gravitationsgesetz: Wie die Bewegungen der Himmelskörper von der Anziehungskraft ihrer Massen abhingen, so bewegten sich analog die Vorstellungsinhalte. Er unterschied drei Formen von Assoziation: durch Ähnlichkeit, durch Berührung und durch Kausalität. So wurde durch Psychologie alle Ontologie verdrängt. Daraus leitete Hume eine revidierte Auffassung von Wissenschaft ab: Er unterschied Vernunftwahrheiten, die Vorstellungsbeziehungen ausdrücken, etwa die Sätze der euklidischen Geometrie, und Tatsachenwahrheiten, die nicht denknotwendig seien und letztlich nur durch Grade der Wahrscheinlichkeit unterschieden werden könnten, nicht eigentlich durch Wahrheit. Der ganze Bereich der Naturwissenschaften beruhe auf Induktion; aber keine Induktion könne jemals Vernunftwahrheiten etablieren, nur Tatsachenwahrheiten, das heißt Grade der Wahrscheinlichkeit. Humes Auffassung ist also vollkommen auf den Menschen, auf dessen Erkenntnismöglichkeiten bezogen.

Mittels der Aufklärung drangen diese Prinzipien in weitere Kreise und konnten später geradezu als Bestandteil des englischen Nationalcharakters angesehen werden. Erkenntnistheoretisch atomistisch angelegt und in der praktischen Ethik vom Individuum, dessen Würde und dessen Grenzen ausgehend, waren die englischen Philosophen doch immer außerordentlich von der menschlichen Gemeinschaft, von den Problemen des Zusammenlebens in Staat und Gesellschaft bestimmt. In aller Regel erstrebten sie kein absolutes Wissen, sondern dachten aus ihrer sozialen Umwelt heraus und suchten, ihre Ergebnisse wiederum für diese fruchtbar zu machen.

Church of Reason – Methodismus – Katholiken

Im Zeitalter der Aufklärung wurde die Vernunft unter den Fähigkeiten des Menschen obenangestellt. Einer Generation nach Newton und Locke schien sich eine Kluft zwischen Vernunft und Glauben aufzutun, wo die Älteren noch die Vernünftigkeit des christlichen Glaubens hatten beweisen wollen. Mehrere Risse zeigten sich nun in der Anglikanischen Kirche: *Unitarier* zogen Aufmerksamkeit auf sich, also diejenigen, die sich Gott als eine unteilbare Person vorstellten und die traditionelle Lehre von einem dreifaltigen Gott ablehnten. Noch kennzeichnender für die Aufklärung war der *Deismus* – jene Richtung, die Gott zwar als Letztursache für die Naturgesetze gelten ließ, aber von einem konkreten Eingreifen Gottes in die Weltgeschichte absehen wollte. Der Deismus reduzierte die christliche Überlieferung auf wenige Grundwahrheiten, die als »natürliche Religion« dann auch in anderen Weltreligionen aufzufinden waren. Neben diesen Aufklärungsströmungen gab es in der Anglikanischen Kirche natürlich auch noch den gewöhnlichen Traditionalismus. Aber insgesamt tendierte der Anglikanismus zu einer *Church of Reason*, und zwar vor allem deshalb, weil er sich von den »Enthusiasten«, den Eiferern und Sektierern abgrenzen wollte, die im 17. Jahrhundert soviel Unruhe gestiftet hatten.

Infolge der geschilderten Allianz von *High Church* und *Tory*-Politik bedeutete das Zeitalter der *Whigs* seit 1714, daß sich Kirche und Staat noch enger verzahnten als zuvor schon. Bischöfe wurden nach ihrer politischen

Ausrichtung ausgesucht. Kirchliche Stellen wurden, wie andere Pfründen auch, zur Belohnung für politische Dienste vergeben. Ein Strukturproblem stellte die Laienpatronage dar. Schon seit der Reformation war ein beträchtlicher Teil der Pfarrstellen an die adligen Landbesitzer gekommen; sie betrachteten dieses Patronagerecht als Bestandteil ihres wohlerworbenen Eigentums. Das bedeutete zunächst, daß sie sich den Pfarrer für die betreffende Pfründe selbst aussuchen durften; das bedeutete aber vor allem auch in vielen Fällen, daß sie die mit einer Pfarrstelle verbundenen Einnahmen an sich gerissen hatten und dem Amtsinhaber eventuell nur einen Bruchteil für seinen Lebensunterhalt ausbezahlten. In vielen Fällen übernahm ein Geistlicher gleichzeitig mehrere Pfarreien (Pluralismus), mit der logischen Folge, daß er nicht überall gleichzeitig amtieren konnte (Absentismus).

Neben der Staatskirche gab es den *Dissent*; er bestand aus einer Vielzahl von Freikirchen und Sekten, unter denen die Presbyterianer, Quäker und Baptisten am bekanntesten waren. Der Regierungsantritt der *Whigs* brachte eine erweiterte Toleranz für den *Dissent*, weil in der Folge einschränkende Gesetze aufgehoben wurden. Da den *Dissenters* der Zugang zu den *Grammar Schools* und Universitäten der Staatskirche verwehrt war, organisierten sie ein eigenes Schulwesen (*Dissenting Academies*), in dem besonderer Wert auf praktische, kaufmännische und naturwissenschaftliche Fächer gelegt wurde. Insgesamt läßt sich feststellen, daß die Zahl der verschiedenen Gruppen des *Dissent* in der ersten Hälfte des 18. Jahrhunderts abnahm.

William Hogarth, »Leichtgläubigkeit, Aberglauben und Fanatismus«

Der Methodismus ging zurück auf John Wesley und seinen Bruder Charles sowie George Whitefield. Die Strukturschwäche der Anglikanischen Kirche war die Existenzbedingung des Methodismus. Wenn man die Massen derer erreichen wollte, die nie in eine Kirche gekommen wären, mußte man zu ihnen gehen: dorthin, wo sie ihrer Arbeit und ihrem Vergnügen nachzugehen pflegten. Wesley und seine Anhänger hatten den größten Erfolg mit Predigten unter freiem Himmel, mit Massenagitation. Wesley versuchte, der Wirkung seiner Predigten Dauer zu verleihen und seiner Bewegung eine feste Organisationsstruktur zu geben. Das mußte unweigerlich zum Zusammenstoß mit der etablierten Staatskirche führen, auch wenn Wesley stets betonte, er wolle keine Gegenkirche eröffnen. Bald nach John Wesleys Tod zerbrach seine Konstruktion, die Verankerung des Methodismus als eine evangelikale Bewegung innerhalb der Anglikanischen Kirche: 1795 konstituierte sich die Anhängerschaft Wesleys als eine methodistische Freikirche.

Die Katholiken machten in England nur einen verschwindend geringen Prozentsatz aus und nahmen im Laufe des 18. Jahrhunderts weiter ab (um 1685: etwa 300 000, um 1780 nur noch 70 000). Dieser Rückgang war freilich angesichts der staatlichen Repression keineswegs verwunderlich. Während die »Glorreiche Revolution« allen Protestanten eine (abgestufte) Toleranz gesichert hatte, blieben die Katholiken diskriminiert und verfolgt. Gewöhnliche Engländer hielten Katholiken einfach für Staatsfeinde. Als entscheidender Einschnitt erwies sich der Jakobitenaufstand von 1715. Noch einmal schien sich den Heißblütigeren unter dem katholischen Landadel die Chance zu bieten, die Verhältnisse umzukehren. Aber nach der Niederlage von 1715, nach den Verfolgungen und Säuberungen im Anschluß daran, stellten die Katholiken in England keine Gefahr mehr für den Staat dar.

Politik im Zeitalter der *Whigs*

Als der neue König Georg I. aus dem Hause Hannover 1714 auf den englischen Thron kam, stützte er sich auf die *Whigs*. Sie hatten immer einmütig an der protestantischen Sukzession festgehalten, während ein Teil der *Tories* die Stuarts favorisiert hatte. Und *Tories* hatten 1713 (gegen die Interessen des Hauses Hannover) den Separatfrieden von Utrecht geschlossen. Wenn Georg I. auch anfangs die Tür noch nicht völlig verschloß für einzelne *Tories*, gelangten so doch *Whigs* in die entscheidenden Ämter. Hinzu kam schließlich, daß die allgemeinen Wahlen von 1715 überraschenderweise eine Mehrheit für die *Whigs* auch im Unterhaus erbrachten, mithin eine klare Zustimmung der Wähler zur neuen Dynastie.

1715 erfolgte tatsächlich eine Invasion des Prätendenten, wenngleich in hoffnungsloser Lage. Denn infolge des Todes Ludwigs XIV. von Frankreich entging ihm die erwartete militärische Unterstützung durch Frankreich. Nur Katholiken im Norden Englands waren in größerer Zahl zum Aufstand bereit, so daß sich der Prätendent zu einem Landeunternehmen im Stammland der Stuarts, in Schottland, entschloß. Wenn es auch zu einem Übergreifen der jakobitischen Bewegung nach England kam, zählt letztlich nur das Ergebnis: die militärische Niederlage der Jakobiten, die Diskreditierung der *Tories* und das Faktum, daß die herrschenden *Whigs* unter diesen Umständen überzeugend argumentieren konnten, nur sie stünden für die Sicherheit des Staates und der neuen Dynastie. Die Maßnahmen, mit denen sie ihre eigene Macht befestigten, erschienen unter diesen Umständen als Maßnahmen im Interesse der öffentlichen Ordnung und der Sicherheit des Staates: so ein Gesetz, welches ihnen eine Handhabe zur harten Unterdrückung von Zusammenrottungen gab, einschließlich der zeitweiligen Aufhebung von *Habeas Corpus*. Sodann sollte nicht mehr alle drei Jahre, sondern nur noch alle sieben Jahre ein neues Parlament gewählt werden. Damit waren die entscheidenden Zeichen für eine jahrzehntelange *Whig*-Herrschaft gesetzt.

Außenpolitisch gab es nach dem Tode Ludwigs XIV. eine neue Konstellation, weil sich dessen Nachfolger zunächst, um spanische Ansprüche abzuwehren, mit England verbündete. Stanhope errichtete die »Tripelallianz« von England, Holland und Frankreich (der schließlich noch Spanien angeschlossen wurde: »Quadrupelallianz«, 1720). Im Streit um Englands Eingreifen in den Großen Nordischen Krieg spalteten sich die regierenden *Whigs*; die Gruppe um Townshend und Walpole, der anfangs *Chancellor of the Exchequer* war, zog sich aus der Regierung zurück. Ein Teil der regierenden *Whigs* war nun in der Opposition und stimmte in vielen Fragen mit den *Tories*.

Die *Whig*-Regierung unter Stanhope versuchte auch innenpolitisch, das Erbe der vorangegangenen Ära der *Tory*-Politik zu bereinigen. Freilich mußte in der Religionspolitik zunächst noch die anglikanische Staatskirche geschont werden; aber sobald es ihm möglich war, ging Stanhope an eine Revision der Gesetze gegen den *Dissent*.

Zum Eklat kam es durch den *South Sea Bubble*: Die *South Sea Company* war vor allem in die Umschichtung der gewaltigen Staatsschulden involviert; sie hatte es verstanden, Hof und Minister durch Bestechungen zu günstigen Entscheidungen zu bewegen. 1720 entstand ein Spekulationsfieber, infolgedessen die Aktien zunächst immer höher stiegen; als die Kurse zusammenbrachen, waren plötzlich zahlreiche bedeutende Kaufleute, Politiker und Spekulanten ruiniert. Auch wenn die meisten Zeitgenossen die Zusammenhänge nicht genau begriffen, erschien es der öffentlichen Meinung plötzlich so, als könne nur Walpole, der mächtigste Mann der Opposition, Herr dieser Finanz- und Staatskrise werden. Walpole führte die Regierung aus der aktuellen Krise heraus, verteidigte seine Macht zwei Jahrzehnte lang und schuf eine Stabilität der politischen Verhältnisse, wie England sie kaum einmal seit den Zeiten der Königin Elisabeth erlebt hatte.

Robert Walpole gilt gewöhnlich als der erste Premierminister Englands. Diese Einschätzung hat nichts mit einer Verfassungsänderung zu tun, sondern kennzeichnet die außerordentliche Autorität und Macht, die Walpole auf sich zu vereinigen wußte, und die ungewöhnlich lange Dauer seiner Führungsstellung. Wie kam er zu solcher Macht? Er war ein Finanzfachmann, dessen außergewöhnliche Befähigung beizeiten erkannt und auch von Rivalen anerkannt wurde. Seinen Ruhm hatte er mit dem *Sinking Fund* gemacht, einem Plan zur Tilgung der Nationalschuld, nach dem jährlich bestimmte Staatseinnahmen zur Rückzahlung verwendet wurden. Dadurch war das Vertrauen der Gläubiger so sehr gestiegen, daß man Staatsanleihen allgemein für eine sichere und profitable Kapitalanlage hielt, was wiederum dazu führte, daß der englische Kredit ins Unermeßliche wuchs. Walpoles System war eigentlich eine ausgeklügelte Nutzung der *Crown Patronage* zum Zwecke seiner Partei und schließlich zur Machterhaltung für sich selbst. Traditionell hatte der König in England viele Ämter zu vergeben: bei Hofe und in der Staatsverwaltung, in der Staatskirche und an den Universitäten, aber auch auf lokaler Ebene. Walpole gelang es (im Zusammenwirken mit Newcastle), über die Vergabe dieser Ämter vollkommene Kontrolle zu erlangen. Zwei Jahrzehnte lang wurden nur noch solche Leute berufen, die für Walpole stimmten. Vor allem der Block der schottischen Abgeordneten im Oberhaus konnte von Walpole dauerhaft in das Interesse der Regierung gezogen werden. Am abhängigsten waren aber die Bischöfe. Nach einigen Jahren des Systems Walpole war es soweit, daß nur noch *Whig*-Bischöfe im Oberhaus saßen. Mit den Bischöfen, den Schotten und den übrigen Amtsinhabern konnte Walpole das Oberhaus unter Kontrolle halten.

Die Zusammensetzung des Unterhauses war schwerer zu beeinflussen, da die Abgeordneten ja von ihren *Counties* und *Boroughs* gewählt wurden. In den Fällen, wo ein beträchtlicher Teil der Bevölkerung das Wahlrecht hatte, fand tatsächlich ein politischer Meinungskampf statt, in dem dann Zeitungen, Pamphlete und Reden eine wichtige Rolle spielten. Dies galt vor allem für die Wahlbezirke in London und Westminster mit ihrer Massenwählerschaft, daneben auch für einige *Counties*, etwa Middlesex. Kontrollierbar waren aber diejenigen Wahlbezirke, in denen nur wenige einzelne Wahlrecht hatten. Im 18. Jahrhundert gab es eine Vielzahl notorischer *Pocket Boroughs*, vor allem in Cornwall. Solche *Boroughs* konnte man tatsächlich kaufen. Zu diesem Mißbrauch war es deshalb gekommen, weil man die im Mittelalter vorgenommene Einteilung nicht ändern wollte, obwohl sich die Potenz der Städte seit dem Mittelalter stark verschoben hatte. So erreichte Walpole eine erstaunliche Stabilisierung der politischen Verhältnisse; zu Kampfabstimmungen mit ungewissem Ausgang kam es nicht mehr. Gegner Walpoles sprachen von Korruption und vom Untergang des politischen Systems. Doch erscheint Walpoles System eher als zeitspezifische Form der Umsetzung des Willens der politischen Nation.

Walpole betrieb jene Wirtschaftspolitik, für die Adam Smith später den Ausdruck »Merkantilismus« prägte: Dasjenige Land sei, so die Anhänger dieses Systems, das reichste, das am meisten Edelmetalle besitze. Es gelte also, möglichst viele und möglichst hochwertige Waren an andere Länder zu verkaufen; man solle vor allem Rohstoffe zur Weiterverarbeitung importieren, dagegen Fertigwaren exportieren, weil man dann die Volkswirtschaft damit bereichere, daß man die Arbeit für das eigene Land gewinne. Walpole, der sich an solchen Vorstellungen orientierte, schaffte also zunehmend Exportzölle ab. Umgekehrt schien es durchaus angebracht, Importe stärker zu besteuern. Dabei galt es dann aber zu differenzieren zwischen Rohstoffen, die möglichst gering besteuert werden sollten, und Fertigwaren bzw. Konsumgütern, die möglichst hoch zu besteuern seien. Außerdem galt es, das Problem des Reexports zu bedenken: London

Kampagne für eine Unterhauswahl (Radierung von William Hogarth, 1754/55)

war ja zu einem Weltmarkt geworden. Viele Importe aus den Kolonien kamen eigentlich nur nach London, um von hier aus wieder in andere Länder exportiert zu werden. Die Aufgabe war also, einerseits aus dieser Lage für den Staat Nutzen zu ziehen, andererseits den Handel nicht zu behindern. Walpole schuf dazu *Bonded Warehouses*, das heißt Speicher, in denen Kaufleute zum Reexport bestimmte Waren versiegelt niederlegen konnten, um die Importzölle zu sparen. 1709 hatte man einen Versuch mit einer solchen Niederlage für Pfeffer gemacht, eines der profitabelsten Schmuggelgüter, und damit einen solchen Erfolg erzielt, daß Walpole nun daran ging, das System weiter auszudehnen, 1723 zunächst auf Tee, Kaffee und Kakao, wodurch sich die Einnahmen des Staates beträchtlich erhöhten und der Schmuggel zurückging. Zehn Jahre später unterbreitete Walpole ein Projekt, Tabak und Wein in dieses System einzubeziehen. Damit scheiterte er jedoch, weil seine politischen Gegner es vermochten, die öffentliche Meinung zu mobilisieren. In den entscheidenden Abstimmungen schrumpfte Walpoles Mehrheit immer weiter zusammen; er entschloß sich, die Gesetzesvorlage zu verschieben, das heißt, faktisch zurückzuziehen, bevor er wirklich in einer Abstimmung unterliegen konnte. Dies war ein entscheidender Schlag. Walpoles System war nicht unverwundbar, wenn es möglich war, die öffentliche Meinung zu mobilisieren.

Den maßgeblichen Ansatzpunkt fand die Opposition innerhalb der *Whig*-Partei in der Außenpolitik, in der Friedenspolitik Walpoles. Denn sein Erfolg beruhte wesentlich auf seiner Stabilisierungspolitik, auf Steuersenkungen für die Grundbesitzer und Erleichterung des Handels für Gewerbe und Kaufmannschaft. Die Basis für diese Politik war der Frieden; nur dadurch war eine strikte Eindämmung der Staatsausgaben möglich. Die Jungen jedoch drängten auf Krieg.

Sir Robert Walpole im Gespräch mit dem Speaker des Parlaments (zeitgenössischer Druck)

Die Verbindung zwischen England und Frankreich in den Jahren nach 1715 war nur aus der Not der Regentschaft geboren. Als Ludwig XV. erwachsen wurde und Frankreich wieder eine selbständige und selbstbewußte Außenpolitik zu führen begann, sah das Verhältnis sogleich anders aus. Auch machte sich in dieser Phase wiederum der alte Gegensatz zwischen Bourbonen und Habsburgern bemerkbar. 1733 schlossen die französischen und die spanischen Bourbonen einen Familienvertrag. England hätte Österreich unterstützen müssen, doch wollte Walpole keine kriegerischen Aktivitäten wagen.

Immer wieder kam es in Übersee zu Auseinandersetzungen mit Spanien, wenn sich dieses gegen den schwunghaften illegalen Handel wehrte. Englische Kaufleute versuchten, eine aggressive Außenpolitik durchzusetzen. Walpole war ein Gegner dieser Linie. 1739 handelte er den Vertrag von Pardo aus, mit dem die Handelsinteressen der *South Sea Company* und Spaniens ausgeglichen werden sollten. Als die *South Sea Company* die Bedingungen nicht erfüllte, suspendierte Spanien den *Asiento*. Daraufhin konnten sich in England die *Whigs* um Newcastle, Harrington und Hardwicke durchsetzen, die einen Krieg wollten. Der Krieg brachte Siege und Niederlagen. Aber die Unterhauswahlen von 1741 zeigten einen deutlichen Erfolg der Kriegspartei an. Walpole erkannte selbst, daß seine Zeit abgelaufen war.

Die folgenden Jahre brachten schwierige und instabile politische Lagen – nicht nur wegen des Krieges, sondern auch innenpolitisch. Führende Politiker, die Walpole hätten nachfolgen können, waren stets entweder Männer des Parlamentes, mit denen der König nicht zusammenarbeiten wollte, oder Männer des Königs, die für das Parlament nicht akzeptabel waren. Erst 1746 bis 1754 erreichte Henry Pelham wieder eine gewisse Stabilisierung.

Im Österreichischen Erbfolgekrieg kollidierten sichtlich das Interesse Englands am europäischen Gleichgewicht und das Interesse des englischen Königshauses an seinem Stammland Hannover. Auf den Sieg Georgs II. bei Dettingen über Franzosen und Bayern 1743 folgte die Niederlage der alliierten Armee bei Fontenoy in Flandern (1745). Der jüngere Prätendent landete in Schottland. Friedrich II. fiel in Sachsen ein und besetzte Dresden. Georg II. geriet auch in England zunehmend unter Druck, da seine Politik zugunsten Hannovers so unpopulär war, daß sie bald kein Minister mehr verantworten wollte. Der König sah sich gezwungen, seinen Premier Carteret (nunmehr Lord Granville) fallenzulassen. Die Situation war so verfahren, daß der neue Premier, Lord Harrington, mit einer *Broad Bottom Administration* einen neuen Versuch machte: Zum erstenmal seit 1714 wurden *Tories* an der Regierung beteiligt, wenn auch nur wenige, und nicht in den entscheidenden Positionen. Aber diese gemischte Regierungsbildung hatte ihren Haupteffekt nicht in Westminster, sondern auf lokaler Ebene, weil nun erstmals wieder *Tories* zu JPs (Friedensrichtern) ernannt wurden und so allmählich das *Whig*-System, das sich in den vergangenen Jahrzehnten eingeschliffen hatte, aufgeweicht wurde.

Als der Premier Pelham infolge der vorgezogenen Unterhauswahlen von 1747 eine klare Mehrheit hinter sich wußte, zog er England aus dem Österreichischen Erbfolgekrieg heraus, da dieser die nationale Verschuldung wiederum in gefährliche Höhen getrieben hatte. 1748 wurde in Aachen ein allgemeiner Frieden geschlossen. Es war wiederum ein Erschöpfungsfrieden, bei dem die Eroberungen der verschiedenen Seiten gegeneinander aufgerechnet und zurückgegeben wurden. In der folgenden Phase des Friedens ging Pelham daran, die englischen Finanzen zu konsolidieren und die nationale Verschuldung wiederum zu reduzieren. Er konzentrierte sich nun auf die Innenpolitik und setzte die Kalenderreform durch. England hielt damals noch am Julianischen Kalender fest, während fast alle Staaten Kontinentaleuropas mittlerweile die Gregorianische Kalenderreform übernommen hatten. Die Differenz betrug im 18. Jahrhundert bereits elf Tage. Per Gesetz wurde nun bestimmt, daß auch in England das Jahr am 1. Januar beginne (statt am 25. März, Mariä Verkündigung, wie bis dahin) und daß auf den 2. September 1752 der 14. September unmittelbar folge.

Obwohl England im 18. Jahrhundert auffallend oligarchische Züge aufwies, Politik wesentlich über Patronage ausgeübt wurde und Korruption an der Tagesordnung war, hatte doch die Öffentlichkeit einen Einfluß gewonnen, den man mit keinem anderen europäischen Staat vergleichen konnte. Eine effektive Regierungsarbeit konnte ein Premierminister nur dann erreichen, wenn er, wie Walpole 1721–1742 und Henry Pelham 1746–1754, über beides zugleich verfügte: über das Vertrauen des Königs und eine Mehrheit im Parlament. Aber die Mehrheit im Parlament konnte nicht mehr einfach von oben her durch Patronage organisiert werden; Druck von außen und Stimmungsschwankungen in der Öffentlichkeit beeinflußten zunehmend das Abstimmungsverhalten der Abgeordneten des Unterhauses und damit schließlich die Politik der Regierung.

Nach dem Tode Pelhams vergingen mehrere Jahre mit zweifelhaften Versuchen, eine arbeitsfähige Regierung zu bilden. Zu einer gewissen Stabilisierung kam es erst, als der Krieg diese erzwang und derjenige, der immer auf den Krieg hingearbeitet hatte, William Pitt d. Ä., auch Regierungsverantwortung übertragen bekam. Seinem Amt nach war er sowohl 1756/57 unter dem Premier Devonshire als auch 1757–1761 unter dem Premier Newcastle nichts als *Secretary of State*; der Sache nach war Pitt jedoch der eigentliche Premierminister. Er vertrat politisch das Interesse der Kaufleute der City, eine aggressive Außenpolitik und koloniale Ansprüche Englands.

Spätestens seit 1755 war nicht mehr zu übersehen, daß der Gegensatz zwischen Frankreich und England auf einen militärischen Konflikt hinauslief. Vor allem in den Kolonien in Nordamerika gab es eine jahrzehntelange Rivalität und gelegentliche Scharmützel. Zu Zusammenstößen kam es auch an den Küsten Afrikas und in Indien, wo jeweils rivalisierende Handels- und Großmachtinteressen beider Staaten aufeinanderprallten. Schließlich ordneten sich die Verhältnisse in Europa neu, als sich Friedrich II. von Preußen Anfang 1756 mit England in der Konvention von Westminster verbündete und daraufhin Österreich an die Seite seines langjährigen Feindes Frankreich trat (*renversement des alliances*: Umkehrung der Allianzen). Durch den Präventivkrieg Friedrichs kamen die Verhältnisse in Bewegung, wobei man in England mit Sorge an die Verteidigung des Kurfürstentums Hannover dachte. Pitts Vorstellung war, man könne Hannover, da es als unförmige Landmasse sowieso nicht zu verteidigen sei, von den Franzosen überrennen lassen; statt dessen gelte es, in Übersee Eroberungen zu machen, die dann wiederum gegen Hannover eingetauscht werden könnten. Auf allen vier damals bekannten Kontinenten wurde Krieg geführt; Pitt versuchte, die Strategien auf den verschiedenen Kriegsschauplätzen zu koordinieren. Während das Kriegsglück in den ersten Jahren des Siebenjährigen Krieges eher wechselhaft und für England ungünstig war, folgten im Laufe des Jahres 1759 auf allen Kriegsschauplätzen so viele Siege, daß dieses Jahr als *annus mirabilis* in die englische Geschichte einging. In Nordamerika führten die Einnahme von Quebec und Montreal 1759 und 1760 schließlich zu einer vollständigen Niederlage der Franzosen, die ihr Kolonialreich in diesem Teil der Welt an die Engländer verloren. Hinzu kamen Erfolge in Afrika und in Indien. Problematischer war die Lage in Mitteleuropa. England hatte zwar in Deutschland ein eigenes Heer, aber im wesentlichen setzte es auf Friedrich den Großen, der ungeheure Subsidien aus der englischen Staatskasse erhielt. Während der Herzog von Cumberland zunächst in der Konvention von Kloster Zeven praktisch kapituliert und Hannover preisgegeben hatte, eroberten die englisch-hannoverschen Truppen unter dem Kommando des fähigen Ferdinand von Braunschweig in der Folge Norddeutschland zurück und trieben die Franzosen über den Rhein. Doch damit war der Krieg noch keineswegs zu Ende; vielmehr wogte in den folgenden Jahren das Kriegsglück wiederum hin und her. Aber die rauschenden Erfolge auf vier Kontinenten ließen Pitt nicht erkennen, daß gerade diejenigen, die jahrelang eine imperialistische Politik gefordert und seinen weitausgreifenden Plänen zugejubelt hatten, die *Country-Gentlemen*, mittlerweile vom Krieg und den hohen Steuern genug hatten und nichts sehnlicher wünschten als den Frieden, der freilich unter der politischen Führung Pitts nicht in Sicht war. Der Umschwung kam mit dem Tod Georgs II. am 25. Oktober 1760. Denn der neue König, sein Enkel Georg III., verstand sich selber als britischer Patriot und behauptete, auf jene hannoversche Provinz im fernen Deutschland wenig Wert zu legen.

Schottlands letztes Aufbäumen

Im Jahr nach der umfassend abgesicherten Thronbesteigung des ersten Königs aus dem Hause Hannover wurde eine weitreichende Verschwörung aufgedeckt, an der auch englische Parlamentsabgeordnete und ehemalige Minister beteiligt waren und die darauf abzielte, den Stuart-Prätendenten auf den englischen Thron zu bringen. 1715 erhob sich in Schottland ein Aufstand unter dem schottischen Earl of Mar. Es gelang ihm, im Nordosten Schottlands und in den *Highlands* etwa 12 000 bis 20 000 Männer zu den Waffen zu rufen, also schätzungsweise 5 bis 10 % der erwachsenen männlichen Bevölkerung. Das bedeutet nun freilich nicht, daß sich diese alle freiwillig für die Stuarts erklärt hätten; durch das schottische Clan-System konnten die Adligen in Schottland auch im 18. Jahrhundert noch ihre Vasallen mit ihren Pächtern zu den Waffen rufen. Doch Mar war kein militärischer Führer und wartete zu lange unentschlossen. Auf der Gegenseite agierte mit dem Earl of Argyll ein weit fähigerer Feldherr. Als Mar schließlich mit 10 000 Mann auf Edinburgh vorrückte, gelang es Argyll, ihn mit nur 3000 Mann aufzuhalten (Schlacht von Sheriffmuir). Schließlich kam der ältere Prätendent aus Frankreich, um sich an die Spitze des Aufstandes zu stellen. Er ließ sich am 23. Januar 1716 in Perth als »Jakob VIII.« zum König von Schottland krönen. Aber mittlerweile hatte Argyll seine Truppen verstärken können; er rückte mit seinem Heer immer weiter nach Norden vor und trieb die Jakobiten vor sich her. Nur wenige Tage nach der Krönung gaben der Prätendent und Mar auf. Die Aufständischen zerstreuten sich.

Auch in den folgenden Jahrzehnten kam es immer wieder zu Versuchen, Schottland für die Stuarts zurückzuerobern. Der Prätendent war eine feste Größe im internationalen Spiel der Diplomatie. Doch dasjenige Unternehmen, das in der Rückschau am meisten die Phantasie beschäftigt hat, war mehr ein sinnloses Bravourstück als eine strategisch durchdachte militärische Operation. Das Schottland von 1745 war nicht mehr das Schottland von 1715. Die Hannoveraner hatten inzwischen einschneidende Bemühungen zur Sicherung des unruhigen Landes unternommen. Militärstraßen waren in die *Highlands* gebaut worden. Die Bewohner waren teilweise entwaffnet worden. Am 25. Juli 1745 landete der 23jährige Sohn des älteren Prätendenten inkognito in Schottland. Seine Behauptung, im Bund mit Frankreich zu handeln, das eine Invasionsarmee schicken würde, brachte den Stein ins Rollen. Einen Monat später nahm er mit einem kleinen Heer Perth und Edinburgh ein. Bei Prestonpans schlugen die Jakobiten ein englisches Heer. Daraufhin fielen sie in England ein, um dort Aufstände zu ermutigen. Doch nichts regte sich. Die schottischen Heerführer fühlten sich vom jüngeren Prätendenten getäuscht; als dieser schließlich zugeben mußte, daß seine Aussagen über eine französische Invasion und Aufstände in England auf schwachen Füßen standen, kehrten sie um. Die englischen Truppen trieben die Jakobiten immer weiter nach Norden. Der jüngere Prätendent bestand auf einer Entscheidungsschlacht. Am 16. April 1746 stell-

Die Schlacht bei Culloden am 16. April 1746 (Gemälde von David Morier, Ausschnitt)

ten sich 5000 erschöpfte Jakobiten bei Culloden zur Schlacht auf gegen 9000 gut gerüstete reguläre Soldaten (über die Hälfte Schotten), die den Aufständischen eine blutige Schlacht lieferten. Der englische General Cumberland verdiente sich den Beinamen »der Schlächter«, als er in der Folge die *Highlands* säuberte. So war die Unterwerfung Schottlands schließlich nach Culloden vollendet. Die *Highlanders* mußten ihre Waffen abgeben. Es wurde per Gesetz verboten, einen *Kilt* zu tragen; gleichfalls verboten wurde das Kriegsinstrument, der Dudelsack.

Schottland wurde in der Folge zu *North Britain*, zum nördlichen Teil von Großbritannien. Die Machtverhältnisse waren klar; die wirtschaftliche Überlegenheit des südlichen Teiles war erdrückend. Die Eliten machten ihren Frieden mit England, mit den Hannoveranern und den *Whigs*. Schon der Unionsvertrag hatte ihre Rechte ja weitgehend respektiert. Da es in Schottland einen zahlreichen Adel gab, dessen Macht in der Vergangenheit auf Herrschaft über Vasallen beruht hatte, aber nur in geringerem Maße auf materiellem Reichtum, erschienen schottische Adlige nun, im Vergleich mit ihren englischen Standesgenossen, oftmals geradezu arm. Sie waren darauf aus, in der Politik etwas zu werden, im Militär, in der Verwaltung – insbesondere in den Kolonien. Das Heer war ein entscheidender Faktor der Integration. Schottland hatte schon in früheren Jahrhunderten als überbevölkertes Gebirgsland Männer in den Solddienst fremder Staaten geschickt. Nun gingen diese in großer Zahl in das englische Heer. Überall wirkten Schotten mit, die als kampfkräftige Soldaten allgemein berühmt waren.

Einen Weg der Integration Schottlands in den neuen Gesamtstaat bildete schließlich die Wirtschaft. Durch die Union war ein großes Wirtschaftsgebiet ohne Binnenzölle entstanden, in dem Schottland dieselben Rechte hatte wie England. Die schottischen Magnaten realisierten ihre Möglichkeiten zuerst, indem sie ihre berühmten Rinder in den Süden trieben, wo sie weit mehr Erlös einbringen konnten als im eigenen Land. Auch die Schafzucht breitete sich in der Folge in Schottland immer weiter aus. Der neue Stil einer auf Export ausgerichteten Landwirtschaft hatte zur Folge, daß die Großgrundbesitzer immer mehr Land zusammenbrachten. Clan-Chefs, die früher das Kriegshandwerk getrieben hatten, wurden nun Landwirte großen Stils. Auch die schottischen Kohlevorkommen wurden nun konsequenter als früher ausgebeutet. Es wurden Maschinen zur Förderung und zur Entwässerung der Schächte eingesetzt. Es wurden Kanäle gebaut, um die günstigen Möglichkeiten des billigen Transportes zur See zu erreichen. Man arbeitete an der Verbesserung der Verfahren zur Eisenschmelze in Hochöfen. Die industrielle Revolution empfing schon in ihrer Frühzeit wesentliche Impulse gerade auch aus Schottland.

Bevölkerung, Wirtschaft und Gesellschaft vor der industriellen Revolution

1701 betrug die Bevölkerung in England und Wales 5,3 Millionen, 1761 6,7 Millionen. Diese Zahl sollte sich bis 1831 mehr als verdoppeln. Nimmt man die übrigen Teile Großbritanniens hinzu, ergibt sich folgendes Bild: Schottland hatte um 1700 etwa 1 Million Einwohner und blieb in den folgenden Jahrzehnten in diesem Bereich. Freilich sollte sich die Zahl in Schottland bis 1831 dann mehr als verdoppeln. Irland hatte 1701 etwa 2,5 Millionen Einwohner und nahm deutlich zu. 1831 erreichte es 7,8 Millionen. In Irland wuchs die Bevölkerung also noch stärker als in England und Schottland.

Die Sterberate wurde in der ersten Hälfte des 18. Jahrhunderts durch medizinische und hygienische Fortschritte noch kaum beeinflußt. Immer wieder führten mehrere Mißernten hintereinander zu massenhaftem Sterben infolge von Unterernährung und epidemischen Krankheiten. In England traten solche Krisen in den Jahren 1727–1730 und 1740–1742 ein. Die Britischen Inseln wurden in diesem Zeitalter zwar nicht mehr von der Pest betroffen, aber von anderen Epidemien wie Typhus, Ruhr und Pocken. Die durchschnittliche Lebenserwartung betrug in England zu Beginn des 18. Jahrhunderts 32 Jahre, sank um 1730 auf 30 Jahre und stieg danach beständig; am Ende des 18. Jahrhunderts lag sie bei 39 Jahren.

Die Zunahme der Bevölkerung ist wohl im wesentlichen auf eine Zunahme der Geburten zurückzuführen, und diese korreliert mit einem Sinken des Heiratsalters. Während Männer zum Zeitpunkt ihrer ersten Heirat in der ersten Hälfte des 18. Jahrhunderts durchschnittlich 28 Jahre alt waren, waren sie in der zweiten Jahrhunderthälfte 27. Noch deutlicher fiel diese Tendenz bei den Frauen aus, auf die es in dieser Frage ja ankommt: von 27 Jahren auf 25,4. Ob dies eher auf materielle oder mentalitätsbedingte Ursachen zurückzuführen ist, bleibt ungeklärt.

England war ein Überschußproduzent von Getreide und blieb es auch in diesem Zeitraum. In den ersten Jahrzehnten des 18. Jahrhunderts waren die Getreidepreise zunächst zurückgegangen, weil sie vorher auf einem extrem hohen Niveau infolge der Kriege gestanden hatten. Von 1730–1760 blieben sie relativ stabil, bei erhöhter Produktion. Das heißt, daß das mäßige Bevölkerungswachstum die Produktionssteigerung aufzehrte; die damals noch nicht sehr stark wachsende Bevölkerung konnte ernährt werden. Die Getreidepreise hatten nicht nur mit dem Brot zu tun. Ein großer Teil des angebauten Getreides war Gerste, die man zu Malz verarbeitete und zum Bierbrauen benötigte. Neu war der Boom des Destillierens.

Traditionell war in England auch der Sektor Viehzucht von großer Bedeutung. Doch das Wachstum der Städte, und hier vor allem der Metropole London, war nur möglich auf der Basis ungeheurer Zufuhr von Lebendvieh aus den Randgebieten, nun auch zunehmend aus Irland.

Ackerbau und Viehzucht nahmen im Laufe des 18. Jahrhunderts einen Aufschwung. Umstritten waren die *Enclosures*, die Einhegungen von Gemeindeland zu privater Nutzung. Schon seit Jahrhunderten war in England ein solcher Prozeß der Privatisierung im Gange. Ohne Zweifel wurde die Landwirtschaft in beträchtlichem Maße rationalisiert und effektiviert durch solche Privatisierung von Gemeindeland. Andererseits entwurzelte dieser Prozeß zum Teil arme Leute, die in ihren Dörfern ein kärgliches Dasein fristen konnten unter Zuhilfenahme ihrer Allmendnutzungsrechte. Der Prozeß der Verstädterung und Industrialisierung hängt auch mit diesem Wandel zusammen.

Zur »Werkstatt der Welt« wurde England zwar erst im Laufe der industriellen Revolution, aber schon davor gab es gute Grundlagen einer gewerblichen Wirtschaft. Seit dem Mittelalter waren englische Wolle und englische Tuche gefragt. Gewisse Erzeugnisse der metallverarbeitenden Industrie kannte man in der Frühen Neuzeit auf dem Kontinent. Englische Kohle hatte sich im Laufe des 17. Jahrhunderts zu einem entscheidenden Wirtschaftsgut entwickelt. Traditionell hatten verschiedene Regionen eigene Spezialitäten ausgebildet. Wirkliche Industrielandschaften gab es in dieser Zeit noch nicht. Das bedeutendste industrielle Zentrum war London mit seinen Zuckerraffinerien, Großbrauereien und Destillerien, Seifensiedern, Stärkefabrikanten und Kerzenziehern. Außerhalb existierten nicht mehr als drei städtische Zentren von gewerblicher Bedeutung: Norwich, bekannt für seine Kammgarne; Birmingham für Eisenwaren, Manchester für verschiedene Textilien. Von Manufakturbetrieb, technischen Innovationen oder eingreifender Umstrukturierung waren alle diese wohletablierten Gewerbe kaum betroffen.

Der große Vorteil Englands, auch für den Binnenhandel, lag darin, daß es, vom Meer umgeben, gewissermaßen eine Ringstraße für die Versorgung aller Regionen hatte. Nur zu Wasser konnte man damals schwere Lasten zu einem akzeptablen Preis transportieren. Das 18. Jahrhundert war die große Zeit des Kanalbaus, eine Zeit, in der es eine gewisse öffentliche Begeisterung für die Pioniere der Verbesserung der Binnenschiffahrt gab,

William Hogarth, »Fleiß« und »Faulheit« (Meister und Lehrlinge in einer Weberei)

bevor dann im 19. Jahrhundert durch die Eisenbahnen wieder neue Bedingungen geschaffen wurden. Die kollektive Phantasie wurde vor allem durch jenes Kanalprojekt befördert, das der Duke of Bridgewater 1759 begann: Er verband seinen Besitz in Worsley, auf dem er Kohle förderte, mit der Stadt Manchester, und zwar mit Hilfe eines äußerst aufwendigen Kanals, der Berge durchschnitt und auf Brücken über Täler geführt wurde.

Während so die Möglichkeiten des Transports zu Wasser verbessert wurden, blieb zunächst der Landtransport noch ein Problem – nicht zuletzt infolge des Mangels einer zentralen Administration. Die Lösung für dieses Strukturproblem bildeten auch hier wieder Aktiengesellschaften, die *Turnpike-Road Trusts*, die sich verpflichteten, mit ihrem Kapital eine gewisse Strecke Straße zu bauen oder in Stand zu halten, und die sich dies dann durch Mautgebühren der Nutzer bezahlen ließen.

Seit dem Mittelalter war der Außenhandel in England durch Monopolgesellschaften betrieben worden, welche gegen eine hohe Zahlung an den König ausschließende Rechte bezüglich einer bestimmten Handelsregion oder bestimmter Handelsgüter erhalten hatten. Als im 17. Jahrhundert der Außenhandel zunahm, fühlten sich immer mehr Kaufleute durch die privilegierten Handelsgesellschaften vom Markt ausgeschlossen. Es setzte sich die Meinung durch, es sei für den Staat und die Gesellschaft von Vorteil, wenn diese Monopole aufgehoben würden und eine allgemeine Freiheit des Handels einträte. Bereits 1673 war der Handel mit Skandinavien freigegeben worden. Die früher so mächtigen *Merchant Adventurers* verloren 1689 den größten Teil ihrer Privilegien. Seit 1698 konnten alle Kaufleute am Afrika-Handel teilnehmen, und seit 1699 konnte man mit Rußland und Neufundland frei handeln. Auf der anderen Seite gab es auch im 18. Jahrhundert noch mächtige privilegierte Handelsgesellschaften, namentlich die *Hudson Bay Company*, die *Levant Company* und die *East India Company*. Das Risiko wurde traditionell auf viele Schultern verteilt: Nicht nur, daß verschiedene Kaufleute zu einer Ladung beitrugen; seit dem späten 17. Jahrhundert war das Versicherungswesen in England immer weiter entwickelt worden. Versicherungsgesellschaften, die meist in London ihre Basis hatten, unterhielten Nachrichtensysteme rund um die Welt. Bestimmte Kaffeehäuser in London dienten als Kontakt- und Informationsbörsen, vor allem *Lloyd's*. Auch der Schiffsbau nahm im 18. Jahrhundert einen bedeutenden Aufschwung.

Der Außenhandel wurde vom Staat nicht nur wegen der Zolleinnahmen gefördert, sondern auch wegen der Marine: Im Kriegsfall wurden Handelsschiffe requiriert und in Kriegsschiffe umgewandelt. Vor allem aber war die expandierende Handelsschiffahrt ein Garant dafür, daß im Kriegsfall ausgebildete Matrosen zur Verfügung standen. Die Kohlenschiffahrt zwischen Newcastle und London galt als Schule der Seeleute. Auch James Cook lernte hier sein Handwerk. Seine drei Weltreisen unternahm er auf umgerüsteten Kohlenschiffen.

Wenn man sich den Ablauf der Geschichte als Aufstieg oder Abstieg sozialer Klassen oder Schichten vorstellt, hat die Epoche keine beeindruckenden Verschiebungen zu bieten: Die Bedeutung des Adels und der *Gentry* war am Ende der Epoche genau so groß wie am Anfang. So etwas wie einen Aufstieg des Bürgertums, der Finanzbourgeoisie oder des Industriekapitalismus kann man bis 1760 nicht erkennen. Die wirtschaftlichen Grundlagen blieben im wesentlichen gleich: Die Abhängigkeit vom Land und von der Landwirtschaft wurde durch eine Ausweitung der Warenproduktion und durch die Vergrößerung des Handelsvolumens nicht grundsätzlich verändert. Und die industriellen Ansätze, etwa im Bergbau, vor allem bei Kohle, verschoben die sozialen Verhältnisse keineswegs.

Einen relativen, bescheidenen Wandel kann man vielleicht darin erkennen, daß die *Professions* an Zahl, Differenzierung, Bedeutung und Selbstbewußtsein zunahmen. Diejenigen, welche sich vom Recht ernährten, von Medizin, von Gelehrsamkeit und Schriftstellerei, scheinen wichtiger geworden zu sein.

In mittleren Schichten hatte sich der Lebensstandard seit etwa 1730 deutlich verbessert: Die Ernährungsgewohnheiten, der Verbrauch von teuren Getränken und Luxustextilien, der Bau von Landhäusern, die um sich greifende Gewohnheit zu reisen – alles dies deutet darauf hin.

Bemerkenswert ist im späten 17. und im frühen 18. Jahrhundert eine Verhärtung gegenüber den Armen. Infolge des Bevölkerungswachstums, mit dem die Beschäftigungsmöglichkeiten zunächst nicht Schritt halten konnten, wurden die Ausgaben für die Armen in vielen Städten und Gemeinden immer drückender, weil die Zahl der Unterstützungsempfänger immer größer wurde. In dieser Situation gingen immer mehr Städte und Gemeinden dazu über, keine Almosen an Hausarme mehr auszuteilen, sondern statt dessen Arbeitshäuser zu bauen. Nachdem Bristol hier 1697 mit einem *Private Act of Parliament* vorangegangen war, zogen immer mehr Städte nach, so daß 1723 ein *General Workhouse Act* für alle Städte und Gemeinden erlassen wurde. Infolge dieses Gesetzes wurden etwa 110 Arbeitshäuser errichtet, davon 50 allein in London. Findige Unternehmer wie Matthew Marryot entwickelten Pläne, mit denen sie die Kosten der Gemeinden reduzierten: Sie erboten sich, ein Arbeitshaus zu bauen, Rohmaterialien und Produktionsmittel zu stellen, die Eingewiesenen zu ernähren, zu beherbergen und zu entlohnen. Diese Investitionen wurden dann so kalkuliert, daß für die betreffende Gemeinde weniger Kosten anfielen, als sie für die gesetzliche Unterstützung der Hausarmen hätte aufwenden müssen, so daß die *Poor Rates* für die Hausbesitzer der Gemeinde gesenkt werden konnten. Dabei spielte der Abschreckungseffekt die Hauptrolle: Die strenge Lebensordnung in den Arbeitshäusern brachte viele Arme dazu, lieber auf ihr Unterstützungsrecht zu verzichten und sich anderweitig durchzuschlagen, als sich kasernieren zu lassen.

Der Hafen von Bristol (zeitgenössische kolorierte Radierung)

Die Epoche der Krisen

(1760–1815)

1760–1820	Georg III.
1760–1765	James Macpherson: *Ossian*.
1763	Frieden von Paris.
1764	Horace Walpole: *The Castle of Otranto* (erster Schauerroman).
1765	James Hargreaves Spinnmaschine (*Spinning Jenny*). *Stamp Act*: Stempelsteuer für Kolonien in Amerika.
1767	*Townshend Duties*: Akzise auf Tee und andere Waren.
1768	Amerikanischer Boykott englischer Waren.
1769	Richard Arkwrights Spinnmaschine (*Waterframe*). James Watts verbesserte Dampfmaschine.
1770	5. März: *Boston Massacre*.
1772/73	James Burgh: *Political Disquisitions*.
1773	*East India Company* erhält das Monopol des Teeimports nach Amerika; *Boston Tea Party*.
1774	Schließung des Hafens von Boston.
1775	19. April: Ausbruch des Krieges in Amerika bei Lexington und Concord. Zweiter Kontinentalkongreß in Philadelphia. George Washington mit dem Aufbau einer amerikanischen Streitmacht betraut. 17. Juni: Schlacht bei Bunker Hill: verlustreicher Sieg der Engländer.
1776	Thomas Paine: *Common Sense*. Adam Smith: *The Wealth of Nations*. *Virginia Bill of Rights*: Proklamation individueller Grundrechte: Freiheit und Gleichheit aller Bürger, Religions- und Pressefreiheit, *Trial by Jury*. 4. Juli: Unabhängigkeitserklärung der »Vereinigten Staaten von Amerika«.
1777	Kapitulation brit. Truppen unter Burgoyne (Saratoga).
1778	*Catholic Relief Act*: diskriminierende Bestimmungen für Katholiken in Irland entfallen teilweise. Kriegseintritt Frankreichs, 1779 auch Spaniens.
1779	Samuel Cromptons Spinnmaschine.
1780	*Gordon Riots*: bürgerkriegsartige Unruhen in London.
1781	19. Oktober: Kapitulation brit. Truppen unter Cornwallis bei Yorktown kriegsentscheidend.
1782	Rücktritt der Regierung North. *Grattan's Parliament*: weitgehende Souveränität des irischen Parlamentes.
1783	Friede von Versailles: Anerkennung der Unabhängigkeit Amerikas.

1783–1801	William Pitt d. J., vom König mit der Regierungsbildung beauftragt, erhält in allgemeinen Wahlen 1784 ein überzeugendes Mandat.
1788/89	*Regency Crisis*: vorübergehende Geisteskrankheit Georgs III.
1790	Edmund Burke: *Reflections on the Revolution in France.*
1791	Theobald Wolfe Tone: *An Argument on Behalf of the Catholics of Ireland.*
1791/92	Thomas Paine: *Rights of Man.*
1792	Mary Wollstonecraft: *Vindication of the Rights of Women.* 1. Koalitionskrieg: Preußen und Österreich gegen das revolutionäre Frankreich.
1793	*Catholic Relief Act*: weitere Erleichterungen für die Katholiken in Irland. Der franz. Nationalkonvent erklärt Großbritannien den Krieg.
1794	Franz. Invasion in Irland (Bantry Bay) zurückgeschlagen.
1795	Einschränkung der Versammlungs- und Meinungsfreiheit in Großbritannien. *Speenhamland System*: Armenfürsorge ausgebaut. Preußen scheidet aus dem Krieg aus.
1797	Österreich scheidet aus dem Krieg aus. Wirtschaftskrise in Großbritannien auf dem Höhepunkt.
1798	Thomas Malthus: *Essay on the Principle of Population.* Samuel Taylor Coleridge / William Wordsworth: *Lyrical Ballads.* Aufruhr in Irland: Kriegsrecht verhängt. Franz. Expedition nach Irland (Killala Bay) scheitert.
1799	Erstmals Einkommensteuer in Großbritannien.
1799/1800	Verbot von *Combinations* (Gewerkschaften).
1801	Union von Großbritannien und Irland tritt in Kraft. Erster nationsweiter Zensus.
1802	Frieden von Amiens (Waffenstillstand mit Frankreich).
1803	Kriegserklärung Großbritanniens an Napoleon.
1804–1806	Pitt erneut Premierminister.
1805	Niederlagen der Österreicher und Russen gegen Napoleon. Sieg Nelsons bei Trafalgar: Vernichtung der franz. Flotte.
1806–1813	Napoleon erobert fast ganz Kontinentaleuropa.
1806	Sieg Napoleons über Preußen bei Jena. Einnahme Berlins. Kontinentalsperre: Handelsembargo gegen Großbritannien. Tod von Pitt und Fox.
1807	Abschaffung des Sklavenhandels in brit. Gebieten. Sieg Napoleons über Preußen und Russen. Aufstände in Spanien gegen Joseph Napoleon.
1809	Brit. Heer unter Wellington unterstützt Spanier und Portugiesen im Kampf gegen Napoleon.
1810–1820	Georg III. permanent geisteskrank. Regentschaft des Thronfolgers, des späteren Georgs IV.

1811–1816 Maschinenstürmer (*Luddites*).
1812 Napoleons Rußlandfeldzug und Rückkehr nach Paris.
1813 Niederlage Napoleons in der Völkerschlacht von Leipzig. Sieg Wellingtons auf der Iberischen Halbinsel in der Schlacht bei Vitoria.
1815 Rückkehr Napoleons von seinem Exil auf Elba, »Herrschaft der 100 Tage«, definitive Niederlage Napoleons bei Waterloo gegen vereinigte Heere unter Blücher und Wellington. Bestimmungen des Wiener Kongresses führen zu einer dauerhaften Friedensordnung für Europa. George Stephenson: erste Eisenbahn mit Dampfkraft.

Der Aufbau des ersten britischen Kolonialreiches

Im 17. Jahrhundert waren Engländer, aber auch Schotten und Iren, aus religiösen und wirtschaftlichen Gründen ausgewandert. Die meisten von ihnen wandten sich nach Nordamerika. Dort entstanden an der Ostküste blühende Kolonien. In der Karibik wurde Plantagenbau mit Hilfe von aus Afrika importierten Sklaven getrieben. England hatte Handelsstützpunkte an der Küste Afrikas und in Indien, aber kein politisches Reich, kein *Empire*.

Für die Anfänge des ersten britischen *Empire* ist der Friede von 1713 ein wichtiger Meilenstein, weil durch den *Asiento* mit Spanien nun erstmals geregelte Handelsbeziehungen etabliert waren. England durfte jährlich 4800 Sklaven in die spanischen Kolonien importieren; auf dieser Basis entwickelte sich der berüchtigte Dreieckshandel England–Afrika–Amerika. Und die zusätzliche Bestimmung, England dürfe jedes Jahr ein Handelsschiff in die spanischen Kolonien schicken, eröffnete einen regen illegalen Handel. Zunächst aber spielten die Kolonien nur eine geringe Rolle in der Politik Großbritanniens. Im Zeitalter Walpoles überließ man sie weitgehend sich selber, unterstützte sie wenig und reglementierte sie kaum. An der Spitze der Kolonien in Nordamerika stand in der Regel ein königlicher Gouverneur, den die Kolonisten jedoch selbst bezahlen mußten; diesem gegenüber standen jeweils Repräsentativversammlungen der Kolonisten. Die Versammlung konnte sich ihre eigenen Gesetze geben, doch waren diese der Zustimmung des englischen Königs bedürftig.

Rechte Seite: Zollabfertigung am Dock der East India Company in London (Gemälde von Samuel Scott, Mitte 18. Jahrhundert)

Die Bevölkerung der amerikanischen Kolonien betrug am Anfang des 18. Jahrhunderts etwa 250000 und 1776 etwa 2 Millionen. Knapp die Hälfte davon waren weiße Einwanderer, wobei zu den Engländern, Schotten und Iren noch Deutsche in beträchtlicher Zahl hinzukamen. Der Süden des nordamerikanischen Halbkontinents war damals spanisches Kolonialgebiet: Kalifornien, Neu-Mexiko, Florida. Die Franzosen erschlossen sich Handelswege von Norden und Süden über die Flußsysteme des St.-Lorenz-Stromes und des Mississippi. Dies wurde später zu einem entscheidenden Konfliktpunkt, als sich die Kolonien verdichteten und nach Westen auszudehnen wünschten.

In Indien war die *East India Company* in verschiedenen Hafenstädten zugelassen. Als das Mogulreich in der ersten Hälfte des 18. Jahrhunderts zerfiel, gelang es ihr, durch Bündnisse mit wechselnden kleineren Fürsten

auf die politische Ordnung Einfluß zu nehmen. Örtliche Niederlassungen stellten immer öfter Privatarmeen auf. Doch gleichzeitig begannen die Franzosen, in Indien Land zu erobern. Hinter den Handelsgesellschaften standen Großmächte, welche sich zunehmend in Konflikte hineinziehen ließen. In England machten sich steinreiche Emporkömmlinge geltend, die man als »*Nabobs*« bezeichnete: Männer, die in Diensten der *East India Company* zunächst kaufmännisch tätig waren, dann aber auch politisch und militärisch, und die oft in wenigen Jahren gigantische Reichtümer anhäuften. Diese brachten sie nach England, um sie dort in politischen Einfluß umzusetzen. Auf solche Weise wurden dann die indischen Angelegenheiten zunehmend zu einem Element britischer Politik. William Pitt d. Ä. schließlich war der erste englische Spitzenpolitiker, der diese Interessen zu einer nationalen Angelegenheit erklärte. Der Siebenjährige Krieg war gleichzeitig ein englisch-französischer Kolonialkrieg in Nordamerika, an der afrikanischen Küste und in Indien.

Im Frieden von Paris 1763 stabilisierte sich das britische Kolonialreich. Großbritannien hatte sich durch militärische Erfolge in eine glänzende Position gebracht. Frankreich mußte seinen ganzen amerikanischen Festlandsbesitz aufgeben. Der britische Besitzstand in Indien nahm zu. So war zwischen dem Frieden von Utrecht 1713 und dem Frieden von Paris 1763 ein britisches Kolonialreich entstanden, das wesentlich auf drei Pfeilern ruhte: Nordamerika, den karibischen Inseln und Teilen Indiens.

Politik und Aufruhr nach dem Regierungsantritt Georgs III.

Als Georg III. 1760 den Thron bestieg, neigte sich die *Whig*-Epoche ihrem Ende zu. Der König vergab eine Reihe führender Hofämter an *Tories* und machte seinen Mentor Bute zum Premierminister. Dabei setzte Georg III. nicht auf die *Tories* als Partei, sondern sammelte Männer um sich, die als »*The King's Friends*« bezeichnet wurden. Die *Tory*-Partei war in jenen Jahren kaum noch vorhanden. Ihre Ideen waren teilweise Gemeingut geworden, aber die Partei als solche war zerrieben worden. In dieser Zeit kamen diejenigen stärker zur Geltung, die man »*Independent Country Gentlemen*« nannte: Männer, die in aller Regel loyal zum König standen, aber nicht durch Ämter gebunden waren, und im wesentlichen die Meinungen und Interessen ihrer lokalen Wählerschaft vertraten. Im Unterhaus machten sie ungefähr die Hälfte aller Abgeordneten aus. Sie begrüßten die Friedensinitiative des neuen Königs, weil sie die hohen Steuern der Kriegszeit leid waren, obwohl sie einige Jahre zuvor der patriotisch-nationalistischen Politik William Pitts zugejubelt hatten. Georg III. verfolgte das Leitbild eines *Patriot King*, eines Königs für die ganze Nation (über den Parteien).

Der Krieg auf vier Kontinenten hatte ungeheure Summen verschlungen: teils für direkte Kriegsführung, teils für Subsidien. Am Ende des Siebenjährigen Krieges waren die Staatsschulden auf 140 Millionen Pfund gestiegen. Allein die Zinsen zehrten jährlich mehr als die Hälfte des Budgets auf. Es galt also, grundsätzlich Abhilfe zu schaffen.

Die Amerikaner hatten am meisten vom Krieg profitiert, weil nun die Bedrohung durch die Franzosen nicht mehr gegeben war. Also, schloß man in England, war es nur recht und billig, die Kolonisten an den Lasten zu beteiligen und damit die Staatskasse in schwerer Zeit zu entlasten. 1764 wurden die Gesetze bezüglich der Akzise auf Zucker und der Einquartierung von Soldaten geändert. Mit einer Steuer auf Druckerzeugnisse sollten die Amerikaner etwas zum englischen Staatshaushalt beitragen. In den Kolonien traf dieses Ansinnen auf einhelligen Widerstand der Repräsentativversammlungen. In Boston kam es zu Ausschreitungen gegen den englischen Steuerbeamten, der daraufhin sein Amt niederlegte. Auch andere Amtsträger des englischen Königs, die sich an Leib und Leben bedroht fühlten, zogen es vor, ihre Positionen zu räumen. Der Widerstand breitete sich rasch über die anderen Kolonien aus. Ein nach New York einberufener Stempelsteuerkongreß proklamierte das Prinzip *»No Taxation without Representation!«* und erklärte einen Boykott englischer Waren. Daraufhin entschloß sich Westminster, die Stempelsteuer fallenzulassen, aber das Prinzip der Besteuerung zu bekräftigen. Doch der nächste Konflikt ließ nicht lange auf sich warten.

John Wilkes (Radierung von William Hogarth, 1763)

In der Epoche der Stabilität hatte kaum jemand über die englische Verfassung nachgedacht. Reformen schienen unnötig. Doch in der Epoche der Krisen nach 1760 rückte die englische Verfassung, die man in ganz Europa für ein Vorbild hielt, nachdem Montesquieu und andere Aufklärer ihre Vorzüge gegenüber dem Absolutismus herausgestellt hatten, in ein weniger günstiges Licht, als sich die Kolonien in Amerika eigenständig entwickelten und die sich industrialisierenden Regionen einen stärkeren Anteil an der Willensbildung verlangten.

Die zentrale Rolle bei diesen Bestrebungen spielte John Wilkes, eine der schillerndsten Figuren der Zeit. Der Sohn eines Londoner Destillateurs war aufgrund seines Lebenswandels schon berüchtigt, bevor er berühmt wurde. In Nr. 45 seines Sprachrohrs *The North Briton* riskierte er einen direkten Angriff gegen den König und seine Minister wegen des Friedens von Paris. Die Skandalnummer wurde als aufrührerische Schmähschrift verfolgt. Die Regierung ließ einen allgemeinen Haftbefehl gegen die Verdächtigen ergehen, einen *General Warrant*, in dem nur das Delikt bezeichnet war, nicht aber ein namentlich genannter Tatverdächtiger. Aufgrund dieses Haftbefehls wurden neben Wilkes noch 48 andere Personen verhaftet, die mit der Zeitung in Verbindung standen. Das verhalf Wilkes zu seinem großen Auftritt. Er erstritt nämlich seine Freilassung unter Bezug auf *Habeas Corpus*: Ein *General Warrant* sei verfassungswidrig. Plötzlich stand Wilkes als Held des Volkes da, als einer, der sich furchtlos gegen die tyrannische Regierung aufgelehnt und den Sieg davongetragen hatte. Weiteren Schwierigkeiten entzog sich Wilkes durch eine Reise nach Frankreich. Weil er nicht vor Gericht erschien, wurde er für *outlaw* erklärt. Als ihm seine Gläubiger keine Ruhe mehr ließen, wagte er es, nach England zurückzukehren und sich erneut um einen Sitz im Unterhaus zu bemühen. Für Middlesex wurde er 1768 als Held des Volkes gewählt; er unterwarf sich darauf theatralisch dem Gericht und wurde in Haft genommen. Die Hauptstadt sah tägliche Demonstrationen und Ausschreitungen. Die Regierung verlor die Nerven und setzte ein schottisches Regiment ein. Wilkes wurde zu einer Freiheitsstrafe verurteilt, doch im Gefängnis mit Geschenken und Sympathiebekundungen überhäuft. Das Unterhaus beschloß mit Mehrheit, ihn wiederum aus seinen Reihen auszustoßen; Middlesex wählte ihn erneut. Dies geschah wiederholt. Die Stellung des Volkstribunen war mittlerweile so stark, daß es niemand mehr wagte, eine Wahl anzufechten. Als sich ein Gegenkandidat finden ließ, erhielt Wilkes ein Mehrfaches an Stimmen, und doch wurde der Unterlegene zum Sieger erklärt. Dies erwies sich allerdings als ein Pyrrhussieg selbstgefälliger Politmanager. Denn es mußte bedenklich erscheinen, daß die klare Mehrheit eines Wahlbezirkes so leicht durch die Regierung umgestoßen werden konnte. Dieser Kasus verschaffte all jenen Zulauf, die auf Verfassungsreformen drängten.

1769 entstand eine *Society of the Supporters of the Bill of Rights*, welche die Errungenschaften der »Glorreichen Revolution« nicht nur feiern, sondern fortführen wollte. Dabei ging es auch um unübersehbare Mißstände in der politischen Repräsentation. Man empfand es zunehmend als anstößig, daß *Rotten Boroughs* existieren konnten, während auf der anderen Seite die aufstrebenden Industrieregionen kaum Abgeordnete ins Parlament schicken durften. Vernunft stand hier gegen Tradition. Wenn man sich auf einen Vernunftstandpunkt stellte, mußte man zwangsläufig in das traditionsgeheiligte Repräsentativsystem eingreifen. Das schien aus mancherlei Gründen problematisch, nicht zuletzt wegen der Auseinandersetzung mit den Kolonien in Amerika. Denn diese hatten ja die Ansicht verfochten, sie seien einer Besteuerung nicht unterworfen, der sie nicht selbst zugestimmt hätten. Gegen die revolutionären Demokraten Amerikas hatte man in England die Theorie der *virtual representation* entwickelt: Durch die Abgeordneten in Westminster seien alle Untertanen der Krone repräsentiert, unabhängig von ihrem Wohnsitz. Wenn man nun daranging, in England die Wahlkreise

Der Gordon-Aufruhr, 1780 (zeitgenössischer Druck von H. Roberts)

nach der Bevölkerungszahl einzuteilen, gestand man den aufrührerischen Amerikanern ihr Prinzip zu.

Vor 1789 galt keineswegs das Volk von Paris, sondern vielmehr das von London als das aufrührerischste. Am meisten trugen zu dieser Reputation die Ereignisse des Jahres 1780 bei (*Gordon Riots*). Der Anlaß war die Katholikenfrage. Im Laufe des Aufklärungsjahrhunderts hatten sich die Meinungen auseinanderentwickelt: Während die Gebildeten, ob nun *Whig* oder *Tory*, religiöse Auseinandersetzungen abbauen wollten, diente das traditionelle Ressentiment, das sich durch den Schlachtruf »*No Popery!*« kennzeichnen läßt, für die breiten Massen der Hauptstadt auch 1780 noch als einigendes Band. Ein aufgeklärter *Whig*, Sir George Savile, brachte 1778 eine Gesetzesvorlage im Parlament ein, welche einige der traditionellen Benachteiligungen für Katholiken aufheben sollte: Aufgespürte katholische Priester sollten nicht mehr, wie bis dahin, als Hochverräter verurteilt werden. Katholiken, die ihre Erziehung im Ausland erhalten hatten, sollten nicht mehr ihrer Güter verlustig gehen. Und Katholiken sollten, wie alle anderen Engländer, Land erwerben dürfen. Diese Vorlage passierte Unter- und Oberhaus unbeanstandet. Erst im Jahr darauf, als ähnliche Bestimmungen auf Schottland ausgedehnt werden sollten, formierte sich unter Lord George Gordon eine *Protestant Association*, welche gegen die Katholiken agitierte. Gordon stellte sich an die Spitze einer politischen Kampagne, die unerwarteten Widerhall fand. In London begann der Pöbel, die Gesandtschaftskapellen katholischer Mächte zu verwüsten. Aufgespürte Katholiken waren ihres Lebens nicht mehr sicher. Häuser wurden angezündet, Gefängnisse aufgebrochen, Geschäfte geplündert. Eine Woche lang sah London aus wie eine Stadt im Bürgerkrieg.

Die Unabhängigkeit der amerikanischen Kolonien

Der Abfall der amerikanischen Kolonien ist eines der kritischen Ereignisse der englischen Geschichte. Aus der Sicht des Mutterlandes bestanden keinerlei Zweifel, daß man die Kolonien besteuern dürfe. Eine andere Frage war, ob es politisch klug genannt werden konnte, die Kolonien nicht nur wirtschaftlich stärker zu belasten, sondern schließlich sogar einen Krieg gegen sie zu führen. Darüber waren die Engländer selber uneins. Hierbei gab es den Ausschlag, daß Georg III. eine feste Meinung hatte und seine Minister zu entsprechendem Vorgehen nötigte. Die amerikanischen Kolonien bildeten 13 distinkte politische Einheiten, die zu Beginn des Konfliktes noch durchaus unterschiedliche Positionen in ihrem Verhältnis zum Mutterland erkennen ließen, aber im Laufe der Auseinandersetzung allmählich zu jener Gemeinschaft zusammenwuchsen, welche dann die »Vereinigten Staaten von Amerika« ausmachen sollte.

Durch ein Gesetz von 1773 wollte die britische Regierung die *East India Company* gleichzeitig stärker beaufsichtigen und sanieren; dabei wurde ihr auch das Monopol des Tee-Exports nach Amerika eingeräumt. Die Neuregelung bedeutete für die amerikanischen Kolonien einerseits, daß Tee nun so billig wurde, daß sich Schmuggel nicht mehr lohnte, andererseits, daß auf diesem Wege natürlich die Akzise auf Tee eingetrieben wurde. In charakteristischer Weise war hier eine prinzipielle Frage mit einer praktischen Versuchung verknüpft worden. Darauf reagierte die berühmte *Boston Tea Party* vom 16. Dezember 1773: Eine als Indianer verkleidete Gruppe von Rebellen stürmte das erste eingetroffene Teeschiff der *East India Company* und versenkte die gesamte Ladung im Hafen von Boston. Dieser wurde daraufhin geschlossen; die *Charter* der Kolonie Massachusetts wurde widerrufen. Gleichzeitig organisierten sich die amerikanischen Kolonien: Im April 1774 trat in Philadelphia der erste Kontinentalkongreß zusammen, das heißt eine Delegiertenversammlung der Kolonien, um über ein gemeinsames Vorgehen zu beraten und ein Heer aufzustellen. Großbritannien erklärte, Massachusetts befinde sich im Zustand der Rebellion gegen die Krone. Allen 13 Kolonien wurde die weitere Teilnahme am britischen Außenhandel versperrt. Der Krieg brach aus.

Um das geistige Potential zu verstehen, das hinter dem Unabhängigkeitskampf der Vereinigten Staaten von Amerika stand, ist es am aufschlußreichsten, in das Pamphlet eines Engländers zu schauen, der erst wenige Monate zuvor in Amerika angekommen war, sich aber binnen kurzem zum Sprachrohr aller Amerikaner entwickelte, die für die Unabhängigkeit zu kämpfen bereit waren. Thomas Paine publizierte am 10. Januar 1776 die Schrift *Common Sense*, die darauf abzielte, die unterschiedlichen Interessen der Amerikaner zu überspielen und die Sache Amerikas zur Sache der Menschheit schlechthin zu erklären. Von der Unterscheidung zwischen »Gesellschaft« und »Regierung« ausgehend, schilderte er den hypothetischen Naturzustand der Menschheit in einer Weise, welche die Amerikaner leicht die Parallelen zu ihrer eigenen Situation ziehen ließ. Ursprünglich hätten sich alle in einer Gesellschaft Zusammengetretenen gemeinsam regiert, bei zunehmender Größe der Gesellschaft dann durch Delegierte. Besonderen Wert legte Paine auf die Erhaltung der Interessengleichheit der Repräsentierenden und der Repräsentierten durch Rotation. Das Ziel der Regierung sei Freiheit. Vernunft und Natur wollten eine möglichst einfache Verfassung. Die englische Verfassung dagegen sei so komplex, daß man sie kaum mehr verstehen, geschweige denn reformieren könne. Im wesentlichen sei sie aber nichts als eine Zusammensetzung zweier Tyranneien (Adel und Monarchie), die durch etwas republikanisches Füllmaterial (Unterhaus) zusammengehalten werde. Die drei Gewalten könnten sich nicht gegenseitig kontrollieren, da der Einfluß des Königs durch die Vergabe von Ämtern alles andere überwiege. Monarchie und Erbfolge aber seien gegen die Vernunft. Kriege entstünden meist aus der Herrschsucht der Könige. Auch den Krieg gegen die Amerikaner habe der britische König begonnen. Dies sei die weltgeschichtliche Stunde; nun gelte es zu handeln. Amerika sei mehr als eine bloße Ansammlung britischer Kolonien; Amerika sei das allgemeine Asyl für alle politisch und religiös Verfolgten Europas und der ganzen Welt.

In diesem Geist erließen die 13 Kolonien am 4. Juli 1776 ihre berühmte *Declaration of Independence*. Auch sie spricht von Vernunft und Natur; auch sie sieht den göttlichen Beistand ganz auf seiten Amerikas. Größten Raum nimmt in diesem Dokument der Nachweis ein, daß Georg III. ein Tyrann sei, der seinen Untertanen den Krieg erklärt habe. Deshalb komme ihnen ein Widerstandsrecht zu, aus dem dann der Schritt zur Unabhängigkeit hergeleitet wird.

Paines *Common Sense* und die Unabhängigkeitserklärung gehören in die Anfangsphase jenes Krieges, in dessen wechselnden Feldzügen das Glück mehrere Jahre hin- und herwogte. Wichtig war die Kapitulation britischer Truppen unter General Burgoyne am 17. Oktober 1777 in Saratoga. Das kommende Jahr brachte den Kriegseintritt Frankreichs an der Seite der amerikanischen Kolonien. 1779 erklärte auch Spanien England den Krieg. Es begann mit der Belagerung Gibraltars, aber auch in Florida mußten die Briten einem spanischen Angriff standhalten. Die Kapitulation des Generals Cornwallis in Yorktown am 19. Oktober 1781 wurde allgemein als definitive Niederlage Großbritanniens aufgefaßt. Die nächste Entscheidung fiel im Parlament zu Westminster, wo am 27. Februar 1782 erstmals ein Antrag eine knappe Mehrheit fand, der einen Verzicht auf die gewaltsame Unterwerfung der rebellischen Amerikaner forderte. Premierminister North resignierte, was vom König schließlich akzeptiert wurde. Franzosen und Spanier eroberten Menorca, während die Briten Gibraltar halten konnten. Eine neue Koalitionsregierung schloß den Frieden von Versailles (1783), in dem Großbritannien die Unabhängigkeit der »Vereinigten Staaten von Amerika« anerkannte. Es verblieb ihm Kanada. Frankreich erhielt mit Louisiana wiederum eine Kolonie auf dem amerikanischen Festland. Florida fiel an Spanien zurück. Menorca wurde als Besitz der Spanier bestätigt, aber Gibraltar blieb britisch. Auch für Indien wurde Frieden geschlossen.

Tod des Major Peirson am 6. Januar 1781 im amerikanischen Unabhängigkeitskrieg (Gemälde von John Singleton Copley, 1783)

Irland bis zur Union

Zwischen Amerika und Irland bestanden schon im 18. Jahrhundert enge Beziehungen durch die Auswanderung von (damals meist protestantischen) Iren in die Kolonien. Aber auch im kolonialen Wirtschaftssystem spielte Irland eine Rolle, weil seine Agrarexporte zur Verproviantierung der Kolonien in der Karibik und auf dem nordamerikanischen Kontinent dienten.

Irland ist im 18. Jahrhundert gekennzeichnet durch Bevölkerungswachstum und einen Wirtschaftsaufschwung, vor allem aber durch die Herrschaft einer dünnen protestantischen Herrenschicht (*Protestant Ascendancy*). Das Land war von der englischen Kultur überformt. Insgesamt waren die Katholiken unterdrückt und Staatsbürger zweiter Klasse. Aber manche katholischen Familien wurden, vor allem im Handel in den Küstenstädten mit Beziehungen zum Kontinent, wohlhabend. Schon regten sich Stimmen, die aus Gerechtigkeitsgefühl, aus Naturrechtsdenken und Aufklärung für eine Aufhebung der Benachteiligung von Katholiken eintraten. Diese erhielten Auftrieb durch die Geschehnisse in Amerika. Denn vielen erschien es nun so, als sei Irland in einem ähnlichen Verhältnis zu Großbritannien wie die amerikanischen Kolonien, nämlich in einem kolonialen. Als Großbritannien infolge des Krieges in Amerika Regimenter aus Irland abziehen mußte, es damit aber gleichzeitig für eine französische Invasion offenlegte, bildeten sich in Irland Freiwilligenregimenter. Die britische Regierung machte Konzessionen: 1778 wurde ein erster *Catholic Relief Act* erlassen, mit dem die Beschränkungen des Erbrechts, der Pachtzeiten und des Grundbesitzerwerbs aufgehoben wurden. 1780 wurden wirtschaftliche Einschränkungen zurückgenommen; im Handel mit den Kolonien wurde Irland nun prinzipiell mit Großbritannien gleichgestellt. 1782 gab es sogar Verfassungsreformen, als in Westminster Rockingham an die Macht kam, der schon lange mit der irischen Opposition zusammengearbeitet hatte: Das irische Parlament wurde nun weitgehend souverän; der König behielt nur noch ein Vetorecht für Gesetzesvorlagen. Praktisch änderte sich dadurch für Irland wenig, weil dieselben Männer die Politik bestimmten wie zuvor; ein umfassendes Patronagesystem gewährleistete Stabilität. Aber bewußtseinsmäßig war *Grattan's Parliament* von großer Bedeutung: Nun fühlte sich Irland frei, genauer gesagt: Die *Protestant Ascendancy* war auf dem Höhepunkt ihrer Macht. Denn Katholiken blieben nach wie vor ausgeschlossen; für sie hatte die neue »Verfassung von 1782« keine Bedeutung.

1789 jedoch, als sich das französische Volk für souverän erklärte, wollte man auch in Irland weiter gehen. 1791 wurde eine aufklärerische Verbindung von *United Irishmen* gegründet, welche die Trennung von Katholiken und Protestanten überwinden wollte, um alle in einer irischen Nation aufgehen zu lassen, welche sich durch Unabhängigkeit von England definierte. Ihr Sprecher, der junge (protestantische) Rechtsanwalt Theobald Wolfe Tone, veröffentlichte 1791 *An Argument on Behalf of the Catholics of Ireland.* 1793 sah sich die britische Regierung, nun im Krieg mit Frankreich, gezwungen, weitere Konzessionen zu machen: Nun konnten Katholiken auch in Trinity College, Dublin, studieren; sie konnten Juristen, Rechtsanwälte und Richter werden ebenso wie Verwaltungsbeamte (mit Ausnahme der Schlüsselstellungen). Sie erhielten, sofern sie die geltende Besitzqualifikation erfüllten, das aktive Wahlrecht, aber noch nicht das passive. Sie bekamen das Recht aller freien Männer – Waffen tragen zu dürfen.

Diese Konzessionen waren Ergebnis aufgeklärten Denkens und um sich greifender Toleranzvorstellungen, sie waren aber auch ein praktisches Erfordernis zur Erhaltung der britischen Macht. Im Siebenjährigen Krieg hatten die Franzosen schon einmal in Irland mit einem Expeditionskorps Fuß gefaßt. Nun gelang es Wolfe Tone, den französischen Außenminister zu einer Invasion in Irland zu bewegen: General Hoche brachte 15000 Mann auf Schiffe; wäre das Landeunternehmen in Bantry Bay nicht an den Winterstürmen gescheitert (22. Dezember 1796), hätte der größte Invasionsversuch seit der Armada die britische Regierung wohl in Schwierigkeiten gebracht.

Während hochherzige Nationalisten in Belfast und Dublin von der Überbrückung der Konfessionsgegensätze träumten, kam es auf dem Lande vielfach zu sektiererischen Übergriffen. 1798 eskalierten sie an verschiedenen Stellen. Die britische Regierung verhängte das Kriegsrecht, und eine ungebändigte Soldateska verübte Greueltaten ungekannten Ausmaßes. Es kam an mehreren Orten im Lande zu Aufständen, die jedoch niedergeschlagen wurden. Man zählte 30000 Tote in diesem blutigen Jahr der Aufstände und Unterdrückungen.

Die paradoxe Folge der sozialen und politischen Unruhen im Schatten der weltpolitischen Auseinandersetzung zwischen Großbritannien und dem Frankreich Napoleons war die stärkere Einbindung Irlands in das britische System. Pitt d. J. arbeitete an einer verfassungsrechtlichen Integration, das heißt Aufhebung des eigenen irischen Parlamentes bei Einbeziehung von Abgeordneten aus Irland in das Parlament von Westminster, verbunden mit Toleranz und staatsbürgerlicher Gleichheit für die Katholiken. Mit der Union drang er durch: Das Parlament in Dublin beschloß seine Selbstauflösung, wobei neben widersprüchlichen Interessen und Erwartungen verschiedener Gruppen auch massive Bestechungen Wirkung zeigten. Aber die Katholikenemanzipation scheiterte an der Intransigenz Georgs III. Pitt trat zurück. Die staatsrechtliche Union von Großbritannien und Irland jedoch wurde am 1. Januar 1801 Gesetz.

Vorrevolutionäre Reformbestrebungen

Die Epoche der Krisen seit 1760 schärfte das politische Bewußtsein der Zeitgenossen in Großbritannien. Die Selbstgefälligkeit und Zufriedenheit des Landadels, der *Whigs* und der Anglikaner im Zeitalter Walpoles wurde den Zeitgenossen zunehmend fremd. Überall diagnostizierten sie Krisen: Wilkes war Symptom einer Krise, Amerika, Irland. Auf die wirtschaftliche Herausforderung antwortete Adam Smith 1776 mit seinem epochemachenden Werk *The Wealth of Nations*, in dem er das Merkantilsystem denunzierte und Freihandel forderte. Auf die politische und verfassungsrechtliche Herausforderung antworteten *Dissenters* wie Richard Price und James Burgh. Sie fühlten sich der Aufklärung verpflichtet und dem Deismus. Ihre Haupttendenz war Rationalität: Die ganze Welt sollte nach dem Maßstab der Vernunft neu geordnet und reformiert werden. Burgh hatte 1772/73 in seinen *Political Disquisitions* die Forderung nach dem allgemeinen Wahlrecht für erwachsene Männer erhoben. Burgh war insofern radikaler als die anderen, als er nicht daran glaubte, daß sich das Parlament je reformieren würde, und deshalb Pläne ausarbeitete, wie man zu einer demokratischen Repräsentativinstitution kommen könne, die das Parlament schließlich ersetzen würde.

Während sich außerhalb des Establishments, des Parlamentes und der Staatskirche radikale Ideen Bahn brachen, entstand innerhalb eine Strömung, die auf Veränderung durch Reform drängte und dieses Verlangen nun, da Radikale die gesamte Verfassung bedrohten, mit neuer Dringlichkeit geltend machen konnte. Zu ihrem Sprecher entwickelte sich einer der Schützlinge Rockinghams, der Ire Edmund Burke. Er führte die Krise der Zeit auf ein Abweichen von den bewährten *Revolution Principles* von 1689 zurück. Der König müsse sich wieder mit seiner früheren, bescheideneren Rolle begnügen; die persönliche Einmischung in die Regierungsführung müsse aufhören. *Crown Patronage* dürfe nicht länger die Seele der Politik sein, weil dann der wahre Wille des Volkes verfälscht werde. Empfänger von königlichen Pensionen und Ämtern, Hof- und Heereslieferanten müßten aus dem Parlament ausgeschlossen werden.

Als die Regierung North 1782 schließlich resignierte und Rockingham an die Macht kam, schien eine Ära der Reformen bevorzustehen: Die neue Regierung schloß Frieden mit Frankreich und Spanien und war bereit zur Anerkennung der »Vereinigten Staaten von Amerika«. Der königliche Haushalt wurde reorganisiert, Zollbeamten wurde das Wahlrecht entzogen und Hof- und Heereslieferanten wurden aus dem Parlament ausgeschlossen. Der junge William Pitt, der Sohn Chathams, stellte im Parlament einen Antrag auf Überprüfung des Repräsentativsystems. Damit drang er zwar nicht durch, aber als der 24jährige 1783 zum Premierminister berufen wurde, konnte man mit Reformen in Wirtschaft, Gesellschaft und politischer Verfassung rechnen.

Radikalismus und Reaktion

Die vorgezogenen Wahlen Ende März 1784 erbrachten einen überzeugenden Sieg für Pitt und den König. Pitt sah seine erste wichtige Aufgabe in der Konsolidierung des Staatshaushalts, der infolge des amerikanischen Krieges durch ungeheure Schulden belastet war. Er griff auf Walpoles Mittel eines *Sinking Fund* zurück. Bei Tee und anderen Importgütern wurde der Zoll soweit gesenkt, daß sich Schmuggel nicht mehr lohnte, flankiert von schärferen Kontrollen auf See. So gelang es tatsächlich, die Zolleinnahmen durch Zollsenkungen zu erhöhen! Die Hunderte von Sinekuren und politischen Pensionen, welche den Staatshaushalt belasteten, aber zu Walpoles Zeiten als unabdingbar für die Sicherung von Mehrheiten angesehen worden waren, wurden von Pitt größtenteils abgeschafft. Gleichzeitig wurde die Marine reorganisiert und effektiviert.

Pitt war ohne Unterbrechung Premierminister von Dezember 1783 bis März 1801. Ein Faktor der Instabilität in dieser Zeit war überraschenderweise der König selber, dessen Geisteskrankheit im Oktober 1788 erstmals zum Ausbruch kam und eine schwerwiegende Staatskrise zur Folge hatte. Denn das britische Regierungssystem war nach wie vor auf den König zugeschnitten; – was sollte geschehen, wenn dieser ausfiel? Sein ältester Sohn wäre traditionell als geborener Regent angesehen worden. Doch die-

William Pitt vor dem Unterhaus, 1793 (Gemälde von Karl Anton Hickel)

ser war mit seinem Vater verfeindet und politisch mit Fox liiert – soweit er sich neben der Jagd nach dem Vergnügen überhaupt mit Politik abgab. Pitt gelang es, das Parlament dazu zu bewegen, dem Regenten nur sehr begrenzte Befugnisse zu übertragen. Als der König im Februar 1789 genas, war Pitt immer noch im Amt.

Die Verfassungsreformbestrebungen, die durch die amerikanische Revolution Auftrieb erhalten hatten, traten 1789 nach dem Sturm auf die Bastille in ein neues Stadium. Die Hauptforderung aller radikalen Reformer war nun das allgemeine Wahlrecht (für erwachsene Männer). Diese Forderung war in den vorangehenden Jahrzehnten mehrfach von einzelnen Aufklärern und exzentrischen Aristokraten erhoben worden, doch nun machten sich Arbeiter und Handwerker diese Forderung zu eigen. 1789 entstand in Großbritannien erstmals seit den Jahrzehnten des Bürgerkrieges im mittleren 17. Jahrhundert eine politische Bewegung, die über die führenden Schichten hinausgriff. Gelernte Arbeiter und Handwerker machten von sich reden, etwa die Weber von Norwich oder die Metallarbeiter von Sheffield, vor allem aber die Massen der Gewerbetreibenden in der Metropole London. Die einflußreiche *London Corresponding Society* des Schuhmachers Thomas Hardy distribuierte überall im Lande Pamphlete. In freier Diskussion würde sich, so dachte Hardy, die politische Vernunft automatisch durchsetzen. Man faßte Petitionen an das Parlament ab. Auf der anderen

Seite weckte das Vordringen der radikalen Reformer Abwehrhaltungen, vor allem bei einfachen Leuten, die sich nach wie vor unter dem Schlachtruf »*The Church in Danger!*« zusammenrotteten. In Birmingham, Manchester und London kam es zu Ausschreitungen.

1790 erschien Edmund Burkes Schrift *Reflections on the Revolution in France*. Der Vorkämpfer der amerikanischen und irischen Freiheit fühlte sich durch die Umtriebe der radikalen Gesellschaften vor allem in London bedroht. Gegen die Französische Revolution von 1789 brachte er vor, daß sie eine Veränderung der menschlichen Verhältnisse aufgrund völlig abstrakter Vernunftprinzipien darstelle. Dies könne nur Instabilität, Unrecht und Krieg zur Folge haben. Denn Regierungssysteme seien organisch gewachsen, in jahrhundertelanger Kontinuität den Bedürfnissen eines Volkes angepaßt. Sie stellten einen unantastbaren Vertrag der Generationen dar: der Verstorbenen, der jetzt Lebenden und der noch nicht Geborenen. Die Verletzung dieses Vertrages müsse ins Chaos führen. – Die Schrift wurde überall, auch in Deutschland und Frankreich, als Manifest des Konservativismus aufgenommen. Es enthielt die Ideen der Gegenrevolution und den Keim der restaurativen Staatsauffassungen des 19. Jahrhunderts.

Die entscheidende Antwort auf Burke formulierte Thomas Paine. In seiner Schrift *Rights of Man* argumentierte er, es existierten unveräußerliche Rechte aller Menschen, die auch in einem Gesellschaftsvertrag nicht aufgegeben worden sein können. Frühere Generationen hätten nicht die Möglichkeit, spätere zu binden. Erbmonarchien seien absurd. Kriege entstünden nur dadurch, daß sich die Völker von Königen regieren ließen. Republiken dagegen seien grundsätzlich friedlich, weil die Bürger keinen Vorteil von Kriegen hätten, die sie selbst mit ihrem Blut bezahlen müßten. Paine zufolge konnte sich die Staatsgewalt entweder (1.) auf Aberglauben stützen (»Priesterherrschaft«) oder (2.) auf Macht (despotische Herrschaft der Eroberer und Monarchen von Gottes Gnaden), oder (3.) auf gemeinsame Interessen aller Individuen am Leben in Gesellschaft (»Herrschaft der Vernunft«). Er wollte einzig die letztere für seine Zeit anerkennen. Eine solche »Herrschaft der Vernunft« sah er in Amerika verwirklicht – und nun eben im Frankreich der Revolution. Der erste Teil (1791)

Charles James Fox (Porträt von Karl Anton Hickel)

fand großen Absatz, der zweite (1792) reißenden. Hier schritt Paine weit über das hinaus, was die englischen radikalen Reformer zu fordern pflegten: progressive Einkommenssteuer, Aufteilung des Großgrundbesitzes, aktive Bekämpfung des Massenelends und Volksbildung. Mittel für all das wären vorhanden, wenn kein Krieg gegen Frankreich geführt würde.

Englische Radikale sandten Delegierte nach Paris, um die Nationalversammlung dazu aufzufordern, mit französischer Hilfe in Großbritannien die Herrschaft der Freiheit zu errichten. Die Regierung reagierte mit der Aufhebung von *Habeas Corpus* im April 1794. Der Radikalismus fand in Großbritannien in diesen Jahren der Krise auch deshalb besonderen Anklang, weil es zu Mißernten kam und eine Wirtschaftskrise fühlbar wurde. Insbesondere 1795 war ein solches Jahr der Not, der Unzufriedenheit und Krise. Die Regierung schränkte die Freiheiten der Engländer weiter ein durch die berüchtigten *Two Acts*, nachdem der König in seiner Kutsche auf dem Weg zur Eröffnung des Parlamentes mit Steinen beworfen worden war: Der *Seditious Meetings Act* untersagte Versammlungen von mehr als 50 Personen, wenn sie nicht zuvor behördlich genehmigt waren. Der *Treasonable Practices Act* verschärfte die Gesetze gegen Hochverrat dahingehend, daß auch bloße Reden gegen den König oder die Verfassung als Hochverrat bestraft werden konnten. Die neuen Gesetze führten dazu, daß radikale Reformer nach 1795 in den Untergrund getrieben wurden. Auf die Untergrundaktivitäten der Radikalen antwortete die Regierung mit dem Aufbau eines effektiven Spionagenetzes im eigenen Land. Die englische Freiheit, von der man im 18. Jahrhundert überall in Europa mit Bewunderung gesprochen hatte, schien endgültig zerstört.

James Gillray, »Französische Freiheit – Englische Sklaverei« (Stich von 1792)

Krieg und Frieden

Pitts Wirtschaftspolitik war auf Frieden aufgebaut; an einem ideologischen Krieg hatte er kein Interesse. Doch während Pitt noch glaubte, England aus den militärischen Auseinandersetzungen auf dem europäischen Kontinent heraushalten zu können – Preußen und Österreich hatten den Kampf gegen das revolutionäre Frankreich ohne britische Beteiligung begonnen –, erklärte der französische Nationalkonvent England am 1. Februar 1793 den Krieg. Für Pitt ging es nicht um die Verteidigung der Monarchien auf dem Kontinent. Er benannte als britisches Kriegsziel »Sicherheit«. Diese Sicherheit konnte im Prinzip durch eine republikanische Regierung in Frankreich gewährleistet werden. Die Bedeutung des Handels als Motiv britischer Außenpolitik geht daraus hervor, daß die Briten Armee und Marine in hohem Maße in der Karibik einsetzten, auch wenn die dortigen Eroberungen teilweise wieder verlorengingen. Verlustreich war die Kriegführung in der Karibik vor allem wegen einer Gelbfieberepidemie, in der Zehntausende ihr Leben lassen mußten. Der holländische Statthalter war nach England geflohen und hatte die holländischen Kolonien in Übersee vorübergehend unter englischen Schutz gestellt, was von einigen akzeptiert, von anderen aber abgelehnt wurde. Letztere wurden dann von Großbritannien militärisch erobert. So kommt es, daß später Ceylon und das Kap der Guten Hoffnung britisch blieben. Auf dem europäischen Kontinent hatte Großbritannien zunächst, wie in den früheren Kriegen, auf Bündnisse und Subsidien für mittlere und größere Staaten gesetzt, welche Frankreich in Schach halten sollten. Doch der *levée en masse* der Französischen Revolution hatten diese Staaten nichts entgegenzusetzen. 1795 scherte Preußen aus der Koalition gegen Frankreich aus, 1797 Österreich. Die Last des Krieges ruhte nun ganz auf Großbritannien. Dieses gebot zwar über die stärkste Flotte, hatte jedoch kein adäquates Landheer zur Verfügung. An eine Rückeroberung der von Frankreich gemachten Gewinne war also nicht zu denken. Zudem steckte Großbritannien in einer schwierigen Wirtschaftskrise. Die Steuern mußten immer mehr angehoben werden; schließlich blieb nichts mehr übrig als die Einführung einer allgemeinen Einkommenssteuer. Der neue Schritt war freilich sehr unpopulär – auch wegen der Begleiterscheinungen, daß nun Angaben über private Angelegenheiten wie geschäftliche Gewinne gemacht werden mußten und der Staat ein Recht zur Ausschnüffelung bekam, das allen Briten schon psychologisch zuwider war. Man tröstete sich jedoch damit, die Einkommenssteuer würde nach einem Friedensschluß wieder entfallen. Auch aus diesem Grund waren Friedensbestrebungen populär. Addington, der Nachfolger des 1801 zurückgetretenen Pitt, verschaffte dem geplagten Europa eine Atempause (Frieden von Amiens, 1802).

Bereits 1803 brach erneut Krieg aus, der diesmal von Großbritannien erklärt wurde, um Napoleon überraschend zuvorzukommen. Die kurze Zeit des Friedens war zum Ausbau von Heer und Marine genutzt worden. Doch was nun bevorstand, war ein Jahrzehnt des Krieges an vielen Fronten; Steuern in bis dahin ungekannter Höhe; ein Heer von einer Größe, wie es noch nie von Großbritannien aufgestellt worden war; ein Wirtschaftskrieg, wie ihn die Welt noch nicht gesehen hatte.

Während in der ersten Phase des Krieges das ideologische Element von Pitt heruntergespielt worden war, wurde es nun betont, und zwar in einem Sinne, der die britische Nation nicht spaltete, sondern einigte. In den ersten Jahren nach 1789 war in Großbritannien eine substantielle Minderheit von der Volkssouveränität, der Herrschaft der Vernunft und der Freiheit in Frankreich begeistert gewesen, jedoch konnte man darüber nach der Hinrichtung des französischen Königs, der Phase der *Terreur* und der Kaiserkrönung Napoleons keinerlei Illusionen mehr hegen. Auch Fox und die Radikalen waren nun auf der Linie Pitts und von der Notwendigkeit eines Kampfes gegen das expansive Frankreich überzeugt. 1804 war Pitt erneut Premierminister geworden; die Not des Krieges hatte einen starken Mann an der Spitze unabdingbar gemacht. Doch Pitts Koalition gegen die Franzosen wurde von Napoleon durch militärische Siege aufgelöst: Siege über die Österreicher bei Ulm und über Russen und Österreicher bei Austerlitz im Jahre 1805 brachen Österreich aus der Koalition heraus. Die Drohung einer französischen Invasion Großbritanniens wurde abgewehrt durch Nelsons Sieg bei Trafalgar, bei dem die französische Flotte entscheidend beschädigt wurde. Danach sah Napoleon nur noch die Möglichkeit einer Unterwerfung Europas zu Lande. Er siegte über Preußen bei Jena und zog in Berlin ein, wo er die Kontinentalsperre verkündete: Alle Häfen des europäischen Kontinents sollten den Briten verschlossen bleiben; Großbritannien sollte durch ein allgemeines Handelsembargo in die Knie gezwungen werden.

Das war zunächst einmal ein harter Schlag für den britischen Handel; der europäische Markt, seit der Unabhängigkeit der Vereinigten Staaten von Amerika besonders wichtig, war mit einem Male verschlossen. Kurzarbeit und Arbeitslosigkeit, Verfall der Löhne und ein Preisanstieg bei manchen Gütern waren die unvermeidliche Folge. Doch gelang es Napoleon nicht, den Kontinent wirklich effektiv abzuriegeln. Es gab überall Schmuggel. Und an den äußersten Grenzen hatte Frankreich auch gar nicht die Macht, etwas gegen den britischen Handel zu tun. Vor allem in Portugal und im Baltikum wurde die Kontinentalsperre durchbrochen. Schließlich ist aber das bemerkenswerteste Ergebnis, daß sich die britische Wirtschaft binnen kurzem in ihrer Produktion teilweise umstellte und sich einen völlig neuen Markt erschloß: Südamerika.

Ein neuer Schauplatz des Krieges wurde eröffnet, als Spanien 1808 gegen den Bruder Napoleons rebellierte, der dort als König eingesetzt worden war. Arthur Wellesley, der sich bereits in Indien als Feldherr bewährt hatte und 1809 zum Duke of Wellington erhoben wurde, propagierte und führte einen Landkrieg auf der Iberischen Halbinsel, der schließlich zu entscheidenden Landsiegen über die Franzosen und zur Invasion in Frankreich selbst führte. Während Napoleon 1812 mit einem Millionenheer seinen Rußlandfeldzug unternahm, führte Wellington den Krieg auf der Iberischen Halbinsel. Im Juni 1813 errang er den entscheidenden Sieg auf diesem Kriegsschauplatz bei Vitoria; im Oktober 1813 wurde Napoleon in der Völkerschlacht von Leipzig bezwungen. Die Alliierten eroberten 1814 Paris; indessen war in Wien schon ein Friedenskongreß zusammengetreten. Während Napoleon noch einmal von der Insel Elba zurückkam und vom Süden Frankreichs her gegen Paris ziehend 100 Tage lang Europa in Atem hielt, bereiteten sich die Alliierten zur entscheidenden Schlacht vor, die im Juni 1815 bei Waterloo unter dem Kommando von Blücher und Wellington geschlagen wurde und den Untergang Napoleons besiegelte.

Der Wiener Kongreß erbrachte eine Friedensordnung für Europa, die fast ein halbes Jahrhundert Bestand haben sollte. Die führenden Diplomaten waren auf österreichischer Seite Metternich und auf britischer Castlereagh. Es ist bemerkenswert, daß Castlereagh, trotz der schweren Kriegsbürde und der entscheidenden Siege Großbritanniens, nie darauf drang, England wiederum Territorialbesitz auf dem Kontinent zu verschaffen. Einzig Helgoland und Malta sollten Großbritannien von seinen Neuerwerbungen verbleiben: Marine- und Handelsstützpunkte mithin, zur Sicherung der Seewege. Frankreich wurden keine territorialen Verluste abverlangt (abgesehen von Savoyen), aber es wurde ein System von Mächten gezimmert, das Frankreich an einer eventuellen erneuten Expansion hindern konnte. Natürlich wurde Holland wiederhergestellt, und Großbritannien sorgte dafür, daß dessen Festungen gegen Frankreich ausgebaut wurden. Leitend war der Grundgedanke einer *Balance of Power*: Die Kontinentalmächte sollten sich gegenseitig in Schach halten. Ein System von Großmächten (Rußland, Preußen, Österreich und Großbritannien) blieb diplomatisch aktiv zur Überwachung Frankreichs und institutionalisierte sich in Kongressen zur Aufrechterhaltung des Status quo. Castlereagh setzte darauf, daß die britischen Interessen am besten gewahrt würden, wenn der Kontinent einen offenen Markt für britische Waren bildete und die Staaten in friedlichem Austausch zum Reichtum Großbritanniens beitrügen.

Die industrielle Revolution

Auch allgemeine Darstellungen der industriellen Revolution handeln größtenteils von Großbritannien. Das verweist darauf, daß wir es hier mit einem zentralen Prozeß zu tun haben, der, von Großbritannien ausgehend, die europäischen Nachbarländer und schließlich die ganze Welt umspannte. Großbritannien war die »Werkstatt der Welt«, wie es von Zeitgenossen oft genannt wurde, »die erste Industrienation«. Wie kommt das? Die Antwort kann nur mehrschichtig ausfallen: Patentanmeldungen nahmen in Großbritannien seit den 1760er Jahren zu. Erfindungen waren Ergebnis der Optimierung von Produktionsprozessen und konnten unmittelbar wieder in diese eingehen. Zu bedenken ist aber auch grundsätzlich die rationale und empirische Grundhaltung. Weniger als in anderen Teilen Europas waren Menschen aus bäuerlichem oder Handwerkermilieu dazu geneigt, unbegreifliche und unnatürliche Ursachen anzunehmen. Vielmehr hatte sich die Haltung durchgesetzt, der einzelne sei für die Gestaltung seiner Umwelt zuständig und dieser auch mächtig. Wettbewerb und Durchsetzungsvermögen gehörten für sie zu den Selbstverständlichkeiten ihres Alltags. Wo es soziale Regelungen gab, die ihnen unvernünftig erschienen, beispielsweise die traditionell überlange Lehrzeit von sieben Jahren, kämpften sie dagegen und wirkten für ihre Abschaffung. Wie in der Religion und in der Politik war auch im Handwerk, im Handel und in den technischen Prozessen die Grundhaltung der *Dissenters* von ausschlaggebender Bedeutung: Nicht auf bloße Autorität konnte man sich verlassen; es galt, durch Vernunftgebrauch sein Dasein zu bewältigen. An weiteren Voraussetzungen ist zu bedenken, daß Großbritannien insgesamt in dieser Epoche schon auf einem relativ hohen Niveau lebte, daß die Preise höher waren, die wirtschaftliche Verflechtung größer, die innere Kommunikation besser als anderwärts. Erwähnt werden muß auch die Energiequelle: Durch die reichlich vorhandene Kohle war es prinzipiell möglich, nach Bedarf Energie einzusetzen – wenn man das Transportproblem gelöst hatte. Aber gerade auf diesem Sektor hatten die Zeitgenossen ja staunenswerte Fortschritte erlebt: Nachdem der Duke of Bridgewater 1761 seinen Worsley Canal vollendet hatte, war Kohle in Manchester zum halben Preis zu haben! Schließlich kam noch der relative Mangel an Arbeitskräften hinzu. Bis etwa 1760 war das Bevölkerungswachstum eher mäßig. In manchen Gewerbezweigen, wie etwa beim Spinnen und Weben, war das traditionelle Gleichgewicht dadurch bedroht, daß zu wenig Arbeitskräfte für einfache Arbeitsgänge zur Verfügung standen. Um einen Weber mit Garn zu versorgen, brauchte man damals, je nach Garnqualität, vier bis zwölf Spinnerinnen. In manchen Gegenden waren diese aber nicht verfügbar. Es war ein starker Anreiz vorhanden, Maschinen zu erfinden, die mit weniger menschlicher Arbeitskraft auskamen. Jede technische Verbesserung konnte hier direkt nutzbar gemacht werden. In anderen Teilen Europas war es meist umgekehrt: zu viele Arbeitskräfte und zu wenig Arbeit.

Technologisch gesehen, bedeutete die industrielle Revolution in erster Linie Maschinisierung. Menschliche Arbeitskraft wurde teilweise ersetzt durch Maschinen. Traditionell waren Wolle und Textilien die wichtigsten Produkte Großbritanniens für den Export gewesen. In diesem Bereich vollzog sich durch die industrielle Revolution auch der größte Wandel. James Hargreaves entwickelte zwischen 1765 und 1769 mehrere Modelle einer *Spinning Jenny*, einer Maschine, welche die Handbewegungen der Spinnerin nachahmte, dabei aber 8, 16, 32 oder noch mehr Spindeln gleichzeitig bediente. Sie bedurfte zur Bedienung einer Fachkraft, war niedrig im Anschaffungspreis und diente der Verbesserung der traditionellen Heimspinnerei. Sie wurde, nicht anders als das alte Spinnrad, von Hand betrieben. Um 1788 waren in Großbritannien bereits 20000 *Jennies* im Einsatz; sie ermöglichten den Aufschwung der Baumwollspinnerei. Richard Arkwright hatte 1769 eine Spinnmaschine entwickelt (*Waterframe*), mit der er festgedrehte Kettengarne für Strumpfwirker herstellen konnte. Er richtete

Textilfabrik in Manchester (um 1835)

1771 in Cromford eine Spinnerei mit Wasserradantrieb ein; damit war der Durchbruch zur Maschinenspinnerei erzielt. Gleichzeitig arbeiteten andere mit Erfolg an weiteren Maschinen für das Krempeln und Vorspinnen von Garnen. Vor allem Arkwright arbeitete immer weiter an der Verbesserung und Vermarktung seiner Patente. Er wurde führend in der maschinellen Baumwollspinnerei. Er entwickelte den Typ der modernen Fabrik mit zentralem Antrieb. Um 1780 gab es 20 solcher Fabrikspinnereien Arkwrightschen Typs, 1788 schon über 140. Der Arbeitsvorgang wurde in diesen Fabriken in verschieden mechanisierte Arbeitsschritte zerlegt; einander ergänzende Maschinen wurden zu einem Produktionsensemble komponiert. Von diesen Baumwollspinnmaschinenfabriken nahm die neuzeitliche Massenproduktion ihren Ausgang.

Während der Garnbedarf der Weber im mittleren 18. Jahrhundert den Anstoß zur Entwicklung von Spinnmaschinen gegeben hatte, entstand in den folgenden Jahrzehnten, bedingt durch den Massenausstoß der Baumwollspinnereien, eine Nachfrage nach mechanisierten Webmaschinen, die den traditionellen Webstuhl an Produktivität übertrafen. Edmund Cartwright konstruierte 1785 und in den folgenden Jahren einen Maschinenwebstuhl, der sich jedoch zunächst nicht als wirtschaftlich erwies und erst in späteren, verbesserten Formen, insbesondere 1822 durch Richard Roberts, in größerem Umfang zum Einsatz kam.

Parallele Entwicklungen in anderen Sektoren formten den Prozeß der Industrialisierung mit. Durch die Verbesserung der Eisenschmelze in Hochöfen wurde Eisen zu einem allgemein verfügbaren und vielfältig einsetzbaren Rohstoff – zum Leitstoff der industriellen Entwicklung, ohne den keine Dampfmaschinen möglich waren, keine Eisenbahnen, keine Präzisionswerkzeuge. Aus Eisen baute man bald auch Brücken, Aquädukte,

Eisenhütte Cyfarthfa im walisischen Merthyr Tydfil (Aquarell von Julius C. Ibbetson, um 1795)

Bahnhöfe und Kathedralen. Durch den verbesserten Eisenschmelzprozeß wurden neue Konstruktionsprinzipien anwendbar; eine neue Architektur und eine neue Ingenieurkunst entstanden. Die Probleme des Eisenhüttenwesens waren teilweise schon früh angepackt worden. Grundsätzlich ging es darum, daß die herkömmliche Eisenerzschmelze mit Holzkohle ein hochwertigeres Eisen erzielte als die mit Steinkohle, weil beim Schmelzen mit Steinkohle Schwefel an das Eisen abgegeben wird. Nun aber war im Laufe der Frühen Neuzeit Holz auf den Britischen Inseln immer rarer und teurer geworden, während Steinkohle ein weithin verfügbarer Energieträger war. Der Quäker Abraham Darby hatte in Coalbrookdale in Shropshire schon 1709 einen Kokshochofen gebaut, mit dem er hochwertigen Eisenguß herstellen konnte. Doch erst in der Industrialisierungsphase verbreitete sich seine Methode. Dabei wurden Zug um Zug neue Verbesserungen ausgetüftelt: größere Hochöfen anderer Bauart, Gebläse, dann Heißluftgebläse, die mit Wasserrädern oder Dampfmaschinen getrieben wurden. Seit den 1770er Jahren stieg die Inlandsnachfrage nach Guß- und Schmiedeeisen deutlich an. Die Roheisenproduktion, die 1750 in England und Wales noch 28000 Tonnen betragen hatte, stieg 1775 auf 44000, 1788 auf 70000 und 1791 auf 90000 Tonnen. Diese Zahlen muß man mit den Eisenimporten zusammen sehen: 1750 wurden 40300 Tonnen Eisen importiert, 1775 47100. In dieser Phase lag also die Wende: Während die Importe weiterhin stiegen (1788: 51400, 1791: 57300), lag die eigene Eisenproduktion nun deutlich über den Importzahlen. Großbritannien wurde zu einem Eisenexporteur. Dabei spielte nun aber nicht nur die Energiezufuhr und die Eisenerzschmelze eine Rolle, sondern darüber hinaus die Stahlformung.

Statt des traditionellen Schmiedens hatte man inzwischen in England Walztechniken entwickelt. Das bedeutet vor allem, daß die Formung weitergehend mechanisiert werden konnte, als dies traditionell, auch mit Dampfhämmern, möglich war.

Zu den Erfindungen im Textilsektor und in der Herstellung von Eisen und Stahl kam noch die Erfindung eines Universalmotors. 1712 bereits hatte Thomas Newcomen eine sphärische Kolbendampfmaschine in Betrieb genommen. Diese Maschine diente dazu, Wasser aus Bergwerken zu fördern. Sie war eine Art Pumpe, die durch die Verbrennung von Steinkohlen in einem Kessel Dampf erzeugte, der einen Kolben trieb. 1733, als das Patent auslief, waren auf den Britischen Inseln 100 solcher Maschinen in Bergwerken im Einsatz, dreißig Jahre später 400. In den 1750er Jahren war die Newcomensche Dampfmaschine von John Smeaton soweit optimiert worden, daß sie kostengünstig arbeitete. Freilich erzeugte sie nur Auf- und Ab-Bewegungen. Wo es also, wie in den Baumwollspinnereien, auf Kreisbewegungen ankam, bediente man sich noch lange der Pferdegöpel und der Wasserräder. Der Schotte James Watt baute 1769 zuerst eine verbesserte Newcomen-Maschine, indem er einen eigenen Kondensator für den Dampf einführte. Durch die Verbindung des Unternehmers Matthew Boulton in Birmingham mit dem Erfinder James Watt (seit 1773) wurde dann der bekannte Siegeszug der verbesserten Dampfmaschine möglich. 1776 wurde erstmals eine Wattsche Dampfmaschine im Kohlebergbau eingesetzt. 1782 meldete Watt ein Patent für die Umsetzung der Kolbenbewegung seiner Dampfmaschine in eine Kreisbewegung an. Wei-

Kohleförderung mittels Dampfmaschine (anonymes Gemälde, um 1790)

tere Verbesserungen folgten. Die Wattsche Dampfmaschine führte vor allem zur Konzentration: Sie war der zentrale Motor in Fabriken; also wurden immer mehr Maschinen um einen solchen Motor herum gruppiert. Die Organisationsweise von Fertigungsprozessen in Fabriken führte dann sekundär zur Bildung neuer Städte um diese Fabriken herum. Insofern wirkte die Dampfmaschine auch als Motor der Urbanisierung.

Was das Leben der Arbeiter am einschneidendsten beeinflußte, waren nicht die Maschinen als solche, sondern die zentrale Produktionsorganisation in Fabriken, insbesondere durch die Einführung von Dampfmaschinen im Textilgewerbe. Denn nun wurde ein konzertierter Einsatz vieler einzelner verlangt, angefangen von präzisem Arbeitsbeginn, gemeinsamen Pausen, schlagartigem Ende, bis hin zur genauen Überwachung jedes einzelnen, erhöhten Anforderungen an die Aufmerksamkeit bei gefährlichen Maschinen, grundsätzlichem Verbot von Alkohol.

Weil die neuen Tätigkeiten meist auf ungelernter Arbeit oder bloßem Anlernen zu repetitiven Handgriffen bestanden, wurden in hohem Maße Frauen und Kinder in die neuen Produktionsprozesse einbezogen. Kinderarbeit war in traditionalen Verhältnissen auf dem Lande und in der Stadt immer schon eine Selbstverständlichkeit gewesen. Auch im Handwerk wurden Kinder ausgebeutet und in gefährliche Lagen gebracht. In London empfand man es als ein spezifisches Elend, daß Kaminfeger kleine Jungen in die Schornsteine einließen, um schmutzige und gefährliche Arbeit zu verrichten, für die sie körperlich besser geeignet waren als Erwachsene. Die Unternehmer, beispielsweise in der Textilindustrie und in der Porzellanfabrikation, beuteten zielsicher kindliche Fertigkeiten aus, etwa, wo die Sensibilität zarter Finger gefordert war, die Beweglichkeit kleiner Körper. Für nicht wenige der neuen maschinellen Arbeitsgänge waren Kinder die idealen Arbeitskräfte. Sie konnten leichter als störrische Erwachsene an die streng regulierten Lebensbedingungen in Fabriken gewöhnt werden. Und sie mußten mit weniger Lohn zufrieden sein. Die industrielle Revolution ist deshalb in ihrer ersten Phase besonders belastet durch die rücksichtslose Ausbeutung von Kindern. Dies wurde in den ersten Jahrzehnten des 19. Jahrhunderts zunehmend bewußt. Seit dem 1819 in Kraft getretenen Fabrikgesetz war der industrielle Einsatz von Kindern unter neun Jahren verboten.

Zusammenschlüsse von Handwerkern eines bestimmten Gewerbes in einer bestimmten Region waren im 18. Jahrhundert weit verbreitet. Solche *Combinations* waren ihrer Natur nach defensiv: Es ging darum, die alten Gebräuche zu bewahren, die Löhne stabil zu halten, Eindringlingen in die Branche das Handwerk zu legen oder den Einsatz innovativer Maschinen zu verhindern. Im Zuge der Reaktion auf die Französische Revolution, als radikale und jakobinische Propaganda um sich griff, wurden solche *Combinations* gesetzlich verboten (1799/1800). Dies ist im Zusammenhang der Einschränkung von Bürgerrechten zu sehen, die in jenen Jahren überhaupt neue Ausmaße annahm, als *Habeas Corpus* aufgehoben wurde, die Versammlungsfreiheit beschränkt und lose Reden schon als Hochverrat bestraft wurden. Arbeiter organisierten sich teilweise als *Friendly Societies*, das heißt gedeckt durch philanthropische Interessen. Oder ihre Zusammenschlüsse hatten überhaupt konspirativen Charakter. Das war vielleicht noch gefährlicher als eine zugelassene Organisation. Im Jahre 1824 wurden deshalb Gewerkschaften wieder zugelassen.

Streik als offizielles und sanktioniertes Kampfmittel der Arbeiterschaft gab es zwar noch nicht, aber zu spontanen Arbeitsniederlegungen aufgrund bestimmter einzelner Mißstände kam es häufig. Selten war ein großer und überlokaler Streik wie der der Weber von 1813: Sie hatten sich zusammengeschlossen, um die Abschaffung der traditionellen siebenjährigen Lehrzeit zu verhindern. Als ihre Petition vom Parlament zurückgewiesen wurde, traten sie in einen langen Streik. In jenen Jahren entstand auch der Begriff »*Luddism*« (nach dem Arbeiterführer Ned Ludd). In den Jahren 1811 bis 1816 kam es immer öfter zu Maschinenstürmen, zur organisierten Zerstörung von Maschinen und Fabriken durch Arbeiter, vor allem in den Midlands, in West Yorkshire und in Lancashire. Natürlich war das eine Art von Aufruhr, nicht eigentlich ein Arbeitskampf. Sozialistische Historiker nehmen die Ludditen jedoch als Zeichen für die Entstehung einer Arbeiterklasse, die sich ihrer selbst bewußt wurde und zielstrebig gegen ein Parlament von Kapitalisten und Grundbesitzern den Aufstand probte. – In diesem Zusammenhang ist es erwähnenswert, daß in den 1820er Jahren zunehmend radikale Propagandaschriften gedruckt wurden und auch Zeitungen speziell für Arbeiter herauskamen. Doch die »Arbeiterklasse«, von der nun immer öfter die Rede war, hatte kein gemeinsames Klassenbewußtsein. Der schroffe Gegensatz von Arbeit und Kapital, der damals als Theorem entwickelt wurde, bildete für die Arbeiter in ihren jeweils spezifischen Arbeitsverhältnissen und Lebenssituationen im ersten Drittel des 19. Jahrhunderts noch keine übergreifende, vereinheitlichende Ideologie.

Bevölkerungsentwicklung – Urbanisierung – Verhältnisse auf dem Lande

Die Debatte um Wachstum oder Rückgang der britischen Bevölkerung erhielt 1798 eine neue Note durch die Veröffentlichung der Schrift *Essay on the Principle of Population* von Thomas Malthus. Nicht nur, daß er die Bevölkerung explodieren sah; er wies auch auf einen brisanten sozialen Zusammenhang hin: Malthus entwickelte die Theorie, daß sich Menschen in geometrischer Progression vermehrten, während die Nahrungsgrundlage nur in arithmetischer wachse. In der Vergangenheit sei, so Malthus, die Auseinanderentwicklung dieser Reihen verhindert und mithin das Überleben der Menschheit erreicht worden durch natürliche Katastrophen (Epidemien, Hungersnöte, Krieg). In der Gegenwart aber werde durch Armenunterstützung und medizinische Fortschritte bewirkt, daß immer mehr Menschen überlebten, ohne daß diesen genügend Nahrung geboten werden könne. Die Schrift verursachte gewaltiges Aufsehen. Doch die Schlüsse, welche die Zeitgenossen daraus zogen, waren widersprüchlich: Manche plädierten für Abschaffung der Armenfürsorge, für *laissez faire* und natürliche Auslese, andere für mehr soziale Planung: Schaffung von Arbeitsplätzen, Verbesserung des Getreideanbaus, Maßnahmen zur Unterstützung des Handels.

Vor allem aber, darin waren sich die führenden Kreise einig, mußte man verläßliche Zahlen für jede Art von Planung haben. Das Unterhaus beauftragte John Rickman mit einer ersten allgemeinen Bevölkerungszählung. Rickman organisierte einen Zensus im Jahre 1801 sowie Anschlußuntersuchungen 1811, 1821 und 1831. Seitdem wissen wir mit hinreichender Präzision Bescheid über die Bevölkerungsentwicklung in England. Die statistischen Grundlagen wurden noch präziser, als 1836 in England und Wales und 1855 in Schottland durch einen *Civil Registration Act* zivile Standesämter eingeführt wurden.

Aus dem ersten Zensus von 1801 ergab sich, daß die Bevölkerung Großbritanniens in einer deutlichen Zunahme begriffen war. Sie stieg 1794 über 8 Millionen, 1804 über 9 Millionen, 1812 über 10 Millionen, 1819 über 11 Millionen, 1824 über 12 Millionen, 1830 über 13 Millionen. Für Wales wurden 1801 585000 Einwohner ermittelt, die sich bis 1831 auf 901000 vermehrten. Schottland hatte 1801 1,6 Millionen Einwohner, 1831 2,4 Millionen. Für Irland veranschlagt man zur Zeit der Vereinigung im Jahre 1801 5,2 Millionen, 1831 7,8 Millionen.

Durch die Industrialisierung ergaben sich gewaltige Verschiebungen im Verhältnis der Regionen zueinander. Während traditionell der Süden und Osten Englands am stärksten bevölkert waren, verschoben sich nun die Gewichte nach Norden und Westen. Auch Wales, ein dünnbevölkertes Land, wurde im Laufe des 19. Jahrhunderts stärker industrialisiert. Durch Bergbau und Eisenverhüttung gewann der Süden von Wales seinen eigenen Charakter. Auch in Schottland verschob sich das Gewicht durch die Industrialisierung nach Süden, in die *Lowlands*, in den zentralen Bereich von Glasgow bis Edinburgh.

Zu Beginn des 19. Jahrhunderts hatte London schon mehr als eine Million Einwohner; beinahe jeder zehnte Engländer wohnte in London. Damit war London die größte Stadt Europas und England das Land mit dem größten Anteil städtischer Bevölkerung. Neben London gab es fünf Städte mit über 50000 Einwohnern in England: Manchester, Liverpool, Birmingham, Bristol und Leeds. Diese hatten alle erst durch die Industrialisierung solche Dimensionen angenommen, mit Ausnahme von Bristol, das als Hafen bereits ein Jahrhundert früher zu den fünf größten Städten gehört hatte. In Schottland gab es zwei Städte über 50000, nämlich Glasgow und Edinburgh.

»Urbanisierung« meint jedoch mehr als eine Zunahme und ein Wachstum der Städte. Entscheidend waren vielmehr Agglomerationen – Landschaften, in denen sich stadtähnliche Gebilde dicht an dicht reihten. Das fiel auch den Zeitgenossen ins Auge. Rickman ging erstmals 1831 dazu über,

solche Bevölkerungsverdichtungen zu beschreiben. Er zählte 155 Verdichtungsregionen, davon allein 38 in und um London. 23 solcher Verdichtungsbereiche lagen in Lancashire, 21 im West Riding von Yorkshire. Am Beginn des 19. Jahrhunderts lebte ein Drittel der englischen Bevölkerung in solchen Verdichtungsgebieten, 1851 bereits die Hälfte.

Verbesserung der Hygiene: Bau einer städtischen Kanalisation (um 1820)

Natürlich bereiteten diese urbanen Agglomerationen vielerlei Probleme, angefangen von Wasserversorgung, Abwasser, Luftverschmutzung, Pflasterung, Straßenreinigung und Straßenbeleuchtung bis zu den eher sozialen des Zusammenlebens vieler Menschen auf engem Raum, der Abdrängung von Dienstboten und Arbeiter in feuchte Keller, der hygienischen und sanitären Zumutungen, die aus dem Leben in drangvoller Enge entstanden. Typisch waren wild wuchernde Bebauungen und Grundstücksspekulationen bei immer weiterer Unterteilung der Parzellen in solchen Gebieten, die kaum städtische Infrastruktur aufzuweisen hatten. Solche Entwicklungen sind typisch für die erste Phase der Industrialisierung.

Obwohl große Mengen in die Städte strömten, nahm auch die Bevölkerung auf dem Lande weiter zu, da ja die Gesamtbevölkerung wuchs. Die zusätzlichen Verdienstmöglichkeiten, die durch die neuen Industrieunternehmungen geschaffen wurden, ernährten eine immer größere Gesamtbevölkerung. Dazu bedurfte es freilich einer steigenden Nahrungsmittelproduktion, und das heißt: einer intensivierten Landwirtschaft. In dieser Epoche der frühen Industrialisierung erreichte die jahrhundertelange Einhegungsbewegung ihren Höhepunkt. Indem immer mehr Land in private Nutzung durch einzelne Landwirte überging, lohnten sich Bodenverbesserungen, Bewässerungseinrichtungen und Düngung. Desgleichen rentierten sich vermehrte Anstrengungen zur Viehzucht. Es gab Viehzüchter von landesweitem Ruhm, wie Robert Bakewell aus Leicestershire. Wahrscheinlich nahmen manche Haustiere erst in dieser Epoche die heute bekannte Gestalt an. Schafe etwa sind erst seither Tiere, die schon in ihrem Umriß erkennbar sind als reine Wollträger.

Die landwirtschaftliche Produktion stieg während der ganzen Epoche; die wachsende Bevölkerung konnte ernährt werden. Dazu trugen allerdings auch zunehmend Importe bei. Während England vor der industriellen Revolution ein Getreideexporteur war, wurde es durch die industrielle Revolution zu einem Getreideimporteur. Der Adel, die Pächter, die freien Bauern prosperierten. Schwierig war die Zeit für reine Lohnempfänger, da die Löhne immer hinter den Preisen zurückblieben. Arme Leute auf dem Lande hatten nun kaum noch die Möglichkeit zur Allmendnutzung. Während es in früheren Jahrhunderten selbstverständlich gewesen war, daß überall auf dem Lande Gelegenheitsarbeiter lebten, welche an ständigen Beschäftigungen Spinnen, Weben usw. infolge des Verlagssystems ausüben konnten, wurden bloße Handarbeiten ohne Maschineneinsatz nun weitgehend verdrängt durch die Fabriken und Manufakturen. Solche Menschen mußten also, wenn sie überleben wollten, in die Städte und Fabriken. Man realisierte allgemein, daß das alte Armenrecht den neuen Verhältnissen nicht mehr gerecht werden konnte. 1795 ging man, auf dem Höhepunkt einer Krise, dazu über, Zulagen zu Löhnen zu zahlen, die unter dem Existenzminimum lagen (*Speenhamland System*). Aber das konnte keine prinzipielle Lösung auf Dauer sein. Die Problematik der Massenarmut begann die öffentliche Diskussion zu beschäftigen. Frederick Morton Eden publizierte 1797 eine vielbeachtete Schrift *The State of the Poor*. Journalisten wie William Cobbett, der seit 1802 sein *Political Register* herausbrachte, schrieben kontinuierlich über die krassesten Mißstände und machten Vorschläge zur Abhilfe. Doch eine grundsätzliche Neuregelung wurde verschoben.

Umbruch der Kultur: Vorromantik

Nach der Mitte des 18. Jahrhunderts kamen jene Tendenzen in der englischen Kultur immer klarer zum Vorschein, welche der Hauptströmung des Klassizismus zuwiderliefen. Während man für die deutsche Kultur mit Bezeichnungen wie »Empfindsamkeit« und »Sturm und Drang« umgeht, spricht man in bezug auf England und Frankreich von »Vorromantik«.

In England konnte man sich auf einzelne Manifestationen der Zeit um 1700 beziehen, etwa die antiklassischen Äußerungen Shaftesburys oder Addisons. Im *Spectator* hatte Addison *On the Pleasures of the Imagination* geschrieben. Zwischen den Vergnügungen des Verstandes und denen der Sinne ordnete er die Vergnügungen der Vorstellungskraft als eine eigene Kategorie ein. Addison formulierte 1712 bereits Ansichten, die erst eine, zwei oder drei Generationen später Gemeingut wurden. Doch seine »Vergnügungen der Vorstellungskraft« blieben theoretisch immer noch den Vergnügungen des Verstandes untergeordnet; in der Romantik emanzipierten sie sich dann zu absoluten. Auch ließ sich eine religiöse Brücke zur Aufwertung dieser Empfindungen bauen. Schließlich gab es aus dem Erbe der Antike eine ästhetische Schrift, die man damals Longin zuschrieb, in der die Kategorie des Erhabenen (»*Sublime*«) vorhanden war. In der pseudolonginischen Schrift ging es darum, wie man Leser bzw. Hörer überwältigen könne: durch Pathos der Darstellung und durch Größe der Ideen. Diese Einflüsse trafen nun zusammen in der ästhetischen Diskussion des 18. Jahrhunderts. Der junge Burke veröffentlichte eine wegweisende Schrift *Philosophical Enquiry into the Origin of Our Ideas of the Sublime and Beautiful* (1757).

England war für solche Fragen prädestiniert, weil es in seinem literarischen Erbe nicht wenige Bestandteile hatte, die sich der klassizistischen Theorie nie gefügt hatten: das Mittelalter ohnehin, aber auch Spenser, Shakespeare oder Milton waren vielleicht erhaben, nicht aber im klassischen Sinne »schön«. Die Vorromantik brachte also eine Wiederentdeckung altenglischer Poesie (Thomas Warton, Thomas Percy u. a.). Shakespeare kam wieder auf die Bühne und wurde nun erst eigentlich zu einem englischen Nationaldichter. Aber die Linie konnte auch in die Vergangenheit verlängert werden: Das Mittelalter erschien als eine Zeit des Poetischen, des Wunderbaren, Geheimnisvollen, Fabelhaften. Hugh Blair verteidigte die poetische Kraft der Bibel, Homers und Ossians. Mit »Ossian« glaubten die Schotten, einen Ahnherrn ihrer poetischen Vorzeit gefunden zu haben. Ihm schrieb man mancherlei Überlieferungsgut zu, das stets heroisch und schauervoll auftrat. James Macpherson publizierte seit 1760 solche Gedichte, die er als Übersetzungen aus einem anderthalb Jahrtausende alten schottischen Original ausgab. Die problematische Seite der Vorromantik tritt im Schauerroman hervor (*Gothic Novel*), dessen erstes Beispiel Horace Walpole (der Sohn des Premierministers) 1764 mit *The Castle of Otranto* vorlegte. Romane dieser Art spielten grundsätzlich in einer fernen Vergangenheit, meist im Mittelalter. »*Gothic*« wurde nun aufgewertet: Was von den Klassizisten aus gesehen abgeschmackt war, wurde nun als positive Gefühlswelt wiederaufgebaut. Zu »*Gothic*« gehörte »phantasievoll« und »wunderbar«, aber über die Brücke des Erhabenen eben auch Schauer, Gruseln, Ruinen, Gespenster, Verbrechen.

Die Gefühlswelt des Erhabenen war eine umfassende Weltanschauung, welche zugleich die anderen Künste durchdrang. So baute etwa Horace Walpole als erster auf seinem Landsitz Strawberry Hill etwas völlig Phantastisches, Unklassisches, Neugotisches; eine Generation später folgte ihm William Beckford in diesem Geschmack, der in der Romantik dann zum herrschenden werden sollte. Oder in der Malerei: Auch hier spielte die theoretische Rechtfertigung des Erhabenen eine große Rolle für die Wahl der Sujets. In England besonders erfolgreich war auf diesem Gebiet der Zürcher Johann Heinrich Füßli, der eine Welt heroischer Giganten schuf; anstelle biblischer Sujets wählte er Szenen aus Shakespeare und Milton.

John Constable, »Wehr und Mühle von Dedham« (um 1818)

Die Epoche der Reformen

(1815–1837)

1815–1822	Nach dem Wiener Kongreß Diplomatie der Kongresse: Aachen (1818), Troppau (1820).
1817	John Keats: *Poems*.
	Samuel Taylor Coleridge: *Biographia Literaria*.
1818	Sir Walter Scott: *The Heart of Midlothian*.
1819	Fabrikgesetz verbietet den industriellen Einsatz von Kindern unter neun Jahren.
	Peterloo Massacre: Protest der Weber in Manchester mit Gewalt niedergeschlagen.
	Six Acts: Einschränkung der Presse- und Versammlungsfreiheit.
1819–1824	George Gordon, Lord Byron: *Don Juan*.
1820–1830	Georg IV.

1822–1827	George Canning Außenminister: Nichteinmischung in europäische Angelegenheiten als Prinzip.
1824	Byron stirbt im griechischen Freiheitskampf. Wiederzulassung von Gewerkschaften.
1828	Wellington (*Tory*) Premierminister. Aufhebung der *Test Acts*.
1829	Katholikenemanzipation (Daniel O'Connell).
1830–1837	Wilhelm IV.
1830	Charles Earl Grey (*Whig*) Premierminister: Beginn einschneidender Reformen.
1831	Scharfe Agitation für Reformen, begleitet von Ausschreitungen.
1832	»Reform statt Revolution«: Ausweitung des Zensus, Wahlkreisreform.
1833	Fabrikgesetz regelt Kinderarbeit in Textilfabriken; Einrichtung von Fabrikschulen.
1833–1841	*Tracts for the Times*: *Oxford Movement*.
1834	*Poor Law Amendment Act*: zentrale Kontrolle, Zusammenschluß jeweils mehrerer Gemeinden zu *Poor Law Unions*, vermehrter Bau von Arbeitshäusern.
1837	*University of London*. *Civil Registration Act*: zivile Standesämter.

Die Romantik

Die englische Romantik vollzog jenen Umbruch der Kultur, der sich in der neuen Sensibilität der Vorromantik angekündigt hatte. Während die Kultur des *Augustan Age* eine Gemeinschaftskultur gewesen war, zielte man nun auf Steigerung des Individuums bis zum Exzentrischen. Während die Kultur des *Augustan Age* Maß, Mitte, Gleichgewicht betont hatte, verzichtete man nun auf Symmetrie, auf Ordnung, auf alles Regelhafte. Die neue Zeit sah ihr Ideal im Heroischen, Grandiosen, Übermenschlichen. Sie insistierte auf der Fülle und Tiefe aller Erfahrungen, auch jenseits des einfach Menschlichen; sie suchte den Traum (Halluzinationen mit Hilfe von Drogen); sie vermied den Wahnsinn nicht. Man kultivierte einen vielwissenden, aber zerrissenen Menschentypus. Wichtiger als das Werk war nun der Künstler, das Original, das Genie.

Gewiß enthielt dieses Zeitalter viel vom Alten, doch seine Stellung zur Tradition war ambivalent. Die Entwicklung in eine bürgerliche, utilitaristische und rationale Welt erschien diesen Männern und Frauen als Fehlentwicklung. Sie suchten die Anknüpfung an vormoderne Zeiten; sie priesen das Gotische. Mit dem Mittelalter war eine ruhmreiche Vergangenheit verbunden, ein heroisches Zeitalter der Minne, der Frömmigkeit, der unverbildeten Natürlichkeit. Die romantische Bewegung selbst ist insgesamt Produkt und Symptom einer tiefwurzelnden Krise der europäischen Kultur.

Die englische Romantik war auch nicht geprägt durch die idealistische Philosophie und die großen Systementwürfe der deutschen. Sie war nicht eigentlich eine intellektuelle Bewegung, sondern eher eine künstlerische. Abgesehen von der Architektur (welche zunächst noch klassizistisch war, aber allmählich neogotische Einflüsse zeigte; welche die Inneneinrichtung in neue Dimensionen hob, etwa durch Lichtregie, Oberlichter, Kuppeln; welche der Idee des Gesamtkunstwerks Eingang verschaffte) sind es vor allem zwei Bereiche der Kunst, welche Briten mit Erfolg bestellten und in denen sie Beiträge zur europäischen Kultur leisteten: die Malerei und die Literatur.

Jenseits der klassizistischen Bestrebungen (Gründung der *Royal Academy*, 1768) wurde in der zweiten Hälfte des 18. Jahrhunderts auch deutlicher die Spezifik der englischen Malerei erkennbar. Es entwickelte sich nun eine nicht mehr abreißende Kette von bedeutenden Aquarellmalern. Alexander Cozens und John Robert Cozens, Francis Towne, Paul Sandby, Thomas Rowlandson, William Girtin, John Sell Cotman, Richard Parkes Bonington – dies sind nur einige von vielen Namen. Die Spannweite dieser Maler war weit, wenn auch die Landschaft immer im Zentrum des Aquarells stand. Infolge der ästhetischen Vorstellungen vom Pittoresken und Erhabenen konnten Landschaften wiedergegeben werden, die früher nicht bildwürdig gewesen wären. Denn im Zuge der Romantik faßte man Landschaft zunehmend als Spiegel der Seele auf und gestaltete sie als Stimmungslandschaft. Joseph Mallord William Turner entwickelte sich zum Meister der Nebel und Dünste, der grandiosen Landschaftsszenen in allen Stimmungslagen von festlich bis bedrohlich. Und in seinen späten Bildern gab er diesen mittlerweile geradezu abstrakt gewordenen Licht-, Luft- und Farbspielen erneut eine historische und symbolische Dimension. Während bei Turner das Geniale hervorsticht, die Loslösung von Tradition und Boden, Zeit und Raum, gilt für John Constable in allem das Gegenteil: Er war gewissermaßen der englischste Maler der Romantik, jedenfalls derjenige, der die lokale und regionale Verankerung am stärksten betonte (Suffolk). Constable beschäftigte sich programmatisch mit Wolken: Die Himmelspartie setze, meinte er, den Ton für das Ganze.

Was eine eigenständige Figur wie den Maler und Dichter William Blake mit seinen Zeitgenossen Wordsworth, Coleridge, Keats, Shelley oder Byron verband, läßt sich am ehesten mit Begriffen wie »*liberty*« und »*imagination*« fassen. Die Welt des Historischen wurde frei verfügbar; Mittelalter wie Renaissance wurden zu vorbildhaften Epochen. Andere Religionen und Kulturen wurden entdeckt (Mystik; Buddhismus). Was wir heute noch unter einem lyrischen Gedicht oder einer Landschaft verstehen, wurde entscheidend durch die Errungenschaften der beiden Generationen von Romantikern geprägt. Die komplexe und widersprüchliche Reaktion auf die Moderne in all ihren Aspekten (Industrie, Politik, soziale Umwälzung, geistiger Umbruch) läßt sich nicht auf einen Nenner bringen, aber sie zeugt insgesamt von einem hochentwickelten Krisenbewußtsein und von radikalem Neuerungswillen. Die Subjektivität und Innerlichkeit, die Freisetzung der Phantasie, die Einbeziehung des Irrationalen: All dies läßt sich als Reaktion und Fortschritt zugleich deuten. Die Entgrenzung der überlieferten Formen und der dichterischen Sprache gehört zur Romantik.

Romantisch ist auch die Eroberung des historischen Raumes für den Roman, die wesentlich durch Sir Walter Scott geleistet wurde. Als Konservativer suchte er nicht nur die unmittelbar zurückliegende Vergangenheit auf, die ja vor allem als Krisenzeit gesehen wurde, sondern die vermeintlich ruhigen Zeiten des Mittelalters, des Feudalismus. Die Erschließung der historischen Weite hat auch ein Element des Eskapismus, der Flucht in eine »heile Welt«. Aber Scotts breite Historiengemälde mit ihren oft polaren Basisstrukturen wurden für viele Historiker des 19. Jahrhunderts in ganz Europa zum Vorbild – nicht nur stilistisch. Und Scott machte seine schottische Heimat zum Schauplatz des Romans, wie Irland erstmals realistisch in Maria Edgeworths *Castle Rackrent* (1800) geschildert worden war. Der Liebe zum eigenen Boden und zur britischen Nationalgeschichte stand andererseits ein auffallender Exotismus gegenüber; Edward Bulwer-Lytton verband in *The Last Days of Pompeji* (1834) und späteren Werken Elemente des Schauerromans mit der neuen Sensibilität für das Historische.

Von Waterloo nach Peterloo

Der Sieg über Napoleon eröffnete keineswegs ein Goldenes Zeitalter für die Sieger. Großbritannien hatte nicht nur schwierige Krisenjahre hinter sich, sondern auch vor sich. Für den geistig umnachteten König Georg III. regierte 1810–1820 sein Sohn, der *Prince Regent*, der dann 1820 bis 1830 als König Georg IV. auf dem Thron saß. Im 19. Jahrhundert bezweifelten mehr und mehr Untertanen, daß es auf den König überhaupt ankomme. Von 1807 bis 1830 waren *Tory*-Regierungen im Amt; das entsprach dem Willen des Königs. Aber diese *Tory*-Regierungen waren gewählt worden; sie entsprachen also auch dem Willen der Mehrheit der Wähler. Am längsten war Lord Liverpool Premierminister, von 1812 bis 1827. Er profitierte zuerst vom Sieg über Napoleon, dann davon, daß er die innenpolitischen Krisen überstanden hatte.

1815 war schon vor dem Friedensschluß ein neues Getreidegesetz (*Corn Law*) verabschiedet worden. Solche Getreidegesetze waren jahrzehntelang Bestandteil politischer Debatten und Kampagnen. Im Prinzip ging es dabei immer um dieselbe Frage: Die Grundbesitzer, welche im Oberhaus und Unterhaus des Parlamentes den Ton angaben, waren an einem hohen Getreidepreis und Importbeschränkung interessiert. Importe sollten erst im Notfall möglich sein. In normalen Zeiten wurde der britische Markt abgeschirmt; die Preise waren also dort grundsätzlich höher als außerhalb. Wer für eine liberale Wirtschaftspolitik war, konnte nicht für die *Corn Laws* sein. Gegen die *Corn Laws* sprach aber vor allem das soziale Problem im eigenen Lande: Getreide benötigte jeder in irgendeiner Form; ein hoher Getreidepreis betraf vor allem die breiten Massen der Bevölkerung. Da aber auch Lohnforderungen meist in einer gewissen Relation zu den Lebenshaltungskosten stehen, wurden durch den Getreidepreis die Löhne in die Höhe getrieben. Das wiederum weckte den Widerstand der Produzenten in allen Gewerben. In der öffentlichen Diskussion der 1820er Jahre spielte bereits das Argument eine Rolle, daß die britischen Produzenten als Exporteure unverhältnismäßige Absatzschwierigkeiten hätten infolge der zu hohen Lohnkosten im eigenen Lande, die eine Funktion der hohen Getreidepreise seien. Die Getreidegesetze hatten deshalb zwei wesentliche Gruppen der Bevölkerung als Gegner: die Arbeiter (als Konsumenten) und die Unternehmer (als Lohnzahler).

Aktuelle Krisen kamen verschärfend hinzu. 1816 gab es eine Mißernte und Hungersnot. Durch den Frieden war die Rüstungsindustrie eingebrochen; sowohl die Waffenproduktion als auch die Eisenverhüttung, der Schiffsbau wie auch die Kohleförderung waren empfindlich getroffen. Und gleichzeitig kehrten 300000 Soldaten aus dem Feld zurück, die Arbeit suchten oder in ihren Heimatgemeinden der Armenfürsorge zur Last fielen.

Die Situation war wie geschaffen für radikale Propagandisten. Die Regierung war so unbeliebt wie sonst selten. An vielen Orten wurden politische Clubs und Gesellschaften gegründet, um die Meinungen zu bündeln, öffentliche Demonstrationen zu organisieren und das Parlament in Westminster mit Petitionen zu überschwemmen. Im März 1817 brachen in ihrer Existenz bedrohte Handspinner aus Lancastershire, den East Midlands und Yorkshire auf zu einem »Marsch auf London«, um dort eine Reformpetition anzubringen (*Blanketeers*). Im August 1819 wurde in Manchester eine Massenversammlung von 60000 Männern, Frauen und Kindern mit militärischer Gewalt auseinandergetrieben, wobei zahlreiche Menschen verletzt und elf getötet wurden (*Peterloo Massacre*). 1820 hatte sich eine radikale Gruppe um den Philanthropen Arthur Thistlewood entschlossen, das gesamte Kabinett bei einem Gelage in die Luft zu jagen. Sie wurde verraten, weil es ein effektives Spionagenetz gab und auch hier ein *agent provocateur* der Regierung seine Finger mit im Spiel hatte (*Cato Street Conspiracy*). In diesen Jahren befürchteten nicht wenige eine allgemeine Rebellion.

Seit 1822 senkte die Regierung die Akzise auf vielerlei Waren. Eisen und Kohle, Hanf und Rum, Bücher und Porzellan: Alles wurde billiger, weil der Staat die Akzise auf diese Güter ermäßigte. Damit wurde der Konsum im eigenen Lande angeheizt, aber die Produzenten wurden überhaupt wettbewerbsfähiger, mithin exportkräftiger. Der Staat konnte hoffen, durch den Aufschwung der Wirtschaft wieder von dieser Maßnahme zu profitieren. Zur selben Zeit wurden mit verschiedenen Staaten Handelsabkommen geschlossen, die jeweils auf einer beiderseitigen Absenkung der Zölle beruhten. Auch bezüglich des Welthandels insgesamt nahm die britische Regierung nun eine weniger starre Haltung ein. Während der Aufstieg der

Verhaftung der Cato Street-Verschwörer am 23. Februar 1820 (Aquatinta von George Cruikshank, 1820)

englischen See- und Handelsmacht seit dem 17. Jahrhundert durch eine Folge von *Navigation Acts* ermöglicht worden war, ging man nun dazu über, diese zu lockern. Auch mit Staaten, die nicht als britische Kolonien angesprochen werden können, vor allem den neuen Staaten in Südamerika, wurden Handelsverträge zu gegenseitiger Begünstigung geschlossen. Es entstand in jenen Jahren so etwas wie ein informelles *Empire*, nämlich ein kommerzieller Zusammenhang von Staaten, die sich an Großbritannien anschlossen, obwohl sie andere geschichtliche Wurzeln hatten.

Außenpolitik: Von Castlereagh zu Canning

1815 stand Großbritannien mit dem Wiener Kongreß auf der Höhe seiner Macht. Die Staatskunst seines Außenministers Castlereagh hatte allerdings auch die Voraussetzung, daß sich Großbritannien in Europa engagieren müsse, um die Rolle eines Schiedsrichters behalten zu können. Die übrigen Alliierten und Siegermächte über Napoleon, Rußland, Preußen und Österreich, die in der Quadrupelallianz mit Großbritannien zusammengeschlossen waren, hatten teilweise divergierende Vorstellungen von der neuen europäischen Ordnung. Zar Alexander I. schloß mit dem Kaiser und dem König von Preußen die »Heilige Allianz« – ein Bündnis der Monarchen zur Zurückdrängung der Revolution, der Demokratie, der nationalen Befreiungsbewegungen. Großbritannien gehörte nicht zu diesem monarchischen

Dreibund. Ein System regelmäßig tagender Kongresse sollte Europa in Stabilität erhalten. Eine solche Vorstellung war den meisten Briten völlig fremd; sie fürchteten, immer stärker in die europäischen Angelegenheiten hineingezogen zu werden.

Frankreich, gefürchtet als revolutionäre Kraft mit hegemonialen Aspirationen, war nun wiederum eine restaurierte Monarchie, von der kaum noch Gefahr ausging. Es wurde dementsprechend in die Allianz einbezogen, die damit von der Quadrupel- zur Quintupelallianz wurde (Kongreß von Aachen, 1818). Großbritannien sah mit Sorge auf die wachsende russische Macht im Osten. Es bezog Getreide und Rohstoffe für den Schiffsbau aus dem Baltikum; hier konnte Rußland einschneiden. Rußland war aber auch mit seiner Schwarzmeerflotte nahe am östlichen Mittelmeer, das in diesen Jahrzehnten zu einer Konfliktzone wurde. Und es hatte sich schließlich nach Mittelasien ausgedehnt, wo es wiederum auf britische Handelsinteressen stieß. Kurz: Frankreich schien nicht mehr so bedrohlich, seit man Rußland für eine Gefahr hielt.

Seit 1821 hatte sich in Griechenland eine Aufstands- und Freiheitsbewegung bemerkbar gemacht, da die Oberherrschaft des Osmanischen Reiches zusehends schwächer geworden war. Die Sache Griechenlands wurde überall in Europa, insbesondere aber in Großbritannien, von großem Enthusiasmus der öffentlichen Meinung getragen (Philhellenismus).

Erfolgreich agierte Canning auf der Iberischen Halbinsel und in Südamerika. Er lehnte ein britisches Eingreifen in Spanien als zu aufwendig ab, sandte jedoch ein Interventionskorps nach Portugal, als 1826 der dortige König starb und die Regentschaft unter bourbonischen Einfluß zu geraten drohte. Die Verbindung zwischen Großbritannien und Portugal hatte schon eine lange Tradition. Das kommerzielle Motiv stand auch im Vordergrund bei der Südamerikapolitik. Denn die früheren spanischen und portugiesischen Kolonien, die vor 1800 in der britischen Handelsstatistik überhaupt keine Rolle gespielt hatten, waren zur Zeit der napoleonischen Kontinentalsperre zu wichtigen Märkten für Großbritannien geworden. Großbritannien förderte die dortigen Unabhängigkeitsbestrebungen, um den Halbkontinent zu einem stabilen Handelspartner zu machen.

Die Reformkrise

Ende der 1820er Jahre wurde in Großbritannien eine merkliche Krise akut, aus der die verantwortlichen Politiker nur durch einschneidende Verfassungsreformen herauszukommen glaubten. Nach Liverpool wurde sein Außenminister Canning mit der Regierungsbildung betraut. Da aber manche Minister wie Wellington oder Peel keinesfalls unter einem Premier Canning im Amt bleiben wollten, weil sie fürchteten, er würde gegenüber den Katholiken nicht hart bleiben, spaltete sich ein Teil der *Tories* ab. Dies gab Canning die Gelegenheit, einige *Whigs* in seine Regierung aufzunehmen, was wiederum dazu führte, daß sich die *Whigs* spalteten, weil nach Ansicht von Earl Grey und anderen eine Zusammenarbeit mit den *Tories* nicht in Frage kam. Doch Canning verstarb bereits im August desselben Jahres. Eine Übergangsregierung zerbrach schon nach wenigen Monaten. Nun war die Reihe an Wellington. Seine Regierung, die vom Januar 1828 bis zum November 1830 im Amt war, wurde für die *Tories* zum Desaster, weil Wellington die öffentliche Stimmung falsch einschätzte. Seine trotzige Überzeugung, Reformen seien schädlich, bewirkte schließlich, daß die *Whigs* eine Chance bekamen, als infolge des Druckes der Straße ein flexiblerer Kurs gefragt war.

1828 wurde, da aufgrund von Streitigkeiten um einen kleinen Änderungsvorschlag zur Wahlkreiseinteilung die eher liberalen *Tories* die Regierung Wellington verließen, ein kleines Revirement nötig, das unvorhergesehene Folgen nach sich zog. William Vesey Fitzgerald, der für den irischen Wahlkreis *County Clare* im Unterhaus saß, sollte ein Regierungsamt bekommen. Damals war es (bis 1926) üblich, daß ein solches Aufrücken durch den eigenen Wahlkreis bestätigt werden mußte. Der Held der irischen Sache, Daniel O'Connell, der die *Catholic Association* hinter sich wußte, entschloß sich, als Gegenkandidat anzutreten. Die Kandidatur konnte man ihm zwar nicht verweigern; aber einen Parlamentssitz durfte er, als Katholik, nicht einnehmen. Genau auf diese kleine Differenz des geltenden Rechtes kam es hier aber an. Denn in *County Clare* wählte man nicht Fitzgerald, sondern O'Connell. Das Dilemma der *Tories* wurde überdeutlich: Wenn man den Katholiken Konzessionen machte, entfremdete man den harten Kern der eigenen Partei und verlor die Regierungsführung. Wenn man den Katholiken keine Konzessionen machte, drohte in Irland der Aufstand.

Aber noch andere Risse zeigten sich im Gebäude der *Tories*. Wellington hatte seine Basis verbreitern wollen, indem er 1828 den *Test Act* und den *Corporation Act* abschaffte. Damit erhielten *Dissenters* volle staatsbürgerliche Rechte. Das ging aber dem harten Kern der *Tories* schon zu weit; sie fürchteten, daß ein Premier, der die Interessen der Staatskirche so weit aus den Augen verlieren konnte, auch den Katholiken gegenüber nicht hart bleiben würde. Wellington gab tatsächlich nach. 1829 kam die Katholikenemanzipation. Auch in Irland erhielten Katholiken nun das passive Wahlrecht. Gleichzeitig wurde allerdings der Zensus angehoben (auf das Fünffache!), um die bäuerlichen Massen von den Wahlurnen fernzuhalten.

1829 war ein Jahr der Mißernten gewesen; außerdem war eine Konjunkturkrise eingetreten, begleitet von hoher Arbeitslosigkeit und hohen Preisen. Die Radikalen agitierten für weitergehende Reformen. Entscheidend war wohl ein Meinungsumschwung mittlerer Schichten. Ladenbesitzer und Kaufleute, Handwerker und Gewerbetreibende hatten nicht mehr so große Angst wie früher, Reformen zu fordern, die auch Teilen der Arbeiterschaft nützen würden. 1830 kam es deshalb in vielen Städten zur Bildung von *Political Unions*, nämlich von Vereinen, die sowohl den Mittelstand als auch die Arbeiterschaft umfaßten und für Reformen eintraten. Petitionen wurden überreicht und Massenversammlungen abgehalten. Dieser Wandel machte auch auf Politiker Eindruck, die bis dahin gegen Reformen eingestellt gewesen waren – zumal 1830 in Frankreich und Belgien erneute Revolutionen ausgebrochen waren. Es konnte so scheinen, als sei Großbritannien der nächste Kandidat für die Revolution. Und mancher verfiel auf den naheliegenden Gedanken, daß man diese durch Konzessionen vermeiden könne.

Da Georg IV. im Juni 1830 starb (worauf sein Bruder Wilhelm IV. den Thron bestieg), wurden allgemeine Wahlen fällig. Dabei zeichneten sich Gewinne der reformfreudigen Kräfte ab. Im November 1830 resignierte Wellington als Premierminister. Wilhelm IV. hatte keine andere Wahl, als einen *Whig* mit der Regierungsbildung zu beauftragen, nämlich Earl Grey. Damit war der Weg frei für Reformen.

Eine Neugliederung der Wahlkreise und eine Ermäßigung des Zensus wurde ernsthaft ins Auge gefaßt. Doch die Gesetzesvorlage erhielt bei der ersten Lesung im Unterhaus nur eine hauchdünne Mehrheit. Earl Grey veranlaßte daraufhin Wilhelm IV., das Parlament aufzulösen und Neuwahlen auszuschreiben. So wurden die allgemeinen Wahlen von 1831 zu einem Plebiszit über die Verfassungsreform. In den umstrittenen Wahlkreisen siegten fast durchgehend die Reformbefürworter. Die zweite Vorlage

Krönungsprozession Wilhelms IV., 1831 (Gemälde von George Cattermole)

passierte nun ohne Schwierigkeiten das neugewählte Unterhaus, doch wurde sie im Oberhaus abgelehnt. Daraufhin brachen landesweit Proteste aus; es kam zu zahlreichen Ausschreitungen gegen bekannte Reformgegner, vor allem gegen Bischöfe.

Anfang 1832 war eine Mehrheit im Unterhaus wie auch im Oberhaus davon überzeugt, daß gar keine andere Wahl blieb, als die Reformen voranzutreiben: Bei erneuter Ablehnung fürchteten sie den Ausbruch einer wirklichen Revolution in Großbritannien. Doch Robert Peel, der kommende starke Mann der *Tories*, weigerte sich, in eine Regierung einzutreten, die nur irgendeine Reformmaßnahme vorschlagen würde. Damit zwang er indirekt den König, an Earl Grey und den *Whigs* festzuhalten. Vom angedrohten Mittel des *Peers*-Schubes mußte kein Gebrauch mehr gemacht werden, als Wellington mit seinem neuen Versuch einer *Tory*-Regierungsbildung gescheitert war. Das große Reformgesetz von 1832 passierte das Unter- und das Oberhaus; der König stimmte widerwillig zu. Großbritannien hatte eine einschneidende Verfassungsreform vorgenommen.

Die Verfassungsreform von 1832

Die überfällige Neubewertung der Wahlkreise brachte den schwersten Eingriff in die überlieferte englische Verfassung seit Cromwell. 56 *Boroughs* verloren ihre Sitze im Unterhaus, weil die Wählerzahl zu gering war, 30 weitere einen ihrer beiden Abgeordneten. Dafür wurden nun 22 neue Wahlkreise mit je zwei Abgeordneten und 20 neue mit je einem Abgeordneten eingerichtet. Bei der Repräsentation der *Counties* gab es deutliche Veränderungen. Trotz der »Großen Reform« blieb die soziale Zusammensetzung des Parlamentes fast unverändert: Man schätzt, daß 1832 noch zwischen 70 und 80 % der Unterhausabgeordneten zum *landed interest* zu zählen waren. Die traditionelle aristokratische Kontrolle der politischen Macht blieb erhalten, wozu die Tatsache beitrug, daß Angehörige der neuen ökonomischen Bereiche in vielen Fällen wohl Geld genug, nicht aber Zeit genug gehabt hätten, Abgeordnete zu werden. Doch war auch die finanzielle Basis eine Überlegung wert (Diäten für Abgeordnete wurden erst 1911 eingeführt). Der durchschnittliche Parlamentsabgeordnete war vor wie nach 1832 ein *Gentleman of leisure*.

Das hängt freilich mit dem Wahlrecht zusammen. Das allgemeine Wahlrecht, das in der Diskussion eine Rolle gespielt hatte, wurde verworfen; man hielt an einem Zensus-Wahlrecht fest. In den *Counties* sollten außer erwachsenen Männern mit einem freien Grundbesitz von 40 *Shillings* Jahresertrag auch die Inhaber von *Copyholds* wählen dürfen, wenn sie mindestens das Fünffache erzielten, sowie (*Chandos Amendment*) diejenigen, welche aus Pachtland mindestens 50 Pfund jährlich erwirtschafteten. In den *Boroughs* durften erwachsene Männer wählen, die aus ihrem Eigentum mindestens 10 Pfund jährlich erzielten, sofern sie dieses mindestens ein

Jahr lang besessen, alle daraus resultierenden Steuern und Abgaben bezahlt und in diesem Jahr keine Armenunterstützung bezogen hatten. Wer vor der Reform das Wahlrecht gehabt hatte, sollte es nicht verlieren; er konnte es zeit seines Lebens weiter ausüben.

Entscheidend für die grundsätzliche Beurteilung der Reform ist zweierlei: erstens der Zensus überhaupt, das heißt die Bindung des Wahlrechts an eine Besitzqualifikation; zweitens die bemerkenswerte Tatsache, daß Wahlen nach wie vor nicht geheim waren. Es bestand also immer eine gewisse soziale Kontrolle – bis hin zur groben oder subtilen Einflußnahme der Reichen und Mächtigen. Dies war insbesondere für den *Chandos Amendment* von Belang, da Pächter naturgemäß von ihren Pachtherren abhängig waren.

Für England und Wales bedeutete die Wahlrechtsreform beinahe eine Verdoppelung der Wählerschaft. Noch weit gravierender waren die Auswirkungen auf Schottland: Man kann geradezu sagen, daß Schottland erst mit der Reform von 1832 vom Mittelalter in die Neuzeit vorrückte. Denn die Wählerschaft hatte in Schottland nach altem Recht kaum mehr als 4000 Männer umfaßt, während sie nun, 1832, auf 65000 hochschnellte. Eine gewisse Verzerrung entstand auch dadurch, daß Preise, Löhne und Pachten auf den Britischen Inseln stark variierten. Auf dem hohen Preisniveau Londons waren Wähler aus der Arbeiterschaft keineswegs seltene Ausnahmen, während in Cornwall oder Wales nicht einmal alle Ladenbesitzer den Zensus erfüllten.

Das demonstrative Abschneiden alter Zöpfe, wie der Entzug des Wahlrechts für das berüchtigte *Old Sarum*, ermöglichte es den Inhabern der Macht, fortzufahren wie bisher. Die mittleren Schichten der Bevölkerung hatten einen abstrakten Gewinn, nämlich das Wahlrecht; die Arbeiter hatten zumeist keinen Vorteil. Die »Großen Reformen« brachten das Wahlrecht für mehr erwachsene Männer, aber nicht für alle (von den Frauen ganz zu schweigen). Für sich selbst genommen, kann man sie deshalb nicht so hoch einschätzen, wie es in der liberalen Tradition üblich ist. Aber entscheidend war der Durchbruch zur Reformierbarkeit der Verfassung.

Sozialreformen

Das Drängen auf eine Reform der Armenfürsorge wurde von utilitaristischen Erwägungen geleitet. In den Jahrzehnten vor 1832 hatte sich mit Adam Smith, David Ricardo, Jeremy Bentham und anderen eine Schule der *Political Economy* erhoben, die solche Zusammenhänge rational durchdachte und Reformvorschläge hervorbrachte. Die Ökonomen traten für einen freien Markt an Arbeitskräften ein und waren deshalb gegen das alte Armenrecht. Sie waren außerdem der Meinung, daß die herkömmliche Armenfürsorge zur Faulheit anreize. Der entscheidende Antrieb kam daher, daß die Ausgaben der Armensteuerzahler in jenen Jahrzehnten gewaltig gestiegen waren, so daß sie ein Interesse daran hatten, das Armenfürsorgesystem zu ändern.

Der Bericht einer Kommission aus Vertretern des neuen Denkens wurde 1834 zur Grundlage eines neuen Armengesetzes gemacht. Anders als in England üblich, sollte die Armenfürsorge von der Regierung einheitlich geregelt werden. Auch sollte eine zentrale Körperschaft zur Beaufsichtigung der lokalen Instanzen geschaffen werden. Vor Ort sollten jeweils *Poor Law Guardians* gewählt und *Poor Law Unions* gebildet werden, das heißt Zusammenschlüsse von mehreren Gemeinden. Für jede *Union* sollten Arbeitshäuser gebaut werden, in denen alle Unterstützungsempfänger unterzubringen waren, und zwar getrennt nach Geschlecht, nach Alter und Tauglichkeit. Effektiv war das neue *Poor Law* im gewünschten Sinne – nämlich insofern, als es die Kosten der Armensteuerzahler landesweit senkte. 1831/32 mußten noch über 7 Millionen Pfund aufgebracht werden, 1833 nur noch 4,6 Millionen. Trotz des starken Bevölkerungswachstums lag diese Gesamtsumme auch zwischen 1840 und 1865 jeweils in der Größenordnung von 5–6 Millionen Pfund.

Kinderarbeit im Kohlebergwerk (Stich aus »The Royal Commission Report on the Employment of Children in Mines«, 1842)

In den ersten Jahrzehnten des 19. Jahrhunderts wurden die Mißstände in den Fabriken immer mehr ins Zentrum öffentlicher Diskussion gerückt. Einerseits waren es Arbeiter und ihre Vertreter, die sich artikulierten; andererseits gab es einen eingewurzelten *Tory*-Paternalismus von Grundbesitzern, die dem neuen Element Industrie nicht nur wegen seiner Mißstände feindlich gegenüberstanden. Empörung weckte vor allem die »Versklavung« von Frauen und Kindern in der Industrie. Doch der *Factory Act* von 1833 bezog sich nur auf Textilfabriken, und davon wurden noch Seiden- und Bandwaren ausgenommen. Er wiederholte die Bestimmung des Gesetzes von 1819, daß kein Kind unter 9 Jahren in Fabriken beschäftigt werden durfte. Kinder unter 13 durften nicht mehr als 8 Stunden und Jugendliche unter 18 Jahren nicht mehr als 12 Stunden täglich arbeiten. Damit wurde nun aber noch eine merkwürdige Klausel verbunden: Wenn Unternehmer Kinder unter 13 beschäftigten, mußten sie Fabrikschulen einrichten und die Kinder mindestens 2 Stunden täglich unterrichten lassen. Die Kosten für diese Schulen durften sie den Kindern vom Lohn abziehen. Außerdem enthielt das Gesetz auch eine Bestimmung, daß staatliche Fabrikinspektoren bestellt werden sollten, um die Einhaltung des Gesetzes zu überwachen. – Für englische Verhältnisse war diese Klausel sehr einschneidend; denn nach traditioneller Auffassung hielt man Fabriken für eine private Angelegenheit. Die Mißstände des Industriezeitalters erzwangen auch in Großbritannien eine Intensivierung der Staatstätigkeit.

Traditionell gab es in England keine Schulpflicht; die Kinder der unteren Schichten waren weitgehend sich selber überlassen. In mittleren und oberen Schichten konnte man sich Privatunterricht leisten bzw. für existierende Schulen Schulgeld zahlen. Daß die Kinder der unteren Schichten kaum Unterricht bekamen, hatte man höchstens aus religiösen Gründen bedauert; dementsprechend sorgte man am ehesten für Sonntagsschulen, deren Hauptanliegen im Erlernen des Katechismus bestand.

Im frühen 19. Jahrhundert setzte sich mehr und mehr auch in Großbritannien eine andere Art zu denken durch: Man erkannte nämlich, daß mehr Bildung nicht nur für die Kinder selber von Nutzen wäre, sondern ebenso für die Gesellschaft. Roheit, Gewaltneigung und Aufruhrbereitschaft hielt man nun für Merkmale eines Bildungsdefizits. Eine Gesetzesvorlage für allgemeine Schulpflicht wurde im Parlament 1833 abgelehnt. Aber bei dieser Gelegenheit wurde erstmals überhaupt die Verantwortlichkeit des Staates für das Bildungswesen indirekt anerkannt, indem der Staat (geringe) Zuschüsse für Schulbauten gewährte. Einen merklichen Fortschritt konnte davon niemand erwarten. 1836 gründeten *Whigs* um Lord Russell eine *Central Society of Education*, die für stärkeres Engagement des Staates in Bildungsfragen, für die Einsetzung von staatlichen Schulinspektoren und für »Normalschulen« zur Ausbildung von Lehrern eintrat. Damit wurde aber der Interessenkonflikt zwischen Staat und Kirche erst recht deutlich; die Anglikanische Kirche lehnte diese Initiativen nämlich ab, da sie fürchtete, die Kontrolle im Bildungsbereich zu verlieren.

Religion und Kirchen im Wandel

Die letzten Jahrzehnte des 18. und die ersten Jahrzehnte des 19. Jahrhunderts standen in England, wie auch in anderen Ländern, im Zeichen verschiedener Erweckungs- und Evangelisierungsbewegungen, die sich gegen die Erstarrung der traditionellen etablierten Kirchenwesen einerseits und gegen die Aufklärung andererseits gebildet hatten. Die Sekten nahmen zu auf Kosten der Anglikanischen Kirche. Seit der Streichung des *Test* und *Corporation Act* 1828 durften *Dissenters* zwar wählen und gewählt werden, aber kleinere Gravamina blieben bestehen. Als die *Whigs* an der Regierung waren, versuchten sie, die Reformen weiter zu treiben, aber sie scheiterten mit Gesetzesvorlagen mehrfach im Oberhaus – kein Wunder, denn dort saßen ja die Bischöfe der Anglikanischen Kirche! In dieser Reformzeit entwickelten Nonkonformisten überall rege Aktivitäten auf der Ebene der Kirchenvorstände. In Gemeinden, wo die *Dissenters* zahlreich waren, konnten sie Obstruktion üben. Aber auf nationaler Ebene ließ sich an den gesetzlichen Grundlagen nichts ändern. (Erst 1868, unter Gladstone, wurden die zwangsweisen *Church Rates* für alle abgeschafft.) Seit 1836 waren Eheschließungen außerhalb anglikanischer Kirchen möglich. Seit 1837 durfte die neu gegründete *University of London* akademische Grade verleihen;

damit wurde also ein Teil des nonkonformistischen Bildungswesens in den Staat integriert.

Eine von der Regierung bestellte *Ecclesiastical Commission* aus Politikern und Kirchenmännern erarbeitete Reformvorschläge, die 1836 Gesetz wurden. Die Gehälter der Bischöfe wurden einander angeglichen. Man griff in die Rechte der Kapitel ein und traf Maßnahmen gegen den grassierenden Absentismus und Pluralismus. Doch diese gelinden Verwaltungsreformen gingen manchen schon zu weit. Sie sahen das Verhältnis von Kirche und Staat grundsätzlich gefährdet, wenn der Staat das Recht bekam, Reformen für die Kirche zu beschließen.

Solche Vorstellungen grassierten am ehesten unter Theologen, vor allem in Oxford. Unter dem Begriff *Oxford Movement* wurden Bestrebungen zusammengefaßt, welche auf eine Stärkung der traditionellen Positionen der Anglikanischen Kirche in ihrem Verhältnis zum Staat abzielten, aber gleichzeitig gewisse religiöse Implikationen damit verbanden: Die Vertreter des *Oxford Movement* legten Wert auf das Amt der Bischöfe und der Prediger; sie wollten den Laieneinfluß zurückgedrängt wissen. Im Jahre 1833 erschien der erste von neunzig *Tracts for the Times*, von Abhandlungen verschiedener Verfasser, die alle dasselbe Anliegen hatten, nämlich die anglikanische Religiosität neu zu definieren für die moderne Zeit. Sie griffen auf die Kirche des Mittelalters zurück und auf die Kirchenväter. Darüber kam es in Oxford selbst zu Auseinandersetzungen; manche wurden ihrer Ämter enthoben. Der Gipfelpunkt war *Tract XC*, in dem John Henry Newman erklärte, die *39 Articles* der Anglikanischen Kirche seien mit katholischer Lehre völlig vereinbar; ein Katholik könne jederzeit auf das Glaubensbekenntnis der Anglikanischen Kirche schwören. Newman wurde aus Oxford verwiesen und entwickelte sich dann weiter zu einem Katholiken, der 1845 konvertierte und später zum Kardinal der römischen Kirche aufstieg. Mit dieser Bewegung kam etwas zum Vorschein, was die religiöse Bewegung der Romantik auch in anderen Ländern kennzeichnete. Es ging um eine Reaktion gegen die Aufklärung, gegen den Primat der Vernunft, gegen den religiösen Indifferentismus, gegen den Latitudinarismus, gegen die menschenzentrierte, rein ethisch ausgerichtete Religiosität des 18. Jahrhunderts.

Die katholische Kirche, die so lange Jahrhunderte von der klaren Mehrheit aller Engländer als eine bedrohliche Erscheinung angesehen worden war, hatte ihre Besonderheit verloren. Doch, anders als die Freikirchen, ging sie nicht von einem gemeindekirchlichen oder Vereinsprinzip des freien Zusammenschlusses von Individuen aus, sondern hielt stets an der Hierarchie fest. Hinzu kam als besonderer Aspekt die Umstrukturierung durch die Massen von eingewanderten Iren; ein beträchtlicher Teil hatte sich in den englischen Industriegebieten im Westen und Norden der Insel niedergelassen. Das traditionelle Element der Aristokratie und *Gentry* wurde nun überlagert durch katholische Arbeiter und Handwerker. Und so war die Katholikenfrage in dieser Zeit aufs engste verbunden mit der Irlandfrage. Während es 1770 in England nur etwa 80000 Katholiken gegeben hatte, waren es 1851 fast zehnmal so viele (750000). – Das Gesetz über die Katholikenemanzipation von 1829 trug O'Connells Handschrift. Es verdankte sich den Bedürfnissen einer Regierung, welche die Stimmen der irischen Abgeordneten benötigte. Insofern war es eine Folge der Vereinigung Irlands mit England. Das Gesetz von 1829 brachte die staatsbürgerliche Gleichberechtigung für Katholiken in England und Irland, nach dem aktiven nun auch das passive Wahlrecht. Einige kleinere Häkchen von eher symbolischer Bedeutung ließ man stecken: Die allerhöchsten Staatsämter blieben den Katholiken weiterhin verschlossen. Parlamentsabgeordnete mußten eidlich versichern, nichts gegen die protestantische Religion zu unternehmen. Oxford und Cambridge öffneten ihre Pforten für Katholiken noch nicht. Die Tätigkeit von Orden blieb staatlicher Kontrolle unterworfen.

In den folgenden Jahrzehnten versuchte der Papst, England erneut mit einer kompletten Kirchenstruktur zu überziehen. 1850 wurden die alten Diözesen der katholischen Kirche wiederhergestellt. Doch nahm man dabei auf die Bevölkerungsverschiebungen des Industriezeitalters Rücksicht: Birmingham, Liverpool und Salford gehörten zu den 13 neu- bzw. wiedergegründeten Bischofssitzen.

INDUSTRIALISIERUNG, DEMOKRATISIERUNG UND EMPIRE

Großbritannien im viktorianischen Zeitalter 1837–1901

Epochenüberblick

Das Zeitalter, das schon von Zeitgenossen nach der langen Regierungszeit einer Königin benannt wurde, zeigt Großbritannien auf dem Höhepunkt seiner Machtentfaltung, seiner wirtschaftlichen Potenz und seiner globalen Bedeutung. Das Königtum selbst trat dabei weitgehend in den Hintergrund: Viktoria war eher eine Persönlichkeit von symbolischer, moralischer und zeittypischer Relevanz als eine Königin mit persönlicher Macht. Auch das Oberhaus hatte in dieser Epoche schon nicht mehr das frühere Gewicht. Wohl scheiterten noch wichtige Gesetze an einer fehlenden Mehrheit des Oberhauses; zum entscheidenden Verfassungskonflikt sollte es jedoch erst 1910 kommen. Als wahre Volksvertretung wurde nun das Unterhaus des Parlamentes angesehen; um so mehr, als es gelang, die revolutionären Erschütterungen der Kontinentalstaaten zu vermeiden und die breiten Massen der rapide zunehmenden Bevölkerung Zug um Zug an den Staat heranzuführen. Sukzessive Wahlrechtsreformen (1832, 1867, 1884 und 1918) resultierten im allgemeinen Wahlrecht und mithin in einer ungeheuren Ausweitung der Wählerschaft. Indem sich das politische System Schritt für Schritt demokratisierte, verschaffte sich auch das so auf breiter Grundlage gewählte Unterhaus (zumal 1872 geheime Wahlen eingeführt wurden) zunehmend breiter abgestützte Legitimität. Daß die sozialistische Bewegung in Großbritannien, trotz der Industrialisierungskrisen, der Armut breiter Schichten, ungesunder Lebensbedingungen und rücksichtsloser Ausbeutung so wenig Resonanz fand, hängt unter anderem mit der flexiblen Haltung sowohl liberaler als auch konservativer Regierungen zusammen, die mit der großen Verfassungsreform von 1832 erstmals das Versprechen erfüllt hatten, das Parlament für breitere Schichten zugänglich zu machen. Es war insofern nur eine Frage der Zeit, daß Arbeiter ins Unterhaus gewählt (erstmals 1874) und Diäten gezahlt wurden (seit 1911). Der Einsatz von Frauen im Ersten Weltkrieg brachte schließlich auch ihnen das Wahlrecht.

Die politische Willensbildung geschah im 19. Jahrhundert durch die Kanäle zweier Parteien, die sich mit Regelmäßigkeit an der Macht abwechselten. Phasen der Krise, in denen die Parteien zu verschwinden drohten und in hohem Maße Persönlichkeiten im Rampenlicht standen, wurden endgültig überwunden durch den Aufbau von Apparaten für moderne Massenparteien mit lokaler Wählerbasis. Dies war natürlich auch eine

Folge des erweiterten Wahlrechts; um gewählt zu werden, mußten Kandidaten nun öffentliche Reden halten, durch Zeitungen ein großes Publikum ansprechen und sich auf die strukturellen Hilfen und Propagandaanstrengungen ihrer Parteien verlassen können. Die *Tories* wandelten sich zu »Konservativen«; die *Whigs* nahmen Radikale auf und wurden »Liberale« genannt. Emanzipationsbewegungen suchten jeweils den Erfolg durch Anschluß an die Liberalen bzw. durch Bündnisabsprachen mit diesen; das gilt für die irischen Abgeordneten, die nicht völlig in das Zweiparteiensystem integriert werden konnten, und es gilt für die Arbeiterschaft, die nach *Lib-Lab*-Versuchen am Ende des viktorianischen Zeitalters mit der *Labour Party* doch eine eigene Partei hervorbrachte (1900/1906).

Großbritannien verkraftete im viktorianischen Zeitalter insgesamt ein staunenswertes Bevölkerungswachstum (trotz der irischen Hungersnot, trotz der starken Auswanderung): Als Viktoria 1837 den Thron bestieg, hatte sie etwa 25 Millionen Untertanen; bei ihrem Tode 1901 waren es mehr als 41 Millionen. Dies wurde möglich durch die Industrialisierung, durch jene Phase der Weltwirtschaft, in der Großbritannien als »Werkstatt der Welt« erschien und den ganzen Erdball mit Kattun und anderen Fabrikwaren überschwemmte. Freilich gestaltete sich die Lage schwieriger, als der »viktorianische Boom« um 1860 an sein Ende kam und die übrigen Industriestaaten zunehmend aufholten. Konkurrenz entstand vor allem in Deutschland. Auch machte sich als Strukturproblem der englischen Wirtschaft bemerkbar, daß ein immer größerer Teil der Nahrungsmittel importiert werden mußte.

Trotzdem wuchs die internationale Machtstellung weiter; auf der Grundlage des Friedenssystems von 1815 suchten die führenden Politiker, die europäischen Mächte gegeneinander auszuspielen bzw. in ein Gleichgewicht zu setzen, um auf den übrigen Kontinenten freie Hand zu bekommen. Allerdings verwickelten sich die Mächte in den letzten Jahrzehnten des 19. Jahrhunderts zunehmend in einen internationalen Prestigekampf auf allen Kontinenten. Kanonenbootpolitik, strategische Eisenbahnlinien quer durch dünn besiedelte Kontinente, brutale Eingriffe in fremde Kulturen, Bravourexpeditionen kühner Entdecker (im Inneren Afrikas, schließlich zum Nord- und Südpol): All dies kennzeichnet die hohe Zeit eines multilateralen Imperialismus, bei dem Großbritannien an der Spitze stand. Man kann ihn auf einer ersten Ebene rational erklären, nämlich mit wirtschaftlichen Gründen (Rohstoffe, Absatzmärkte). Von den europäischen Nationen wurde er häufig mit religiösen Motiven (Mission) und zivilisatorischem Sendungsbewußtsein versehen, was Nachgeborenen als Verbrämung und Ideologie erscheinen kann. Der Höhepunkt der imperialistischen Politik, die auch eine Politik für die Massen war, welche nun politisch mitsprechen konnten und durch neue Mittel ansprechbar waren, offenbarte freilich nicht so sehr die Stärke, sondern bereits die Schwäche Großbritanniens: Das ungelöste Problem eines auf Unabhängigkeit drängenden Irland innerhalb der eigenen Grenzen war verflochten mit weltweitem Engagement, das insbesondere in Indien und Südafrika krisenhafte Züge zeigte. Das vik-

Königin Viktoria; Kopie eines Gemäldes von Benjamin Constant (1845–1902)

torianische Zeitalter hatte einen glänzenden Höhepunkt, als auf Initiative des *Prince Consort* Albert 1851 in London eine erste Weltausstellung menschlicher Erfindungen und Produkte abgehalten werden konnte, zudem in einem neuartigen, symbolischen Gehäuse aus Stahlträgern und Glas (*Crystal Palace*). Das viktorianische Zeitalter glänzte auch in seiner sozialen und politischen Reformfähigkeit, zu der immer wieder große Liberale die Anstöße gaben (Freihandel, Sozialforschung, Bildungsreformen, Emanzipationsbewegungen). Doch das Gleichgewicht der Mächte wich einem Prestige- und Rüstungswettlauf, der in einen Weltkrieg mündete.

Das frühe viktorianische Zeitalter

(1837–1851)

1837–1901	Königin Viktoria.
1837–1843	Wirtschaftskrise.
1838	*The People's Charter*: Petitionen für die Ausweitung des Wahlrechts.
1839	*Anti-Corn Law League*: Agitation für Freihandel unter Führung von Richard Cobden und John Bright.
1839–1842	Opium-Krieg in China; Hongkong britisch.
1840	Einführung der *Penny Post*. *National Charter Association* (Feargus O'Connor).
1840–1861	Albert von Sachsen-Coburg-Gotha *Prince Consort*.
1841	Dardanellen-Abkommen. John Henry Newman: *Tract XC*.
1841–1846	Sir Robert Peel Premierminister.
1842	Edwin Chadwick: *Report [...] on the Sanitary Condition of the Labouring Population of Great Britain*.
1845–1848	Hungersnot in Irland.
1843	Thomas Carlyle: *Past and Present*.
1844	Edward Miall gründet *Anti-State Church Association*.
1846	Gründung der elektrischen Telegraphengesellschaft. Abschaffung der Getreidegesetze.
1847	Gesetzliche Begrenzung des Arbeitstages auf 10 Stunden.
1848	Endgültiges Scheitern der Chartistenbewegung.
1849/50	Charles Dickens: *David Copperfield*.
1849	Abschaffung der *Navigation Acts* zur Begünstigung des brit. Handels: Freihandel. Anfänge des christlichen Sozialismus (Charles Kingsley).
1850	Wiederherstellung der kath. Diözesen in England.
1851–1862	Henry Mayhew: *London Labour and the London Poor*.
1851	Zählung des Kirchenbesuchs an einem Stichsonntag. Londoner Weltausstellung (*Crystal Palace*).

Viktoria: Eine Frau auf dem Thron

Als Wilhelm IV. 1837 starb, ergab sich die Schwierigkeit, daß im Königreich Hannover das salische Gesetz galt (nur männliche Erbfolge), während in England bekannte Präzedenzfälle für die weibliche Erbfolge jedermann im Gedächtnis waren. Die Personalunion wurde demzufolge aufgelöst: In Hannover kam der fünfte Sohn Georgs III., Ernst August (Duke of Cumberland), auf den Thron, in England hingegen Viktoria, die Tochter des bereits verstorbenen vierten Sohnes von Georg III. Sie war 18 Jahre alt und lehnte sich anfangs an ihren Mentor, Lord Melbourne, an, der Premierminister war und blieb. Als dessen *Whig*-Regierung zunehmend die Basis im Unterhaus verlor, sollte der *Tory*-Führer Robert Peel eine Regierung bilden, doch gelang es ihm nicht, das Vertrauen Viktorias zu gewinnen, weil er die Entlassung einiger ihrer Hofdamen forderte. So verzichtete er auf eine Regierungsübernahme, und Melbourne mußte erneut das Staatsruder führen. Dies war das letzte Mal, daß ein Monarch versuchte, einen Premierminister gegen die Mehrheit des Unterhauses durchzusetzen. Und auch dieser Erfolg war nur kurzlebig (1839–1841).

1840 heiratete Viktoria – entgegen den dynastischen Usancen aus Liebe. Ihre Wahl fiel auf Albert von Sachsen-Coburg-Gotha, der sich als ein liberaler, reformgesinnter Politiker von durchaus positivem Einfluß auf Gattin und Land erwies (bis zu seinem frühen Tod 1861). Nun gewann Viktoria allmählich die Souveränität, sich aus Melbournes Kuratel zu emanzipieren. Eine Wirtschaftskrise, die Chartistenbewegung, die Frage des Freihandels, eine Krise der Staatsfinanzen – all dies trug in den allgemeinen Wahlen von 1841 dazu bei, daß die *Tories* erstmals seit langer Zeit einen überzeugenden Wahlsieg errangen, in dessen Gefolge dann Melbourne sein Amt aufgab und Peel neuer Premierminister wurde, nachdem sich ein Kompromiß in der Frage der Hofdamen hatte finden lassen.

Die Ära Peel

Sir Robert Peel, der bereits 1834/35 als Premierminister amtiert hatte, prägte die englische Politik in den Jahren 1841–1846 als Exponent der *Tories*, der sich jedoch als Staatsmann fühlte und im äußersten Fall von der Parteiräson abzuweichen bereit war. Das größte Problem bestand zunächst in der Konsolidierung des Staatshaushaltes. Dafür entwickelte Peel die Doppelstrategie, den Handel durch Verringerung der Zölle zu beleben, zugleich aber eine Einkommenssteuer zu erheben, um die aktuellen Lücken zu schließen (befristet auf drei Jahre, 1842–1845; verlängert 1845–1848). Des weiteren suchte er die Geldmenge zu begrenzen, indem nur noch der *Bank of England* die Emission von Papiergeld erlaubt sein sollte, und auch dieser (jenseits einer Marge von 14 Millionen Pfund) nur bei hundertprozentiger Deckung durch Goldreserven. Insgesamt trugen Peels Maßnahmen deutlich zur Konsolidierung des Staatshaushaltes bei.

Schwieriger war die irische Frage. Einerseits zeigte Peel Härte gegenüber O'Connell und seiner Bewegung des »Los-von-England«, andererseits intendierte er eine Beruhigung der Situation durch sozialpolitische Maßnahmen (Gründung von Universitäten, Erhöhung des Zuschusses für die Ausbildung katholischer Priester in Maynooth College, Einsetzung einer Kommission für Agrarreformen). Allerdings blieben solche Ansätze folgenlos; sie scheiterten an einer der größten Naturkatastrophen des 19. Jahrhunderts, der Kartoffelfäule in Irland mit nachfolgender Hungersnot. Immerhin war Peels Notmaßnahme, in Amerika große Mengen Maismehl aufzukaufen und in Irland zusätzlich auf den Markt zu bringen, im ersten Hungerjahr sinnvoll, während die *Laissez-faire*-Politik der *Whig*-Regierung die Hungersnot in Irland noch verschärfte.

Folgenreich wurde Peels Sinneswandel in der Frage der Getreidegesetze. Entgegen der Linie seiner Partei rang er sich zu der Überzeugung durch, daß Freihandel notwendig sei, und riskierte damit die Spaltung seiner Partei. Peel vermochte nur einen Teil seiner Kabinettskollegen zu überzeugen. Doch die *Whigs* konnten ihre Chance nicht nutzen; angesichts der Minderheit im Unterhaus brachte Lord Russell keine Regierung zustande. Erneut wurde Peel mit der Regierungsführung betraut. Für seine Gesetzesvorlagen bezüglich des Getreidepreises und der Zölle stimmten die *Whigs* und ein Teil seiner Anhänger aus der *Tory*-Fraktion. Führer seiner Gegner in den eigenen Reihen wurde Benjamin Disraeli, der die alten *Tory*-Prinzipien hochhielt, aber wegen seiner jüdischen Herkunft (trotz englischer Erziehung und anglikanischer Konfession) keineswegs allen *Tories* als Führer genehm war. Die Mehrheitskonstellation war fragil; Peel mußte bereits wenige Wochen später zurücktreten, als die *Whigs* und seine *Tory*-Gegner (Protektionisten) in der Irlandfrage zusammengingen.

Auf Peels Rücktritt folgten zwei Jahrzehnte politischer Instabilität. Einerseits war die Krone nicht mehr, wie im 18. Jahrhundert, in der Lage, sich Mehrheiten im Parlament zu organisieren; andererseits hatten die Parteien noch nicht jene Binnenstruktur angenommen, die in späteren Zeiten zur Disziplinierung der Abgeordneten und zur klaren Formierung politischer Willensbildung führten.

Die Sache des Freihandels

Trotz der Reform war das englische Parlament in der Hand der Grundbesitzer geblieben. Dies war sinnfällig insbesondere durch die seit 1815 bestehenden Getreidegesetze. In den späten 1830er Jahren formierte sich zunehmender Widerstand gegen solche Gesetze zum Schutze des englischen Marktes. Führend in dieser Bewegung (*Anti-Corn Law League*, 1839) waren die Unternehmer der nordenglischen Industrieregion; man sprach in der Folge von »*Manchester Liberalism*«. An die Spitze stellten sich Richard Cobden und John Bright. Als ihr Anliegen im Parlament 1839 erneut zurückgewiesen wurde, starteten sie eine großangelegte publizistische Kampagne zur Aufklärung der Wähler. Sie argumentierten sowohl moralisch als auch ökonomisch: Die Förderung eines partiellen Interesses sei ungerecht. Der Brotpreis für die breiten Massen der arbeitenden Bevölkerung müsse gesenkt werden. Getreide sei das wichtigste Ausfuhrgut der Handelspartner auf dem Kontinent; britische Manufakturwaren seien zugleich nur absetzbar, wenn man dort Getreide einkaufe. Ja, durch das Ungleichgewicht des Handels seien die kontinentalen Staaten geradezu gezwungen,

Industriezweige aufzubauen, die dann als Konkurrenz für die englischen aufträten. Man könne nicht überall auf der Welt zugunsten britischer Produkte Freihandel fordern und gleichzeitig den heimischen Agrarmarkt mit hohen Zöllen umgeben. Im Drängen auf Freihandel, so schien es, ließen sich die Interessen der Reichen (Unternehmer) und der Armen (Arbeiter) ideal verbinden.

Als die Getreidegesetze 1846 abgeschafft wurden, war das nur indirekt ein Erfolg der *Anti-Corn Law League*; es geschah, indem der konservative Premierminister Robert Peel sich auf die Seite der Freihändler stellte. Daraufhin spalteten sich die *Tories*, doch in Großbritannien begannen Jahrzehnte einer Politik des Freihandels. Die ökonomischen Wirkungen der Aufhebung der Korngesetze waren weniger einschneidend als erwartet. Zwar sanken die Getreidepreise zunächst. Doch stiegen sie infolge des Krimkrieges wiederum an und blieben in der Nachkriegszeit trotz Rückganges auf einem beträchtlichen Niveau. Das bedeutete auch, daß die englischen Grundbesitzer zwar der Konkurrenz aus anderen Ländern standhalten mußten, sie aber keine desaströsen Einbrüche erlitten.

Die Chartistenbewegung

Volkstümlicher Radikalismus, der durch wirtschaftliche Krisen Zulauf erhielt, und Bürgerrechtsbestrebungen, wie sie sich schon im späten 18. Jahrhundert artikuliert hatten, flossen zusammen in der Chartistenbewegung der ersten Jahre Viktorias. Das Ziel der Bewegung war es, *The*

Chartisten bringen eine Petition im Triumphzug zum Unterhaus (1842)

Georg III., 1820, Kg. v. Großbrit. u. Hannover 1760–1820

Georg IV., † 1830
Kg. v. Großbrit. u.
Hannover 1820–1830

Wilhelm IV., † 1837
Kg. v. Großbrit. u.
Hannover 1830–1837

Eduard
† 1820

Ernst August, † 1851
Kg. v. Hannover
1837–1851

Charlotte, † 1817
∞ Leopold I.
Kg. d. Belgier

Viktoria, † 1901
Kgn. v. Großbrit., 1837–1901
∞ Hz. Albert v. Sachsen-Coburg-Gotha, † 1861

Georg V., † 1878
König v. Hannover 1851,
abges. 1866

Viktoria, † 1901
∞ Friedrich III.
Dt. Ks.

Eduard VII., † 1910, Kg. 1901–1910
∞ Alexandra, T. v. Kg. Christian IX.
v. Dänemark

Alfred, † 1900
Hz. v. Sachsen-Coburg-Gotha
Hz. v. Edinburgh

Georg V., † 1936 ∞ Mary v. Teck, † 1953
Kg. 1910–1936

Eduard VIII., † 1972
Kg. 1936, abged. 1936
∞ Wallis Simpson

Georg VI., † 1952 ∞ Elisabeth Bowes-Lyon
Kg. 1936–1952

Elisabeth II., Kgn. seit 1952
∞ Philipp v. Mountbatten
seit 1947 Hz. v. Edinburgh

Margaret

Charles
∞ Diana Spencer, † 1997
(gesch. 1996)

Anne ∞ Mark Phillips
(gesch. 1992)

Andrew ∞ Sarah Fergusson
(gesch. 1996)

Edward
∞ Sophie Rhys-Jones

William

Henry

People's Charter durchzusetzen, welche sechs Hauptpunkte einer Verfassungsreform enthielt: allgemeines Wahlrecht (für Männer), jährlich tagende Parlamente, geheime Wahl, gleiche Wahlbezirke, Abschaffung der Eigentumsqualifikation für Parlamentsabgeordnete und Einführung von Abgeordnetendiäten. An der Formulierung dieser *Charter* hatten Radikale wie Francis Place mitgewirkt, aber auch mehrere Unterhausabgeordnete. Im wesentlichen war sie ein Werk der *London Working Men's Association*. Die *Charter* wurde im August 1838 von verschiedenen Vereinigungen angenommen, die sich damit zu einem gemeinsamen Vorgehen zusammenschlossen. Der Chartismus legte sich voll und ganz auf das Parlament als den Austragungsort divergierender Interessen fest. Er wollte eine Stärkung dieser zentralen Institution durch eine neue, demokratischere Legitimierung. Dies ist ein Spezifikum Englands; die Reformer fanden die Institution bereits vor, welche den Anspruch erhob, im Namen des Volkes zu sprechen.

Neben der *London Working Men's Association* gab es eine Fülle lokal und regional tätiger Gesellschaften, die sich für dieses Ziel einsetzten, namentlich die *Birmingham Political Union*, sowie Meinungsführer wie den Journalisten Feargus O'Connor, der 1837 sein berühmtes Sprachrohr *Northern Star* herauszugeben begann. Im Jahr 1838 wählte man überall im Land Delegierte für eine *Convention*, eine Versammlung der Repräsentanten der Chartisten, die zusammen mit dem Parlament in London zusammentreten sollte (seit Februar 1839). Einig war man sich ausschließlich über das Ziel, die sechs Punkte der *Charter*, nicht aber über die Wege zur Durchsetzung dieses Ziels. Manche wollten die *Convention* als Gegenparlament; manche sprachen sich für einen nationalen Feiertag (oder -monat) aus, um mit einer Art von Generalstreik Druck zu machen; manche waren für die bereits erfolglos erprobte Maßnahme eines gleichzeitigen Umtausches aller Banknoten, um »dem Kapital« die eigene Stärke zu zeigen; wieder andere votierten für die Anwendung physischer Gewalt zur Durchsetzung des als einzig gerecht erkannten Demokratieverfahrens. Darüber kam es zu Abspaltungen und zur Verlegung der *Convention* nach Birmingham. Als das Unterhaus im Juli 1839 eine Debatte über die *Charter* mit deutlicher Mehrheit ablehnte, schien die Bewegung am Ende.

Doch infolge von Hunger und Not kam die Chartistenbewegung, so drastisch sie auch von den Behörden kriminalisiert wurde, immer wieder neu in Gang. Man bemühte sich um eine effektivere Organisation und Zentralisierung. Feargus O'Connor gründete im Juli 1840 die *National Charter Association*. Erneut wurde die *Charter* im Parlament klar abgelehnt. Daraufhin verlor die Chartistenbewegung an Kraft, weil die Interessen wieder auseinanderliefen: O'Connor setzte auf einen Plan zur Rückführung von Industriearbeitern auf das Land, um ihnen bäuerliche Subsistenzmöglichkeiten und Selbständigkeit zu geben; manche warfen ihre Hoffnungen auf die Gewerkschaften, wieder andere auf die *Anti-Corn Law League*.

Linke Seite: Hannover – Windsor – Mountbatten

Doch noch ein drittes Mal, in der Wirtschaftskrise von 1847/48, meldeten sich die Chartisten zu Wort, nun mit einem reduzierten Programm (fünf

Punkte: ohne geheime Wahl). Eine neue *Convention*, die nach London einberufen wurde, erzielte keine Einigung; eine angekündigte Großdemonstration in Kennington Common wurde zum Fiasko.

Die Katastrophe Irlands

Gegen die große Hungersnot waren die Menschen machtlos. (In Irland freilich war man geneigt, die Engländer und ihre Politik für die Katastrophe verantwortlich zu machen.) 1845 war eine neuartige, aus Südamerika eingeschleppte Pflanzenkrankheit aufgetreten, welche die Kartoffeln befiel und zu großflächigen Ernteausfällen führte. Dies war für Irland besonders fatal, da die Insel (von Ulster abgesehen) kaum industrialisiert war. Das starke Bevölkerungswachstum seit dem 18. Jahrhundert war in Irland durch immer weitergehende Landzersplitterung aufgefangen worden, die nur aufgrund des Kartoffelanbaus möglich war: Einzig mit Kartoffeln konnte man aus einem sehr kleinen Stück Land den überlebensnotwendigen Kalorienertrag ziehen. Das damals in Irland übliche Pachtsystem begünstigte die extreme Parzellierung. Man hatte bis dahin weitgehend nur Subsistenzwirtschaft getrieben, so daß nun, als nur von außen geholfen werden konnte, auch die Handels- und Vertriebswege fehlten. Im ersten Hungerjahr verkauften die Armen ihre Habe und zehrten ihre Ersparnisse auf, um das nackte Leben zu retten. Arbeitsbeschaffungsprogramme und stützende Lebensmitteleinfuhren konnten nur punktuell helfen. Als die Kartoffelfäule in den folgenden Jahren wiederkehrte, setzte ein Massensterben ein – infolge von Hunger und Mangelkrankheiten. Gegen alle englischen Prinzipien richtete man öffentliche Suppenküchen ein (die ihrerseits wiederum hygienische Probleme schufen). Auf dem Höhepunkt der Krise waren mehrere Millionen Iren von öffentlicher Unterstützung abhängig.

Außerdem wanderten sie in Massen aus, soweit sie sich zu einem Hafen retten und die Kosten für eine Schiffspassage aufzubringen vermochten (viele starben auf der Überfahrt an epidemischen Krankheiten auf den infolge der Gewinnsucht der Eigner überladenen Schiffen). Die Zahl der Emigranten beziffert man (für das Jahrzehnt zwischen 1845 und 1855) auf 2,1 Millionen. Davon gingen 1,5 Millionen in die Vereinigten Staaten von Amerika, 300000 nach Kanada und etwa 200000 bis 300000 nach Großbritannien (hier vor allem in die Industriereviere im Westen Englands, namentlich nach Lancashire, und in den Südwesten Schottlands). Die Gesamtbevölkerung Irlands, die 1841 etwa 8,2 Millionen betragen hatte, fiel bis 1851 auf 6,5 Millionen und nahm in den folgenden Jahrzehnten noch weiter ab. Die große Hungersnot war der traumatische Einschnitt in der Geschichte Irlands.

Das Eisenbahnzeitalter

Eiserne Geleise waren, vor allem im Bergbau, schon länger im Gebrauch; sie dienten dazu, Schwertransporte mit geringen Reibungsverlusten vorzunehmen. Die Lasten wurden entweder durch Pferde gezogen oder über Winden mit Zugseilen bewegt. George Stephenson hatte 1815 demonstriert, daß es möglich war, dampfmaschinengetriebene Lokomotiven einzusetzen. 1821 wurde eine entsprechende Linie zum Kohletransport von Darlington nach Stockton eingerichtet. Personentransport wagte man in den ersten Jahren noch nicht. Doch 1830 wurde die Strecke von Liverpool nach Manchester erstmals mit einer von Stephenson konstruierten Lokomotive als Zugmaschine für Wagen zum Personentransport befahren.

Die Prozeduren zur Einrichtung von Bahnstrecken waren in der Frühzeit aufwendig und kostspielig. Den Anfang bildete jeweils ein *Private Act of Parliament* zur Eröffnung einer bestimmten Strecke; sodann mußte das nötige Kapital aufgebracht werden (gewöhnlich in der Form von Aktiengesellschaften). Nach dem Erwerb der berührten Grundstücke mußten für den Gleisbau gewaltige Erdbewegungen vorgenommen werden, einschließlich

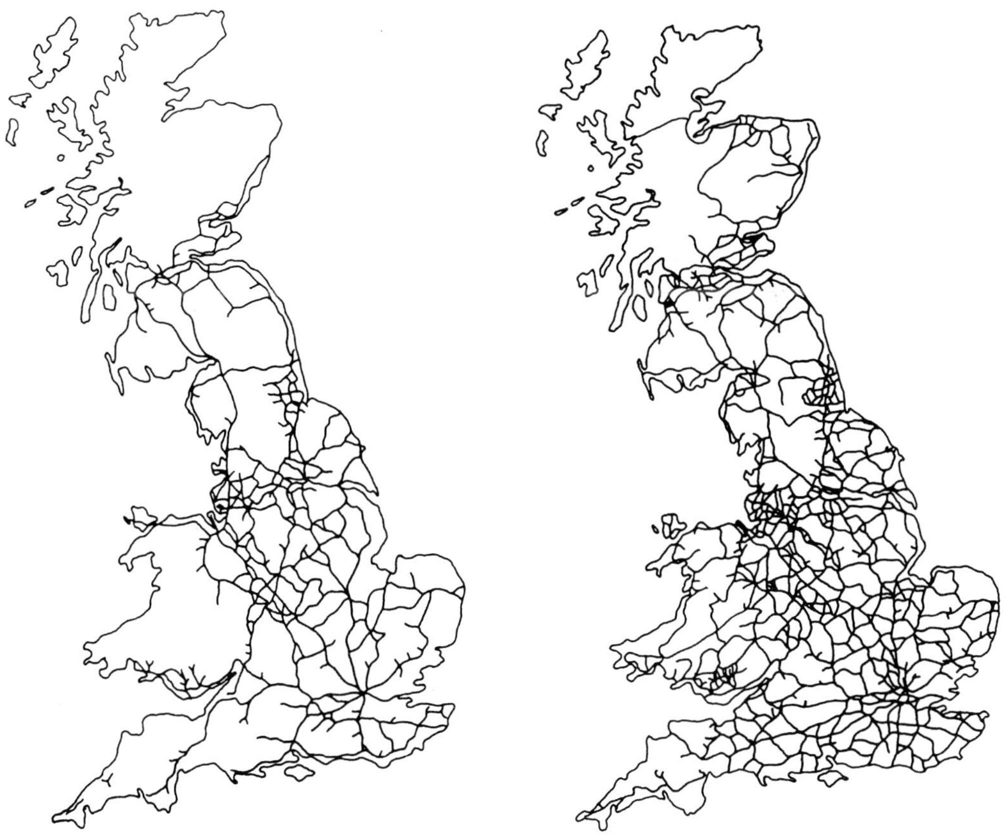

Das britische Eisenbahnnetz um 1852 (links) bzw. 1872 (rechts)

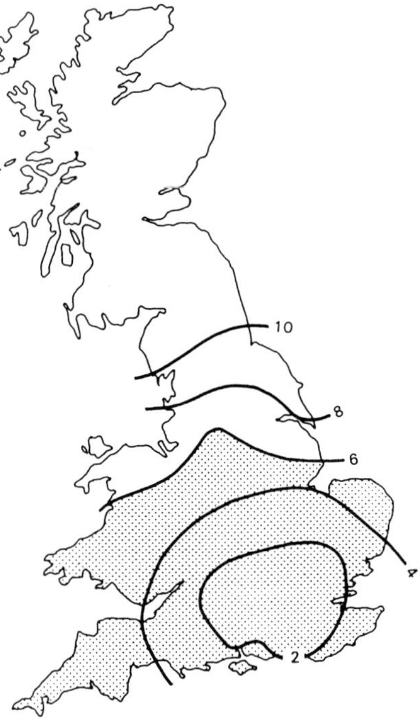

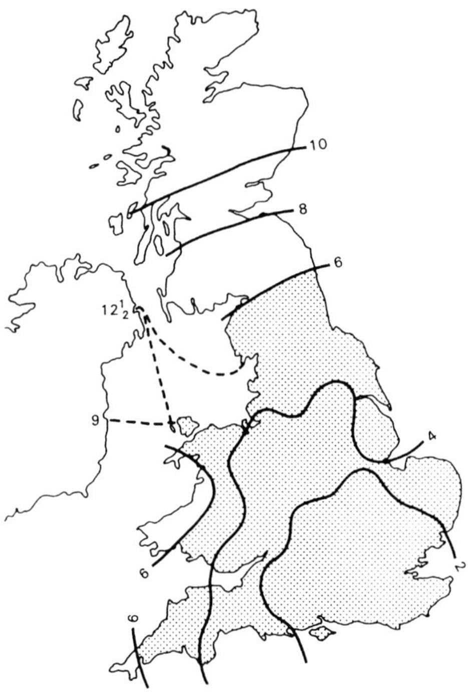

des Baus von Brücken und Tunnels. Da in der Frühzeit nur minimale Steigungen bewältigt werden konnten, mußte man große Umwege oder um so einschneidendere Landschaftseingriffe in Kauf nehmen. Der mentale Widerstand war in den ersten Jahrzehnten beträchtlich – nicht nur seitens der Betroffenen mit gegenläufigem Interesse (Fuhrunternehmer, Pferdehändler, Gastwirte, Kanaleigner, Anwohner), sondern in der Bevölkerung allgemein. Lärm und Gestank dieser Maschinen fielen in der damaligen Umwelt weit mehr auf als später; die Bedrohung von Mensch und Tier durch die neue Erfindung wurde immer wieder durch spektakuläre Unfälle ins Bewußtsein gehoben. (So kam beispielsweise bei der Jungfernfahrt von Stephensons *Rocket* 1830 der ehemalige Handelsminister Huskisson ums Leben.)

Trotz aller Schwierigkeiten expandierten die Eisenbahnen seit den 1830er Jahren rasch; sie wurden zu einem Spekulationsobjekt ersten Ranges. 1850 gab es schon fast 10000 km Eisenbahnlinien in Großbritannien; es zeigten sich Bestrebungen zur Vereinheitlichung der Systeme (vor allem der Spurweiten); der Staat entdeckte sein Interesse an diesem ursprünglich aus Privatinitiative entwickelten Verkehrsmittel. 1844 sicherte sich das Parlament ein Revisions- und Regulierungsrecht bezüglich aller Gebühren, Fracht- und Fahrpreise; Vorschriften wurden erlassen über die Regelmäßigkeit des Eisenbahnverkehrs und die Haltestellen; ein niedriger allgemeiner Benutzungspreis (3. Klasse: 1 *Penny* pro Meile) wurde landesweit vorgeschrieben.

Die Folgen des neuen Systems waren unabsehbar. Bereits in den 1840er Jahren entstand ein Heer von 200000 Bahnarbeitern; später wuchs es in Millionenhöhe. Die Eisenbahn schuf neue Beschäftigungsmöglichkeiten und stimulierte die Produktion von Eisen und Kohle. Die Eisenbahn ermöglichte eine großräumige Vermarktung von Agrarprodukten. Im Zusammenhang des Aufbaus eines landesweiten Netzes schlossen sich neue Kommunikationssysteme an: 1846 eine allgemeine Telegraphengesellschaft, 1840 die *Penny Post*, welche zu einem sehr geringen Preis überall im Lande Briefe von jedermann distribuierte. Rowland Hill, der Erfinder der *Penny Post*, sicherte mit dem Prinzip der Beförderung unabhängig von Entfernungen zugleich das staatliche Monopol in diesem Sektor. Da der Absender die Beförderungskosten im voraus bezahlen mußte, wurde bei dieser Gelegenheit die Briefmarke erfunden.

Die »Werkstatt der Welt«

Die Einwohnerzahl Schottlands betrug 1831 2,4 Millionen und verdoppelte sich bis 1901 beinahe (4,5); England und Wales hatten 1831 13,9 Millionen Einwohner und 1901 weit mehr als doppelt so viel: 32,5 Millionen. Das gesamte Vereinigte Königreich (inklusive Irlands) steigerte seine Einwohnerzahl im selben Zeitraum von 24 auf 41,5 Millionen. Diese gewaltige Bevölkerung wollte ernährt sein; es war die größte Errungenschaft der britischen Wirtschaft, daß sie dies vermochte. Entscheidend waren dafür zunächst (vor der Jahrhundertmitte) nicht agrarische Verbesserungen, sondern die industrielle Entwicklung. England hatte sich zur Werkstatt der Welt entwickelt. Ein Vorsprung von Jahren, teilweise Jahrzehnten, gegenüber dem Rest der Welt sicherte den Britischen Inseln beinahe unbeschränkte Absatzmärkte für industrielle Güter; gleichzeitig wurden Rohstoffe in immer größeren Mengen zur Weiterverarbeitung nach Großbritannien gebracht. Während im Mittelalter und in der Frühen Neuzeit Wolle und Textilien die Hauptexportgüter Englands gewesen waren, wurde dieser Sektor nun von Industriegütern übertroffen.

Linke Seite: Reisezeit von London um 1820 mit der Postkutsche (links), mit der Eisenbahn 1845 (rechts) bzw. 1910 (unten)

Kohle war in dieser Phase der Geschichte beinahe der einzige Energieträger; im halben Jahrhundert nach 1815 wurde die britische Kohleförderung von 13 auf 100 Millionen Tonnen gesteigert. Etwa die Hälfte davon wurde zur Eisenverhüttung benötigt; der Export von Eisen und Stahl, der in den 1830er Jahren durchschnittlich 180000 Tonnen, in den 1840er Jahren 458000 und in den 1850er Jahren 1225000 ausgemacht hatte, stieg immer weiter: Verbesserungen des Schmelzprozesses trugen zu diesem Ergebnis bei, während die Nachfrage nach Maschinen, Eisenbahnschienen, Lokomotiven und Dampfschiffen im Ausland immer mehr zunahm.

Hinzu kam schließlich aber auch das weiterhin florierende Textilwesen, und zwar wesentlich der Baumwollsektor. Hier stehen auf der einen Seite der Bilanz immer höhere Berge importierter Rohbaumwolle, auf der anderen noch stärker gestiegene Exporte von Baumwollstoffen. Diese Ergebnisse waren auf die weitgehend industrialisierte Produktion zurückzuführen, insbesondere die dampfgetriebenen Maschinenwebstühle, während gleichzeitig Massen von Arbeitern an klassischen Webstühlen (ihre Zahl wurde 1834/35 noch auf 840000 geschätzt!) ihre Arbeit verloren. Mit britischen Baumwollfabrikaten wurde im 19. Jahrhundert die ganze Welt überschwemmt.

Aus alledem folgt keineswegs, daß es den Briten ökonomisch immer glänzend ging; vielmehr zeitigte die neuartige Abhängigkeit vom Weltmarkt mancherlei unwillkommene Rückwirkungen. Währungsprobleme, Überproduktion, der Zusammenbruch des südamerikanischen Marktes, Krisen und Kriege in anderen Regionen führten immer wieder zu Wirtschaftskrisen im eigenen Lande. Die schwerste Depression in Großbritannien erfüllte die Jahre 1837–1843. Nach der Jahrhundertmitte jedoch stieg der Lebensstandard spürbar an; es begann ein ausgedehnter, jahrzehntelanger Aufschwung – *the great Victorian boom.*

Außenpolitik unter Palmerston

Im November 1830 wurde Lord Palmerston erstmals Außenminister; er prägte die britische Außenpolitik wesentlich, ob als Außenminister (1830–1834, 1835–1841, 1846–1851) oder als Premierminister (1855–1858, 1859–1865). Er war äußerst aristokratisch und nationalistisch; er setzte nicht auf eine dauernde Staatenkonstellation, sondern orientierte sich wechselnd, wobei er freilich demokratische bzw. konstitutionelle Staaten bevorzugte, und er verfocht resolut das Prinzip der Förderung englischer Handelsinteressen überall in der Welt.

In der belgischen Krise taktierte er geschickt, um eine Machtausweitung Frankreichs zu verhindern: 1830 führte die Revolution in Belgien zu einer Trennung Belgiens von den Niederlanden; der 1815 geschaffene Gesamtstaat unter holländischer Führung zerfiel. Großbritannien garantierte die belgische Neutralität und Unabhängigkeit unter dem neuen Königshaus.

Auch nach der Unabhängigkeit Griechenlands erschütterten in den Jahren 1831–1841 mehrere Krisen den Nahen Osten. Dabei handelte es sich um Spannungen innerhalb des Osmanischen Reiches, um die Stellung der Türkei bzw. Ägyptens innerhalb dieses Reiches, um die Expansion Rußlands wie um die Kolonialinteressen Großbritanniens und Frankreichs, die auch in diesem Raum aufeinandertrafen. Von besonderer Bedeutung waren dabei die Dardanellen, die Meerengen des Bosporus, also die Verbindung zwischen dem Mittelmeer und dem Schwarzen Meer. Nach einem englisch-türkischen Abkommen von 1809 waren die Dardanellen in Friedenszeiten für alle Handelsschiffe offen und für alle Kriegsschiffe geschlossen, in Kriegszeiten aber nur für die Freunde des Sultans offen und für seine Feinde gesperrt. Ein Abkommen von 1833 zwischen Rußland und der Türkei modifizierte diese Verhältnisse durch eine Geheimklausel, nach welcher der Zar im Kriegsfall die Schließung der Dardanellen von der Türkei verlangen konnte. Die Geheimklausel, die britische Interessen tangierte, blieb nicht geheim. Nach längeren Auseinandersetzungen kehrten die Mächte 1841 wiederum zur Regelung von 1809 zurück.

Bau des Crystal Palace für die erste, 1851 in London stattfindende Weltausstellung (zeitgenössischer Stich)

Dabei spielte die Auseinandersetzung zwischen Großbritannien und Frankreich eine Rolle, namentlich das Interesse Frankreichs an einer Revision der Ordnung von 1815. Doch konnte Palmerston Frankreich schließlich dazu veranlassen, zum Status quo zurückzukehren, nachdem deutscherseits ebenfalls Revisionsansprüche gegenüber Frankreich laut geworden waren.

In seiner zweiten Periode als Außenminister manövrierte sich Palmerston innenpolitisch in Schwierigkeiten, da seine nationalistisch-expansionistische Politik zwar populär war, aber ein so selbstherrlich agierender Außenminister mehr und mehr in einen Gegensatz zur Krone geraten mußte. Charakteristisch ist hier der Zwischenfall, der mit dem Namen Don Pacifico verbunden ist. Dieser war ein portugiesischer Kaufmann, der in Gibraltar geboren und insofern britischer Staatsbürger war. Seine Niederlassung in Athen wurde geplündert; im Kontext anderer Ereignisse forderte Palmerston von der griechischen Regierung dessen Schutz ein, und zwar nachdrücklich, indem er eine Blockade der griechischen Küsten durch die britische Flotte befahl – ohne Rücksprache mit der Monarchin und ohne

Kontakt mit den anderen Schutzmächten Griechenlands (Rußland, Frankreich). Trotz der diplomatischen Verwicklungen und der königlichen Ungnade konnte Palmerston seine Linie im Parlament durchfechten; in einer berühmten Rede postulierte er, britische Staatsbürger hätten überall auf der Welt Anspruch auf dieselbe Sicherheit, die einst im Römischen Reich demjenigen zugestanden habe, der sich auf sein römisches Bürgerrecht berufen konnte (*Civis Romanus Sum*). Verfassungsgeschichtlich ist es von Bedeutung, daß eine Folge starker Außenminister in der ersten Hälfte des 19. Jahrhunderts der Krone mehr und mehr von ihrer Prärogative entwunden hatte. Solange die Mehrheit des Parlamentes einen Premier oder Außenminister stützte, konnte ihn die Königin nicht mehr seines Amtes entheben. Erst als Palmerston auch noch selbstherrlich den Staatsstreich des Louis Napoleon begrüßte, wurde er durch Russell verdrängt (Dezember 1851) – vorübergehend, da er bald darauf als Premierminister in die Regierung zurückkehrte.

Die zweite Phase der Reformen

(1851–1872)

1851	Goldfunde: Einwanderungswelle nach Australien.
1853–1856	Krimkrieg.
1856–1860	Palmerston Premier.
1857/58	Zweiter Opium-Krieg: China öffnet sich dem europäischen Handel.
	Meuterei in Indien; Aufhebung der East Indian Company, Indien der brit. Krone unterstellt (1858).
1859	Charles Darwin: *On the Origin of Species.*
	John Stuart Mill: *On Liberty.*
1859–1865	Palmerston Premier, Gladstone Finanzminister.
1860	Cobden-Vertrag mit Frankreich: Freihandel.
1862	*Limited Liability Act:* Förderung der Bildung von Aktiengesellschaften durch Begrenzung der Haftung von Anteilseignern (Ltd.).
1867	Erste Verfassung eines *Dominion*: Kanada.
	Zweites Reformgesetz: beinahe Verdoppelung der Wählerschaft.
1868	Gründung des *Trade Union Congress* (Dachverband der Gewerkschaften).
1868–1874	Gladstone Premier.
1869	Eröffnung des Suez-Kanals.
	Disestablishment der (anglikanischen) Staatskirche in Irland.

1870 *Irish Land Act.*
Allgemeines Schulgesetz für England und Wales.
1872 *Ballot Act:* Einführung geheimer Wahlen.

Der Krimkrieg

Wozu der Krimkrieg ausgefochten wurde, entzieht sich der reflektierenden Vernunft weitgehend. Technisch gesprochen, ging es um die Füllung des Machtvakuums, das dadurch entstanden war, daß das Osmanische Reich seit langem schon im Niedergang war und die vier übrigen Großmächte (Großbritannien, Frankreich, Österreich und Preußen) einer Expansion Rußlands entgegentreten wollten. Vitale Interessen dieser Mächte waren keinesfalls berührt. So waren denn auch die Konfliktpunkte hochgradig symbolischer Natur – etwa der (von Rußland beanspruchte) Schutz der Christen unter osmanischer Herrschaft. Preußen und Österreich erstrebten Neutralität; Napoleon III. von Frankreich hingegen suchte einen militärischen Erfolg und zog seinen Verbündeten Großbritannien mit in die Geschehnisse hinein. Rußland konnte insofern als Aggressor gebrandmarkt werden, als es die Donaufürstentümer Moldau und Walachei besetzte und die freie Schiffahrt durch die Dardanellen bedrohte. Eine französisch-britische Flottenexpedition ins Schwarze Meer war das Resultat. Als sich Rußland, infolge von Verhandlungen mit Österreich und Preußen, zurückzog, hatten die französischen und britischen Landstreitkräfte, die in Varna gelandet waren, keinen Gegner mehr vor sich. Ersatzweise beschlossen sie, befeuert durch nationalistisch-chauvinistische Ausbrüche in der öffentlichen Meinung der Länder (der Krimkrieg war der erste Krieg mit Kriegsberichterstattern der Zeitungen vor Ort und mit Telegraphenverbindungen in die Metropolen Mittel- und Westeuropas!), die Basis der russischen Flotte in Sewastopol auf der Krim anzugreifen. Da dies von der See aus nicht bewerkstelligt werden konnte, brachten Briten und Franzosen ihre Truppen weiter nördlich an Land; in einem langwierigen Stellungskrieg (1854/55) kamen sie schließlich zum Erfolg und nahmen Sewastopol ein.

Der Krieg lehrte die Briten zweierlei: Die Träume von Waterloo waren Geschichte; der Zustand ihres Heeres und die Anforderungen moderner Kriegführung kontrastierten beträchtlich. Für den medizinischen und hygienischen Teil eines solchen Feldzuges gab es kaum Vorkehrungen. Alarmiert durch Zeitungsdepeschen über den unglaublichen Zustand des durch epidemische Krankheiten geschwächten britischen Heeres, wurde Florence Nightingale organisatorisch und praktisch aktiv, um durch Privatinitiative zu ersetzen, woran die Heeresorganisation gescheitert war. – Auf russischer Seite suchte der neue Zar Alexander II. seine Lehren zu ziehen, indem er umfassende Reformen der Armee und Verwaltung initiierte und die Leibeigenschaft aufhob.

Vormarsch britischer Truppen in der Schlacht von Alma River, 1854 (Gemälde von Elizabeth Butler)

Die Ergebnisse des Pariser Friedenskongresses von 1856: Die Donaufürstentümer Moldau und Walachei verblieben unter der Oberhoheit des Sultans, wurden aber durch Garantien der europäischen Mächte gesichert. Rußland gab den Süden Bessarabiens heraus. Die Schiffahrt auf der Donau wurde internationaler Kontrolle unterstellt und das Schwarze Meer zu einer neutralen Zone erklärt, das heißt, Rußland konnte dort nicht mehr mit seiner Kriegsflotte operieren (bis 1870). Der Krimkrieg diente also im

Ergebnis dazu, Rußland zurückzuwerfen, ohne freilich die türkische Frage (Machtvakuum im Balkanbereich) zu lösen. – Diplomatisch gesehen, bedeutete der Krimkrieg infolge des Bruches zwischen dem österreichischen Kaiser und dem Zaren das Ende der »Heiligen Allianz«.

Der Triumph des Freihandels

In Palmerstons letzter Regierungsperiode (1859–1865), als Gladstone Finanzminister war, wurde die Freihandels- und Steuergesetzgebung der vorangegangenen Jahrzehnte zu einem gewissen Abschluß gebracht. Der Unterhändler Cobden wurde nach Paris geschickt; Ergebnis war der britisch-französische Handelsvertrag von 1860 mit seiner Meistbegünstigungsklausel und seiner weitgehenden Zollsenkung. Frankreich reduzierte seine Zölle auf britische Importe in zwei Schritten merklich; Großbritannien schaffte seine Zölle auf französische Importe gänzlich ab. Gladstone beseitigte außerdem mit einem Federstrich die Steuern auf nicht weniger als 371 Artikel; nur noch wenige (einträgliche) Konsumgüter blieben auf der Liste, um das Staatseinkommen zu sichern. Der Protektionismus kam damit an sein Ende; Freihandel triumphierte. Gladstone reduzierte außerdem die Einkommensteuer fühlbar. Insgesamt erreichte er sein Ziel, den Handel anzukurbeln und Arbeitsplätze zu schaffen: Von 1859 bis 1866 stiegen die Importe von 179 auf 295 Millionen Pfund, die Exporte von 155 auf 238 Millionen Pfund. Großbritannien prosperierte.

Die Religiosität der Viktorianer

Am sinnfälligsten für Besucher Englands war die Feier des Sonntags: Am »Sabbat« sollte es nichts geben als Gottesdienst. Auch die harmlosesten Vergnügungen waren aus der Öffentlichkeit ausgeschlossen. Wo Eintritt erhoben wurde, mußten sonntags die Pforten geschlossen bleiben. So demonstrativ religiös wie sonntags zeigte sich die englische Gesellschaft an den anderen sechs Tagen der Woche nicht. Wales und Schottland kultivierten dieses Element unter calvinistischem Einfluß noch stärker.

Die Ergebnisse einer Zählung von 1851 trafen deshalb manchen wie ein Schock: Kaum einer hatte vermutet, daß noch nicht einmal jeder zweite Engländer sonntags in die Kirche ging! Seit dieser ersten landesweiten Zählung wußte man, daß zwar in den ländlichen Teilen im Süden und Osten Englands zwei Drittel am Sonntag in die (anglikanische) Kirche gingen, insgesamt aber zwei von drei in anglikanischen Kirchen bereitgehaltenen Sitzgelegenheiten unbesetzt blieben. In Wales kam auf fünf nonkonformistische Kirchenbesucher nur einer in der Staatskirche. Das Bild eines weithin anglikanischen England bekam sichtbare Risse. *Dissenters* argumentierten, daß eine Staatskirche, die nicht mehr Menschen zu erreichen vermochte, ihre Privilegien nicht halten könne. Gläubige aller Denominationen zeigten sich schockiert über die Massen der städtischen Unterschichten, die offensichtlich längst schon dem Einfluß der Kirchen entglitten waren, und forderten erhöhte Anstrengungen zur Volksmission, zur Christianisierung im eigenen Lande. In urbanisierten Industrieregionen gingen noch nicht einmal 10 % in die Kirche. Die Kirchen der viktorianischen Epoche boten ein Spiegelbild der Gesellschaft; sie waren Kirchen der Reichen und des Mittelstandes, nicht aber der Armen. Das manifestierte sich schon im raumfüllenden Kirchengestühl, welches die Honoratioren vom Pfarrer zu mieten pflegten; in manchen Kirchen konnten Gläubige, die keine Stammplätze gemietet hatten, kaum Stehplätze bekommen. Das kirchliche Leben und religiöse Verständnis insbesondere der Anglikaner war in ähnlicher Weise verengt wie der Innenraum ihrer Kirchen.

Die zahlreichste Gruppe außerhalb der Anglikanischen Kirche waren die Methodisten, die sich freilich in zwei Hauptrichtungen aufgespalten hatten: *Wesleyan Methodists* erfaßten mittlere Schichten; *Primitive Methodists* eher handarbeitende Unterschichten. Insgesamt hatten die Methodisten mehr Anhänger als Kongregationalisten und Baptisten zusammengenommen. Kleinere und exklusivere Zirkel bildeten die Unitarier und Quäker. Insgesamt ist für die Lage auf den Britischen Inseln kennzeichnend, daß die Konfessionen spezifische regionale Milieus ausbildeten, die zum Teil noch sozial eingeschränkt waren. In Schottland war die Staatskirche presbyterianisch, in England episkopal. Von Irland ganz zu schweigen, das bekanntlich überwältigend katholisch geprägt war.

Schon vorhandene Bestrebungen zur Auflösung der traditionell engen Verbindung von Kirche und Staat erhielten durch die Zählung von 1851 neuen Auftrieb. Edward Miall, Herausgeber der Zeitschrift *Nonconformist*, gründete eine Bewegung, um auf die Politik in diesem Sinne Einfluß zu nehmen (*Liberation Society*, 1853). Nach weniger erfolgreichen Versuchen, jeweils die Wahlkreiskandidaten auf das Programm der Bewegung zu verpflichten, ging die *Liberation Society* schließlich ein enges Bündnis mit den Liberalen ein. Sie erreichte eine Abschaffung der *Church Rates* (1868) und die Entprivilegierung der (anglikanischen) Staatskirche in Irland (1869).

Das viktorianische Zeitalter war gekennzeichnet durch evangelikale Bewegungen jeweils innerhalb der genannten Religionsgemeinschaften. Zur Wiedergewinnung breiter Volksmassen für den christlichen Glauben trugen schließlich auch neue Aktionsformen und Gruppierungen bei, namentlich die 1875 von William Booth, einem Methodistenprediger, gegründete Heilsarmee. Sie bediente sich militärischer Strukturen, Uniformen, Blaskapellen usw., um öffentliche Aufmerksamkeit zu erlangen und Bevölkerungsgruppen anzusprechen, die anders nicht zu erreichen waren. Booth hatte 1872 seine Programmschrift veröffentlicht, die den sprechenden Titel trug: *How to Reach the Masses with the Gospel*. Die verschiedenen Religionsgemeinschaften agierten deutlich in Konkurrenz zueinander. Selbst die Anglikanische Kirche entschloß sich zu Strukturreformen. Sie

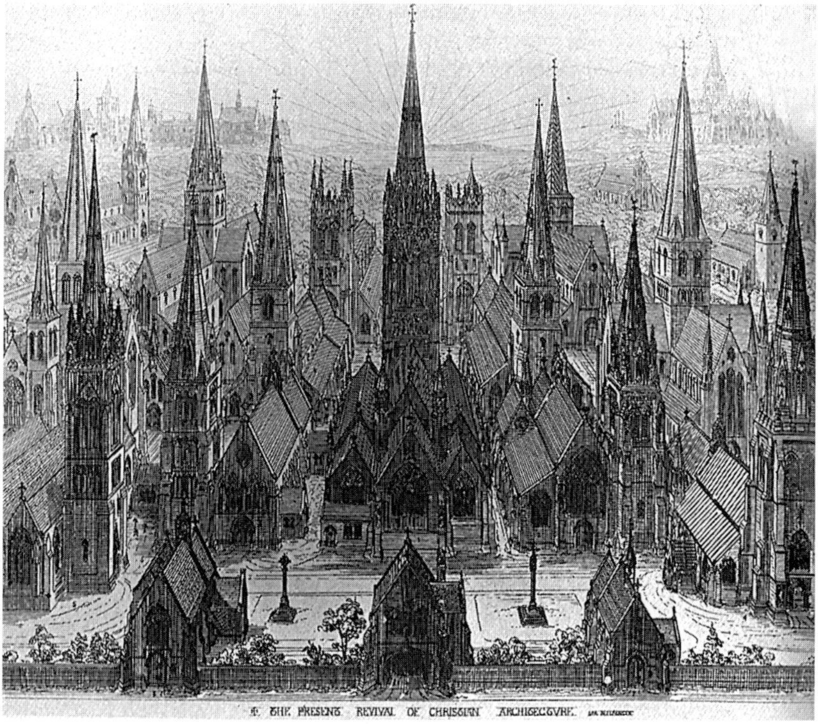

Frontispiz zu A. W. N. Pugin, »An Apology for the Revival of Christian Architecture in England« (1843)

gründete in den 1880er Jahren eine Reihe von neuen Bistümern, unter anderem in Liverpool, Newcastle-upon-Tyne und Truro. Zwischen 1836 und 1876 wurden nicht weniger als acht theologische Seminare eröffnet, um das Niveau der Ausbildung zu sichern. Gegen die bekannten Erbübel Pluralismus und Absentismus schritt man ein, wenn man sie auch nicht völlig abzuschaffen vermochte. Die Anglikanische Kirche reformierte ihren Gottesdienst, indem sie die rituellen Elemente stärker hervorhob: die Kirchengewänder, die Musik, die künstlerische Ausgestaltung der Kirchen. Im Schulwesen entfaltete die Staatskirche bedeutende Aktivitäten; hier konnten die Freikirchen der Konkurrenz nicht standhalten.

Aber noch in anderer Weise unternahm man Schritte auf die arbeitenden Massen zu: Es bildeten sich in der Anglikanischen Kirche, aber auch in den Freikirchen, jeweils christlich-sozialistische Gruppen. Diese suchten eine Verbindung von christlichen Werten und gesellschaftlicher Veränderung als Reaktion auf die Probleme des Industriezeitalters.

Mochten sich nicht wenige Engländer des viktorianischen Zeitalters von den doktrinären Grundlagen der christlichen Kirchen entfernt haben – insgesamt erschien die viktorianische Gesellschaft nicht zuletzt deshalb als christlich, weil diejenigen, die sich von der Tradition losgesagt hatten, sich eher als Agnostiker denn als Atheisten sahen und weil solche Entscheidungen meist im privaten, persönlichen Rahmen getroffen wurden. Säkularistische Propaganda (George J. Holyoake, Charles Bradlaugh) erreichte nur wenige; ein aggressiver, selbstbewußter Atheismus meldete sich erst in der Bohème der 1890er Jahre zu Wort.

Früher schon war die Spannung zwischen dem überlieferten Offenbarungsglauben und den neuen evolutionistischen Erkenntnissen der Naturwissenschaften deutlich geworden. Nach langem Zögern veröffentlichte Charles Darwin 1859 seine Schrift *On the Origin of Species*; seitdem kam die Auseinandersetzung zwischen den Anhängern eines naturwissenschaftlichen (materialistischen) Weltbildes und denen eines christlichen (auf die Schöpfung bezogenen) nicht mehr zur Ruhe. Freilich erwies es sich, daß die Engländer in ihrer überwältigenden Mehrheit sich ein moralisches Leben ohne Rückbezug auf die Werte des Christentums nicht vorzustellen vermochten; insofern bedeuteten naturwissenschaftliche Einwände gegen die Offenbarung noch keineswegs das Ende des Christentums.

Literatur zwischen Realismus und Sozialkritik

Zur viktorianischen Epoche gehört auch die klarere Trennung von Literatur als Fiktion und Literatur im Sinne wissenschaftlicher Betätigung, von Schriftsteller und Gelehrtem. Trotzdem gab es Überschneidungsbereiche: Insbesondere die Geschichtsschreibung trennte noch nicht scharf zwischen wissenschaftlicher Forschung und erzählender Darstellung. Imaginative Personenskizzen und ausschmückende Situationsschilderungen gehören durchaus zu einem Erfolgswerk der Zeit wie Thomas Babington Macaulays englischer Geschichte – nicht weniger als zu den historischen Romanen Sir Walter Scotts. Auch hatte Macaulays englische Geschichte einen Verkaufserfolg, der durchaus mit Scott oder Dickens verglichen werden kann. Dafür ist wohl (neben der erzählerischen Qualität) vor allem die kunstreiche Aufnahme zeitgenössischen Denkens und viktorianischer Identitätsbildung verantwortlich; Macaulay war durchdrungen von *Whig*-Prinzipien, von der Vorstellung, er und seine britischen Zeitgenossen stünden an der Spitze des Fortschritts, die »Glorreiche Revolution« habe den entscheidenden Durchbruch der Freiheit und Toleranz gebracht und sei als eines der größten Ereignisse der englischen Geschichte zu bewerten.

Einflußreich waren in jenen Jahrzehnten auch die Kultur und Kunst betreffenden Schriften von Matthew Arnold und John Ruskin. Ruskin pries vor allem die Malerei Turners und trat durchgehend für neugotische Formen in der Architektur ein. Anders als spätere Kritiker vertrat dieser Viktorianer die zeittypische Auffassung, Kunst müsse nach moralischen und religiösen Prinzipien beurteilt werden. Dieser Zusammenhang ließ ihn auch selbst über Sozialreformen nachdenken und praktisch tätig werden; eine hehre Kunst könne nur aus einer moralischen Gesellschaft hervorgehen. Ruskin sah sich als Propheten einer Welt der Schönheit und edler Formen; er geißelte die Erwerbsgesinnung und Banalität seiner Zeitgenossen. Statt Eisenbahnen, meinte er, sollten sie Wohnhäuser und Kirchen bauen.

Matthew Arnold (*Culture and Anarchy*, 1869) verband solches Kulturbewußtsein mit Anglikanismus; die Nonkonformisten hätten den allumfassenden Utilitarismus und eine geistige Verengung und Verarmung zu verantworten. Gegen das Maschinendenken setzte er die allseitige Ausbildung menschlicher Kräfte; statt des (von ihm so genannten) »Hebraismus« (Gottesfurcht, Unterordnung, Einschränkung der Lebensweise) seiner Zeitgenossen propagierte er »Hellenismus« (Erkenntnis der Dinge, wie sie wirklich sind; Leben aus der Fülle des Daseins). Von diesem Kulturbewußtsein aus konnte er den Adel, das Bürgertum und die Arbeiterschaft, die jeweils gewisse Aspekte verabsolutierten, als »Barbaren, Philister und Pöbel« anprangern.

Solchen Auffassungen standen die radikalen, utilitaristischen, die für ein anderes Segment des Viktorianischen charakteristisch sind, klar entgegen. Dies zeigt sich auch in der Frauenfrage: Während Ruskin in *Sesame and Lilies* (1865) durchaus ein hohes Bild der Frau zeichnete und sich für verbesserte Frauenbildung einsetzte, dabei aber an der grundlegenden Differenz der Geschlechtscharaktere festhalten und sie durch entsprechende Erziehung betonen wollte, forderte John Stuart Mill die völlige Gleichstellung der Frau, also selbstverständlich auch das Wahlrecht (*On the Subjection of Women*, 1869). Seine Anschauungen in der Frauenfrage hängen mit seinem utilitaristischen Gesamtentwurf zusammen, mit dem Drängen auf »das größte Glück der größten Zahl«. In Weiterführung der Anschauungen Benthams suchte er eine Ethik ohne die Voraussetzung des Christentums

Vor dem Londoner Obdachlosenasyl (Gemälde von Samuel Luke Fildes, 1874)

zu entwickeln. Als Unterhausabgeordneter für Westminster vertrat er seine Prinzipien auch in Parlamentsreden und wirkte auf politische Entscheidungen ein – nicht anders als Macaulay, der in Indien in der Kolonialverwaltung tätig gewesen war und im Parlament für *Whig*-Reformen sprach. So läßt sich als gemeinsames Kennzeichen der englischen Intellektuellen dieser Epoche herausstellen, daß sie im politischen Leben standen, an sozialen Reformen beteiligt waren und sich grundlegend mit den Traditionsbeständen christlicher Religion auseinandersetzten – ob nun affirmativ oder kritisch.

In diesem Kontext sind darüber hinaus Schriftstellerinnen und Schriftsteller wie Charlotte und Emily Brontë, Elizabeth Gaskell, George Eliot, Charles Dickens, William Makepeace Thackeray oder Anthony Trollope zu sehen. Sie folgten dem Prinzip des Realismus, indem sie gesellschaftliche Zustände – auch in der Arbeiterschaft, auch in den untersten Schichten, in der Welt der Bettler und Verbrecher – möglichst wirklichkeitsgetreu zu schildern suchten, dabei aber immer vor einem moralischen Hintergrund, den sie bei ihren Zeitgenossen voraussetzen konnten. Dieser Realismus war durchaus offen für Sentimentalität und Sozialkritik. Eher reportageartige Schriften wie Henry Mayhews *London Labour and the London Poor* (1851) zeigen vielerlei Berührungspunkte mit den Londoner Romanen von Dickens. Entsprechend der sozialen Verankerung dieser Autoren und der Situation des lesenden Publikums ging es nicht nur um christliche Werte, sondern um bürgerliche. Glauben an Fortschritt vertrug sich mit partiellem Eskapismus angesichts der unübersehbaren Opfer des Fortschritts. Halt suchte man in der Stärkung des Individuums; seine Einpassung in eine vielgestaltige soziale Umwelt und sein Überleben durch Ausbildung eines Charakters und herausragender, ja heroischer, individueller Qualitäten gehörten zur Arbeit am Mythos des modernen Menschen, der sich aktiv zu behaupten und sich seiner Lebenswelt zu bemeistern vermag.

Veränderungen des politischen Lebens: Wandel der Parteien

Das ausschlaggebende Ereignis im Verhältnis der politischen Parteien war Peels Entscheidung von 1846 gewesen, wegen des Freihandels die Spaltung der *Tories* zu riskieren. Darauf folgten zwei Jahrzehnte der Instabilität, wechselnder Regierungen, Minderheitsregierungen, unsicherer Abstimmungen. Das runde Drittel der *Tory*-Abgeordneten, das für Freihandel war und sich hinter Peel scharte, konnte schon deshalb nicht so leicht in die Gesamtpartei zurückkehren, weil die Protektionisten die Wiedereinführung der *Corn Laws* lange als Bestandteil des Programms der *Tories* beibehielten. So gewöhnten sich die *Peelites* allmählich daran, mit den Liberalen zu stimmen, Mehrheiten zu bilden und Regierungen zu unterstützen.

Anstelle von »*Whigs*« sprach man in den Jahren um 1860 mehr und mehr von »Liberalen«, wobei dann die Radikalen mit den *Whigs* zusammengerechnet wurden. Die Liberalen hatten ihren festen Kern nicht in der Metropole, sondern in der Provinz; Unternehmer, Handwerker und Kaufleute gaben den Ton an. Ihrer religiösen Herkunft nach waren Liberale meist Nonkonformisten. Auf der anderen Seite hatten die *Tories* zwar nach wie vor ihre stärksten Kräfte im Lager der Anglikaner, der Konservativen und der Grundbesitzer, doch hatten sie durchaus auch ein Angebot an die Arbeiterschaft zu machen.

Während die Zeitgenossen die Jahrzehnte der parlamentarischen Instabilität um die Jahrhundertmitte meist negativ beurteilten, sah man diese Phase des britischen Parteiensystems später in einem eher günstigen Licht, und zwar unter dem Gesichtspunkt der Freiheit des einzelnen Abgeordneten. Denn in den folgenden Jahrzehnten gelang es den Parteien, sich strukturell und organisatorisch zu festigen. Innerhalb des Parlamentes aber wurden die Abgeordneten mehr und mehr von den »Einpeitschern« (*Whips*) ihrer Parteiführungen an die Kandare genommen. Man sah die Abgeordneten stärker als Mandatsträger im Dienste einer Partei, weniger als unabhängige, nur ihrem Gewissen verpflichtete Persönlichkeiten. 1882 wurde (verursacht durch die Obstruktionspolitik irischer Abgeordneter) die parlamentarische Geschäftsordnung neu geregelt, mit dem Ergebnis, daß Tagesordnung, Redezeit und Abstimmungsverhalten von der jeweiligen Regierung bestimmt wurden. Die Opposition hatte nur noch geringe Einflußmöglichkeiten, und die Rede- und Entscheidungsfreiheit der einzelnen Abgeordneten wurde stark eingeschränkt.

Die Parteien schufen sich zunehmend feste Organisationsstrukturen. Beispielsweise richteten die *Tories*, nun meist »Konservative« genannt, 1870 ein zentrales Parteibüro ein. Das Land wurde mit einem Netz regionaler Parteibüros überzogen. Die Parteiarbeit geriet mehr und mehr in die Hände von hauptberuflichen Politikern, die sich um die Erschließung von Geldquellen für die Partei, um die Wählerverzeichnisse, um die Kandidatenauswahl, um Propaganda und Wahlkämpfe kümmerten. Führende Politiker gewöhnten sich daran, in die Provinz zu reisen und für ihr Parteiprogramm in öffentlichen Reden zu werben. Wahlen zum Unterhaus wurden mehr und mehr als allgemeine, nationale Wahlen angesehen, weniger als lokale Auseinandersetzungen um die Vertretung eines bestimmten Wahlkreises. Die Parteizugehörigkeit spielte eine größere Rolle als früher. Die Spitzenpolitiker der Parteien zogen die öffentliche Aufmerksamkeit stärker auf sich; eine politische Richtung personalisierte sich jeweils in charismatischen Führungsfiguren, die für eine bestimmte Programmatik standen: Palmerston für eine nationalistische Politik, Gladstone für liberale Reformen und die Trennung von Staat und Kirche, Disraeli für die Staatskirche und das *Empire*.

Dabei spielten die Zeitungen eine immer wichtigere Rolle. Als Gladstone 1861 die Stempelsteuer endgültig abschaffte, wurden diese mit einem Schlage für jedermann erschwinglich. Ihre Anzahl war schon von 1824 bis

COLE. DEL

1856 von 266 auf 795 gestiegen; nach der Reform wurden immer mehr gegründet – fast 1500 waren es in den 1870er Jahren und über 2000 am Ende des Jahrhunderts. Die Zeitungen nahmen stärker als früher eine politisch meinungsbildende Funktion an; kapitalkräftige Eigner kämpften mittels der Presse um Einfluß auf die öffentliche Meinung – und um die angewachsene Wählerschaft.

Dies war die zeittypisch adäquate Form des Kampfes um die Macht in einem sich immer mehr demokratisierenden Zeitalter. Hatte man sich in den Zeiten vor der Parlamentsreform von 1832 vor allem um die Gewinnung einzelner Persönlichkeiten mit Wahlrecht bemüht, so ging es nun um die Beeinflussung der Massen. Nicht nur die Radikalen drängten auf eine weitere Ausdehnung des Wahlrechts. Angesichts der veränderten Lebensverhältnisse forderten selbst Konservative eine stärkere politische Beteiligung und Einbindung der Arbeiterschaft, also eine Senkung des Zensus oder ein Wahlrecht für alle Haushaltsvorstände – wenn nicht überhaupt ein allgemeines Wahlrecht.

Der weitere Weg der Reformen

Großbritannien unterschied sich von den kontinentaleuropäischen Staaten im 19. Jahrhundert nicht zuletzt dadurch, daß ihm eine Revolution erspart blieb. Dies hängt mit der Flexibilität des politischen Systems zusammen, aber auch mit der Haltung führender Politiker jener Zeit. Das Wahlsystem wurde, nachdem 1832 ein entscheidender Durchbruch erzielt war, immer wieder reformiert; sogar die Unterprivilegierten konnten die Hoffnung nähren, es sei nur eine Frage der Zeit, bis alle volle politische Rechte erlangen würden und dann über die vorhandenen Institutionen der politischen Teilhabe via Gesetzgebung ihre Lebensbedingungen grundlegend verbessern könnten.

Umgekehrt äußerten in der politischen Führungsschicht nicht wenige herausragende Führer eine wohlwollende, paternalistische Grundeinstellung: Wenn die Massen der Industriearbeiterschaft sich friedlich verhielten, auf Revolution verzichteten und verantwortungsvoll am politischen Leben teilnahmen, gab es keinen Grund, ihnen elementare politische Rechte zu verweigern. Man wünschte nur Sicherheit gegen radikale Elemente; man suchte, die politischen Bestrebungen in die vorhandenen politischen Institutionen einzubeziehen, zu kanalisieren, zu domestizieren. Dies gelang auch, aufs Ganze gesehen, in staunenswerter Weise.

Während die Wahlrechtsreform von 1832 unter starkem öffentlichem Druck stattgefunden und deutlich das Motiv gezeigt hatte, Revolution durch Reformen zu verhindern, kann man das über den zweiten Schub der Reformgesetze von 1867 nicht sagen. Die Agitation der Chartisten war fast spurlos am englischen Staat vorübergegangen; Konzessionen waren nicht gemacht worden. Die Liberalen freilich hielten es für richtig, das Wahlrecht

Linke Seite: Satz und Rotationsdruck einer Zeitung (Holzschnitt aus »The Illustrated London News« vom 30. August 1879)

auf einen größeren Kreis von Wählern auszudehnen, und so brachten sie 1866 unter Lord Russell als Premierminister ein Gesetz zur Änderung ein, das jedoch im Unterhaus keine Mehrheit fand. Die Vorlage von 1866 wäre kein Sturz in die Demokratie gewesen; trotzdem scheiterte sie an den *Tories* und am konservativen Flügel der liberalen Partei.

Doch nun geschah etwas Merkwürdiges: Als die Konservativen unter Lord Derby eine (Minderheits-)Regierung bilden konnten, ließen sie sich von Benjamin Disraeli dazu bestimmen, ihrerseits eine Reformvorlage einzubringen, die deutlich weiter ging als die liberale. Die Hintergründe dieser Maßnahme sind nicht in allen Punkten klar. Jedenfalls hoffte Disraeli, auf diese Weise auch einen Teil der Arbeiter (und neuen Wähler) zu gewinnen. Dabei blieb ein gewisses Risiko, da man die zahlenmäßige Zunahme der Wählerschaft nicht kalkulieren konnte, und vor allem blieb die Unsicherheit, wie sich die Vergrößerung der Wählerschaft in bezug auf die relative Stärke der beiden Parteien auswirken würde. Derby prägte das berühmte Wort von einem »Sprung ins Ungewisse«. Und in der Tat wurden die ersten allgemeinen Wahlen nach der Reform von 1867 von den Liberalen gewonnen.

Das erweiterte Wahlrecht von 1867 behielt die grundlegende Trennung zwischen *Counties* und *Boroughs* bei. In *Counties* konnte sich ins Wählerregister eintragen lassen, wer Land mit einem Jahresertrag von mindestens fünf Pfund besaß oder aus gepachtetem Land zwölf Pfund erwirtschaftete. In den *Boroughs* durften Haushaltsvorstände mit Hauseigentum wählen sowie Mieter, die mindestens 10 Pfund jährlich Miete bezahlten, sofern sie länger als ein Jahr ansässig waren. Dies schloß diejenigen Arbeiter aus, die häufig ihre Bleibe wechseln mußten.

Das Reformgesetz von 1867 enthielt aber auch Änderungen der Wahlkreiseinteilung. Diese Neubewertungen der Wahlkreise waren an Bevölkerungszahlen orientiert. Im übrigen achtete man darauf, das konservative Parteiinteresse nicht zu vernachlässigen. Deshalb wurden die *Counties* aufgewertet; außerdem wollte man die Wahlkreise so zuschneiden, daß zwar die städtischen an die Liberalen fallen konnten, die ländlichen aber um so sicherer für die Konservativen erhalten blieben. Das bestehende Ungleichgewicht zugunsten der ländlichen Teile von England und Wales wurde absichtsvoll ausgebaut.

Aufgrund der Reform von 1867 verdoppelte sich die Zahl der Wahlberechtigten nahezu (von etwas über 1 Million auf fast 2 Millionen). 1867 gingen die Konservativen weiter, als die Liberalen 1866 zu gehen bereit waren. Das zahlte sich für sie zwar nicht bei den nächsten Wahlen, wohl aber auf lange Sicht aus. Durch die Erweiterung des Zensus konnte das Unterhaus seine Legitimation auf eine breitere Basis stellen. Die Macht der jeweiligen Mehrheitsregierung nahm zu. Die Bildung einer dritten Partei (einer Arbeiterpartei!) wurde verhindert bzw. verschoben. Durch formale Konzessionen und Reformaktivität vermochte die herrschende Klasse wirkliche, substantielle Konzessionen hintanzustellen.

Mit einer dritten Wahlrechtsreform wurde 1884 die Wählerschaft nochmals entscheidend vergrößert. Dabei wurde die Differenz zwischen *Counties* und *Boroughs* eingeebnet. Wählen durften männliche Haushaltsvorstände (bei geringer Besitzqualifikation und ständigem Wohnsitz). Die Wahlkreise wurden wiederum neu zugeschnitten; da man auf der Linie der früheren Reformgesetze fortschritt, kamen nun die Industriestädte immer stärker zur Geltung (beispielsweise 62 Abgeordnete statt 22 für London). Insgesamt waren seit 1884 etwa 60 % der Männer stimmberechtigt.

Das hatte entscheidende Folgen für die Zusammensetzung des Unterhauses: Die jahrhundertelange Dominanz des agrarischen Interesses war gebrochen; Handel und Gewerbe überwogen nun.

John Russell und Benjamin Disraeli (Zeichnung von Richard Doyle, um 1852)

Das Zeitalter des Imperialismus

(1872–1901)

1872 Kapkolonie erhält Selbstregierung.
1873 Isaac Butt gründet *Home Rule League* für Irland.
1874 Bei den ersten allgemeinen Wahlen nach der Einführung des *Ballot Act* werden erstmals Arbeiter ins Unterhaus gewählt.
1875 Disraeli erwirbt Suez-Kanal-Aktien.
1877 Königin Viktoria nimmt den Titel »Kaiserin von Indien« an.
1878 Frieden von San Stefano und Berliner Kongreß: Unabhängigkeit für Serbien, Montenegro und Rumänien; Eindämmung des russischen Einflusses; Zypern britisch.
William Booth gründet die Heilsarmee.
1879 Gründung der *Irish National Land League*.
1880 Sieg Gladstones über Disraeli.
1881 Gladstones zweiter Land Act gewährt Irland die *3 F* (*Fair Rents, Fixity of Tenure, Free Sale*).
1883 Gründung der *Fabian Society* (Sozialreformer).
1884 Wahlrechtsreform: Abschaffung der Besitzqualifikation;

	Wahlrecht für Haushaltsvorstände.
	Henry Hyndman gründet die *Social Democratic Federation*.
1885	William Morris gründet *Socialist League*. Wahlkreisreform.
1886	Gladstones erste *Home Rule Bill* für Irland gescheitert.
1889	Emmeline Pankhurst gründet *Women Franchise League*.
1889/90	*New Unionism*: Verbreiterung der Gewerkschaftsbewegung durch Aufnahme ungelernter Arbeiter.
1889–1902	Charles Booth: *Life and Labour of the London Poor*.
1893	James Keir Hardie gründet *Independent Labour Party*.
	Gründung der *Gaelic League* (Douglas Hyde).
	Zweite *Home Rule Bill* Gladstones im Oberhaus gescheitert.
1895	Gründung der London *School of Economics and Political Science* durch Sidney Webb.
1899–1902	Burenkrieg: Höhepunkt des Imperialismus.
1900	*Labour Representation Committee* gegründet (seit 1906: *Labour Party*).
1901	Verfassung für Australien als Bundesstaat, Gründung der Hauptstadt Canberra.
	22. Januar: Tod Viktorias.

Die wirtschaftliche Entwicklung: Krise und Depression auf hohem Niveau

Während die mittlere viktorianische Zeit durch einen großen Boom gekennzeichnet war, offenbarte sich die Spanne von 1873–1896 als eine Phase des Abschwunges, ja der Depression. Die wirtschaftliche Krise hatte verschiedene Ursachen, unter denen die internationale Verflechtung entscheidend war, und sie zeigte sich auf verschiedenen Feldern.

Da ist zunächst die *Agrarkrise* zu nennen: Während Großbritannien in früheren Zeiten bezüglich Ackerbau und Viehzucht als vorbildlich für andere Länder angesehen worden war und lange Zeit Überschüsse exportiert hatte, gestaltete sich das Verhältnis nun umgekehrt: Andere Länder exportierten Lebensmittel nach Großbritannien, und zwar in immer stärkerem Maße. Das hängt in erster Linie mit dem rapiden Bevölkerungswachstum Großbritanniens zusammen. Sodann erwies sich als entscheidend, daß durch die Transportrevolution, durch die Verkürzung der Fahrzeit durch Dampfschiffe und Eisenbahnen, aus allen Teilen der Welt Lebensmittel auf dem britischen Markt angeboten werden konnten. Mengenmäßig entscheidend waren dabei die Getreideexporte der Vereinigten Staaten. Unter Einsatz von Maschinen wurden in den unermeßlichen Weiten Nordamerikas große Weizenüberschüsse erwirtschaftet, die nach Großbritannien gebracht wurden, wodurch sich der Getreidepreis immer mehr ermäßigte und die britischen Landwirte kaum mehr profitabel Getreide anbauen konnten. Teilweise gingen sie zu vermehrter Viehzucht über, doch enthielt

Samuel Bough, »Blick auf eine Industriestadt« (Aquarell um 1860)

das britische System kleiner landwirtschaftlicher Einheiten und herkömmlicher Pachtverhältnisse ein Element der Beharrung. Außerdem drängte das Ausland mit Fleisch auf den britischen Markt (nicht nur Dänemark und Holland, auch Argentinien!), und zwar vermehrt, als in den 1880er Jahren verbesserte Kühltechniken verfügbar wurden. Konkurrenzfähig blieb die britische Landwirtschaft, wo sie auf Gartenbau und Molkereiprodukte auswich.

Die Depressionsphase 1873–1896 ist im traditionellen Industriesektor dadurch gekennzeichnet, daß aufstrebende Industriestaaten wie die Vereinigten Staaten und das Deutsche Reich (in geringerem Maße Frankreich und Belgien) den britischen Vorsprung aufholten und die britische Produktion sogar übertrafen. Das gilt etwa für Stahl: Der Anteil Großbritanniens an der Weltproduktion betrug im Jahrfünft 1875–1879 35,9 %, 1895–1899 19,8 % und 1905–1909 nur noch 12,4 %, während im selben Zeitraum sich die Quote für die Vereinigten Staaten von 26,0 % über 35,4 % auf 43,5 % erhöhte. (Die entsprechenden Zahlen für das Deutsche Reich lauten: 16,6 %, 22,5 %, 22,1 %.) Oder, um ein anderes Maß zu wählen: Das Wachstum der Industrieproduktion betrug in der Epoche 1870–1914 jährlich in Großbritannien 2,1 %, in den Vereinigten Staaten 4,7 % und im Deutschen Reich 4,1 %; die jährliche Zunahme der Exportrate im selben Zeitraum in Großbritannien 2,2 %, in den Vereinigten Staaten 3,2 %, im Deutschen Reich 4,3 %. Auffallend ist dabei nicht nur das Aufholen der jungen Staaten, die jeweils nach Kriegen (anders als Großbritannien) auf einem bescheidenen

Niveau begannen und in kurzer Zeit gewaltige Binnenmärkte aufbauen konnten; entscheidend ist vielmehr, daß sowohl die Vereinigten Staaten als auch das Deutsche Reich die neuen Industrien in weit stärkerem Maße entwickelten als Großbritannien: chemische und elektrotechnische Industrie.

Um dieses (relative) Zurückbleiben zu erklären, hat man ein ganzes Bündel von Faktoren namhaft gemacht, die alle damit zusammenhängen, daß Großbritannien den übrigen Staaten in der Industrialisierung vorangegangen war. Es gibt dabei technologische Erklärungen (Betrieb alter, noch funktionsfähiger Anlagen, während vor allem Amerika und Deutschland modernere besaßen; größerer Grad der Maschinisierung und bessere Rendite vor allem in Amerika). Es gibt aber auch mentalitäts- und sozialgeschichtliche, nämlich die Generationenspezifik (die zweite und dritte Generation der Unternehmensgründer in Großbritannien konkurrierte zum Teil mit der ersten in den neuen Industriestaaten; in Großbritannien war Gewerbetätigkeit bei traditionellen Eliten immer noch gering angesehen, so daß erfolgreiche Unternehmer ihren Lebensstil veränderten und dem des Landadels anglichen). Deutschland hatte ein überlegenes Bildungssystem, das auch für naturwissenschaftlich-technische Belange besser vorsorgte (die neuen Technischen Hochschulen beispielsweise entließen in dieser Phase Jahr für Jahr 3000 ausgebildete Ingenieure, während es in Großbritannien nur 500 waren). Und schließlich hatte sich in Großbritannien die Politik des *laissez faire* um die Jahrhundertmitte unumschränkt durchgesetzt; der Staat hielt sich in der Wirtschaft gerade in derjenigen Phase programmatisch zurück, in der andere Staaten ihre Industrien mit Schutzzöllen aufbauten. Während Eisenbahnen in Großbritannien grundsätzlich als private Investition angesehen wurden, galten sie etwa in Deutschland grundsätzlich als Sache des Staates. Die Entwicklungsvoraussetzungen waren also unter den Konkurrenten keineswegs gleich.

Für die britischen Arbeiter ergab sich aus diesen Verhältnissen, daß die Preise langfristig fielen, während die Nominallöhne stabil blieben und die Reallöhne sich erhöhten. Insgesamt steigerte die britische Bevölkerung ihren Lebensstandard merklich. Auch die Arbeitslosigkeit war nicht hoch, abgesehen von kurzfristigen, akuten Krisen. Weil die Bevölkerung aber stark zunahm und immer genügend Arbeitskräfte vorhanden waren, bestand weniger Anreiz, arbeitskräftesparende Maschinen zu entwickeln. Genau das Gegenteil war in Amerika der Fall; deshalb wurde die Produktivität des mit Maschinen ausgestatteten Arbeiters dort immer höher, während sie in Großbritannien stagnierte. Auch gingen die Vereinigten Staaten früher zur Massenproduktion von Gütern aller Art über.

Urbanisierung

Nach dem Zensus von 1901 lebten 77 % der Bevölkerung von England, Schottland und Wales in *urban districts* – eine im europäischen Vergleich unübertroffene Zahl (auch wenn man die Probleme der Klassifikation nicht übersieht), die ein deutlicher Indikator für die wirtschaftliche und gesellschaftliche Entwicklung der ersten Industrienation darstellt. In London (*Greater London*) wohnten etwa 20 % der Bevölkerung von England und Wales und in Glasgow 20 % der Bevölkerung Schottlands. Zu den dreißig

Alltagsverkehr in London: Wilhelm Trübner, »Ludgate Hill« (Gemälde von 1884/85)

größten Städten der Erde gehörten damals fünf britische: London, Glasgow, Birmingham, Manchester und Liverpool. In Irland entwickelte sich Belfast zu einer zweiten Metropole, in der ebenso viele Menschen lebten wie in Dublin.

Die Verstädterung wurde in dieser Epoche zumeist als Problem, wenn nicht gar als Fluch angesehen. Nach zeitgenössischen Untersuchungen betrug die Lebenserwartung eines in Manchester Geborenen und zeitlebens dort Wohnenden nur die Hälfte der Lebenserwartung eines Menschen auf dem Lande! Es bedurfte gewaltiger Anstrengungen, um Trinkwasserzufuhr, Abwasserregulierung, Gas, Elektrizität, Straßenbeleuchtung und den öffentlichen Nahverkehr der Urbanisierung anzupassen und die berstenden Städte für menschliches Leben zu erhalten. Gerade in dieser Epoche wurden diese geforderten Anstrengungen auch unternommen. Neben die sozialkritische Literatur traten sozialwissenschaftliche Bestandsaufnahmen: Charles Booth finanzierte, recherchierte und publizierte *Life and Labour of the London Poor* (1889–1902), B. Seebohm Rowntree *Poverty. A Study of Town Life* (1901, über York). Viele der großen und reichen Fabrikanten wurden als Mäzene für die britischen Provinzstädte tätig. Es gab nicht wenige Industrielle, die sich um die Sozialpolitik vor Ort kümmerten, um die Planung und Durchführung der großen Infrastrukturaufgaben. Birmingham galt zu Zeiten von Joseph Chamberlain als »bestregierte Stadt der Welt«. *Greater London* wurde durch zahlreiche Eisenbahnlinien und durch die erste Untergrundbahn der Welt erschlossen. Die Benutzungsgebühren wurden so gering festgelegt, daß es auch Arbeitern möglich war, außerhalb zu wohnen und im Zentrum einzukaufen und zu arbeiten.

Die Arbeiterbewegung

Trotz der langjährigen Tätigkeit von Karl Marx und Friedrich Engels in England hatte der Sozialismus auf die englische Arbeiterbewegung des viktorianischen Zeitalters wenig Einfluß. Nach dem Scheitern der Chartistenbewegung gewannen vor allem die Gewerkschaften Auftrieb. Doch diese waren auch noch nach der Mitte des 19. Jahrhunderts wesentlich erstens lokale Vereinigungen, zweitens an ein bestimmtes Handwerk gebundene, drittens nur die Elite der Arbeiterschaft zusammenschließende, nämlich jene 10 %, welche die langjährige Lehrzeit absolviert hatten. Ihre Hauptanliegen waren Verkürzung der Arbeitszeit, Verbesserung der Arbeitsbedingungen und Lohnerhöhungen. Nur in Ausnahmefällen betrafen ihre Forderungen nationsweit verallgemeinerbare Anliegen; im Regelfall ging es um eine Auseinandersetzung zwischen bestimmten Arbeitern und bestimmten einzelnen Unternehmen. Streiks kamen zwar vor, doch wurden sie nicht als reguläres Kampfmittel angesehen, sondern nur als *ultima ratio*. Außerdem waren sie mit hohem Risiko belastet: In Zeiten der Arbeitslosigkeit war es verhältnismäßig leicht, eine ganze Belegschaft auszusperren und durch neue Arbeitskräfte zu ersetzen; weniger einfach war dies nur im Falle der Elite, der gelernten Arbeiter bestimmter Branchen, etwa der Maschinenbauer. Da es keine Gesetze gab, in denen Gewerkschaften als Rechtskörperschaften vorgesehen waren, blieben Arbeiterführer immer persönlich von Regreßansprüchen der Unternehmer sowie von Kriminalisierung bedroht (Rädelsführerschaft, Anstiftung zum Aufruhr).

In Großbritannien kam es infolge der geschilderten Umstände lange nicht zur Bildung einer Arbeiterpartei. Vielmehr suchten die Gewerkschaften durch Absprachen und Verhandlungen mit den vorhandenen Parteien, ihren Interessen Geltung zu verschaffen. Dabei ging es in den meisten Fällen um ein Bündnis mit den Liberalen (*Lib-Lab-Alliance*). Die direkte Vertretung von Arbeiterinteressen im Parlament war zudem dadurch behindert, daß es noch keine Diäten für Abgeordnete gab. Auch dies verwies sie auf den Weg der Kompromisse mit wohlgesinnten Kandidaten bereits etablierter Parteien. 1874 wurden erstmals zwei Bergleute ins Unterhaus gewählt; 1880 saßen dort drei Arbeiter, 1885 neun.

In jenen Jahren machte sich sozialistisches Gedankengut bemerkbar, das von einzelnen Aktivisten aus mittleren und höheren Schichten vertreten wurde. Henry Hyndman publizierte ein Buch *England for All*, in dem er sich auf die ökonomischen Analysen von Marx stützte und eine Vergesellschaftung des Grundbesitzes forderte. Er gründete eine Vereinigung, die 1884 den Namen *Social Democratic Federation* annahm und für dieses Hauptziel eintrat. Sie erreichte aber nicht viel mehr als tausend Mitglieder. Zumal sich bald weniger theoretisch denkende und eher gefühlsmäßig argumentierende Sozialisten abspalteten; der Maler und Kunsthandwerker William Morris etwa gründete 1885 die *Socialist League*, die freilich genausowenig Massen anzog. Langfristig von Bedeutung war dagegen ein sozialistischer Diskussionszirkel von Londoner Intellektuellen (*Fabian Society*, seit 1883): Bedeutende Persönlichkeiten wie der Schriftsteller George Bernard Shaw und der spätere Professor Graham Wallas sammelten sich um Sidney und Beatrice Webb, um sozialistische Theorien zu diskutieren, Erhebungen zur Lage der Arbeiterschaft, des Armenrechts usw. zu organisieren und auszuwerten.

Die Gewerkschaften selbst durchliefen um 1890 einen tiefgreifenden Veränderungsprozeß, als sich nämlich Vereinigungen auch von ungelernten Arbeitern bildeten und binnen kurzem hohe Mitgliederzahlen aufzuweisen hatten. Die Gewerkschaften, die im Dachverband *Trade Union Congress* (*TUC*) zusammengeschlossen waren, wurden durch das Hinzutreten dieser »neuen Gewerkschaften« ohne Zweifel radikaler. Vor allem im Norden Englands hatte der *New Unionism* Einfluß. Nun lehnte man die eingespielte *Lib-Lab-Alliance* mehr und mehr ab und drängte auf eigene Kandidaten der Arbeiterschaft. Einzelne wurden als Unabhängige ins Parlament gewählt. Von dieser Bühne aus konnten James Keir Hardie und andere 1893 die *Independent Labour Party* ins Leben rufen – eine Partei der Arbeiterschaft, die sich aber nicht auf die Doktrin des Sozialismus festlegte. Doch anfangs brachte die neue Partei keinen einzigen ihrer Kandidaten ins

Unterhaus. Bittere Erfahrungen aller Art (einschließlich erfolgloser Streiks, Aussperrungen und einer rechtlichen Ausdehnung der Regreßmöglichkeit auf ganze Gewerkschaften) führten schließlich 1900 dazu, daß sich im Dachverband der Gewerkschaften diejenigen Kräfte durchsetzten, die auf eine Partei der Gewerkschaften hinarbeiteten (zunächst *Labour Representation Committee*, seit 1906 *Labour Party* genannt). Zwischen 1901 und 1903 entwickelte sich diese zu einer Massenpartei; sie konnte hoffen, durch ihre künftige Mitwirkung an der Gesetzgebung die Lebensbedingungen der Arbeiterschaft in ihrem Sinne zu verbessern.

Vom Wachstum der Bildung

In England war Bildung nie im selben Maße als Aufgabe des Staates betrachtet worden wie in Deutschland. Bildung galt primär als Sache des einzelnen, der Familie; auf der anderen Seite war sie Sache der Kirche. Dieses Feld wurde im viktorianischen Zeitalter neu vermessen. Denn Liberale drängten schon seit den 1830er Jahren zunehmend mit politischen Initiativen im Parlament und durch Gesellschaften in der Öffentlichkeit auf verstärktes Engagement des Staates im Schulwesen. Fortschritt konnte nur durch Bildung erreicht werden. Damit trafen sie in nicht geringem Maße auf den Widerstand der etablierten Staatskirche, die hinter solchen Initiativen Nonkonformisten witterte – wenn nicht gar ein säkulares Interesse.

Als Gladstone 1868 an die Macht kam, die Anglikanische Kirche in Irland ihrer Privilegien entkleidet wurde und die zwangsweisen *Church Rates* abgeschafft wurden, bahnte sich auch im Schulwesen eine grundlegende Gesetzesänderung an. Ein zusätzlicher Sporn war die Entwicklung auf dem Kontinent: das Aufholen der Nachzügler der industriellen Entwicklung, namentlich Deutschlands. Gladstone sah im Krieg von 1870/71 und im deutschen Sieg über Frankreich einen Beweis für den Erfolg umfassender Volksbildung und Disziplinierung. Unter konkurrierenden Modellen setzte sich das gemäßigte William E. Forsters durch, das auf die Empfindlichkeit der Anglikanischen Kirche Rücksicht nahm und staatliche Ergänzung im wesentlichen dort bot, wo die Kirche kein adäquates Schulwesen aufgebaut hatte. Neben die vorhandenen Schulen trat nun also ein System staatlicher Schulen, die jeweils auf lokale Initiative gegründet werden konnten (*Board Schools*), die auch weitgehend von den lokalen Honoratioren verwaltet wurden (die *Boards* boten ein Ersatzmodell von Demokratie; auch Arbeiter, auch Frauen konnten hier in gesellschaftlich hochgeschätzte Funktionen gewählt werden). Aber um staatliche Zuschüsse zu bekommen, mußten sie sich staatlichen Schulinspektoren öffnen. So wurde zwar durch das Gesetz von 1870 nicht mit einem Schlage eine allgemeine Schulpflicht eingeführt, aber es bot die Fundamente für mehrere Jahrzehnte immer intensiverer Staatstätigkeit im Schulbereich. Das spiegelte sich sowohl im finanziellen Aufwand der Staates (1870: 1,6 Millionen Pfund;

Crickett auf den Wiesen des Eton College (Gemälde von William Evans; 1798–1877)

1880: 4,0; 1890: 5,8; 1900: 12,2) als auch in der Anzahl der Schüler, die durch solche staatlich inspizierten Schulen erfaßt wurden (1870: 1,7 Millionen; 1880: 3,6; 1890: 4,7; 1900: 5,7). Die starken gesellschaftlichen (und politisch durch die Regierung, insbesondere die Liberalen, unterstützten) Bemühungen um Bildung, zumindest Elementarbildung, selbst breiter Volksmassen, schlugen sich in einem rapiden Rückgang des Analphabetismus nieder, der auch politisch angestrebt wurde. Denn die durch die Gesetze von 1867 und 1884 vergrößerte Wählerschaft, die immer weitere Teile der Arbeiterschaft erfaßte, konnte, nach damaliger Ansicht, nur dann politisch integriert werden, wenn sie eine elementare Bildung aufzuweisen hatte. Man errechnete aus den Kirchenbüchern, daß 1871 80 % der Männer und 73 % der Frauen schreiben konnten, 1881 87 % der Männer und 82 % der Frauen, 1891 94 % der Männer und 93 % der Frauen, um die Jahrhundertwende aber 97 %, gleichermaßen Männer und Frauen. Von der staatlich geförderten Bildungsbewegung profitierten offensichtlich breite Schichten der stark wachsenden Bevölkerung, in besonderem Maße aber die Frauen.

Im höheren Schulwesen dominierten die traditionell berühmten *Public Schools*; sie wurden eigentlich erst in dieser Phase zu dem, was man mit diesem Begriff verbindet. Sie tradierten prägende Elemente der Erziehung für

Gentlemen, welche sich nun breitere Schichten aneigneten: Unternehmer, kleine Gewerbetreibende, Angehörige der freien Berufe, bis zu den neuen Berufsgruppen der Angestellten, der Spitzen der gelernten Arbeiterschaft, die auf diesem Wege gesellschaftlichen Aufstieg anbahnten und nützliche Beziehungen knüpften. Das erklärt auch, warum im höheren Schulwesen Latein weiterhin eine so große Rolle spielte und die Schulen sich nur zögernd den neuen Bildungsgegenständen, etwa den Naturwissenschaften, öffneten. Und das erklärt die Dominanz der Anglikanischen Kirche in diesem Bereich. Denn im 19. Jahrhundert wurde sie mit »gesellschaftlich führend« assoziiert; die Figur des in nonkonformistischen, gewerblich tätigen Kreisen geborenen Aufsteigers, der das traditionelle Schulwesen durchlaufen hatte und seinen gesellschaftlichen Erfolg durch Übertritt zur Staatskirche krönte, war keineswegs selten.

Erst etwa 1860–1880 bekam der Sport jene hohe Bedeutung, welche seither für die *Public Schools* kennzeichnend ist. Neben der körperlichen Ertüchtigung, die nun mit einer besonderen Wertschätzung belegt wurde, ging es dabei um die Förderung der gesellschaftlich als bedeutsam angesehenen Werte, vor allem Durchsetzungsvermögen, Wettkampfverhalten, Fairness. Dazu dienten bevorzugt Mannschafts- und Kampfsportarten wie Rugby, Cricket, Tennis und Fußball, aber auch die berühmten Ruderregatten und leichtathletische Disziplinen.

Das Universitätssystem wurde in den letzten Jahrzehnten des 19. Jahrhunderts ebenfalls stark ausgebaut, vor allem in London und in den Industrieregionen, wo auch technisch-naturwissenschaftliche Einrichtungen geschaffen wurden. Neugründungen gingen meist auf städtische Initiative zurück: Nach 1870 wurden *University Colleges* in Newcastle, Leeds, Bristol, Sheffield, Birmingham, Nottingham, Liverpool und Reading ins Leben gerufen. Die Bewegung erfaßte gleichermaßen Wales (Aberystwyth, Cardiff und Bangor – 1893 zusammengeschlossen zur *University of Wales*).

Vor allem in London, aber auch in anderen Städten, wurden in dieser Phase Einrichtungen der Erwachsenenbildung geschaffen, die Arbeitern offenstanden – sowie Frauen.

Die Frauenbewegung

Das viktorianische Zeitalter ist geprägt durch eine allumfassende Vorstellung von der Bedeutung der Familie, gerade auch als Rückzugs- und Schutzraum; dabei sprach man der Frau als Ehefrau und Mutter oft eine idealisierte Bedeutung als »Engel im Hause« zu. Diese charakteristische Ausformung bürgerlicher Verhältnisse kollidierte gleichwohl empfindlich mit der gesellschaftlichen Wirklichkeit der sich industrialisierenden Gesellschaft, in der Millionen Frauen an der Seite von Männern in Industriebetrieben tätig waren. Die bürgerliche Familie stand in diesem Zeitalter im Zenit: Nie zuvor hatten private Haushalte in solchem Umfang Dienstmädchen beschäftigt; nie zuvor war die Familie als natürliche Umwelt des Kindes so wichtig genommen worden. Mehr noch als früher trennte man Sphären des Mannes und Sphären der Frau, nicht nur bei der Arbeit und in ihrer öffentlichen Stellung, sondern auch psychologisch und intellektuell. Dabei brach nun die Differenz zur gesellschaftlichen Wirklichkeit auf und wurde von nicht wenigen (nicht nur weiblichen) Zeitgenossen als Problem begriffen.

Insbesondere die rechtliche Stellung der verheirateten Frau war, nach Maßgabe des *Common Law*, völlig subordiniert; selbst ihr Eigentumsrecht (beispielsweise das von Arbeiterinnen an ihrem selbstverdienten Lohn) war so eingeschränkt, daß es zunehmend als Skandal empfunden und in sukzessiven Gesetzen angeglichen wurde (1870, 1882). Desgleichen fand man das Scheidungsrecht immer wieder reformbedürftig (1857, 1867, 1870). Die politische Rechtlosigkeit von Frauen kam in dieser Zeit allmählich zu Bewußtsein; John Stuart Mill, der seit 1865 als Abgeordneter für Westminster im Unterhaus saß, brachte sogleich (und in der Folge immer wieder) Anträge für ein Frauenwahlrecht ein – ohne Erfolg. Solange ein Zensuswahlrecht galt, konnte man argumentieren, daß zumindest vermögende und selbständige Frauen, etwa Witwen, Wahlrecht bekommen müßten. Als das Zensuswahlrecht gefallen war, stellte man weitergehende Forderungen. Besonders aktiv war Emmeline Pankhurst (später auch ihre Töchter Sylvia und Christabel), welche 1889 die *Women Franchise League* begründete und 1903, als sich keinerlei Wirkung zeigte, mit *Women's Social and Political Union* eine radikalere Organisation ins Leben rief. Diese Frauen wurden meist als »Suffragetten« bezeichnet; sie machten auf die bestehende Ungerechtigkeit durch spektakuläre Aktionen aufmerksam, etwa, indem sie in zentralen Londoner Straßen reihenweise Fensterscheiben einwarfen oder Brandanschläge verübten. Nach solchen Übergriffen kamen diese Frauen ins Gefängnis, wo sie teilweise in Hungerstreik traten, auch zwangsernährt wurden, teilweise wieder freigelassen werden mußten, weil der Strafvollzug solchen Anforderungen nicht gewachsen war. In der Frage politischer Rechte brachte erst der Weltkrieg einen Durchbruch; aufgrund der Kriegsanstrengungen erhielten 1918 nicht nur Männer das allgemeine Wahlrecht, sondern auch Frauen – allerdings mit dem Unterschied, daß Männer ab 21 Jahren wählen durften, Frauen dagegen erst ab 30 (Gleichstellung 1928).

Im übrigen wurde die Frauenfrage im viktorianischen Zeitalter weitgehend als Bildungsfrage angesehen; der entscheidende Schritt vorwärts sollte in Bildungseinrichtungen für Frauen bestehen, durch welche diese dann Möglichkeiten außerhalb des Hauses bekommen sollten. Aufgrund eines Kommissionsberichtes von 1864, welcher die Mängel des Schulwesens gerade auch für Mädchen der mittleren Schichten schonungslos offenlegte, wurden Seminare für Lehrerinnen und schließlich Mädchenschulen in größerer Zahl eingerichtet, den Bedürfnissen der Zeit angepaßt und in bezug auf Lehrgegenstände neu konzipiert. Reformerinnen wie Dorothea Beale und Frances Mary Buss erwarben sich im Erziehungswesen beson-

Frauen in einer Fahrradfabrik in Coventry (neunziger Jahre des 19. Jahrhunderts)

dere Verdienste. Die nächste Frage war natürlich die nach der höheren Bildung, nach der Möglichkeit des Studiums an Universitäten. Hier ging die *University of London* als Reformuniversität voran. Frauen konnten in London früh schon studieren und ab 1878 akademische Grade erwerben. (In Cambridge wurden Frauen seit 1869 und in Oxford seit 1878 zu Vorlesungen zugelassen, doch blieb ihre Graduierung dort noch lange undenkbar.)

Für die beruflichen Möglichkeiten von Frauen kommt dem medizinisch-pflegerischen Bereich eine besondere Bedeutung zu. Nachdem Florence Nightingale aus dem Krimkrieg zurückgekehrt war, erhielt sie aufgrund ihrer Verdienste großzügige Spenden, mit denen sie eine Schule für Krankenschwestern einrichten konnte. Die ersten Ärztinnen erwarben Qualifikation und Titel im Ausland – Elizabeth Blackwell 1849 in den USA, Elizabeth Garrett 1876 in Paris –, beide kehrten nach England zurück und suchten ihre Zeitgenossen daran zu gewöhnen, daß Frauen auch als Ärztinnen wirken konnten – anfangs gegen starken Widerstand, insbesondere ihrer Berufskollegen.

Abgesehen vom Bildungsbereich und vom medizinisch-pflegerischen waren es vor allem neue Techniken und Medien, welche sich weiblichen Beschäftigten öffneten, etwa das Telegraphenwesen, das schon in seiner Frühzeit Frauen in großer Zahl ausbildete, später kamen Telephon, Post und Eisenbahn dazu. Anerkennung fanden berufstätige Frauen, gesamtgesellschaftlich gesehen, aber auch in Großbritannien erst durch ihren kriegswichtigen Einsatz im Ersten Weltkrieg.

Das Spannungsfeld spätviktorianischer Künste

Die Frage nach viktorianischen Komponisten (vor Edward Elgar) bringt selbst Musikhistoriker zum Grübeln. Die Bildenden Künste litten insgesamt unter dem Diktat des viktorianischen Moralismus, der auch eine zeitüberdauernde Bühnenkunst (vor George Bernard Shaw und William Butler Yeats) nicht aufkommen ließ. Die Malerei, soweit sie nicht im Akademismus erstarrt war, suchte das Anekdotische, Moralische und Historische. Insbesondere die Präraffaeliten (Dante Gabriel Rossetti, William Holman Hunt, John Everett Millais) schufen Bilder eines überladenen Symbolismus, der im einzelnen Gemälde jeweils eine ganze Geschichte zu erzählen suchte. In Einzelfällen (William Morris) suchte man das Dekorative, Kunsthandwerkliche zu verbinden mit einer künstlerischen und handwerklichen Durchformung aller Bereiche des Alltagslebens. Zum Fin de siècle gehören auch provozierende Versuche, das Leben überhaupt unter das Gesetz der Kunst zu zwingen (Oscar Wilde), während man literaturtheoretisch meist eine strenge Scheidung der Sphären propagierte: die Kunst als das Ganz-Andere des Lebens. Ästhetizismus und Formalismus wurden dem vorherrschenden Moralismus und Sentimentalismus des viktorianischen Zeitalters entgegengestellt. Für den bedeutendsten Dichter der Ära hielten die Zeitgenossen selbst Alfred Lord Tennyson. In der spätviktorianischen Epoche war vieles in den Künsten spätromantisch; man kämpfte noch mit den Problemen des frühen 19. Jahrhunderts (Industrialisierung, Massengesellschaft, Glaubenskrise), ohne die Zuversicht, den Optimismus, den Fortschrittsglauben der früheren Zeit noch aufbringen zu können. Die Künste waren weithin epigonal; sie schreckten zurück vor dem Bruch der Moderne, der sich in England im ersten Jahrzehnt des 20. Jahrhunderts abzeichnete.

Irland und *Home Rule*

In Irland, wo sich im Laufe des 19. Jahrhunderts eine kräftige Nationalbewegung entwickelte, konzentrierten sich die religiösen, sozialen und politischen Probleme immer wieder im Drängen auf *Home Rule*, das heißt weitgehende Selbstverwaltung. Unruhen und Aufstandsversuche brachten die irische Frage auch in Großbritannien (und in der Weltöffentlichkeit!) stärker ins Bewußtsein. Als Gladstone 1868 Premierminister wurde, erklärte er programmatisch: »Meine Mission ist es, in Irland den Frieden herzustellen.« Dafür hatte er zwei Maßnahmen vorgesehen: die Entprivilegierung der Staatskirche in Irland (1869) und die Verbesserung der Rechte der Pächter. Zu dieser sollte der *Land Act* von 1870 den entscheidenden Schritt darstellen. Die gut gemeinten, aber nicht materiell abgesicherten Gesetzesbestimmungen hatten vor allem einen psychologischen Effekt: Der britische Staat nahm sich erstmals sichtbar der Interessen der irischen Pächter an, schränkte die Gewalt der Grundbesitzer ein und erkannte seine Fürsorgepflicht an.

Isaac Butt versuchte, in Westminster eine auf *Home Rule* verpflichtete politische Partei aufzubauen. Doch da die Reden und Anträge regelmäßig von einer überwältigenden Mehrheit abgelehnt wurden, sannen die Vertreter irischer Anliegen auf andere Mittel. Joseph Biggar und Charles Stewart Parnell entwickelten die Obstruktionsmethode, indem sie die parlamentarischen Formen dazu benutzten, auf sich aufmerksam zu machen und den üblichen Geschäftsgang zu blockieren. Sie ergriffen jede Gelegenheit zu Wortmeldungen und Anträgen; sie hielten endlose Reden und verhinderten dadurch fällige Abstimmungen.

1879 wurde die *Irish National Land League* gegründet, mit Parnell als erstem Präsidenten. Sie verband kurzfristige Zielsetzungen wie Ermunterung bedrohter Pächter zum Widerstand gegen Austreibungen und Pachterhöhungen, Boykottmaßnahmen und politische Meinungsbildung mit einer langfristigen Strategie der Landablösung, durch welche es den Pächtern ermöglicht werden sollte, mittels zinsgünstiger staatlicher Darlehen das von ihnen bewirtschaftete Land selbst zu kaufen.

1881 brachte Gladstone seinen zweiten *Land Act* ein, in welchem den irischen Pächtern gewährt wurde, was sie seit Jahrzehnten gefordert hatten: die *3 F*. Darunter verstand man: *Fair Rents* (angemessene Pachtzinsen), *Fixity of Tenure* (eine Pachtdauer von 15 Jahren, während der Pächter vor Pachterhöhungen und Austreibung sicher sein sollten), *Free Sale* (dahinter verbarg sich ein Bestandteil des *Ulster Custom*, nämlich die Regelung, daß ein neueintretender Pächter seinem gutwillig abziehenden Vorgänger ein Abstandsgeld zu zahlen hatte). Das bedeutete letztlich, daß Grundbesitzer nicht mehr unumschränkte Eigentümer waren und den Pächtern (unter Bezug auf ältere irische Sitten) ein Miteigentum an dem von ihnen bewirtschafteten Land zugestanden wurde. Diese Zugeständnisse zielten darauf ab, die soziale Unzufriedenheit auszutrocknen. Dies gelang aber nur zum Teil, denn Radikale gingen zu kaltblütigen Morden an britischen Beamten über.

Als sich durch die Wahlrechtsreform die Zahl der Wähler verdreifacht hatte, ergab sich ein deutlicher Zugewinn für Parnell und die *Home-Rule*-Partei, die zum Zünglein an der Waage zwischen Liberalen und Konservativen wurde. Beide großen Parteien buhlten um die Gunst der Iren. Die Konservativen verfolgten die Strategie der Landablösung weiter: Mittels eines Fonds sollten irische Pächter die Möglichkeit erhalten, das von ihnen bewirtschaftete Land zu kaufen. Dabei wurden lange Laufzeiten vorgesehen und günstige Zinssätze, so daß sich Pächter ausrechnen konnten, daß ihr Kapitalaufwand langfristig geringer wäre als der für Pachtzahlungen. Die Grundbesitzer wurden aus dem Fonds entschädigt. Anfangs stand nicht genügend Kapital zur Verfügung, aber durch spätere Gesetze und mehrfach adjustierte Bedingungen gelang diese Landablösung schließlich in großem Stil. Die Liberalen setzten dagegen auf *Home Rule*, doch scheiterte Gladstones Vorlage von 1886 an der Mehrheit des Unterhauses, sein nächster Anlauf von 1892 nur noch im Oberhaus. Trotz der Rivalität der Liberalen und Konservativen um irische Wählerstimmen und trotz eingreifender Landreformen blieb die irische Frage noch bis zum Ersten Weltkrieg in der Schwebe. Das lag vor allem an zwei Problemen, die in die bereits genannten immer wieder hineinspielten: Im Norden Irlands hatte sich eine gegenläufige Nationalbewegung entwickelt; die Unionisten (Gegner von *Home Rule*, Anhänger der staatlichen Einheit mit Großbritannien) hatten sich mittlerweile ebenfalls politisch organisiert und als Partei im Parlament von Westminster an Statur gewonnen. Und im Süden hatte sich mit der *Gaelic League* (1893) eine kulturelle Nationalbewegung organisiert, welche das Gälische wiederentdeckte und propagierte. Eine Volksbildungsbewegung mit Wanderlehrern und reisenden Organisatoren zielte auf Aufklärung in bezug auf die eigene (gälische) Geschichte und Kultur, vermittelte Kenntnisse der Sprache und Literatur, pflegte Musik, Tanz und Brauchtum aller Art. Der Kopf dieser Bewegung (Protestant und Angloire!), Douglas Hyde, predigte die Notwendigkeit, Irland zu »de-anglisieren« und zu den irischen Wurzeln zurückzukehren. Der britische Staat, der mit großer Härte auf die sozialrevolutionären Kräfte reagierte, hatte dem kulturellen Nationalismus nichts entgegenzusetzen.

Der Imperialismus: Briten auf fünf Kontinenten

Die Tendenzen des viktorianischen Zeitalters kulminieren im Imperialismus: das christliche Sendungsbewußtsein, das europäische Fortschrittsdenken und wirtschaftliche Realinteressen führten schließlich dazu, daß Großbritannien am Beginn des 20. Jahrhunderts über einen beträchtlichen Teil des Erdballes Herrschaft ausübte. Freilich ist es irreführend, dies als politische Strategie, die von einem Zentrum ausging, zu interpretieren; zu einem nicht unbeträchtlichen Teil entstand das *Empire* aufgrund peripherer Ursachen, jeweils definiert durch Gouverneure vor Ort in den verschiedenen Teilen der Welt. Im späten 19. Jahrhundert kam der internationale Vergleich europäischer Mächte hinzu, ihr Wettbewerb um Ressourcen und diejenigen Teile der Welt, die noch nicht in die europäischen Staatsbildungsprozesse einbezogen waren. Dies ist freilich ambivalent zu beurteilen: Wo es in früherer Zeit genügt hatte, einen lockeren wirtschaftlichen Zusammenhang herzustellen, wurde es beim politischen Zustand Europas im späten 19. Jahrhundert notwendig, die Bande enger zu knüpfen und die Verhältnisse in einen neuen Zustand von Staatlichkeit zu überführen. Voraussetzung dafür war die global veränderte kommunikative Situation: Eisenbahnlinien selbst zu den entferntesten Punkten der Kontinente; Verkürzung der Reisezeit zwischen den Kontinenten durch Dampfschiffe, rasche Informationsübermittlung durch Telegraphenlinien und Tiefseekabel.

Wenn auch die imperialen Fragen erst am Ende des 19. Jahrhunderts im Blickpunkt des Interesses standen, waren sie doch zum Teil das Erbe der

Zivilisatorische Mission Europas: Frontispiz zu J. G. Wood »The Uncivilized Races of Men in All Countries of the World« (1876)

älteren Zeit. Kanada und Indien waren Interessensphären, die aus dem 18. Jahrhundert geblieben waren. Die Kapkolonie und Ceylon waren infolge der napoleonischen Kriege hinzugekommen. In frühviktorianischer Zeit gab es ein Ausgreifen auf China, Neuseeland und Australien.

Die früher holländische Kapkolonie wurde seit 1819 auch von Briten (neben Buren und den aus Frankreich geflohenen Hugenotten) besiedelt. Ein Konflikt über Sklavenhaltung wirkte trennend: In Großbritannien war diese 1833 definitiv abgeschafft worden, die britischen Siedler hatten keine Sklaven; die Buren dagegen sehr wohl. Aus dem Konflikt zog ein Teil der Buren die Konsequenz, 1836–1838 neue Siedlungsgebiete weiter nordöstlich zu suchen. Die Regierung in London hielt diese nach wie vor für ihre Untertanen. 1843 annektierten die Briten Natal, dagegen erhielten, von einem Intermezzo abgesehen, der Oranje-Freistaat und Transvaal eine unabhängige Stellung. In einer zweiten Phase jedoch stießen auch im Süden Afrikas Interessen verschiedener Kolonialmächte aufeinander, was zu langjährigen Kriegen und staatlichen Umordnungen ohne Dauer führte. Als 1870 in Kimberley Diamanten gefunden wurden und 1886 in Transvaal Gold, stieg die Einwanderung sprunghaft an, es brachen aber auch Konflikte innerhalb der südafrikanischen Staaten sowie zwischen den interessierten europäischen Mächten auf. Großräumige strategische Interessen kamen hinzu: Cecil Rhodes träumte von einer Landverbindung britischer Kolonien von Ägypten bis zum Kap, verbunden durch eine transkontinentale Eisenbahnlinie. Die Buren ihrerseits bauten eine eigene Verbindung zum Hafen Laurenço Marquez im portugiesischen Ostafrika auf (Moçambique). Außerdem suchten sie die Verbindung mit dem Deutschen Reich, das ebenfalls Kolonialinteressen in Afrika entdeckte, und bezogen in großem Ausmaß Waffen aus Deutschland. Im Zeitalter des Imperialismus ergab sich eine vielschichtige Interessenlage, an der, vor allem in Afrika, alle Großmächte partizipierten, auch diejenigen, die früher keine Kolonien besessen hatten. Außer den alten Kolonialmächten Spanien, Portugal, Frankreich und England waren nun Belgien, Italien und Deutschland beteiligt. Es ist kennzeichnend für das Zeitalter, daß hier (neben nachvollziehbaren wirtschaftlichen und strategischen Interessen) Missionsinteressen geltend gemacht wurden, die gerade im viktorianischen Zeitalter nicht als bloße Ideologie abgetan werden können, und daß sich die europäischen Mächte in einen internationalen Prestigekampf hineinsteigerten.

Ganz anders war die Lage in Indien, wo Großbritannien nach dem Sieg über Frankreich weitgehend die einzige Großmacht war, welche sich für den politisch, ethnisch und kulturell zersplitterten Subkontinent interessierte. In früherer Zeit eine private Angelegenheit der *East India Company*, bedeutete das Jahr 1857 für Indien den entscheidenden Einschnitt, als sich aus einer Meuterei indischer Regimenter unter britischem Kommando ein mehrjähriger Bürgerkrieg mit unübersichtlichen Kampfhandlungen entwickelte. Das Ergebnis war die Aufhebung der *East India Company* und eine

Charles J. Staniland, »Das Auswandererschiff« (Gemälde, um 1890)

koloniale Anbindung Indiens an Großbritannien. Als besonderer Gesichtspunkt spielte hier die britische Furcht vor der Expansion Rußlands nach Zentralasien eine Rolle; in diesen Jahren gab es bereits Kämpfe um Afghanistan. Indien hatte immer eine besondere Stellung im Bewußtsein der Briten, die hier durchaus eigene Konsequenzen aus der Begegnung mit einer anderen Hochkultur zogen (Gründung eigener Universitäten in Indien, Aufnahme einzelner Inder in die Kolonialverwaltung). In Indien fühlten sich die Briten besonders herausgefordert: religiös, politisch, zivilisatorisch. Die spezielle Bedeutung, die man dem Land zumaß, kommt nicht zuletzt darin zum Ausdruck, daß Königin Viktoria 1877 den Titel einer »Kaiserin von Indien« annahm.

Wenn man auch mit »Imperialismus« in erster Linie wirtschaftliche Interessen verbindet (Zugang zu Rohstoffen, Absatzmärkte für Industrieprodukte, Kapitalexport), so ist es doch zu bedenken, daß das 19. Jahrhundert durchgehend eine Epoche der Emigration aus Großbritannien war. Während die Bevölkerung auf den Britischen Inseln mehr als in jedem früheren Jahrhundert zunahm, ermunterte man auch seitens der Politik die Auswanderung und schuf entsprechende Vorkehrungen, Finanzierungspläne und Subventionsschemata. Zwischen 1815 und 1875 wanderten schätzungsweise 7 Millionen Briten aus (einschließlich der Iren)! Hauptziel waren die USA (über 4 Millionen), aber auch die verbliebenen 2 bis 3 Millionen, welche nach Kanada, Südafrika, Indien, Australien und Neuseeland gingen, waren dort von großer Bedeutung – und stärkten ihrerseits die Beachtung des Interesses des *Empire* in der Politik Westminsters. Man schätzt die Zahl der strafweise nach Australien Transportierten auf 137000. Ihnen folgten die Armen, die zu Hause keine Lebensmöglichkeit sahen. Ihre Emigration wurde ebenfalls jahrzehntelang politisch gefördert. Aber in einer dritten Phase der Emigration zielte man darauf ab, den überseeischen Ländern ein ganzes Segment der britischen Gesellschaft abzugeben; nun wurde selbst die Auswanderung von Mittelschichten und *Gentry* gefördert, soweit sie sich innerhalb des britischen *Empire* niederlassen wollten. Damit kamen offenbar, in der zweiten Hälfte des 19. Jahrhunderts, auch bewußtseinsgeschichtlich andere Vorstellungen vom Verhältnis Großbritanniens zur Welt zum Durchbruch. Während insbesondere die Opiumkriege in China (1839–1842, 1856–1860) eine rücksichtslose Verfolgung rein kommerzieller Interessen deutlich werden ließen, während britische Humanitätsvorstellungen an den Sklavenhalterkolonien in der Karibik offensichtlich wirkungslos abprallten, brachte die zahlenmäßig starke Auswanderung britischer Bevölkerungsteile nach Kanada, Australien, Neuseeland und Indien ohne Zweifel eine weitere Ausdehnung des Christentums, britischer Lebensformen und Zivilisationsstandards über die Erde. Die Tatsache, daß Englisch im 20. Jahrhundert fast überall auf der Erde als *lingua franca* dienen kann, wurde zwar auch durch den Aufstieg der Vereinigten Staaten zur Weltmacht befördert, ist aber in erster Linie auf das britische *Empire* zurückzuführen – auf eine globale Dominanz dieser Inseln am Nordwestrand Europas, die über bloße Wirtschaftsinteressen weit hinausging.

SELBSTBEHAUPTUNG UND IDENTITÄTSKRISE

Großbritannien 1901–2000

Epochenüberblick

Während das 19. Jahrhundert ein Zeitalter der Expansion gewesen war, wurde das 20. ein Jahrhundert der Kontraktion. Das Bevölkerungswachstum verlangsamte sich; seit etwa 1930 wurden die Effekte der Geburtenkontrolle spürbar, und seit etwa 1980 nahm die Gesamtbevölkerung sogar ab. Während im frühen 20. Jahrhundert noch eine kräftige Auswanderung registriert wurde, kehrte sich dieses Verhältnis nach dem Zweiten Weltkrieg um: Immer mehr Menschen kamen aus den ehemaligen Kolonien nach Großbritannien. Früher als in Mitteleuropa gehörten Angehörige anderer Rassen und Kulturen zum Stadtbild Londons.

Das *Empire* der viktorianischen Zeit löste sich auf. Die alten weißen Siedlerkolonien gewannen ihre Selbständigkeit; sie blieben zunächst noch *Dominions* in einem *Empire*, das sich dann zum *Commonwealth* umbildete und mehr und mehr auflockerte. In Afrika und Asien war der Dekolonisierungsprozeß, das heißt die sukzessive Machtübergabe an einheimische Kräfte, im wesentlichen ein Ergebnis der Epoche nach dem Zweiten Weltkrieg; in schwierigen Fällen wie Rhodesien zog er sich bis 1980 hin.

Während Großbritannien durch die Jahrhunderte als Großmacht gegolten hatte und seit der industriellen Revolution die führende Wirtschaftsmacht der Welt gewesen war, änderte sich dies im 20. Jahrhundert. Einen entscheidenden Einschnitt markierte schon der Erste Weltkrieg, in dem sich Großbritannien zwar behaupten konnte und mit Hilfe der Vereinigten Staaten schließlich auch den Sieg errang, jedoch wirtschaftlich und politisch in dem Maße geschwächt wurde, daß es mit den Vereinigten Staaten als Großmacht kaum mehr zu vergleichen war. Zur selben Zeit riß sich Irland von der Nachbarinsel los; daß sechs nordirische Grafschaften mit Großbritannien verbunden blieben, erwies sich auf die Dauer eher als Belastung. Der Krieg Hitlerdeutschlands stellte zwar für Großbritannien eine ernste Bedrohung dar, doch behauptete sich der Inselstaat wiederum mit Hilfe der Vereinigten Staaten. Vor allem durch die Dekolonisierung, aber auch durch wirtschaftlichen Rückgang, verlor Großbritannien in den letzten Jahrzehnten seine Weltbedeutung. Im Zeitalter des amerikanisch-sowjetischen Weltgegensatzes war das Land nur noch eine Macht zweiten Ranges, was sich auch nach dem Zusammenbruch des Ostblocks 1989/90 nicht änderte. Durch die Entwicklungen der letzten Jahrzehnte sah sich Großbritannien auf Europa verwiesen (EG-Beitritt 1973).

Nach Ansätzen zu einer Sozial- und Altersversicherung seit 1908 setzte sich mit dem Aufstieg der *Labour Party* am Ende des Zweiten Weltkrieges der Wohlfahrtsstaat durch, als dessen dauerhafteste Komponente sich ein umfassender, größtenteils kostenfreier *National Health Service* bis heute erhalten hat. Andere Elemente des Kollektivismus der Nachkriegszeit, wie eine weitgehende Verstaatlichung der Schlüsselindustrien und des Transportwesens, wurden seither rückgängig gemacht, mit größter Entschiedenheit in der Ära Thatcher (1979–1990). Während die Streikwellen der 1920er Jahre weitgehend erfolglos waren, gelang es den Gewerkschaften in den 1970er Jahren, sich zum Staat im Staate zu entwickeln, bevor sie gesetzlich soweit eingeschränkt wurden, daß sich ihre Rolle heute auf wirtschaftliche Fragen reduziert und die Politik den demokratisch gewählten Organen überlassen bleibt. Die Epoche seit 1918 ist auch in Großbritannien das Zeitalter der Massendemokratie (letzte Adjustierungen des Wahlrechts: 1928 Gleichstellung der Frauen; 1948 Abschaffung von Mehrfachstimmen; 1969 Senkung des Wahlalters auf 18 Jahre). Die Massendemokratie entwickelte mit den Massenmedien andere Formen politischer Meinungsbildung, bediente sich aber der überlieferten Institutionen: Neben dem Unterhaus blieb auch das Oberhaus erhalten (Reformen 1910, 1948, 1958 und 1999); die Monarchie erwies sich als anpassungsfähig.

Das Zeitalter der Weltkriege

(1901–1945)

1901–1910	Eduard VII. König.
1904	Französisch-britische *Entente cordiale*.
1906	»Erdrutsch-Wahlen«: Großer Wahlsieg der Liberalen.
1910	Verfassungskrise um die Stellung des Oberhauses.
1910–1936	Georg V. König.
1911	*Parliament Act*: Oberhaus in seiner Kompetenz beschränkt; Wahlperiode auf 5 Jahre verkürzt; Diäten für Unterhausabgeordnete.
1912	(3.) *Home Rule Bill* für Irland. *Ulster-Covenant*.
1914–1918	Erster Weltkrieg.
	3. August: Dt. Überfall auf Frankreich mit Verletzung der Neutralität Belgiens.
	4. August: Kriegserklärung Großbritanniens an Deutschland. Briten kämpfen an der Westfront mit Franzosen gegen Deutsche. Stellungskrieg.
1915	April: Eröffnung eines Nebenkriegsschauplatzes: Landung brit. Truppen in Gallipoli.

26. Mai: Bildung einer Koalitionsregierung in Großbritannien.

1916 6. Januar: Allgemeine Wehrpflicht in Großbritannien.
24. April: Osteraufstand in Dublin (niedergeschlagen); Proklamation der »Irischen Republik«.
31. Mai – 1. Juni: Unentschiedene Seeschlacht vor Jütland (Skagerrak).
7. Dezember: Lloyd George Premierminister.

1917 6. April: Kriegseintritt der USA an der Seite der Alliierten.
Infolge der Novemberrevolution Frieden Rußlands mit dem Deutschen Reich.

1918 März: Deutsche Frühjahrsoffensive an der Westfront.
August: Erfolgreiche brit. Panzerattacke.
September: Die Alliierten durchbrechen die Hindenburglinie.
11. November: Deutschland unterzeichnet Waffenstillstand.
Representation of the People Act: Allgemeines Wahlrecht für Männer, für Frauen ab dem 30. Lebensjahr.

1919 Lady Nancy Witcher Astor erste weibliche Parlamentsabgeordnete.
Friedensvertrag von Versailles.
Völkerbund.

1920 23. Dezember: *Government of Ireland Act*.

1921 Nordirland-Parlament in Stormont eröffnet.

1922 Bürgerkrieg in Irland. Brit. Truppen verlassen den Südteil der Insel (*Irish Free State*).

1923 Gleichstellung der Frauen im Scheidungsrecht.

1924 Erste *Labour*-Regierung (kurzlebige Minderheitsregierung).

1926 3.–12. Mai: Generalstreik.

1927 Gründung der BBC. Erster Tonfilm.

1928 Wahlrecht für alle volljährigen Frauen.

1929 24./25. August: Zusammenbruch der New Yorker Börse an der Wallstreet: Weltwirtschaftskrise.

1930 Gespräche am Runden Tisch über Selbstverwaltung für Indien.

1932 Internationale Abrüstungskonferenz.

1936 Nach Georgs V. Tod wird zunächst Eduard VIII. König, der jedoch kurz darauf abdankt. Ihm folgt sein Bruder Georg VI.

1937 Irland gibt sich eine neue Verfassung (kein Eid mehr auf die brit. Krone).

1938 29. September: Münchner Abkommen mit Hitler.

1939–1945 Zweiter Weltkrieg.

1939 1. September: Dt. Überfall auf Polen und Frankreich.
3. September: Brit.-franz. Kriegserklärung an Deutschland.

1940 April/Mai: Dt. Überfall auf Dänemark, Norwegen, Belgien und die Niederlande.
10. Mai: Churchill wird Premierminister.
September: *Battle of Britain*.

1941	22. Juni: Dt. Überfall auf die Sowjetunion. August: Atlantik-Charta (USA-Großbritannien).
1942	Beveridge-Report: Konzept für einen Sozialstaat.
1943	14.–24. Januar: Casablanca-Konferenz: Churchill und Roosevelt fordern *»unconditional surrender«*. 28. November – 1. Dezember: Konferenz von Teheran mit Churchill, Roosevelt und Stalin.
1944	6. Juni: *D-Day*: Invasion der Alliierten in der Normandie. Bildungsreform (R. A. Butler).
1945	4.–11. Februar: Konferenz von Jalta. 7./9. Mai: Unterzeichnung der dt. Kapitulation, endgültiger Sieg über Deutschland. 26. Juni: Gründung der Vereinten Nationen.

Der Burenkrieg

Das Zeitalter des Imperialismus mündete bruchlos in das Zeitalter der Weltkriege. Von der viktorianischen Epoche zur eduardianischen gibt es kaum eine Zäsur – es sei denn die des Burenkrieges.

Während sich Großbritannien aus Süd- und Mittelamerika (infolge von Abkommen mit den USA) mehr und mehr zurückzog und in Indien relativ stabile Verhältnisse herrschten, wurde Afrika in der hohen Zeit des Imperialismus zum Konfliktherd. In Ägypten teilte sich Großbritannien lange den Einfluß mit Frankreich; doch 1882 sah es sich zu direktem (einseitigem) Eingreifen veranlaßt. Eine Krise über den Sudan resultierte unmittelbar daraus. Der Staat verfolgte keine zielstrebige Kolonialpolitik, sondern wurde immer wieder über Partikularinteressen von Untertanen involviert, die freilich im Mutterland die öffentliche Stimmung und Propaganda zu nutzen vermochten (*Jingoism*). Immer wieder ratifizierte die Londoner Regierung erst nachträglich eigenmächtiges Handeln von Kolonialbeamten und Militärbefehlshabern.

Dies tritt namentlich im Falle des (2.) Burenkrieges der Jahre 1899–1902 deutlich hervor. Nach Diamantenfunden hatten sich Tausende von Bewohnern der britischen Kapkolonie in das Gebiet der freien Burenstaaten aufgemacht und dort Rechte gefordert. Einem erwarteten britischen Angriff zuvorkommend, hatte Paulus Krüger, der Präsident der Buren-Republik Transvaal, den Angriff auf die britische Kolonie begonnen und militärische Anfangserfolge errungen, zu denen ihm Kaiser Wilhelm II. eigens gratulierte (»Krüger-Depesche«). In der Folge operierten britische Militärs in Südafrika weitgehend auf eigene Verantwortung und mit geringem Erfolg. Auch als die wichtigsten Städte zurückerobert werden konnten, war der Sieg mit hohen Verlusten verbunden, ja überhaupt zweifelhaft, weil die Buren zur Guerilla-Taktik übergingen und den Briten über zwei Jahre Widerstand leisteten. Mehr noch: Durch diesen Krieg wurde die sonst hochgehaltene zivilisatorische Mission größtenteils unglaubwürdig. Die Briten wandten die Taktik der verbrannten Erde an, räumten Siedlungen und Gehöfte, trieben auch Frauen und Kinder in Lagern (»Konzentrationslagern«) zusammen, wo sie zu Zehntausenden starben. Die Geschehnisse stießen vielfach auf Kritik; der Liberale Henry Campbell-Bannerman sprach von »Methoden der Barbarei«.

Mentalitätsgeschichtlich bedeutete der Burenkrieg einen Einschnitt, weil das in Großbritannien so verbreitete Bewußtsein des Fortschritts, der Zivilisation, der Stellung an der Spitze der Menschheit (von manchen, wie Cecil Rhodes, auch rassistisch ausgelegt als Überlegenheit der eigenen Rasse) durch dieses Debakel merklich beschädigt wurde.

Demokratisierung

Mit Regelmäßigkeit hatten sich in den letzten Jahrzehnten des 19. Jahrhunderts Konservative und Liberale an der Regierung abgewechselt. Die vergrößerte Wählerschaft hatte keineswegs zur Instabilität des politischen Systems beigetragen, vielmehr wählten damals mehr als die Hälfte der Arbeiterschaft die Konservativen. Insbesondere die Außenpolitik, das Eintreten für die Größe des *Empire*, brachte den Konservativen Stimmen aus der nationalistischen Arbeiterschaft. Der Burenkrieg führte hier zu einer Ernüchterung und zu einem deutlichen Einbruch. Auf der anderen Seite hatten sich die Liberalen seit Gladstone auf *Home Rule* für Irland festgelegt; das sicherte ihnen zwar die Stimmen der Iren, stand aber ihrer Popularität in England im Wege. Eine weitere entscheidende Frage war der Schutzzoll: Nach Jahrzehnten des Freihandels trat Joseph Chamberlain für die Wiedereinführung von Schutzzöllen ein; nur so seien die wirtschaftlichen Schwierigkeiten zu meistern; außerdem sei so das *Empire* zu einer einheitlichen Wirtschaftszone auszubauen, zum Schaden der konkurrierenden Mächte. Doch in der Frage des Protektionismus spaltete sich die Wählerschaft. Eine Streitfrage jener Jahre betraf auch das Verhältnis von Kirche und Schulen: Der *Education Act* von 1902 vereinheitlichte das Erziehungswesen administrativ (Abschaffung der lokalen *School Boards* und Übertragung der Zuständigkeit auf *County Boards*); die Kosten für Schulen und Lehrer sollten künftig einheitlich vom Staat übernommen werden. Diese Regelung begünstigte die Anglikaner; dementsprechend entfremdete sich die Regierung den nonkonformistischen Teil der Wählerschaft. Diese Streitfragen trugen dazu bei, daß die Konservativen, welche in den allgemeinen Wahlen von 1900, die unter imperialistischen Gesichtspunkten abgehalten wurden (»Khaki-Wahlen«), einen hohen Sieg errungen hatten, 1906 den Liberalen weichen mußten (»Erdrutsch-Wahlen«). Dieser klare Umschwung führte auch zu einem Wandel politischer Prioritäten: Die neue Regierung des Liberalen Campbell-Bannerman plante Maßnahmen zur sozialen Absicherung breiterer Schichten der Bevölkerung, die später als entscheidende

Schritte auf dem Weg zum Wohlfahrtsstaat angesehen wurden. Die liberale Regierung änderte die gesetzlichen Rahmenbedingungen zugunsten der Gewerkschaften. Zumindest die Bergarbeiter erhielten den Achtstundentag zugestanden. Auch eine allgemeine Altersrente wurde beschlossen.

Diese Initiativen wurden einen entscheidenden Schritt weiter getrieben, als David Lloyd George, Waliser, Baptist und von geringer Herkunft, 1908 unter Asquith *Chancellor of the Exchequer* wurde. Soziale Umverteilungsmaßnahmen schienen freilich gerade in jenen Jahren wenig opportun, als der britische Staatshaushalt ohnehin durch die Flottenrüstung in Konkurrenz mit dem Deutschen Reich aufs äußerste angespannt war. Sie hatten keinerlei Aussicht, das Oberhaus zu passieren. Doch hier setzte Lloyd George den Hebel an: Gerade mit der Aussicht auf den Wohlfahrtsstaat konnten die traditionellen Rechte des Oberhauses angegriffen werden. Er schnürte ein Paket, zu dem ein *National Insurance Act* gehörte (allgemeine Sozialversicherung für alle unter einem Jahreseinkommen von 160 Pfund, mit Krankenversicherung und Arbeitslosenunterstützung) und ein Flottenbauprogramm. Man sprach von einem *People's Budget*, einem Haushalt für das Volk. Die Mittel dafür sollten durch Steuererhöhungen, direkte und indirekte, aufgebracht werden; am stärksten sollten Einkommen aus Grundbesitz herangezogen werden. Gedanklich entsprang dieses Vorhaben eher *Labour* als dem traditionellen Denken der Liberalen, die in den vorangegangenen Jahrzehnten grundsätzlich für niedere Staatsausgaben und Zurückhaltung des Staates bei der Erfüllung gesellschaftlicher Aufgaben eingetreten waren.

Das *People's Budget* wurde im Unterhaus mit einer klaren Mehrheit angenommen. Im Oberhaus wurde es mit ebenso klarer Mehrheit abgelehnt. Das führte zu einem grundlegenden Verfassungskonflikt. Nach damaliger Auffassung hatte das Oberhaus gar kein Recht, Maßnahmen, welche die Finanzen betrafen, abzulehnen. Dagegen machte man nun geltend, daß das vorgeschlagene Haushaltsgesetz über rein finanzielle Maßnahmen weit hinausging und insofern der Zustimmung des Oberhauses bedürftig sei. Das Unterhaus warf dem Oberhaus Verfassungsbruch und Usurpation vor.

Unter dem Schlagwort »*Lords* gegen Volk« schrieb die Regierung allgemeine Wahlen aus (Januar 1910). Doch diese ergaben eine deutliche Schwächung der Liberalen, da man angesichts der krisenhaften Zuspitzung des Verhältnisses zum Deutschen Reich den Konservativen eher eine erfolgreiche Verteidigung nationaler Interessen zutraute. Zusammen mit den Iren und *Labour* konnten die Liberalen jedoch die Regierung behaupten. Die irischen Nationalisten, nun zum Zünglein an der Waage geworden, brachten den entscheidenden Antrag auf Verfassungsreform ein: Das Oberhaus hatte schon *Home Rule* blockiert und blockierte nun *People's Budget*, also mußte man sein Vetorecht beschneiden. Der Tod Eduards VII. im Jahre 1910 wirkte sich insofern aus, als sein Nachfolger, Georg V., sich dazu verstand, mit einem *Peers*-Schub einzugreifen, wenn die Mehrheit der Wähler die Politik der Regierung billige. Die Wahlen vom Dezember 1910 bestätigten das Ergebnis vom Januar. So kam es, daß 1911 das verfassungsändern-

Anonyme Zeichnung von 1913: Vision vom Unsummen verschlingenden Krieg

de Parlamentsgesetz bei erneuter Lesung auch im Oberhaus angenommen wurde, nachdem die Absicht Georgs V. als entscheidendes Druckmittel bekanntgegeben worden war. Damit war die Verfassung dergestalt geändert, daß Gesetzesvorlagen im Oberhaus nur noch bis zu zwei Jahren aufgeschoben, nicht aber überhaupt blockiert werden konnten. Außerdem wurde die bestehende Wahlperiode des Parlaments von sieben auf fünf Jahre verkürzt. Ferner beschloß man erstmals Diäten für Unterhausabgeordnete (400 Pfund jährlich): Das begünstigte die politische Vertretung von Interessen der Arbeiterschaft und löste die umstrittene Frage, ob Gewerkschaften für den Lebensunterhalt von Abgeordneten aufkommen durften. Die neue Massenwählerschaft hatte die Massendemokratie heraufgeführt.

Der Erste Weltkrieg

Während deutsche Darstellungen – bedingt durch die Festschreibung der Siegermächte von 1918, den Kampf dagegen und die Fischer-Kontroverse in den 1960er Jahren – durch die Kriegsschuldfrage paralysiert scheinen, spielt diese in englischen Darstellungen kaum eine Rolle. Lloyd George hatte geäußert, die Nationen seien in den Krieg hineingeschlittert. Die manifeste Schuld des Deutschen Reiches (im völkerrechtlichen Sinne) bestand im Überfall auf das neutrale Belgien; dieser wurde infolge des jahrzehntealten Schlieffen-Plans unternommen, um Frankreich binnen kurzem durch einen unerwarteten Einfall von Norden niederringen zu können,

»Bist auch Du dabei?« (Kriegsplakat, entworfen von Baden-Powell, 1915)

bevor die Front im Osten eröffnet werden mußte. Andererseits kann man keinem der damaligen Akteure zur Last legen, den Krieg, der sich dann entwickelte, wirklich gewollt zu haben.

Die Kriegsbegeisterung von 1914, die sich nie mehr wiederholen sollte, war kein rein deutsches Phänomen; sie ergriff auch Großbritannien. Die Kultur jener Zeit enthielt Elemente, welche den führenden Nationen gemeinsam waren: die sozial-darwinistische Vorstellung vom Kampf ums Dasein, die auf einen Wettstreit der Völker übertragen wurde, die fatalistische Stimmung des Fin de siècle, die Vorstellung vom Reinigungsbad eines großen Krieges. Und der Krieg, wie er sich über vier Jahre entwickelte, hatte dann in den führenden Nationalstaaten durchaus analoge Auswirkungen: Tod eines beträchtlichen Teiles der erwachsenen jungen Männer (1,8 Millionen Deutsche; 1,6 Millionen Franzosen; 800000 Briten); Einrücken der Frauen in Berufe, die ihnen bis dahin verschlossen gewesen waren; in der Folge Erweiterung demokratischer Rechte, auch für Frauen; Aufbegehren von Teilen der Arbeiterschaft und Neuformierung der Staaten. In Rußland und Deutschland ergaben sich daraus Revolutionen; in Frankreich und Großbritannien erneuerten sich Staat und Gesellschaft durch Krisen, aber ohne Revolutionen.

Gemeinsam war allen Seiten die Vorstellung eines kurzen Krieges: In Deutschland wie in Großbritannien hoffte man, binnen weniger Monate siegreich aus dem Felde zurückkehren zu können. Gemeinsam war den Mächten auch, daß sie sich durch Allianzen und Verträge in Handlungszwänge hineinmanövriert hatten, durch die die führenden Staatsmänner selbst in ihrer Entscheidungsfreiheit gebunden waren. Das Wettrüsten, die Jagd nach Kolonien und internationalen Prestigeerfolgen hatten die Verhältnisse zwischen den führenden europäischen Nationen soweit eskalieren lassen, daß eine isolierte Tat wie das Attentat auf den österreich-ungarischen Thronfolger genügte, um einen Weltkrieg auszulösen. Infolge des Zweibundes mit Österreich-Ungarn erklärte das Deutsche Reich den Krieg an Rußland und Frankreich; eine Kriegserklärung Großbritanniens an Deutschland folgte ebenso automatisch infolge der *Entente cordiale* mit

Frankreich. Aus dem Vorstoß des Reiches nach Frankreich, der vor Paris in der (1.) Marneschlacht gestoppt wurde, entwickelte sich ein Stellungskrieg, in dem sich die Frontlinie von Basel bis Ostende in vier Kriegsjahren nur wenig veränderte. Briten kämpften an der Seite der Franzosen, doch erwies es sich, daß in allen Ländern die Vorbereitungen für einen Krieg dieser Art inadäquat gewesen waren. So kam es, in wechselnden Konstellationen, immer mehr auf technische Innovationen an: Schnellfeuergewehre und Minen kamen zum Einsatz, doch hielt die Produktion von Munition mit der Nachfrage nicht Schritt. Erstmals wurde Giftgas eingesetzt. Flugzeuge wurden zu Aufklärungszwecken ausgeschickt, konnten aber noch nicht entscheidend in den Stellungskrieg eingreifen. Am Ende des Krieges kam es auf die britischen Panzer (*Tanks*) an. Und zur See drohte Deutschland die britische Fernblockade mit den neu entwickelten Unterseebooten zu durchbrechen. So wurden die militärischen Bedingungen immer wieder anders gefaßt, während Hunderttausende von Männern diesseits und jenseits der Frontlinie verbluteten und verstümmelt wurden.

Auf diplomatischer Ebene ließen sich die Bedingungen des Krieges verändern, indem man auf die neutralen Mächte einwirkte. Italien trat an die Seite der *Entente*, die Türkei und Bulgarien an die Seite Deutschlands und Österreich-Ungarns. Kriegsentscheidend war das nicht. Der Krieg wurde entschieden, indem die USA den Alliierten zu Hilfe kamen, nachdem Deutschland den unumschränkten U-Boot-Krieg erklärt hatte. Mit den frischen Kräften und den unermeßlichen materiellen Ressourcen Amerikas konnten Frankreich und Großbritannien den Stellungskrieg im Westen siegreich beenden; zu einem alles entscheidenden Seegefecht kam es nicht.

Unabhängigkeit und Teilung Irlands

Dem irischen Drängen auf *Home Rule* schien seit der Verfassungsänderung von 1911 nichts mehr entgegenzustehen: Da die zweite *Home Rule Bill* nur noch im Oberhaus gescheitert und diesem nun sein Veto genommen war, konnten die Iren mit der Selbstverwaltung rechnen. Doch auf der Gegenseite war aus protestantischen Kräften insbesondere in Ulster eine Unionistenpartei entstanden, die im Parlament von Westminster stets mit den Konservativen zusammenarbeitete. Ihr Führer, Edward Carson, verkündete 1911 in einer Massenversammlung, daß man an dem Tage, an dem *Home Rule* Gesetzeskraft erlangen würde, die Regierungsgewalt für das protestantische Ulster selbst in die Hand nehmen müsse. Als 1912 die dritte *Home Rule Bill* eingebracht wurde, organisierten die Unionisten den Widerstand. Die Situation trieb auf einen Bürgerkrieg zu, zumal sich im Süden ebenfalls paramilitärische Kräfte organisierten. 1914 standen sich in Irland zwei gerüstete und gedrillte Privatarmeen gegenüber – doch da brach der Weltkrieg aus, und die irische Frage mußte zurücktreten.

Der König ergriff die Initiative mit einer Konferenz, auf der sich als mögliche Lösung *Home Rule Within Home Rule* abzeichnete, das heißt eine eigene Selbstverwaltung für Ulster. Georg V. unterschrieb nach Kriegsausbruch die *Home Rule Bill*, doch sollte sie erst nach dem Friedensschluß in Kraft treten. Irland stellte seine militärischen Kräfte für den Krieg Großbritanniens zur Verfügung. Zum Problem mußte allerdings die allgemeine Wehrpflicht werden, die in Großbritannien seit 1916 galt, aber im Süden Irlands auf einhelligen Widerstand aller gesellschaftlichen Gruppen, von den Gewerkschaften bis zur Kirche, stieß. Gleichzeitig erwies sich, daß der politische Einfluß Irlands in Westminster nur noch gering war: In der Kriegskoalition hatten die irischen Nationalisten ihre Funktion als Zünglein an der Waage eingebüßt.

In dieser Situation setzten sich in Irland die Heißsporne durch, die mit der Selbstverwaltung nicht bis Kriegsende warten wollten. Paramilitärische Einheiten besetzten am Ostermontag 1916 in Dublin das Hauptpostamt und andere Punkte von strategischer Bedeutung; Patrick Pearse proklamierte die irische Republik. Doch dieser Aufstand von ungefähr 1600 Bewaffneten war militärisch chancenlos; britische Truppen beschossen das Zentrum von Dublin und zwangen die Aufständischen zur Aufgabe.

Während sich Patrick Pearse und die Seinen ohne Rücksicht auf ihre Chancen exponiert hatten, brachte eben die Niederlage den erhofften Erfolg. Die öffentliche Meinung in Irland, die anfangs keineswegs einhellig Partei für die Aufständischen ergriffen hatte, schwenkte um. Durch die brutale Zerstörung eines Teiles der Innenstadt von Dublin und die sukzessive Hinrichtung weitgehend idealistischer Nationalisten hatte sich die britische Macht schließlich auch in den Augen derjenigen desavouiert, die vorher nicht zu den Waffen greifen wollten.

Trotz Zurückhaltung beim Osteraufstand von 1916 wurde die neue, irisch-nationalistische Partei *Sinn Féin* zur entscheidenden politischen Kraft, als 1918 erstmals nach dem allgemeinen Wahlrecht Wahlen abgehalten wurden. Doch die *Sinn Féin*-Abgeordneten gingen nicht nach Westminster, sondern versammelten sich in Dublin (*Dáil Eireann*) und bildeten eine provisorische Regierung mit Eamon de Valera als Präsidenten an der Spitze. Damit war die Teilung Irlands besiegelt. Im Hinblick auf Amerika und die Weltöffentlichkeit, der mit Wilsons 14 Punkten von 1914 das Selbstbestimmungsrecht der Völker versprochen war, konnte Großbritannien den Iren einen eigenen Nationalstaat nicht verweigern. Auf der anderen Seite durfte es auch das Interesse der Protestanten Irlands nicht außer acht lassen. Im *Government of Ireland Act* von 1920 wurde die Lösung gefunden, sechs der neun traditionellen Ulster-Grafschaften (diejenigen mit klar protestantischer Mehrheit) zu einer eigenen Einheit zusammenzufassen und aus dieser einerseits und den übrigen 26 irischen Grafschaften andererseits selbständige Staaten zu bilden. Beide Staaten sollten jeweils, nach britischem Muster, Zweikammerparlamente erhalten, mit reduzierter Repräsentation aber in Westminster zur Geltung kommen. Beide Staaten sollten einen übergeordneten *Council of Ireland* unter einem vom englischen König

Nach den Osterunruhen in Dublin: Bombardierte Innenstadt 1916

ernannten Präsidenten zusammensetzen. Der britische König sollte an der Spitze der Exekutive auch für Irland stehen; einzelne Bereiche, vor allem die Außenpolitik, blieben Großbritannien vorbehalten. Nordirland akzeptierte diese Verfassung und baute entsprechende Institutionen auf; der Süden weigerte sich, da ja dort mit dem *Dáil Eireann* bereits ein Parlament bestand. Der neue Staat im Süden Irlands wurde selbständig, blieb aber als *Dominion* auf gleichem Fuße mit Kanada innerhalb des *Empire*, das hier erstmals *Commonwealth* genannt wurde.

In der neuen irischen Republik stieß man sich vor allem an der bleibenden Souveränitätsbeschränkung (Überlassung von Marinestützpunkten) und am Eid auf den britischen König. In den 1930er Jahren verschärften sich die Spannungen zwischen der irischen Republik und der britischen Krone bis zum Handelskrieg. 1937 gab sich der Süden Irlands seine eigene Verfassung, die im wesentlichen noch heute Gültigkeit hat: An die Stelle des britischen Königs als Staatsoberhaupt trat ein vom Volk gewählter Präsident. Der Staatsname lautete nun *Eire*. Während Nordirland im britischen Staat verblieb, erlangte *Eire* volle Souveränität. Dies wirkte sich vor allem im Zweiten Weltkrieg aus, da die Republik neutral blieb, Nordirland dagegen zur Aufmarschbasis der Amerikaner in Europa wurde.

Vom *Empire* zum *Commonwealth*

Im Burenkrieg hatten kanadische und australische Truppen an der Seite der britischen gekämpft. Dies dokumentiert die selbstverständliche Verbundenheit der britischen weißen Siedlerkolonien mit dem Mutterland. Gleichzeitig traten sie damit aber auch in ihrer eigenständigen Bedeutung hervor; mehr und mehr erschienen sie als Partner, die schon längst nicht mehr einfach als »Kolonien« angesprochen werden konnten.

Dabei hatte das Modell von Staaten mit weitgehender Selbstverwaltung in inneren Angelegenheiten und Unterordnung der Außenpolitik unter die britische Krone eine gewisse Anziehungskraft; der Status Kanadas war durchaus auch für Irland (zunächst) attraktiv; die neugebildete Südafrikanische Union (mit Einschluß der Buren) erhielt ebenfalls diesen Status. Grundsätzlich anders eingeschätzt wurde Indien; wiederum anders behandelt wurden die neuen »Mandatsgebiete« nach dem Ersten Weltkrieg: Ägypten (unabhängig 1922), Irak (unabhängig 1930) und Palästina. Überall spielten die wirtschaftlichen Verbindungen mit Großbritannien eine wichtige Rolle; London war für alle Genannten der entscheidende Finanzplatz; der Großteil des britischen Kapitals wurde innerhalb des *Empire* investiert. Die zu Beginn des 20. Jahrhunderts noch starke Auswanderung ging zu zwei Dritteln nach Kanada, Australien und Neuseeland und nur zu einem Drittel in die USA.

Die Festigung der Beziehungen zwischen Großbritannien und den *Dominions* durch wirtschaftliche Bande versprach in der Konkurrenz mit dem Deutschen Reich Vorteile. Doch Joseph Chamberlains Eintreten für die Einführung eines Schutzzolles gegenüber anderen Staaten und Freihandel innerhalb des *Empire* vermochte sich gegenüber der Freihandelsideologie der Liberalen nicht durchzusetzen; über dieser Frage kam es sogar zur Spaltung der Partei.

Zu gewissen Anlässen, etwa zur Krönung Eduards VII. 1902, kamen Spitzenpolitiker aller *Dominions* zur Beratung und Repräsentation nach London. Pläne zu einer engeren staatlichen Föderation wurden dabei zwar verworfen, doch einigte man sich auf periodisches Zusammentreten alle vier Jahre. Zunächst sprach man noch von *Colonial Conference*, doch seit 1911 hieß es *Imperial Conference*. Angesichts des Wettrüstens war Großbritannien an einem höheren Verteidigungsbeitrag der *Dominions* gelegen; dadurch nahm ihr politisches Gewicht zu, und sie drängten auf Mitspracherechte in der Außenpolitik.

Bei Kriegsausbruch 1914 wurden die Regierungschefs der *Dominions* zwar nicht konsultiert, doch konnte sich London ihres Kriegsbeitrages sicher sein. Die gemeinsame Gegnerschaft zu Deutschland war nicht nur ideologischer Natur; Südafrika, Australien und Neuseeland hatten deutsche Kolonien in unmittelbarer Nachbarschaft, also auch etwas zu gewinnen im Falle des Sieges. Als sich der Krieg länger hinzog und Großbritannien infolge des deutschen U-Boot-Krieges zunehmend unter Druck geriet, kamen die Regierungschefs der *Dominions* 1917 und 1918 zu Konferenzen nach London, um sich abzusprechen. Ihr Kriegsbeitrag stärkte ihr Selbstbewußtsein; bei den Friedensverhandlungen und im Völkerbund traten sie jeweils in eigenem Namen in Erscheinung.

In der Nachkriegszeit fanden 1921, 1923 und 1926 *Imperial Conferences* statt. Zu einer förmlichen Verfassungsvereinbarung kam es zwar nicht, doch eigneten sich einzelne *Dominion*-Staaten Bündnisrechte an und bauten eigene diplomatische Vertretungen auf. Die Gesetzgebung dieser Staaten wurde nicht mehr auf Kompatibilität mit britischen Interessen überprüft; der Instanzenzug der höchsten Gerichte nach London hörte auf. Statt »*Empire*« setzte sich allmählich der Begriff »*Commonwealth*« durch. Das *Statute of Westminster* (1931) kodifizierte diesen Entwicklungsstand (von Australien erst 1942 und von Neuseeland 1947 übernommen). Einzig die Krone blieb als Symbol der Zugehörigkeit zu einer gemeinsamen Staatenfamilie; im übrigen waren die Staaten des *Commonwealth* seither souverän, auch in Sachen der Außenpolitik und des Rechtes über Krieg und Frieden.

Anders lagen die Verhältnisse in den britischen Herrschaftsgebieten, die nicht weiße Siedlungskolonien waren und im alten Sinne als wirkliche Kolonien aufgefaßt wurden. Doch auch im Kaiserreich Indien, dem größten Staat unter britischer Herrschaft, drängten einheimische Kräfte auf Beendigung dieses Status. Dabei waren religiöse Kräfte im Spiel, insbesondere eine islamische Unabhängigkeitsbewegung. Konflikte zwischen einzelnen indischen Fürstentümern ließen die britische Krone als Garanten staatlicher Einheit erscheinen. Insgesamt war die britische Haltung flexibel; Kompetenzen auf der Ebene der Provinzen wurden zunehmend an indische Politiker abgegeben. Eine Bewegung des »zivilen Ungehorsams« (Gandhi) setzte die Kolonialmacht außerdem unter Druck. Gespräche am Runden Tisch über die Zukunft Indiens, die seit 1930 in London stattfanden, bereiteten den Übergang der Macht auf einheimische Körperschaften und den Rückzug der Weltmacht vom Subkontinent vor – eine Entwicklung, die auch Ceylon und Birma betreffen mußte.

Mahatma Gandhi auf einem Protestmarsch gegen die britische Kolonialmacht, 1930

Landwirtschaft im Industriezeitalter

Die größte Herausforderung der britischen Landwirtschaft war der U-Boot-Krieg der Jahre 1917/18: Da Großbritannien infolge des Bevölkerungswachstums und der Industrialisierung vom Import von Lebensmitteln abhängig geworden war, hätte eine längere Blockade unweigerlich zu Hunger und Massenelend geführt. Nur durch größte Anstrengungen konnte das Land die Katastrophe vermeiden. Im Ersten Weltkrieg wurde der Ackerbau auch auf Böden ausgedehnt, die bis dahin nicht als ertragreich gegolten hatten. Der Staat erhöhte den Anreiz dazu, indem er den Bauern Mindestpreise garantierte (etwa für Weizen und Hafer) und für Landarbeiter einen Mindestlohn festsetzte.

Nach dem Krieg jedoch versuchte man zu einer freieren Wirtschaftsform zurückzukehren. Der Getreidepreis fiel von 1920 bis 1922 auf die Hälfte; amerikanische Importe beherrschten das Feld, und erneut setzte Landflucht ein. Teilweise wurden Menschen durch Maschinen ersetzt: Nun begann die Mechanisierung der britischen Landwirtschaft. Traktoren waren um die Jahrhundertwende nur von einzelnen experimentierfreudigen Landwirten eingesetzt worden; 1931 gab es immerhin 30000.

Während es in dieser Phase den Anschein hatte, als ob die britische Landwirtschaft im Zeitalter des Freihandels ihre Wettbewerbsfähigkeit verloren hätte, änderte sich dies in den 1930er Jahren mit dem Heraufziehen eines weiteren großen Krieges. Agronomische Innovationen wurden von staatlicher Seite angespornt. Insbesondere mit Hilfe von Kunstdünger wurden die Erträge verbessert, aber auch durch Pflanzenschutzmittel. Zusammenschlüsse zur Vermarktung von Agrarprodukten sollten den Bauernstand stabilisieren. Der Anbau von Zuckerrüben wurde staatlich subventioniert. Überhaupt wurde die Selbstversorgung mit Lebensmitteln in dieser Zeit mehr und mehr zum Staatsziel erklärt. Rinder, Schafe und Geflügel wurden in weit höherem Maße als vor dem Ersten Weltkrieg im eigenen Lande gezüchtet – freilich um den Preis, daß Futter zu einem nicht unbeträchtlichen Teil importiert werden mußte.

Auch nach dem Zweiten Weltkrieg blieb die Politik einer Subventionierung der Landwirtschaft als Bestandteil einer prosperierenden Nationalökonomie üblich. Insbesondere wurden wenig ertragreiche Gebirgsböden als Weideland aus landschaftspflegerischen Gründen mit Subventionen unterhalten. In den folgenden Jahrzehnten wurde die Landwirtschaft zunehmend rationalisiert; Besitz wurde zusammengelegt; Arbeitskräfte wurden eingespart und statt dessen mit Hilfe eines immer stärkeren Einsatzes von Maschinen und Chemikalien die Produktivität erhöht – bis zu dem Punkt, an dem Umweltschutz, Ökologiebewegung und neuartige Viehseuchen auch in Großbritannien zum Umdenken anregten.

Die industrielle Entwicklung

Im Zeitalter der Weltkriege befand sich Großbritannien in einer Übergangsphase: Die erste Industrienation und dominierende Wirtschaftsmacht des 19. Jahrhunderts war der Konkurrenz der jüngeren Industrienationen ausgesetzt, vor allem der USA und Deutschlands. Zum Teil vermochte sie ihren Vorsprung zu halten oder mindestens den Anschluß zu wahren; in manchen Bereichen aber waren die Symptome der Krise und des Rückgangs bereits unübersehbar.

Die britische Kohleproduktion erreichte ihren Höhepunkt vor dem Ausbruch des Ersten Weltkrieges. Der Krieg stellte eigene Anforderungen; aber nach 1918 gelang es nicht mehr, den alten Stand zu halten. Die konkurrierenden Kohleproduzenten im Ausland erzielten eine höhere Produktivität; die Anlagen in Großbritannien schienen veraltet. Hinzu kamen in der Zwischenkriegszeit andere Energieträger: Öl und Elektrizität wurden in wachsendem Maße einbezogen; die Bedeutung der Kohle sank weltweit. Auch Eisen und Stahl erreichten nicht mehr ihre Vorkriegsergebnisse, und der Schiffsbau, in dem Großbritannien vor 1914 mehr als die Hälfte der Handelstonnage erstellt hatte, ging merklich zurück. Andere Staaten förderten und stützten ihren eigenen Schiffsbau auf Kosten der Briten: Deutschland, Frankreich, Italien, Norwegen. Im Sektor Baumwolle, den Großbritannien im 19. Jahrhundert weltweit dominiert hatte, verlor es Kapazitäten an Indien und Japan. Auch in dem nun wichtig werdenden Sektor Kunstseide war Großbritannien starker Konkurrenz ausgesetzt, namentlich aus den USA. In neuen Industriezweigen, die sich in dieser Epoche entwickelten (Elektrotechnik, Automobile, Chemie), machte Großbritannien zwar Fortschrit-

Der Nordatlantik-Dampfer »Queen Mary«, 1936

te, konkurrierende Staaten aber noch mehr. Den unübersehbaren Schwierigkeiten suchte man durch Konzentration zu begegnen (*Unilever, Imperial Chemical Industries*).

Der Erste Weltkrieg bedeutete für alle Bereiche der Wirtschaft eine stärkere Einmischung des Staates, Reglementierung und Rationierung. Das von Lloyd George seit 1915 geleitete Rüstungsministerium beschäftigte am Ende des Krieges direkt oder indirekt nicht weniger als drei Millionen Menschen. Der Krieg brachte auch ein Ernährungsministerium hervor, das immer weiter um sich griff. Alle Importe wurden in Kriegszeiten staatlich gelenkt. Die Ära des Freihandels war 1914 zu Ende. Obwohl nach dem Krieg die Wirtschaft wieder dereguliert wurde, kehrte man doch nie wieder zur Freiheit der Vorkriegszeit zurück. Insbesondere das höhere Niveau der Besteuerung war ein Erbe des Ersten Weltkrieges.

Ökonomische Auseinandersetzungen der Zwischenkriegszeit entzündeten sich immer wieder an der Währungsfrage: Obwohl Großbritannien traditionell mit dem Pfund Sterling eine Silberwährung hatte, war diese an den Goldstandard geknüpft, zu dem die meisten Staaten im Laufe des 19. Jahrhunderts übergegangen waren. Der Krieg zerstörte dieses Verhältnis; aber danach gab es starke Bestrebungen, zum Goldstandard zurückzukehren, was 1925 geschah. Allerdings mußte dieser 1931 infolge der Weltwirtschaftskrise wieder aufgegeben werden.

Zu den Kriegsfolgen gehörte die hohe Verschuldung Großbritanniens, vor allem in den USA. Mehrere Länder hatten inzwischen eigene Bankzentren von internationaler Bedeutung ausgebildet (Paris!), und London verlor seine Führungsstellung an New York.

So bedeutete der Zusammenbruch der Börse an der Wall Street 1929 auch für die britische Wirtschaft ein einschneidendes Ereignis. In den Jahren 1931/32 stieg die Arbeitslosigkeit auf 12 %. Doch im Vergleich mit den USA, mit Deutschland und anderen Ländern überstand Großbritannien die Weltwirtschaftskrise glimpflich. Freilich brachte dieses Ereignis einen völligen Umschwung des wirtschaftspolitischen Grundansatzes: Während man teilweise wieder zum Freihandel zurückgekehrt war, herrschte in den 1930er Jahren auf allen Seiten ein extremer Protektionismus. Dabei setzte Großbritannien wiederum auf Meistbegünstigung innerhalb des *Empire*, ohne jedoch die erwarteten ökonomischen Erfolge zu erzielen.

Während Kohle, Schiffsbau und Baumwollexporte in den 1930er Jahren weiter zurückgingen, konnte die Stahlproduktion gesteigert werden. Die Automobilindustrie nebst ihren Zulieferern expandierte; Austin und Morris boten nun Kleinwagen für jedermann an. In den 1920/30er Jahren wurde auch in Großbritannien ein allgemeines Netz zur Stromversorgung aufgebaut; die Stromerzeugung wurde immer wichtiger; elektrische Haushaltsgeräte begannen sich durchzusetzen. Der Zweite Weltkrieg brachte erneut jene Tendenzen hervor, die schon der Erste hatte erkennen lassen, nur ungleich stärker: Der Staat reglementierte die Wirtschaft in bis dahin unvorstellbarem Maße, beschränkte Importe und rationierte Lebensmittel. Jeder Industriezweig erhielt seine eigene Bürokratie. Direkte und indirekte

Steuern erreichten ein nie dagewesenes Niveau. Die Zentralisierung aller Entscheidungsprozesse nahm zu. Eine nationale Propagandamaschinerie überzeugte die Bevölkerung von der Notwendigkeit staatlicher Wirtschaftslenkung und vom Erfolg konzertierter Aktion auf nationaler Basis – was auch nach dem Krieg in den Köpfen weiterwirkte.

Die soziale Entwicklung

Zwar nahm die Bevölkerung Großbritanniens in der ersten Hälfte des 20. Jahrhunderts noch deutlich zu (1901: 41,5 Millionen, 1911: 45 Millionen, 1921: 47 Millionen), doch blieb das Wachstum hinter dem des 19. Jahrhunderts zurück. Angesichts verbesserter Hygiene, medizinischer Fortschritte, reformierter Ernährung und günstigerer Wohn- und Lebensbedingungen mag das verwundern. Doch mittlerweile war die Geburtenbeschränkung demographisch relevant geworden. In mittleren Schichten war Familienplanung schon 1880 nicht selten, in unteren Schichten mit Sicherheit spätestens 1930; in diesem Jahr nahm erstmals ein anglikanischer Bischof öffentlich positiv dazu Stellung. In Großbritannien gab es freilich weder staatliche noch kirchliche Propaganda in diesem Sinne; es handelt sich vielmehr um einen Wandel der Lebensgestaltung, der jeweils individuell verantwortet wurde. Frauen, die 1910 heirateten, hatten im Durchschnitt drei Kinder, jede fünfte erlebte fünf bis neun Geburten; Frauen, die 1930 heirateten, hatten im Durchschnitt zwei Kinder, und nur jede zehnte erlebte fünf bis neun Geburten. Auch damit hängt es zusammen, daß sich, trotz der genannten wirtschaftlichen Schwierigkeiten, der Lebensstandard bereits in der Zwischenkriegszeit merklich hob. Sozialwissenschaftliche Untersuchungen, wie sie von Seebohm Rowntree und anderen in viktorianischer Zeit angestellt worden waren, wurden in dieser Phase wiederholt und führten stets zum selben Ergebnis: Im Vergleich mit den Jahren vor 1900 lebte nur noch ein kleiner Teil der Bevölkerung unter dem Existenzminimum. Selbst dann, wenn man, wie Seebohm Rowntree, in Rechnung stellte, daß die Ansprüche gesamtgesellschaftlich gestiegen waren und die Armutsgrenze um 1930 neu definiert werden mußte, ging es einem größeren Teil der Arbeiterschaft weit besser als früher. Nur bedingt läßt sich das auf staatliches Handeln zurückführen. Ein umfassendes soziales Netz gab es noch nicht. Trotz Ansätzen der Alters-, Krankheits- und Arbeitslosenversicherung waren insbesondere Frauen, junge Familien mit mehreren kleinen Kindern und alte Menschen noch immer in der Gefahr, zumindest phasenweise in die Armut abzugleiten. Die sozialstaatlichen Ansätze halfen vor allem denjenigen, die Arbeit hatten und Sozialversicherungsbeiträge zahlen konnten, aus denen sie dann Ansprüche ableiteten. Staatliches Handeln verbesserte die gesundheitliche Vorsorge, planvoll besonders in den Ballungszentren und in strukturschwachen Randgebieten. Am staunenswertesten ist vielleicht die Verbesserung im Wohnungsbereich: Es war eine der Erkenntnis-

Umschlagabbildung zur Schrift von Richard Reiss, »Homes for Heroes« (1919)

se des 19. Jahrhunderts gewesen, daß ein gesundes und glückliches Leben nur unter entsprechenden Wohnverhältnissen erwartet werden konnte; Staat, lokale Baugesellschaften und private Interessenten taten in jenen Jahrzehnten ihr Möglichstes, um einem großen Teil der Bevölkerung den Erwerb von Hauseigentum oder zumindest die Miete sanitär unbedenklicher Wohnungen zu erleichtern. In der Zwischenkriegszeit wurden in Großbritannien nicht weniger als 4,3 Millionen neue Häuser gebaut! Lokale Bausparkassen und Bauunternehmen konnten damals mit außerordentlich günstigen Zinsen locken; es war nie so leicht wie in den 1930er Jahren, Darlehen zum Hauskauf zu erlangen. Während bis dahin für einen Hauskauf 25 % als Grundkapital erwartet worden war, sank diese Rate bis auf 5 % – bei sehr günstigen Darlehenszinsen. Während vor dem Ersten Weltkrieg 10 % aller Haushalte ein Eigenheim besessen hatten, waren es am Beginn des Zweiten Weltkrieges 31 %. Während in der früheren Phase auch in mittleren Schichten Häuser häufig nur gemietet waren, setzte sich nun das Eigenheim als Norm bürgerlicher Existenz durch.

Umgekehrt hatte in viktorianischer Zeit zumindest ein Dienstmädchen (wenn nicht zwei oder drei) zum Status eines Bürgers gehört; dies wurde im 20. Jahrhundert selten. Damit hängt der Aufschwung der Haushaltsgeräteindustrie zusammen, nachdem ein immer größerer Teil der Haushalte nicht nur fließend kaltes und warmes Wasser und Zentralheizung, sondern auch Elektrizität aus der Steckdose zur Verfügung hatte. Zum Statussymbol entwickelte sich (von Haus und Garten abgesehen) vor allem der Personenkraftwagen. 1920 gab es eine halbe Million Autos auf britischen Straßen, 1930 3 Millionen. Aber noch immer war der Pkw jenseits des Budgets eines gewöhnlichen Arbeiters.

In den 1930er Jahren besaßen bereits Arbeiter Rundfunkgeräte; bei Kriegsausbruch 1939 konnten drei Viertel aller Haushalte BBC empfangen. Zumindest einmal wöchentlich gingen sie ins Kino. Während der Konsum von Alkohol zurückging, manifestierte sich der höhere Lebensstandard nun in immer stärkerem Genuß von Tabak, größtenteils in Form von Zigaretten. Während der Verbrauch von Grundnahrungsmitteln wie Brot und Kartoffeln stagnierte, nahm der Genuß von Fleisch, Butter, Käse, Gemüse usw. merklich zu.

In diesen Gegebenheiten spiegelt sich die für breite Schichten der Bevölkerung günstige Lohnentwicklung. Im Ersten Weltkrieg waren die Löhne sprunghaft gestiegen, und in der Zeit nach dem Krieg verhinderte die starke Nachfrage nach Arbeitskräften, daß die Löhne wiederum auf das Vorkriegsniveau zurückfielen. Zwar waren auch die Preise gestiegen, aber nicht im selben Maße, so daß eine Reallohnsteigerung übrig blieb, die insbesondere für ungelernte Arbeiter eine fühlbare Verbesserung ihrer Lebensbedingungen mit sich brachte. Auch als in den 1920er und 1930er Jahren die Gewerkschaften harte Arbeitskämpfe ausfochten, um den Rückgang der Löhne zu verhindern, ging es den Arbeitern (sofern sie Arbeit hatten) immer noch gut, weil die Lebenshaltungskosten sanken.

Das Leben breiter Schichten veränderte sich außerdem durch den Anspruch auf bezahlten Urlaub, der vor 1914 nur in Ausnahmefällen bestand, in der Zwischenkriegszeit aber zur Regel wurde: 1939 hatten 11 Millionen Arbeiter Anspruch auf bezahlten Jahresurlaub. Breite Schichten konnten nun im Sommer einen der zahlreichen Badeorte an der Küste aufsuchen, wenn auch Auslandsreisen noch kaum erschwinglich waren. Der Alltag änderte sich, weil die Gewerkschaften Arbeitszeitverkürzungen durchzusetzen vermochten: Vor dem Ersten Weltkrieg lag die Norm bei 54 Wochenstunden, danach bei 48. Zum Teil führte das zu höheren Einnahmen durch Überstunden, zum Teil zu mehr Freizeit.

Das Problem der Kultur

Im 20. Jahrhundert gerieten die sozial und politisch nun stärker im Vordergrund stehenden Massen der Industriearbeiterschaft in das Blickfeld der Intellektuellen. Debatten über »hohe Kultur« und »Volkskultur« wurden unvermeidlich. Während manche Kultur und Zivilisation durch die Ausweitung des Publikums überhaupt bedroht sahen, entwickelten andere pädagogische Impulse, die Kultur »ins Volk« zu bringen oder den Lebensverhältnissen und Empfindungsweisen der Massen anzupassen. Die meisten intellektuellen Wortführer dieser Epoche standen politisch links.

Unter den vorhandenen Genres war es vor allem der Roman, der sich (neben elitär-artifiziellen Erkundungen wie bei James Joyce) allen Möglichkeiten sozialer und regionaler Milieus öffnete, wobei der Kriminalroman als spezifisch britische Variante erschien. Die Theater, die in der lange schon florierenden leichten Muse der Boulevardkomödie ein festes Standbein hatten, vergaßen die Pflege britischer Tradition nicht und erneuerten sogar mit Erfolg das Versdrama (etwa T. S. Eliot: *Murder in the Cathedral,*

1935). Auf dem Gebiet der Literatur leistete Großbritannien unstreitig auch im 20. Jahrhundert einen wichtigen Beitrag zur Weltkultur. Dabei konnte es an seine Tradition seit der Reformation anknüpfen (beispielsweise wurden nach dem Ersten Weltkrieg die nun so genannten »*Metaphysical Poets*« wie Donne wiederentdeckt).

Eher überraschend ist der Aufschwung der englischen Musikkultur des 20. Jahrhunderts, der sich in wichtigen Orchestern und Festivals zeigte, aber auch englischen Komponisten Beachtung außerhalb des eigenen Landes eintrug (Edward Elgar, Vaughan Williams, Gustav Holst, Benjamin Britten). Selbst in den Bildenden Künsten, in denen Briten wenig zu den großen Umbrüchen der europäischen Kultur auf dem Weg zur Moderne beigetragen hatten (Impressionismus, Expressionismus, Kubismus usw.), kamen sie im Laufe des 20. Jahrhunderts durch herausragende Künstlerpersönlichkeiten wieder in Kontakt mit Kontinentaleuropa (vor allem in der Skulptur: Henry Moore, Barbara Hepworth, aber auch in der Malerei: Ben Nicholson, Lucian Freud, Graham Sutherland, Francis Bacon).

Massenkultur war aber vor allem die Entwicklung der neuen Medien: Film, Kino, Grammophon, Radio. Doch während nun erstmals in der Geschichte Medien zur Verfügung waren, um Musik jedermann überall verfügbar zu machen, entstand in Großbritannien gleichzeitig eine Furcht vor dem »Amerikanismus«. Der britische Film konnte sich gegen Hollywood nie behaupten. Populäre Musik stand seit 1919 unter dem Einfluß verschiedener Wellen des Jazz; es dauerte lange, bis in diesem Konzert auch britische Töne zu unterscheiden waren.

Wandel der Parteien

Hatten bis 1906 Fragen der religiösen Zugehörigkeit zumeist die entscheidende Rolle bei der Stimmabgabe für eine Partei gespielt, wurde im 20. Jahrhundert die soziale Orientierung, der Klassenstandpunkt, ausschlaggebend. Mit politischen Glaubensfragen wie Sozialversicherung und *People's Budget* war diese Tendenz herrschend geworden, verstärkt durch den Rechtsstreit um die Stellung der Gewerkschaften und den Verfassungskonflikt um die Rolle des Oberhauses. Die Härte der Debatten selbst schien dafür zu sprechen, daß sich das Verhältnis von Staat und Gesellschaft gewandelt hatte und nun Probleme auf der Tagesordnung standen, die man in der Weise des Liberalismus, mit staatlicher Zurückhaltung und *Laissez-faire*, nicht mehr bewältigen konnte – etwa die Arbeiterfrage, die Frauenfrage und die Irlandfrage. Während noch 1906 die Liberalen mit *Labour* ein Wahlabkommen getroffen hatten, welches das Emporkommen der neuen Partei erst ermöglichte, trat *Labour* nach 1914 zunehmend an die Stelle der Liberalen. Am meisten trug zu dieser Veränderung der Parteienlandschaft der Erste Weltkrieg bei. Denn innere Konflikte wurden nun aufgeschoben und im nationalen Interesse eine Koalitionsregierung gebildet, zu welcher die Liberalen auch Konservative und einen *Labour*-Minister heranzogen. Die Not des Krieges spülte die liberalen Prinzipien hinweg; Protektionismus und neue Steuern, Pressezensur und Wirtschaftslenkung schienen das Gebot der Stunde. Ein Zerwürfnis zwischen Asquith und Lloyd George spaltete die Liberalen. Asquith trat zurück; Lloyd George wurde Premierminister (1916). Der Lloyd-George-Flügel der Liberalen blieb in der Koalition; der Asquith-Flügel ging in die Opposition und schloß sich später größtenteils der *Labour Party* an. Doch auch diese war in Befürworter und Gegner des Krieges gespalten. So profitierten die Konservativen zwischen den Weltkriegen durchgehend davon, daß die Liberalen nie mehr eine Unterhausmehrheit zu erreichen vermochten und *Labour* noch nicht – bis 1945.

Als Stanley Baldwin 1923 als Premierminister an die Stelle Andrew Bonar Laws trat, klärten sich die Fronten: In der schwierigen Wirtschaftslage der Nachkriegszeit empfahl *Labour* Verstaatlichung und eine Kapitalabgabe, die Liberalen sprachen sich für Freihandel aus, und Baldwin sah die Lösung aller Schwierigkeiten in einer neuen Schutzzollpolitik. Über diesem Richtungsstreit schlossen sich die jeweiligen Flügel der Liberalen und der Konservativen wieder zusammen. 1923 wurden die allgemeinen Wahlen einzig zu einer Abstimmung über die Schutzzollpolitik stilisiert, was zu Gewinnen der Liberalen einerseits und *Labours* andererseits führte. So kam es 1924 erstmals zur Bildung einer *Labour*-(Minderheits-)Regierung unter James Ramsay MacDonald, unter Duldung der Liberalen. Diese Regierung vermochte sich nur neun Monate zu halten. Seit den Wahlen von 1924 waren die Liberalen geschlagen. Von da an war *Labour* klar die zweite Partei im Staat und der einzige Rivale der Konservativen um die Macht; seither gab es keine von Liberalen geführte Regierung mehr. Nach dem Scheitern Baldwins in der Schutzzollfrage präsentierten sich die Konservativen jahrzehntelang als pragmatische Partei, die ihre ideologischen Elemente hintanstellte (mit Ausnahme des Antibolschewismus und Antisozialismus). Als konservativer Premier (1923/24, 1924–1929, 1935/1936, 1936/37) war Baldwin übrigens der erste britische Politiker, der die neuen Medien Rundfunk und Kino (Wochenschauen) zu nutzen wußte; und er war der erste, dessen Erscheinungsbild und Stimme wirklich nationsweit bekannt waren.

Die 1920er Jahre erlebten Arbeitskämpfe härtesten Ausmaßes, die sich zunächst im international nicht mehr konkurrenzfähigen Bergbau entzündeten, als dieser wieder privatisiert werden sollte. Aber über die »Tripelallianz« mit den Transportarbeitern und Eisenbahnern mündeten sie 1926 schließlich in einen Generalstreik. Doch auf Dauer setzten sich die Regierung und die Unternehmer gegen syndikalistische Versuche, der politischen Führung den Willen der Arbeiter aufzunötigen, durch. Ein gesetzliches Verbot politischer Streiks war die Folge. Wenn *Labour*-Regierungen an die Macht kamen (1929–1931 erneut unter Ramsay MacDonald), verhielten sie sich stets gemäßigter, als es die Parteirhetorik vermuten ließ – zumal sie auf ihnen entgegenstehende Mehrheiten im Unter- und Oberhaus zu achten hatten. Die Weltwirtschaftskrise von 1929 traf in Großbritannien eine *Labour*-Regierung im Amt, die der Situation ebenso wenig gewachsen war wie andere Regierungen. Schließlich setzte sich 1931 die von Georg V. favorisierte Lösung eines *National Government* durch, nämlich eine Regierung unter dem *Labour*-Premier Ramsay MacDonald, die auch liberale und konservative Minister einschloß (1931–1935). In dieser Phase wurde der Einfluß von Theorien des Ökonomen John Maynard Keynes merklich; entgegen der traditionellen Lehre von der Notwendigkeit der Haushaltskonsolidierung gab die Regierung der Schaffung von Arbeitsplätzen durch öffentliche Vorhaben den Vorrang. Die Parteigrenzen schienen sich zu verwischen. *National Government* war auch 1935 die Devise, als der konservative Stanley Baldwin Premierminister wurde.

Die Abdankungskrise

Die Stellung der Krone im politischen System Großbritanniens wurde 1936 schlaglichtartig deutlich, als Georg V., der im Jahr zuvor unter großer öffentlicher Anteilnahme sein 25jähriges Thronjubiläum begangen hatte, verstarb und ihm sein ältester Sohn als Eduard VIII. auf den Thron folgte. Amerikanische Zeitungen waren voll von Skandalgeschichten, welche freilich von der britischen Presse damals nicht übernommen wurden. Im Zentrum stand die geschiedene, in London wiederverheiratete Amerikanerin Wallis Simpson. Als sich diese erneut scheiden ließ, sah sich der konservative Premier Baldwin veranlaßt, dem König den Rat zu erteilen, nicht zu heiraten. Daß die Beziehung zu Mrs. Simpson nicht als Privatsache des Königs galt, erklärt sich vor allem aus der Haltung der Anglikanischen Kirche, deren Oberhaupt der König war, zur Wiederverheiratung Geschiedener. Außerdem hatte der Hof unter Georg V. viktorianische Werte hochgehalten (beispielsweise Geschiedenen, Männern und Frauen gleichermaßen, grundsätzlich den Zutritt versagt). Eduard VIII. zog das Privatleben der Krone vor, ging als »Duke of Windsor« ins Exil und heiratete Mrs. Simpson. Den Thron überließ er seinem Bruder Georg VI. – Die Öffentlichkeit stand größtenteils auf seiten Baldwins

Edward VIII. und Premierminister Stanley Baldwin auf dem Weg zu einer Besprechung, 1936

und Georgs VI. Das war nicht nur eine Frage der Moral, sondern auch der Verfassung, derzufolge der Monarch dem Rat seines Premierministers hätte folgen müssen. Baldwin gelang es, in dieser Affäre seine Popularität zu steigern. Die Monarchie hatte eine Krise überlebt und ihre elastische Stabilität unter Beweis gestellt.

Appeasement

1936 war in mehrfacher Hinsicht ein Jahr der Wende. Politik und Öffentlichkeit waren seit dem Weltkrieg einmütig auf »Nie wieder!« gestimmt gewesen; es bestand eine Tendenz zur Zurückhaltung in außenpolitischen Konfliktzonen und zur Beschäftigung mit insularen Belangen. Auch Deutschland gegenüber drängte Großbritannien keineswegs auf Revanche: Die Kritik des Ökonomen Keynes am Versailler Vertrag und die inzwischen veröffentlichten Einblicke in die Geheimdiplomatie vor 1914 ließen das deutsche Revisionsbegehren als nicht ungerechtfertigt erscheinen; Schritte deutscher Regierungen gegen den Buchstaben des Versailler Vertrages (Ruhrkrise 1923, Wiederaufrüstung, Rheinlandbesetzung 1936) wurden hingenommen. Außenpolitisch signalisierte der Locarno-Vertrag von 1925 eine gewisse Entspannung, verknüpft mit Hoffnungen auf Konfliktregulierung durch den Völkerbund. Bezüglich der Reparationen schloß sich Großbritannien der Politik der Moratorien zugunsten Deutschlands an, die im Dawes-Plan (1924) und im Young-Plan (1929) ihren Niederschlag fand. Daß Mussolini Abessinien überfiel, ließ man geschehen. Aus dem Spanischen Bürgerkrieg hielt man sich heraus.

Eine neue Qualität erreichte diese Politik, als einige Jahre nach Hitlers Machtantritt immer deutlicher wurde, daß Großbritannien der Gefahr nicht entgehen konnte, indem es sich auf seine insulare Bastion zurückzog. Während die Opposition bis 1935 den Verteidigungsetat stets für zu hoch gehalten hatte, wurde seit 1937 die Kritik an zu geringer Rüstung immer lauter. In der Öffentlichkeit verstärkte sich der Eindruck, daß es letztlich zu einem Krieg kommen müsse und Hitler nicht anders zu bremsen sein würde. Die Utopie eines *Appeasement*, einer Politik der Friedenswahrung durch Konzessionen, Interessenausgleich und Kompromiß, erschien zunehmend als Illusion. Den »Anschluß« Österreichs hatte man noch hingenommen (März 1938), auch die Annexion des Sudetenlandes (Juli 1938). Den Umschwung brachte dann die Besetzung der Tschechoslowakei (März 1939); auf diesen neuen völkerrechtswidrigen Gewaltakt hin gab Großbritannien eine Garantieerklärung zugunsten Polens ab. Im Versuch, aus der zum Krieg führenden »Automatik« der diplomatischen Beziehungen vor 1914 Lehren zu ziehen, hatten britische Politiker nicht mit der barbarischen Brutalität eines Hitlers gerechnet. Versuche, in letzter Minute noch das Äußerste durch Verhandlungen abzuwenden (Treffen des britischen Premierministers Neville Chamberlain mit Hitler in Godesberg, Berchtes-

Das Münchner Abkommen vom 29. September 1938: Neville Chamberlain (rechts) mit Hermann Göring, Adolf Hitler und Benito Mussolini (von links)

gaden und München 1938), hatten nicht zum Ziel geführt. Sie waren weniger von Illusionen über die Lage diktiert als von der Einsicht, daß der deutsche Rüstungsvorsprung mittlerweile jeden Aufschub des Kriegsausbruches als Chance für britische Rüstungsanstrengungen erscheinen ließ. Als die Wehrmacht jedoch in Polen einmarschierte (1. September 1939), war allen Beteiligten klar, daß nun alle Möglichkeiten des *Appeasement* ausgereizt waren und erneut ein Weltkrieg begonnen hatte.

Der Zweite Weltkrieg

Die britische Kriegserklärung an Deutschland vom 3. September 1939 hatte zunächst wenig Bedeutung, da Polen innerhalb von drei Wochen von deutschen Truppen eingenommen wurde und der erwartete Krieg an einer zweiten Front im Westen zunächst ausblieb. Die Regierung wurde verkleinert und umgebildet; vor allem übertrug Chamberlain nun seinem schärfsten innerparteilichen Kritiker, Winston Churchill, eine wichtige Stellung. Steuererhöhungen, Rationierung, allgemeine Wehrpflicht – der Erste Weltkrieg schien sich zu wiederholen. Wiederum setzte Großbritannien auf eine Seeblockade. Neu war die hohe Bedeutung, die man auf beiden Seiten der Luftwaffe beilegte. Der deutsche Überfall auf Dänemark und Norwegen bewog die Briten, Truppen zu entsenden, die jedoch kurz darauf schon den Rückzug antreten mußten. An die Stelle Chamberlains trat Churchill, der wiederum ein *National Government*, eine Koalitionsregierung, führte. Als die Deutschen an der Westfront angriffen, unterlagen Holland, Belgien und Frankreich in kurzer Zeit. Frankreich spaltete sich in eine besetzte Zone und einen Landesteil, der, unter General Pétain, mit Deutschland kooperierte (»Vichy-Regierung«). Ein britischer Interventionsversuch wurde zurückgeschlagen; nur unter Zurücklassung ihres Materials konnten die britischen Kräfte evakuiert werden (Dünkirchen, 3. Juni 1940). Eine Allianz mit Frankreich konnte unter diesen Umständen nicht mehr bestehen; die britische Marine vernichtete sogar das französische Geschwader vor Oran (3. Juli 1940). Charles de Gaulle sammelte in London ein Nationalkomitee um sich, welches von Churchill als Exilregierung anerkannt wurde. Im Sommer 1940 begann Hitler den Luftkrieg um England, zunächst mit dem vergeblichen Versuch, die britische Luftwaffe auszuschalten, dann als Bombenkrieg auf Städte. Obwohl weiterhin Einsätze geflogen wurden, gab

Hitler im Herbst bereits das Ziel einer Invasion Englands auf, nachdem sich gezeigt hatte, daß die Briten durch die neue Radartechnik Flugzeuge früh orten konnten und die *Royal Air Force* im Vorteil war.

Als das faschistische Italien zum Angriff überging, trat Großbritannien im Mittelmeerraum in den Krieg ein. Deutschland unterstützte Italien. Der Wüstenkrieg in Nordafrika brachte Siege und Niederlagen, doch gelang es den Briten, Abessinien zurückzuerobern (Februar 1940) und schließlich auch die Cyrenaika (Oktober 1942). Großbritannien behauptete seine traditionelle Interessensphäre im Nahen Osten.

Nach dem deutschen Angriff auf die Sowjetunion war es nur noch eine Frage der Zeit, wann im Westen erneut eine Front gegen Hitler aufgebaut würde. Churchill und Roosevelt vereinbarten im August 1941 die »Atlantik-Charta« mit dem Ziel einer gemeinsamen Niederringung Hitlerdeutschlands. Die USA hatten sich zu Beginn des Krieges zurückgehalten, wurden jedoch durch den Angriff der mit Italien und Deutschland verbündeten Japaner auf Pearl Harbor (7. Dezember 1941) zu aktivem Vorgehen veranlaßt. Nun wurde der Krieg recht eigentlich zum Weltkrieg: Japan überrannte die britischen Kolonien Singapur, Birma und den Malaiischen Bund und bedrohte Indien. Ein britisch-kanadischer Invasionsversuch bei Dieppe scheiterte (August 1942). Als Amerikaner und Briten im Juli 1943

»Dein England, verteidige es jetzt!« (Kriegsplakat, 1942)

auf Sizilien landeten und von Süden her nach Italien vorrückten, wurde Mussolini gestürzt. Hitler sah sich veranlaßt, auch in Italien einzugreifen. Als die Alliierten schließlich im Juni 1944 Rom eroberten, war der Weg frei für die Invasion Europas von Westen, zumal die Rote Armee seit ihrem entscheidenden Sieg über die Wehrmacht bei Stalingrad (2. Februar 1943) Schritt für Schritt nach Mitteleuropa vorrückte. Die Alliierten begannen ihre Invasion in der Normandie am 6. Juni 1944; die drückende Übermacht an Menschen und Material, welche die Amerikaner ins Feld führen konnten, ermöglichte den Einzug de Gaulles in Paris (25. August 1944); auch die deutsche Ardennenoffensive des Winters 1944/45 konnte das Ende nur hinauszögern, nicht aufhalten. Dabei spielte der Luftkrieg seine Rolle: Im März 1942 hatten die Briten begonnen, militärische Ziele in Deutschland anzufliegen. Bald ging man dazu über, Großstädte flächenhaft zu bombardieren, in der vergeblichen Hoffnung, daß sich die Stimmung der Bevölkerung gegen Hitler kehren würde – eine auch in Großbritannien selbst höchst umstrittene Entscheidung. Während die deutsche Propaganda von Wunderwaffen sprach, die den »Endsieg« herbeiführen sollten, verfügte Amerika bereits über die Atombombe. Deutschland wurde jedoch auf konventionelle Weise besiegt, nämlich durch vorrückende Landstreitkräfte – sowjetische von Osten und britisch-amerikanisch-französische von Westen (7./9. Mai: dt. Kapitulation).

Die schlimmsten Greuel des Zweiten Weltkrieges blieben Großbritannien erspart. Die Insel war nicht besetzt worden. Gegen die Angriffe aus der Luft suchte man sich in Luftschutzkeller zu retten, zu denen etwa die Londoner U-Bahn-Schächte ausgebaut worden waren. Bei deutschen Luftangriffen fanden etwa 60000 Briten den Tod (zum Vergleich: etwa 500000 Deutsche bei alliierten). Etwa 300000 britische Soldaten fielen (gegenüber 750000 im Ersten Weltkrieg). »Nichts als Blut, Schweiß und Tränen« hatte Churchill bei seinem Amtsantritt den Briten versprochen. Wiederum hatte ein *National Government* aus verschiedenen Parteien die Einheit des Landes verkörpert; wiederum hatten die Gewerkschaften sich im Dienste der nationalen Sache kooperationswillig gezeigt. Doch anders als im Ersten Weltkrieg dachte man schon während des Krieges an den Wiederaufbau und an die soziale Umgestaltung, die nach dem Sieg folgen würde. 1942 legte Sir William Beveridge ein umfassendes Programm für einen Sozialstaat vor; alle Parteien beabsichtigten, nach dem Krieg dafür einen gesetzlichen Rahmen zu schaffen. R. A. Butler arbeitete ein bereits 1944 verabschiedetes Gesetz zur Bildungsreform aus. Churchill und die Konservativen wiegten sich 1945 in dem sicheren Bewußtsein, nach ruhmreichem Sieg auch den Frieden gestalten zu können; doch in den ersten allgemeinen Wahlen nach Kriegsende erteilten die Wähler *Labour* das Mandat zum Ausbau des Sozialstaats und zum Umbau der Gesellschaft.

Winston Churchill (Porträt von Graham Sutherland, 1955)

Wohlfahrtsstaat, Dekolonisierung, Wendung nach Europa

(1945–2000)

1945 Juli: *Labour*-Sieg: Clement Attlee Premier.

1946 Aufhebung der Gesetze zur Einschränkung der Gewerkschaften.
Verstaatlichung der *Bank of England* und einiger Schlüsselindustrien sowie des Transportwesens.
National Health Service.

1947/48 Unabhängigkeit Indiens, Ceylons und Birmas.
Rückzug brit. Truppen aus Palästina.

Marshall-Plan-Hilfe auch für Großbritannien.
Wahlkreisreform. Abschaffung von Mehrfachstimmen.
Aufschiebendes Veto des Oberhauses auf ein Jahr begrenzt.

1949 4. April: Gründung der NATO.
18. April: Republik Irland verläßt *Commonwealth*.
18. September: Drastische Abwertung des Pfundes.

1950 Brit. Truppen im Korea-Krieg.

1951 25. Oktober: Sieg der Konservativen: Winston Churchill Premier.

1952 6. Februar: Tod Georgs VI. Thronfolge seiner Tochter Elisabeth II. (Krönung am 2. Juni 1953).
2. Oktober: Zündung der ersten brit. Atombombe.

1955 6./7. April: Eden folgt Churchill als Premier.

1956 Oktober: Suez-Kanal-Krise.

1957 10. Januar: Harold Macmillan folgt Eden als Premier.
15. Mai: Zündung der ersten brit. Wasserstoffbombe.
Unabhängigkeit Ghanas und des Malaiischen Bundes.

1958 Einführung von nicht-erblichen Adelstiteln.

1960 4. Januar: Gründung der Freihandelszone EFTA als Reaktion auf die Gründung der EWG.
Unabhängigkeit Zyperns und Nigerias.

1961 3. August: Südafrika verläßt das *Commonwealth*.
Unabhängigkeit Tanganjikas.

1962 27. Februar: Gesetz über die Einwanderung aus *Commonwealth*-Ländern.

1964 15. Oktober: *Labour*-Sieg: Harold Wilson Premier.

1967 18. November: Abwertung des Pfunds.
Farbfernsehen.

1968 5. Oktober: Beginn der Unruhen in Nordirland.

1969 Senkung des Wahlalters und der Volljährigkeit auf 18 Jahre.
19. August: Eingreifen der brit. Armee in Nordirland.

1970 Gesetz zur arbeitsrechtlichen Gleichstellung von Mann und Frau.
18. Juni: Sieg der Konservativen: Edward Heath Premier.

1972 März: *Bloody Sunday* in Londonderry.

1973 1. Januar: Beitritt Großbritanniens zur EG. Einführung der Mehrwertsteuer (VAT).
8. März: Referendum Nordirlands bekräftigt Zugehörigkeit zu Großbritannien.

1973/74 Ölkrise. Drei-Tage-Woche.

1974 10. Oktober: *Labour*-Sieg: Wilson Premier (am 5. April 1976 durch James Callaghan abgelöst).

1975 5. Juni: Referendum über brit. EG-Beitritt.

1977 23. März: *Lib-Lab*-Pakt: Callaghan kann sich halten.

1978/79 *Winter of Discontent*.

1979 Referenden über größere Selbständigkeit von Wales wie auch Schottland scheitern.
3. Mai: Sieg der Konservativen: Margaret Thatcher Premier.

1980 Schwere Krise der *Labour Party*.
Arbeitslosigkeit über 2 Millionen. Streikwelle.

1982 Mai/Juni: Falkland-Krieg.

1983 9. Juni: Sieg der Konservativen.
Niedrige Inflation. Rückgang der Arbeitslosigkeit.
Privatisierungswelle (1984 *British Telecom*, 1986 *British Gas*, 1987 *British Airways* und Rolls Royce, 1990 Elektrizitätswerke).

1987 11. Juni: Sieg der Konservativen.

1990 28. November: John Major löst Thatcher als Premier ab.

1992 29. April: Sieg der Konservativen.
Elisabeth II. spricht nach innerfamiliären Turbulenzen vom *annus horribilis* der brit. Monarchie.

1997 1. Mai: Sieg der *Labour Party*. Neuer Premier: Tony Blair.
Volksabstimmungen über *Devolution* (Regionaliserung) in Schottland und Wales.

1999 Eröffnung von Regionalparlamenten in Cardiff und Edinburgh.
Verfassungsänderung: Einschränkung der Repräsentation des Erbadels im Oberhaus.

Verstaatlichung

1945 kam (mit Clement Attlee als Premier) erstmals eine *Labour*-Regierung an die Macht, die eine parlamentarische Mehrheit hinter sich hatte. Sogleich wurden die Gesetze zur Entmachtung der Gewerkschaften, die 1927 infolge des Generalstreiks erlassen worden waren, widerrufen. Die Impulse des Kollektivismus, die zur *Labour*-Doktrin seit ihren Anfängen gehörten, wurden nun verwirklicht – soweit das in einem traditionell individualistisch und liberal ausgerichteten Gemeinwesen wie dem britischen möglich war. Das zeugt auch von der damaligen Anziehungskraft des Sowjetkommunismus; ein beträchtlicher Teil der britischen Intellektuellen der 1930er und 1940er Jahre war seiner Attraktivität erlegen. *Labour* war schon durch sein Parteiprogramm auf Verstaatlichung der Industrie festgelegt. Nach 1945 wurde es zum Teil in die Tat umgesetzt. Verstaatlicht und reorganisiert wurden die Eisenbahnen, die Fluggesellschaften, die Busunternehmen, die U-Bahn, die Kanäle, die Verbundsysteme von Strom, Gas und Öl, Überseekabel, Reisebüros und überhaupt das gesamte Transportwesen (private Lastkraftwagen durften nur noch im Radius von 25 Meilen operieren). Verstaatlicht wurde der gesamte Bergbau, Kohle und Stahl (die zuständige Behörde wurde zum größten britischen Arbeitgeber überhaupt!); verstaatlicht wurde schließlich die *Bank of England*. Charakteristisch für die Stimmung jener Jahre ist die Tatsache, daß all dies in weitgehendem politischem Konsens vor sich ging.

Wohlfahrtsstaat

Mit dem Verstaatlichungsprogramm verbunden war ein Sozialprogramm, das allen britischen Untertanen »von der Wiege bis zum Grab« soziale Sicherheit gewährleisten sollte. Die vorhandenen Ansätze zur Vorsorge für Alter und Arbeitslosigkeit wurden globalisiert, die Armenfürsorge auf neue Prinzipien gestellt. Das wichtigste war jedoch ein *National Health Service*, das heißt kostenfreie ärztliche Behandlung und Medikamente (einschließlich Zahnersatz und Brillen) flächendeckend für alle. Dabei wurde das Versicherungsprinzip nur noch zum Schein fortgeführt; in Wirklichkeit wurde Gesundheit zur Staatsaufgabe, die nur durch staatliche Subventionen gewährleistet werden konnte. Widerstand gegen dieses Prinzip regte sich anfangs vor allem bei den Ärzten, doch war am Ende die Anzahl der Ärzte, die sich dem System verweigerten, verschwindend gering, nachdem die Regierung freie Arztwahl zugestanden hatte sowie feste Kontingente von Privatbetten für Fachärzte in den verstaatlichten Krankenhäusern. Für einen großen Teil der Gesamtbevölkerung wurden erst durch den *National Health Service* moderne medizinische Erkenntnisse und ärztliche Behandlung überhaupt erreichbar. Negative Folgen des Übergangs waren Überfüllung der Arztpraxen (was den Ärzten steigende Einkommen brachte!) und fortschreitendes Veralten aller Einrichtungen (Krankenhäuser, Apparate), weil kein Kapital für Neuanschaffungen vorhanden war. Aber insgesamt bedeutete die Verstaatlichung des Gesundheitswesens für die Masse der Bevölkerung eine durchgreifende Verbesserung ihrer Lebensverhältnisse; sie war die populärste Maßnahme der *Labour*-Regierung.

Die Kehrseite der Medaille waren Steuern in einer Höhe, die man in Friedenszeiten bisher nicht gekannt hatte. Die Kriegswirtschaft wurde auch im Frieden noch fortgeführt; die Lenkung der Wirtschaft durch den Staat blieb erhalten. Großbritannien hatte seit dem Krieg horrende Schulden, vor allem bei den USA; teilweise führte das dazu, daß im Land produzierte Güter gar nicht in Großbritannien auf den Markt kamen, sondern nur für den Export zur Devisenerbringung eingesetzt wurden. Rohstoffe waren vielfach nicht frei verfügbar, sondern nur über Lizenzen zu beziehen. In den Jahren 1945–1950 kam Großbritannien dem Sozialismus näher als jemals.

Bildungsreformen

Ebenso wie der Wohlfahrtsstaat der Nachkriegszeit wurden auch die Bildungsreformen bereits während des Krieges programmatisch ausgearbeitet. Es gehörte zu den gemeinsamen Überzeugungen aller politischen Richtungen jener Jahre, daß nach dem Krieg eine durchgreifende Reform des Bildungswesens stattfinden müsse, die zu einer Hebung des Bildungsniveaus allgemein, aber auch zur Verminderung sozialer Ungleichheit führen sollte. Die treibende Kraft war der konservative Politiker R. A. Butler, dessen Verwaltungsabteilung zu einem Bildungsministerium ausgebaut wurde. Das Schulabschlußalter wurde zunächst auf 15, später 16 Jahre angehoben. Auch Reorganisationsmaßnahmen und eine Offensive zur Lehrerbildung fanden Anklang. Es gehörte zu den Überzeugungen der 1940er Jahre, daß eine Erneuerung des Christentums Bestandteil einer Erneuerung der Gesellschaft sein müsse. Obwohl die Öffentlichkeit weiterhin weltlich geprägt war, meldete sich kaum Widerstand, als nun allgemein Religionsunterricht und Schulgebet in den Schulen eingeführt bzw. fest verankert wurden. Umstritten war dagegen die Rolle der *Public Schools*: Sozialistische Denker wie der Historiker R. H. Tawney zogen entweder ihre Existenzberechtigung überhaupt in Zweifel oder wirkten darauf hin, daß sie Quoten von Kindern aller Schichten aufnehmen sollten; die Konservative Partei dagegen versuchte die herkömmliche Elitenbildung zu erhalten. Die traditionelle *Grammar School* war kaum umstritten. Sie galt nun als Möglichkeit innerhalb eines dreigliedrigen Schulsystems: Primarstufe, Sekundarstufe und Höhere Bildung. Das Hochschulwesen expandierte seit den 1950er Jahren beträchtlich. Wurden auch Oxford und Cambridge weiterhin als wissenschaftlich und sozial führend angesehen, so expandierten doch die übrigen Universitäten zahlenmäßig stärker; neue Universitäten traten in jenen Jahren hinzu (Nottingham, Hull, Southampton, Exeter, Leicester, Keele). Die Nachkriegszeit war außerdem gekennzeichnet von Initiativen zur Förderung technischer und naturwissenschaftlicher Bildung.

Eine neue Phase der Ausweitung des höheren Bildungswesens begann mit dem *Labour*-Sieg von 1964; sie führte zu Universitätsgründungen in Sussex, Kent, Essex, East Anglia, York, Warwick und Lancaster sowie Dundee und Stirling in Schottland und Coleraine in Nordirland. Die Regierung folgte einer Sozialpolitik, die Bildungsreserven auch in weniger begünstigten Regionen entdecken wollte. Das Zauberwort war »Chancengleichheit«. Technische Hochschulen wurden in Universitäten umgewandelt und neue *Polytechnics* wurden ins Leben gerufen. 1969 entstand mit der *Open University* erstmals eine Fernuniversität, die großen Anklang fand und vor allem die Weiterbildung Erwachsener auf wissenschaftlichem Niveau ermöglichte, wobei Radio und Fernsehen als Medien der Informationsvermittlung neben die traditionellen des Buches und der Korrespondenz traten.

Die Expansion des Bildungssektors, die noch in den 1960er Jahren von einem gewissen Optimismus und wirtschaftlicher Kraft getragen war,

Gebäude der Universität von Leicester, von James Stirling und James Gowan (1959–1963)

wurde in den Thatcher-Jahren gestoppt. Doch wie in allen entwickelten Gesellschaften nahm auch in Großbritannien die Verweildauer in Bildungsinstitutionen und der Anteil der Hochschulabsolventen eines Jahrgangs zu. Umstrukturierungen des Bildungswesens hatten als wesentliche Zielvorgabe die Einsparung öffentlicher Gelder. Unkündbare Dauerstellen an Universitäten wurden abgeschafft, Gehälter gekürzt. Wie schon die Lehrer, gerieten nun auch die Hochschullehrer unter Druck. Viele der Fähigsten folgten dem *brain drain* in die Vereinigten Staaten.

Die Konservativen und das Erbe des Kollektivismus

Daß die Konservativen bei den Wahlen von 1950 eine hauchdünne Mehrheit erreichten, bedeutete keineswegs einen grundsätzlichen Stimmungsumschwung. Zu den Verlusten *Labours* hatte eine Adjustierung der Wahlkreise im Jahr 1948 beigetragen. 1948 verloren auch die Universitäten ihre eigenen Parlamentsabgeordneten; im Sinne allgemeiner Gleichheit wurden Mehrfachstimmen abgeschafft (bis dahin hatten Graduierte an ihrem Wohnort und in ihrer Universität wählen können, Unternehmer an ihrem Wohnort und am Sitz ihres Unternehmens). Bei den Wahlen von 1951 erlangten die Konservativen wiederum nur eine dünne Mehrheit der Sitze (*Labour* eine absolute Mehrheit der Stimmen). Der greise Churchill wurde erneut Premier.

Doch auch die Konservativen wagten es nicht, den Wohlfahrtsstaat anzutasten. Lediglich die Eisen- und Stahlindustrie sowie der Lastverkehr auf der Straße wurden wieder an private Eigner übertragen. 1954 wurde neben der staatlichen BBC ein privater Fernsehkanal zugelassen. In gewisser Hinsicht suchten die Konservativen die vorige Regierung sogar auf sozialem Feld zu übertreffen, etwa mit einem Wohnungsbauprogramm. Dies trug allerdings eigene Akzente, indem nämlich vorrangig der Erwerb von Privatwohnungen gefördert wurde, nicht die Bereitstellung von Sozialwohnungen zur Miete. Tendenziell wurde der Markt von zwangswirtschaftlichen Restriktionen befreit.

Die 1950er Jahre waren auch in Großbritannien eine Zeit der Vollbeschäftigung und des steigenden Lebensstandards. Die Not nach dem Kriege (besonders der Hungerwinter 1946/47 blieb den Zeitgenossen in Erinnerung) war überwunden, wozu die Marshall-Plan-Hilfe der Vereinigten Staaten beigetragen hatte. Im Verhältnis zur Vorkriegszeit und zu den 1970er Jahren waren die Beziehungen zwischen Gewerkschaften und Arbeitgebern vom Streben nach Konsens geprägt. Es herrschte allgemein eine gewisse Zufriedenheit, wenn nicht gar Selbstgefälligkeit. In den frühen 1950er Jahren erlösten die Briten mehr aus ihren Exporten, als sie für ihre Importe aufwendeten. Die Tatsache, daß dies nur eine vorübergehend günstige wirtschaftliche Lage war und daß in anderen europäischen Ländern und in Japan die Produktivität der Wirtschaft inzwischen höher lag, war noch nicht ins allgemeine Bewußtsein eingedrungen. Bei einer ersten einschneidenden Pfundabwertung nach dem Kriege war der Wert des Pfundes von $ 4,03 auf $ 2,80 gesenkt worden. Erst 1967 fiel er erneut (auf $ 2,40).

Dekolonisierung – Europäisierung

Nach dem Zweiten Weltkrieg entglitten nach und nach die früheren Kolonien, Dominions und Mandatsgebiete britischer Herrschaft. Zunächst löste Irland die verbliebenen Bindungen völlig. Die Unabhängigkeit Indiens war nur durch den Krieg aufgeschoben worden. Als die Briten schließlich bereit waren, sich aus Indien zurückzuziehen, entstand dort ein blutiger Bürgerkrieg zwischen Hindus und Muslimen; Pakistan spaltete sich von Indien ab. Der Rückzug aus anderen Regionen war mit ähnlichen Problemen verknüpft, so daß die Kolonialherren von einst ihre Mission zunehmend als eine friedensstiftende interpretierten: Ausgleich rivalisierender Interessen und konfligierender Nationalbewegungen war auch in Palästina geboten, auf Zypern, in Südafrika und mehreren anderen afrikanischen Staaten. Die Briten sahen ihre Rolle als Lehrmeister der Demokratie und schrieben den Beteiligten die verfassungsmäßigen Schritte des Übergangs zur Unabhängigkeit vor.

Die Weltpolitik war seit 1945 weniger von multilateraler Kooperation gekennzeichnet – obwohl die Vereinten Nationen, die an die Stelle des Völkerbundes traten, mit besseren Kompetenzen ausgestattet wurden –, als vielmehr vom Kalten Krieg, von der Zweiteilung in einen kommunistischen Block und die freie Welt. Da der bevölkerungsreichste Staat, China, weitgehend auf Isolation hielt, gab es nur zwei aktive Großmächte: USA und Sowjetunion. Wenn mittlere Staaten wie Frankreich und Großbritannien gelegentlich zu Verhandlungen der Großmächte beigezogen wurden, geschah das mehr im Hinblick auf ihre Rolle in der Vergangenheit als auf ihre reale Macht um die Jahrhundertmitte. Aber Großmachtansprüche wurden weiterhin auch von Großbritannien erhoben. Das bedeutete, daß ein unverhältnismäßig großer Teil des Haushalts für Rüstung ausgegeben wurde (in jenen Jahren ein Drittel) und daß man mit Hochdruck an der Entwicklung neuer Waffen arbeitete, zunächst der Atombombe, dann der Wasserstoffbombe. Dies geschah

Protestzug der Atomwaffengegner auf dem Londoner Trafalgar Square, Ostern 1958

unter anderem im Hinblick auf das Verhältnis zu den Vereinigten Staaten, denn diese waren zunächst nicht bereit gewesen, atomare Kenntnisse mit anderen, auch befreundeten, Nationen zu teilen, änderten ihre Politik aber 1958, nachdem Großbritannien 1957 eine Wasserstoffbombe gezündet hatte. Die Rüstungskooperation mit den USA erlaubte es Großbritannien, das Gesicht zu wahren; doch gebot es nicht mehr über die Ressourcen, im Wettrüsten der USA und der Sowjetunion mitzuhalten.

Protest gegen den Gemeinsamen Markt

In Afrika insbesondere wurden die alten Kolonialmächte immer wieder prestigeschädigend provoziert. Die Suez-Kanal-Krise war der spektakulärste Fall: In den Wahlen von 1955 hatten sich die Konservativen stabilisieren können; auf Churchill war Sir Anthony Eden als Premierminister gefolgt. In Ägypten hatte Nasser die Macht ergriffen. Er kündigte an, den Suez-Kanal zu verstaatlichen. Die Aktien der Suez-Kanal-Gesellschaft wurden von Großbritannien, Frankreich und privaten Kleinaktionären gehalten. Eden glaubte Lehren aus der Erfahrung von 1938 mit Hitler ziehen zu sollen: Einem Diktator galt es, auf jede Weise Widerstand zu leisten. Großbritannien und Frankreich griffen mit Truppen ein, mußten die Invasion aber bald abbrechen – nicht nur aus militärischen Gründen, sondern auch wegen der ablehnenden Haltung der Vereinten Nationen. Nach dem nur mühsam verschleierten Desaster trat Eden zurück. Sein Nachfolger Macmillan erzielte bei den Wahlen von 1959 erneut einen klaren Sieg für die Konservativen.

Während sich in den 1960er Jahren immer mehr frühere Kolonien ihre Unabhängigkeit erkämpften, aber größtenteils innerhalb des gewandelten *Commonwealth* in lockerer Verbindung mit Großbritannien blieben, galt es für die britische Regierung, das Verhältnis zu den europäischen Nachbarn neu zu überdenken. Durch die im Zusammenhang mit der Marshall-Plan-Hilfe gebotenen Konsultationen war es in der Nachkriegszeit öfter zu Treffen und Vereinbarungen europäischer Spitzenpolitiker gekommen. Doch Großbritannien hatte sich primär dem *Commonwealth* und der *special relationship* mit den USA verpflichtet gefühlt und spielte auch in der NATO eine führende Rolle. Währenddessen hatte sich der Kern europäischer Staaten (Frankreich, Italien, Bundesrepublik Deutschland, Benelux-Länder) zu einer engeren Europäischen Wirtschaftsgemeinschaft gefestigt (1958), die freilich von Großbritannien nicht als Angebot, sondern als Hürde aufgefaßt wurde, so daß es 1959 mit den skandinavischen Staaten, der Schweiz, Österreich und Portugal die EFTA bildete, eine Freihandelszone zur Interessenwahrung gegenüber dem gemeinsamen Markt der Sechs. Die EFTA entwickelte sich jedoch, im Gegensatz zur Europäischen Wirtschaftsgemeinschaft, nicht über eine Zollunion hinaus. In Großbritannien mußte man in Erwägung ziehen, ob es nicht vorteilhaft wäre, sich diesem Kerneuropa anzuschließen. Gegen starke Widerstände (auch in der eigenen Partei) wagte Macmillan diesen Schritt und trat in Verhandlungen ein – wurde jedoch 1963 von de Gaulle brüsk zurückgewiesen. Diese Situation wiederholte sich mit anderen Vorzeichen, als der *Labour*-Premier Harold Wilson, wiederum gegen starken Widerstand (auch in seiner Partei), denselben Schritt unternahm, der erneut von de Gaulle blockiert wurde (1967). Erst nach dem Rücktritt de Gaulles (1969) konnten die Verhandlungen wieder aufgenommen werden, nun von Edward Heath, nachdem die Konservativen aus den allgemeinen Wahlen von 1970 als Sieger hervorgegangen waren. Der offizielle Beitritt Großbritanniens zur Europäischen Gemeinschaft erfolgte zum 1. Januar 1973.

Die Wunde Irland

Keines der Dekolonialisierungsprobleme erwies sich in dem Maße als eine schwärende Wunde wie Irland – genauer gesagt: jene sechs irischen Grafschaften, die als *Northern Ireland* (»Ulster«) innerhalb des britischen Königreiches verblieben waren. Ihre protestantische Bevölkerungsmehrheit fühlt sich Großbritannien durch Sprache, Konfession und die traditionell engen wirtschaftlichen und politischen Beziehungen verbunden, belastet den Gesamtstaat aber gleichzeitig durch das gespannte Verhältnis zu einer katholischen Minderheit, die demographisch immer mehr ins Gewicht fällt. Die Übertragung des Wohlfahrtsstaates und der Bildungsreform nach dem Zweiten Weltkrieg begünstigte in erster Linie den ärmeren, sozial schwächeren und politisch benachteiligten Anteil der Bevölkerung, die Katholiken. Als die Bürgerrechtsbewegung, die in den mittleren 1960er Jahren in den USA entstanden war, auf Nordirland übergriff, kam es bald nicht nur zu Demonstrationen, sondern auch zu Ausbrüchen der Gewalt, die mit Gegengewalt beantwortet wurden. 1972 wußte sich der Gesamtstaat nicht anders zu helfen, als die britische Militärpräsenz zu verstärken; in der Folge wurde Nordirland von London aus regiert. Nach 1968 wurden strukturelle Ungleichheiten (Wahlsystem, Sozialwohnungen usw.) beseitigt; aber das Problem des Terrors ist bis heute ungelöst. Britische Regierungen sind längst in Verhandlungen mit der Republik Irland eingetreten; auch die

USA, durch einen beträchtlichen Teil ihrer Bevölkerung traditionell mit Irland verbunden, waren immer wieder vermittelnd tätig. Doch immer dann, wenn eine umfassende Friedensordnung bevorzustehen schien, wurden die politischen Ansätze wieder durch Terroristen zerbombt – durch Täter, die sich als wahre Repräsentanten ihres jeweiligen Volksteiles fühlen, deren Aktionen jedoch von gewöhnlicher Kriminalität kaum zu unterscheiden sind.

Die »englische Krankheit«

Wie wandelte sich Großbritannien von der ersten Industrienation zum Problemfall Europas? Politische Parteien geben auf diese Frage verschiedene Antworten. Auch ist oft schwer zu trennen, was an der wirtschaftlichen Misere Großbritanniens auf hausgemachte Probleme zurückzuführen und was nur ein Reflex allgemeiner Verschiebungen der Weltwirtschaft ist. Festzustehen scheint, daß nach der Mitte des 20. Jahrhunderts eine grundlegende Trendwende erfolgte, die zunächst nicht erkannt, später dann oft übertreibend herausgestrichen wurde. 1954 betrug der britische Anteil am Weltexport von Industriegütern noch 20 %; daß er in den folgenden Jahren zurückging, wurde zunächst mit dem Aufholen Deutschlands und Japans begründet. Aber 1967 betrug er nur noch 12 % und 1975 weniger als 9 %. Besonders deutlich war die Krise in traditionellen Branchen wie Kohle, Stahl, Schiffsbau und Textilien, sie ergriff aber auch die Automobilindustrie. In all diesen Bereichen war die Produktivität weit geringer als die der Konkurrenten, bei relativ hohen Löhnen und starker Inflation. Die Industriepolitik der wechselnden Regierungen war insgesamt ungünstig: In der Kriegs- und Nachkriegszeit hatte man sich, gerade in den genannten Branchen, an den Mechanismus gewöhnt, daß stets dann, wenn ein Unternehmen in Schwierigkeiten geriet, der Staat helfend einsprang und zur Erhaltung von Arbeitsplätzen Subventionen gab, Umstrukturierungen förderte und das Risiko übernahm. Die hochgradig gewerkschaftlich organisierten Arbeiter dieser Branchen pflegten aber die neuen staatlichen Unternehmen keineswegs zu schonen; vielmehr reizte gerade die anonyme Größe des Staates zu hohen Lohnforderungen und zu Streiks, die sich verschiedene Regierungen aus politischen Gründen nicht leisten konnten, so daß sie bei der Gewährung von Lohnforderungen die ökonomische Rationalität nicht selten aus den Augen verloren. Kurz: Der Besitz so vieler Unternehmen wurde für den Staat eher als Last denn als Reichtum fühlbar. Der Druck auf das Pfund wurde immer stärker. 1967 wiegte sich die Regierung in der Illusion, daß durch eine weitere Pfundabwertung »ein für allemal« die Währung stabilisiert sei; 1972 mußte sie dann die Wechselkurse freigeben, und das Pfund sank weiter im Wert.

Dabei gab es in einzelnen Branchen und in einzelnen Phasen durchaus Hoffnungszeichen, die dem Gesamttrend entgegenwirkten. Der Öl-Preis-

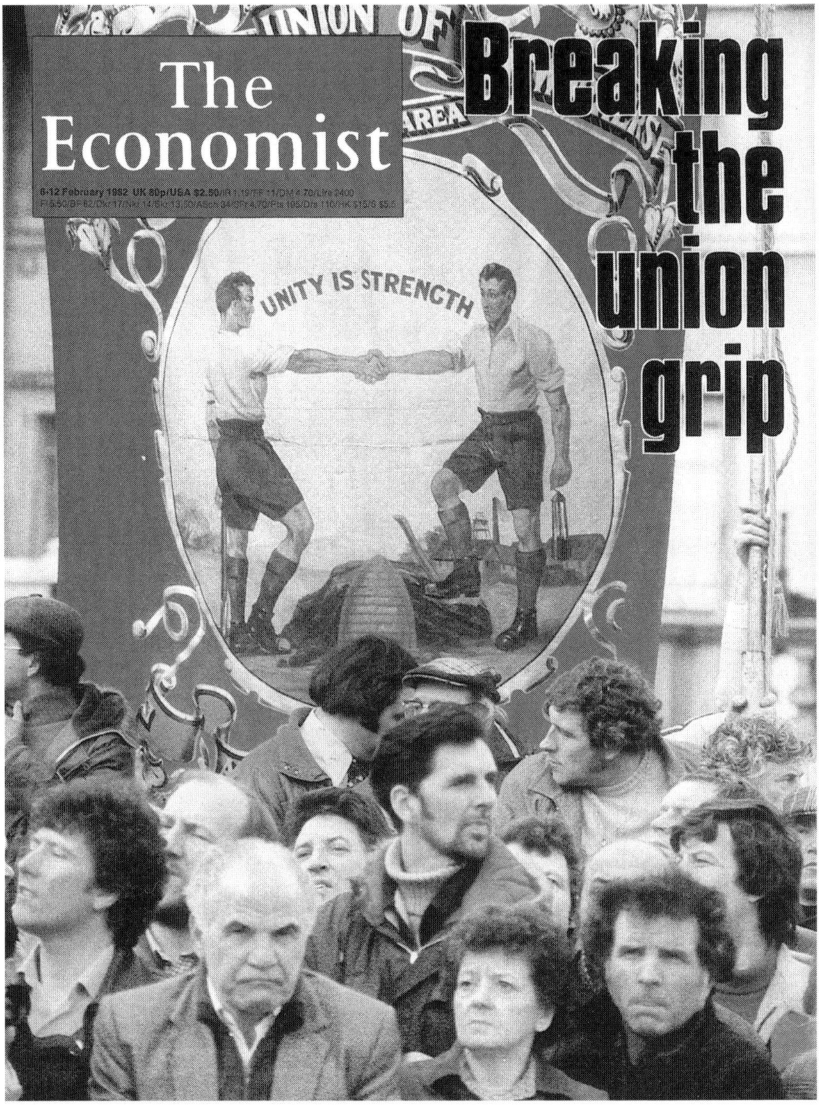

»Die Macht der Gewerkschaften brechen«: Demonstranten vor Traditionsfahne der Gewerkschaften (Titelseite des »Economist« vom 12. Februar 1982)

Schock von 1973 traf Großbritannien zunächst, wie die ganze westliche Welt, hart (vorübergehend arbeitete man in Industriebetrieben aus Energiemangel sogar nur drei Tage pro Woche); doch wirkte sich in der Folge der hohe Ölpreis günstig aus, weil sich nun die Investitionen zur Ausbeutung der um 1965 entdeckten Öl- und Gasvorräte in der Nordsee lohnten. Diese unerwartet zufließenden Reichtümer führten andererseits dazu, daß Großbritannien in der Nutzung der Atomenergie, zu der andere Industriestaaten in der Ölkrise verstärkt Zuflucht nahmen, nicht konkurrenzfähig blieb.

Ein entscheidender Faktor für die Produktivität war auch die Besteuerung, die in Großbritannien schon seit dem Zweiten Weltkrieg sehr hoch war, wobei aber unter *Labour*-Regierungen die Vorstellung herrschte, »die Reichen« müßten noch stärker besteuert und das Steuersystem in stärkerem Maße zur Umverteilung und sozialen Egalisierung eingesetzt werden. Eine weitere Gemeinsamkeit mit anderen Industriestaaten war die immer stärkere Aufblähung staatlicher Verwaltungen und sozialer Dienste aller Art, so daß ein immer größerer Teil des Haushaltes schon durch Personalausgaben festgelegt war. Bei hoher Inflationsrate und merklich steigenden Preisen verschärfte dies die Finanzprobleme des Staates von Jahr zu Jahr, da die Arbeiter und Angestellten gerade im öffentlichen Dienst entsprechende Lohnsteigerungen verlangten und, bei hohem gewerkschaftlichem Organisationsgrad, stets streikbereit waren.

Der Niedergang der *Labour Party*

Jahrzehntelang konnte es so scheinen, als herrsche in Großbritannien ein stabiles Zweiparteiensystem. Splitterparteien konnten infolge des Mehrheitswahlsystems nicht aufkommen; in der Vorkriegszeit erreichten weder die Kommunisten noch die Faschisten jemals Einfluß im Parlament; seit den 1960er Jahren erhielten vor allem Regionalparteien einzelne Sitze. Einzig die Liberalen konnten als dritte Partei in Betracht kommen.

Auch in den 1970er Jahren gingen die Wähler davon aus, daß entweder die Konservativen oder *Labour* eine Regierung bilden würden; die jeweilige Opposition präsentierte nicht nur regelmäßig ein Schattenkabinett, sondern stellte tatsächlich eine Regierung im Wartestand. Eine Koalitionsregierung, wie sie 1977 zwischen *Labour*, das nur noch eine hauchdünne Mehrheit im Unterhaus hatte, und den Liberalen abgeschlossen wurde, war für britische Verhältnisse eine vorübergehende Ausnahme.

Daß die turnusmäßigen Wechsel von *Labour* und Konservativen in eine jahrzehntelange Stabilitätsphase einmünden könnten, vermochte sich in den 1970er Jahren niemand vorzustellen. Großbritannien schien manchen Beobachtern geradezu unregierbar geworden zu sein. Die grundlegende Krise war eine Wirtschaftskrise: hohe Arbeitslosigkeit, exorbitante Inflation (25 % im Sommer 1975) und ein erschreckendes internationales Zahlungsbilanzdefizit. Die Regierung entschloß sich zu einer außerordentlichen Kreditaufnahme beim Internationalen Währungsfonds, mußte dafür aber Schritte zur Haushaltskonsolidierung unternehmen. Diese waren jedoch gerade *Labour*-Wählern schwer zu vermitteln. Die Gewerkschaften erhoben gewaltige Lohnforderungen und waren weithin streikbereit. Letztlich mußte an dieser Konstellation jede *Labour*-Regierung zerbrechen: Gerade in Großbritannien, wo die Verzahnung von Gewerkschaften und *Labour Party* traditionell besonders eng war, konnte die Partei keine Regierung stellen, die aus wirtschaftlichen Zwängen eine Politik durchsetzen mußte, welche von den Gewerkschaften als antagonistisch empfunden wurde. Insbesondere im Winter 1978/79 (*Winter of Discontent*) kulminierten Streiks in Schlüsselindustrien mit Streiks im Transportwesen, bei der Müllabfuhr und in Krankenhäusern. Die *Labour*-Regierung unter James Callaghan wurde schließlich im Frühjahr 1979 durch ein Mißtrauensvotum im Unterhaus zu Fall gebracht, bei dem ihr eine einzige Stimme fehlte; aus den darauffolgenden allgemeinen Wahlen gingen überraschenderweise die Konservativen unter Margaret Thatcher als Sieger hervor.

Die Ära Thatcher

Margaret Thatcher war nicht nur die erste Premierministerin der britischen Geschichte, sondern auch diejenige, welche, anders als ihr Vorgänger und Nachfolger im Amt, entschlossen war, der Geschichte ihren Stempel aufzudrücken. Tatsächlich lag ein Teil ihrer Botschaft in dieser Entschlossenheit selbst. Wenn ihr Profil bei ihrem Amtsantritt 1979 noch nicht so deutlich war, versäumte sie doch in den folgenden Jahren nicht, es deutlich zu machen. Und wer die Zeichen der Zeit zu lesen verstand, konnte auch 1979 schon wissen, was auf das Land zukam: Thatcher war unter Heath Bildungsministerin gewesen und hatte sich in die Annalen der Pädagogik eingeschrieben als diejenige, die den Schulkindern die kostenlose Pausenmilch weggenommen hatte, in welcher der Konsens des Wohlfahrtsstaates der Nachkriegszeit sinnfällig geworden war (»*Thatcher, the Milk-Snatcher*«). Als Konservative war sie in vieler Hinsicht untypisch: von kleinbürgerlicher Herkunft und ohne die Stilsicherheit traditioneller Milieus, nicht nur die erste Frau an der Parteispitze, sondern auch die erste Persönlichkeit mit einem naturwissenschaftlichen Grad (Chemie) an der Spitze des Staates. Ihr Credo waren die »viktorianischen Werte«, *self-help*, Individualismus, Freiheit für den einzelnen, Rückzug des Staates aus Wirtschaft und Gesellschaft, eine monetaristische Wirtschaftspolitik. Sie wollte die Inflation bekämpfen, die Gewerkschaften in ihre Schranken weisen und Großbritanniens Stellung in der Welt festigen. Mit solchen Maximen war sie die erste Politikerin, welche den Nachkriegskonsens des Wohlfahrtsstaates und des Kollektivismus offen attackierte. In den Augen ihrer Gegner agierte sie mitleidlos und unchristlich, förderte ordinäre Habgier und propagierte eine Ellbogengesellschaft der Stärkeren. Daß eine solche Persönlichkeit an der Spitze einer Partei Erfolg haben konnte, bedeutete wohl letztlich, daß sie englische Werte zum Vorschein kommen ließ, die damals nur verschüttet waren; möglich wurde ihr Erfolg freilich, weil breite Kreise den Eindruck gewonnen hatten, daß jeder Neuanfang einen Versuch wert war und es so, wie es 1979 stand, nicht weitergehen könne.

Aus dieser Grundhaltung begann die Regierung Thatcher 1979 mit symbolischen Aktionen wie der Senkung des Spitzensteuersatzes von 83 auf 60 %, um deutlich zu machen, daß sich »Leistung« künftig wieder »lohnen«

sollte. Statt dessen wurde die Mehrwertsteuer (VAT), die im Zusammenhang des EG-Beitritts eingeführt worden war, von unterschiedlichen Sätzen auf einheitlich 15 % angehoben. Die Inflation stieg zwar zunächst noch auf fast 22 % im Mai 1980, lag jedoch zwei Jahre später schon unter 10 %. Für »Vollbeschäftigung« erklärte sich die Regierung nicht zuständig; im Gegenteil wurde der in den ersten Jahren häufige Konkurs von Unternehmen als heilsam angesehen – im Sinne der gewünschten Wirksamkeit des freien Marktes. Diese Politik, die gelegentliche Gewaltausbrüche in Gebieten mit besonders hoher Arbeitslosigkeit in Kauf nahm, wurde flankiert von einer Gesetzgebung zur Einschränkung der Gewerkschaften, wobei das Streikrecht auf Arbeitskonflikte begrenzt und politische Streiks verboten wurden. Die Macht der Gewerkschaftsbosse wurde beschnitten durch Reglementierung der innergewerkschaftlichen Meinungsbildung, insbesondere die Einführung geheimer Abstimmungen.

Die 1979 so überraschend geschlagene *Labour Party* geriet an den Rand des Zerfalls. Ein weiterer Linksruck der Parteiführung provozierte die Abspaltung einer Minderheit als *Social Democratic Party*, die zeitweise mit den Liberalen kooperierte. Bei den nächsten Wahlen erreichten SDP und die Liberalen zusammen beinahe ebenso viele Stimmen wie *Labour* – am meisten aber erzielten die Konservativen.

Zu diesem Sieg Margaret Thatchers hatte außer den schon genannten Ansätzen am meisten der Falkland-Krieg (1982) beigetragen. Mit Erfolg mobilisierte die konservative Premierministerin die nationalen Gefühle der Briten und weckte Erinnerungen an glorreiche Zeiten. Die argentinische Junta bot ihr dazu die willkommene Gelegenheit, indem sie eine britische Inselgruppe im Südatlantik besetzte; entgegen den Erwartungen griff Großbritannien militärisch ein und konnte nochmals den Anschein erwecken, es sei Großmacht und imstande (wie zu Palmerstons Zeiten), britischen Bürgern überall auf der Welt Schutz zu gewähren.

Als eigentliche Entscheidungsschlacht erwies sich die Auseinandersetzung mit der Gewerkschaft der Bergarbeiter, an deren Spitze Arthur Scargill stand. Kohle war nicht nur ein Energieträger, sondern ein Symbol: Die industrielle Revolution, das *Empire*, die Weltmacht – all dies schien mit dem Reichtum aus dem Kohlebergbau verknüpft. In diesem Sektor war Rationalisierungspolitik besonders brisant. Erste Vorschläge zur Zechenstillegung 1980 mußten zurückgestellt werden, als die Gewerkschaft Widerstand anmeldete. Aber 1984 fühlte sich die Thatcher-Regierung stark genug, ihre Schrumpfungspolitik auch gegenüber den Bergleuten durchzusetzen. Fehler der Streikleitung kamen hinzu – etwa, wenn Scargill darauf verzichtete, in geheimer landesweiter Abstimmung die vorgeschriebene 55 %-Mehrheit für seinen Streik zu sichern. Hohe Kohlehalden und ein milder Winter 1984/85 erlaubten der Premierministerin ihre Politik der Stärke; nach einem ganzen Jahr des Streiks mußten sich die Bergarbeiter geschlagen geben.

Thatcher schien so fest im Sattel wie noch nie; es gelang ihr, die Konservativen 1987 zu einem dritten Wahlsieg zu führen. Das hing freilich auch

Karikatur aus »Today« vom 15. Juni 1987: das von Margaret Thatcher von allen Mitgliedern mit eigener Meinung gereinigte neue Kabinett

damit zusammen, daß sich die Stimmen ihrer Gegner auf zwei fast gleichstarke Gruppen verteilten: *Labour* und die Allianz aus SDP und Liberalen. Doch obwohl die Premierministerin mächtiger wirkte denn je, wurde sie im November 1990 von der Unterhausfraktion ihrer Partei überraschend nicht wiedergewählt. Die Unzufriedenheit, die darin zum Ausdruck kam, mag durch ihre diktatorischen Attitüden provoziert worden sein; nicht wenige Parteifreunde, die sie im Laufe ihrer Regierungsjahre aus dem Wege geräumt hatte, mögen die Mißstimmung geschürt haben. An Sachfragen wurden Unzufriedenheit mit ihrer Europapolitik und die seit kurzem wieder zunehmende Inflation genannt. Entscheidend war wohl die *Poll Tax*: Die traditionelle lokale Steuer der Grundbesitzer (*Rates*) sollte abgelöst werden durch eine »Kopfsteuer« aller Einwohner. Dieses Unternehmen entfachte einen solchen Sturm der Entrüstung, daß die Konservativen ihn nicht überstehen zu können glaubten. Im Blick auf die nahen Wahlen entschieden sie sich für den blassen, aber mehrheitsfähigen John Major. Alle Meinungsforschungsinstitute prognostizierten den Konservativen eine Niederlage; trotzdem erfocht Major 1992 wiederum einen Sieg für die Konservativen.

Der Niedergang der Konservativen und der Neuanfang mit Blair

Nach Jahren einer glanzlosen, aber ökonomisch nicht erfolglosen Übergangszeit verfiel die Macht der Konservativen unter der Führung John Majors Mitte der 90er Jahre zusehends. Dazu trugen die Aufdeckung von Korruptionsskandalen, illegalen Waffengeschäften und Schwierigkeiten bei der Handhabung der Krise um BSE-verseuchtes Rindfleisch bei. (Nachdem die Möglichkeit der Übertragung einer neuartigen Krankheit bei Rindern auf den Menschen wahrscheinlich gemacht worden war, mußten große Rinderbestände getötet werden; der Streit mit den Nachbarländern um Exportverbote für Rindfleisch aus Großbritannien rief ebenso Verwicklungen hervor wie die Aufdeckung illegaler Exporte von verseuchtem Rindfleisch.) Nachwahlergebnisse brachten jeweils Hiobsbotschaften für die Konservativen. Seit Frühjahr 1996 mußte sich Major auf wechselnde Mehrheiten stützen, nachdem mehrere konservative Abgeordnete zu *Labour* und den Liberaldemokraten übergetreten waren. Längere Zeit vermochte sich der Premier noch durch Zugeständnisse an die *Ulster Unionist Party* über Wasser zu halten; dann endete eine Periode 18jähriger konservativer Herrschaft in Großbritannien.

In den allgemeinen Wahlen vom 1. Mai 1997 feierte die *Labour Party* einen triumphalen Erfolg (43,2 % der Stimmen, bestes Ergebnis der Geschichte, Zuwachs von 148 Unterhausmandaten) über die *Tories* (nur noch 30,6 %, schlechtestes Ergebnis seit 1832, Rückgang von 171 Unterhausmandaten). Nun erreichten auch erstmals die Liberaldemokraten als dritte Partei ein nennenswertes Kontingent (46 Sitze).

Die neue Regierung unter Tony Blair proklamierte einen sozialpopulistischen Kurs (Abschöpfung von Spitzengewinnen bei privatisierten Unternehmen durch eine einmalige Sondersteuer, landesweite Mindestlohngarantie, Arbeitsbeschaffungsprogramm). Die innerparteiliche Erneuerungsrhetorik (»*New Labour*«) wurde ausgedehnt zu einer nationalen Erneuerungsrhetorik (»*New Britain*«). Die Blair-Regierung steht (bei Schonung nationaler Gefühle) für eine eher europafreundliche Politik. Es wurden ernsthafte Versuche unternommen, in Kooperation mit der Regierung der Republik Irland und unter Vermittlung des früheren amerikanischen Senators Mitchell zu einer Lösung für Nordirland zu kommen (Karfreitagsabkommen 1998), die jedoch letztlich an der IRA scheiterten, die sich weiterhin gegen ihre Entwaffnung sträubt; Splittergruppen begannen erneut mit Bombenanschlägen, so daß 2000 sogar auf das frühere Modell der Direktregierung Ulsters von London aus zurückgegriffen wurde, nachdem Nordirland Ende 1999 vorübergehend wieder sein eigenes Parlament (Stormont) eröffnet hatte.

Verfassungspolitisch am folgenreichsten sind die Regionalparlamente für Schottland in Edinburgh und Wales in Cardiff, die dort jeweils nach Volksabstimmungen gewählt werden konnten. Von großer symbolischer Bedeutung ist die Veränderung des Oberhauses (Reduzierung des Erbadels – als Vorstufe zu seiner gänzlichen Eliminierung?). Großbritannien unter Premierminister Blair: Das ist ein Land, das aus Gemeinschaftsrhetorik Hoffnung geschöpft hat und sich einschneidenden Reformen unterzieht.

Die Stellung Englands

Ein Teil des Erfolges Margaret Thatchers hatte darauf beruht, daß sie den britischen Wählern das Gefühl zu vermitteln vermochte, die Stellung Großbritanniens in der Welt sei gestärkt. Insofern Großbritannien einen Sitz im Sicherheitsrat der Vereinten Nationen innehatte, schien es nach wie vor eine Weltmacht. Die *special relationship* mit den Vereinigten Staaten wurde insbesondere zu den Zeiten herausgestellt, als mit Ronald Reagan ein amerikanischer Präsident an der Macht war, der in mancher Hinsicht ähnliche Gesinnungen hegte wie die britische Premierministerin. Andererseits konnte nicht verborgen bleiben, daß das *Commonwealth* im späten 20. Jahrhundert nur noch ein Schatten dessen war, was das *Empire* einst gewesen war: Auf britische Institutionen waren in nicht wenigen afrikanischen Staaten Militärdiktaturen gefolgt. Die herkunftsmäßige Verbundenheit mit Briten in anderen Teilen der Welt wurde dadurch geschwächt, daß sich beispielsweise Australien seit 1945 durch seine Einwanderungspolitik stark veränderte; auch in Kanada machte sich der französische Bevölkerungsteil stärker bemerkbar als früher. Das Auftreten von *Commonwealth*-Staatsmännern in London konnte noch immer ein farbenfrohes Schauspiel bieten, doch mehrten sich die Stimmen derer, die es schlicht für eine Farce erklärten. Realpolitik dagegen ereignete sich 1983, als die amerikanische Regierung einen militäri-

Die englischen Grafschaften bis zur Verwaltungsreform von 1975

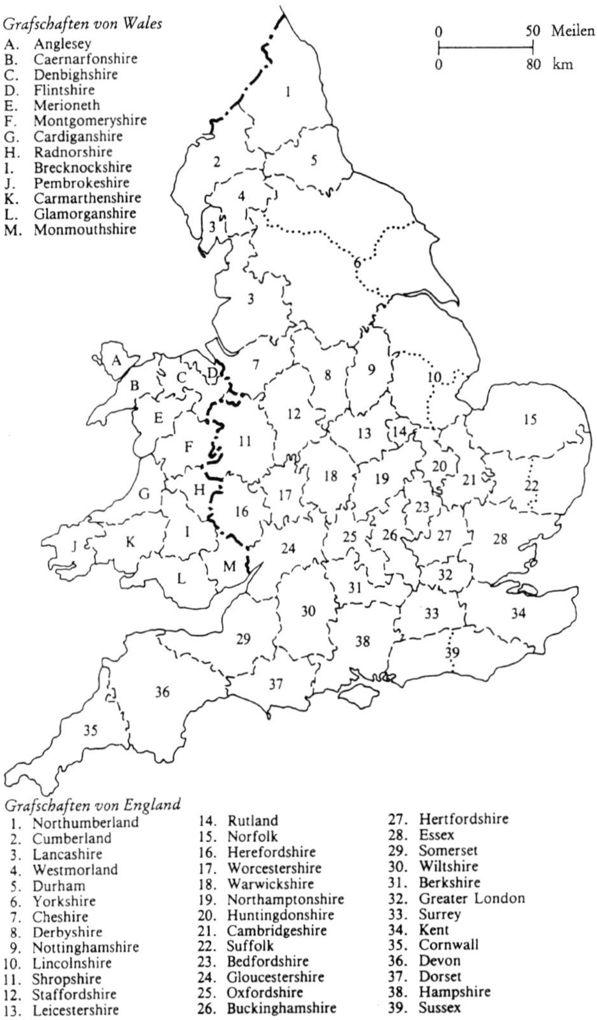

schen Schlag gegen Grenada führte, ohne die englische Königin, nominelles Haupt dieses zum *Commonwealth* gezählten Inselstaates, zu konsultieren oder zu informieren.

Europa gegenüber suchte sich Margaret Thatcher als »eiserne Lady« zu profilieren, der alles an der Wahrung britischer Interessen und nichts an einer europäischen Föderation gelegen war. Darin spiegelte sich die Ambivalenz britischer Europagefühle – innerhalb der Konservativen wie der *Labour Party*. Mittlerweile hat sich hier jedoch ein Generationswandel an der Spitze beider Parteien mildernd ausgewirkt. Daß die *Labour Party* Tony Blairs den Austritt aus der Gemeinschaft fordern würde, kann man sich gegenwärtig nicht mehr vorstellen. Daß an britischen Schulen und Universitäten »Britische Geschichte« und »Europäische Geschichte« immer als zwei verschiedene Gegenstände gelehrt wurden, konnte in den späten 1980er Jahren noch Gegenstand langer Debatten in Westminster sein, wird aber die kommende Generation wahrscheinlich nicht mehr beunruhigen. Die sich anbahnende Normalität der Beziehungen Großbritanniens zur EG könnte schließlich dazu führen, daß die britischen Eigenheiten der Verfassung und Verwaltung das Denken und Verfahren innerhalb der Gemeinschaft anregen, wo sie lange nur als verkleidete Ablehnung Europas und als Hindernis des Zusammenwachsens wahrgenommen wurden. Im europäischen Kontext könnten sich die *Commonwealth*-Beziehungen Großbritanniens noch als ebenso nützlich erweisen, wie es die historischen Beziehungen Spaniens und Portugals zum südamerikanischen Subkontinent geworden sind.

Schließlich ist die gewandelte Stellung Englands innerhalb Großbritanniens zu bedenken. Während sich durch die industrielle Revolution das Gewicht des Landes nach Norden und Westen verschoben hatte, machte die industrielle Depression die alten Industrieregionen zu Problemzonen. Daß das ökonomische Schwergewicht Englands wieder im Süden und Osten liegt,

Die englischen Grafschaften seit 1975

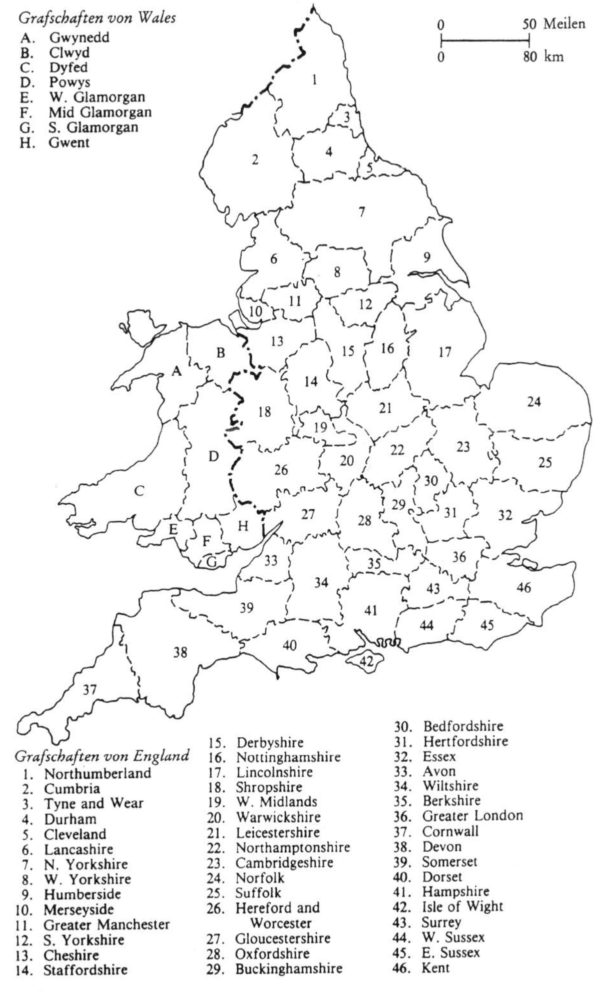

wurde in der Ära Thatcher immer deutlicher. Der Boom der Unternehmensgründungen fand in dieser Region statt. Freilich war dies nicht nur Ergebnis konservativer Politik, sondern auch europäischer Annäherung: Die günstige Lage zum Kernbereich Europas ließ East Anglia ebenso prosperieren wie die Lombardei. Die Konservativen entwickelten sich in dieser Ära allerdings zu einer fast ausschließlich englischen Partei, die in Wales und in Schottland keine Mehrheit mehr zu erreichen vermochte. Seit den Referenden von 1979, in denen Wales und Schottland ihren Willen zur Zugehörigkeit bekräftigt hatten, schien die Regierung nicht mehr an einer Regionalisierung interessiert. Unter der *Labour*-Regierung hat eine tiefgreifende Regionalisierung eingesetzt. Nach Volksabstimmungen in Schottland und Wales wurden dort jeweils Regionalparlamente gewählt, welche die Sonderinteressen und das Eigenbewußtsein dieser Regionen artikulieren, in ihren Befugnissen aber sehr beschränkt blieben.

Riß zwischen Nord und Süd in England (Karikatur aus »The Observer« vom 14. Juni 1987)

Verfassungsprobleme – Zukunft der Monarchie

Von der Regionalisierung abgesehen, dürfte das Hauptstrukturproblem des britischen Staates am Ende des 20. Jahrhunderts nicht in der Monarchie oder im Oberhaus liegen, auch nicht im Fehlen einer geschriebenen Verfassung, für die sich seit Jahren eine Aktionsbewegung stark macht (*Charter 88*), sondern im Mehrheitswahlrecht. Während das britische Mehrheitswahlrecht in jedem Falle zu einem »Entweder-Oder« führt und ein Zweiparteiensystem sowohl voraussetzt als auch fördert, spielte schon 1918 in den Verfassungsreformdebatten und später immer wieder die Frage eine

Rolle, ob nicht ein Verhältniswahlrecht den Willen des Volkes im Parlament besser zur Geltung bringen würde. Diese Frage betrifft weniger die Regionalparteien, die ihre zeitweilige Stärke vielmehr gerade durch die Erringung einer relativen Mehrheit in einzelnen Wahlkreisen zeigen konnten (*Plaid Cymru* in Wales und *Scottish National Party* in Schottland); es betrifft in erster Linie die jeweilige »dritte Partei«, die durch das ungemilderte Mehrheitswahlrecht selbst dann zwischen den beiden führenden Parteien zerrieben wird, wenn sie 25–30 % der Wahlstimmen der Bevölkerung erreicht. Dies mußten die Liberalen ebenso erfahren wie die SDP. Koalitionsregierungen sind deshalb in Großbritannien selten und meist kurzlebig. Das durch das Mehrheitswahlrecht gestützte Zweiparteiensystem bewirkt allerdings eine große Stabilität in Westminster – solange im Lande Konsens darüber besteht, daß bis zu 60 % der Wählerstimmen unter den Tisch fallen dürfen und sich alle Betroffenen den herrschenden Spielregeln unterwerfen. So hat man gegen die Politik Thatchers vorgebracht, sie habe es nicht vermocht, die Mehrheit der Briten für ihre Politik zu gewinnen, da landesweit nie mehr als 42 % für die Konservativen stimmten. (Das gilt auch für die neue *Labour*-Regierung.) Andererseits ist auch eine Konstellation vorstellbar, in der das Wahlrecht von einer den Machtverlust fürchtenden Regierung geändert wird, um das Aufkommen einer dritten Partei zu ermöglichen und eine Koalitionsregierung bilden zu können. Das britische System hat schon öfter seine Überlebensfähigkeit durch Anpassung bewiesen.

Dies gilt auch für die Frage, ob ein Oberhaus aus Sprößlingen des Erbadels mit der Demokratie vereinbar sei. Die Kompetenzen des Oberhauses, die 1911 einschneidend beschränkt wurden, konnten 1948 durch Verkürzung der aufschiebenden Wirkung im Falle eines Vetos auf nur noch ein Jahr reduziert werden. Entscheidend war aber die Gesetzesänderung von 1958, welche Erhebungen in den nicht-erblichen Adelsstand ermöglichte. Seither wurde das Oberhaus zunehmend durch verdiente Staatsmänner am Ende ihrer Karriere, erfolgreiche Wissenschaftler und andere Persönlichkeiten von öffentlicher Bedeutung ergänzt, so daß es nicht mehr in erster Linie als Bollwerk obsoleter Privilegien erscheint, sondern eher als ein Gremium, in dem Sachverstand über Parteipolitik und traditionsbewußtes Deliberieren über hektische Tagespolitik dominieren können. Die einschneidendste Reform wagte die Labour-Regierung 1999, als sie dem Erbadel sein durch Geburt gegebenes Vertretungsrecht nahm und statt dessen nur noch eine reduzierte Zahl zuließ, welche der Erbadel aus seiner Mitte zu wählen hat. Dies kann wohl als Übergangslösung zur völligen Abschaffung der Vertretungsrechte eines privilegierten Standes angesehen werden.

Anpassungsfähigkeit hat schließlich die Monarchie selbst in hohem Maße bewiesen. Im späten 18. Jahrhundert wie auch im Laufe des 19. entstanden immer wieder republikanische Bewegungen; man mag sich wundern, daß auch die Schläge des 20. Jahrhunderts nicht zur Abschaffung der Monarchie geführt haben. Das hängt damit zusammen, daß die Inhaber des

Abstimmung über die Reduktion des Erbadels im britischen Parlament (1999): Der Lordkanzler, Lord Irvine of Lairy (links), nimmt das Ergebnis entgegen

Throns, seit sich die um ihren verstorbenen Gatten trauernde Viktoria überzeugen ließ, sie habe nicht das Recht, sich ins Privatleben zurückzuziehen, und eine weitgehend symbolische, repräsentative Funktion übernahm, in ihre neue Rolle zunehmend erfolgreich hineingefunden haben. Georg V. verbreitete 1932 erstmals über Rundfunk eine Weihnachtsansprache an seine Untertanen; damit konnte er, was kein Monarch vor ihm vermochte, im Familienkreis eines beträchtlichen Teiles seiner Untertanen anwesend sein. Elisabeth II. entschied sich 1953, das ganze Krönungszeremoniell vom Fernsehen übertragen zu lassen, was der Popularität der Monarchie neuen Auftrieb gab. Angeblich soll 1981 ein Achtel der Weltbevölkerung die Fernsehübertragung der Hochzeit des *Prince of Wales* verfolgt haben (was die verbreitete Enttäuschung über die Trennung 1992 und die Scheidung 1996 erklären könnte). Nach öffentlicher Kritik entschloß sich Elisabeth II., ab 1993 Steuern zu zahlen; 1996 brachte sie den Verzicht auf die *Civil List* (eine dreihundertjährige Tradition!) und die Unterhaltung eines verkleinerten Hofstaates aus Krongütern ins Gespräch. Am revolutionärsten waren nicht ihre Andeutungen zu einer gleichrangigen weiblichen Erbfolge, sondern diejenigen zur Trennung von Kirche und Staat. Wenn der König nicht mehr Oberhaupt der Anglikanischen Kirche zu sein braucht, unterliegt auch die Wiederverheiratung eines geschiedenen Thronfolgers nicht mehr der Zensur eines Erzbischofs; sie wird zur Privatsache und nähert sich dem Normalfall in einer Gesellschaft, in der derzeit schon jede dritte Ehe geschieden wird. Anzeichen für die Dissoziation von Kirche und Staat gibt es schon länger. Mehrere Mitglieder der königlichen Familie sind zur katholischen Kirche übergetreten. 1982 registrierte die Welt mit Staunen, daß sich der

Erzbischof von Canterbury dem Triumphalismus der Falkland-Siegerin verweigerte. Wenn sich die spezielle Zusammengehörigkeit von Kirche und Staat, eine Tradition seit 1534, als veränderbar erweist, kann nicht mehr bezweifelt werden, daß in Großbritannien jede Art von Verfassungsänderung möglich geworden ist und auch eine erneute Stabilisierung der Monarchie bewirkt werden kann. Während die Religion zur Privatsache geworden ist, ist die königliche Familie in eine quasi-religiöse Funktion hineingewachsen, indem sie, in einer säkularen Welt, den Trost nationaler Einheit und sozialer Gerechtigkeit zu bieten scheint, dessen immer größere Teile ihrer Untertanen, auch als mündige Bürger, bedürfen.

Literaturhinweise

Von begründeten Ausnahmen abgesehen, werden hier nur Bücher aus den letzten drei Jahrzehnten aufgeführt. Da fast alle der genannten Werke Bibliographien enthalten, läßt sich über diese die ältere Literatur erschließen.

Allgemeines

Blake, Robert (Hrsg.): Die englische Welt. Geschichte, Gesellschaft, Kultur. München 1983.

Bradshaw, Brendan [u. a.] (Hrsg.): British Consciousness and Identity: The Making of Britain 1533–1707. Cambridge [u. a.] 1998.

Dahrendorf, Ralf: On the English. London 1982.

Elton, Geoffrey: The English. Oxford / Cambridge (Ma.) 1992.

Fetscher, Iring: Großbritannien. Gesellschaft – Politik – Wirtschaft. Königstein i. Ts. ^{3}1978.

Gelfert, Hans-Dieter: Typisch englisch. Wie die Briten wurden, was sie sind. München 1995.

Henrich, Dieter: Einführung in das englische Privatrecht. Darmstadt ^{2}1993.

Jäger, Helmut: Großbritannien. Eine geographische Landeskunde. Darmstadt 1976.

Jones, Edwin: The English Nation: The Great Myth. Stroud 1998.

Robbins, Keith: Great Britain: Identities, Institutions, and the Idea of Britishness, London [u. a.] 1998.

Storry, Mike / Childs, Peter (Hrsg.): British Cultural Identities. London [u. a.] 1997.

Allgemeine Quellensammlung

Douglas, D. C. (Hrsg.): English Historical Documents. [Bisher] 10 Bde. London 1953 ff.

Übergreifende allgemeine Darstellungen

Blake, Robert: The Conservative Party from Peel to Major. London ^{2}1997.

Cannon, John (Hrsg.): The Oxford Companion to British History. Oxford [u. a.] 1997.

Haigh, Christopher (Hrsg.): The Cambridge Historical Encyclopedia of Great Britain and Ireland. Cambridge [u. a.] 1985.

Kearney, Hugh: The British Isles. A History of Four Nations. Cambridge [u. a.] 1989.

Kluxen, Kurt: Geschichte Englands. Von den Anfängen bis zur Gegenwart. Stuttgart ^{4}1991.

Morgan, Kenneth O. (Hrsg.): The Oxford Illustrated History of Britain. Oxford / New York 1982.

Sykes, Norman: The Rise and Fall of British Liberalism 1776–1998. London [u. a.] 1997.

Schröder, Hans-Christoph: Englische Geschichte. München 1995.

Wende, Peter: Geschichte Englands. Stuttgart [u. a.] ^{2}1995.
– (Hrsg.): Englische Könige und Königinnen. Von Heinrich VII. bis Elisabeth II. München 1998.
Wright, Tony / Carter, Matt: The People's Party: The History of the Labour Party. London 1997.

Übergreifende Darstellungen einzelner Bereiche

Baugh, Albert C. / Cable, Thomas: A History of the English Language. London ^{4}1993.
Borgmeier, Raimund (Hrsg.): Die englische Literatur in Text und Darstellung. 10 Bde. Stuttgart 1982–86.
Briggs, Asa: A Social History of England. London 1983.
Ford, Boris (Hrsg.): The Cambridge Cultural History of Britain. 9 Bde. Cambridge 1992.
Gaunt, William: A Concise History of English Painting. London 1964.
Jones, Kathleen: The Making of Social Policy in Britain, 1830–1990. London [u. a.] ^{2}1994.
König, Wolfgang (Hrsg.): Propyläen Technikgeschichte. 5 Bde. Berlin 1990–92.
Lawson, John / Silver, Harold: A Social History of Education in England. London 1973.
Pevsner, Nikolaus: The Englishness of English Art. Harmondsworth 1964.
Pounds, N. J. G.: The Culture of the English People. Iron Age to the Industrial Revolution. Cambridge 1994.
Propyläen Kunstgeschichte. 12 Bde. Neuausg. Frankfurt a. M. [u. a.] 1984.
Propyläen Geschichte der Literatur. 6 Bde. Berlin 1988.
Schwanitz, Dietrich: Englische Kulturgeschichte. 2 Bde. Tübingen/Basel 1995.
Seeber, Hans Ulrich (Hrsg.): Englische Literaturgeschichte. Stuttgart 1991.
Watkin, David: English Architecture. A Concise History. London 1979.

Die mittelalterlichen Grundlagen der englischen Geschichte

Gesamtdarstellung

Krieger, Karl-Friedrich: Geschichte Englands von den Anfängen bis zum 15. Jahrhundert. München 1990.

Von den Anfängen bis 1066

Blair, Peter H.: An Introduction to Anglo-Saxon England. Cambridge ^{2}1977.
Dark, Kenneth Rainsbury: Civitas to Kingdom: British Political Continuity, 300–800. Leicester [u. a.] 1994.
Finberg, H. P. R.: The Formation of England 550–1042. London 1974.
Fisher, D. J. V.: The Anglo-Saxon Age, c. 400–1042. London / New York 1973.
Frere, Sheppard S.: Britannia. A History of Roman Britain. London ^{3}1987.
John, Eric: Reassessing Anglo-Saxon England. New York [u. a.] 1996.

Jones, Michael E.: The End of Roman Britain. Ithaca [u. a.] 1996.
Logan, Donald: The Vikings in History. London / New York ²1992.
Loyn, H. R.: The Vikings in Britain. London 1977.
– The Governance of Anglo-Saxon England 500–1087. London 1984.
Sawyer, P. H.: From Roman Britain to Norman England. London 1978.
– Kings and Vikings. Scandinavia and Europe AD 700–1100. London [u. a.] 1982.
Todd, Malcolm: Roman Britain. Brighton [u. a.] 1981.
Wacher, John Stewart: Roman Britain. London [u. a.] 1978.
Wilson, David M.: The Vikings and Their Origins. Scandinavia in the First Millennium. New York 1970.

Von der normannischen Eroberung bis zum Hundertjährigen Krieg (1066–1337)

Barlow, Frank: The Feudal Kingdom of England 1042–1216. London / New York ⁴1988.
Chibnall, Marjorie: Anglo-Norman England. New York 1986.
Clanchy, M. T.: England and Its Rulers 1066–1272. Glasgow 1983.
Frame, Robin: The Political Development of the British Isles 1100–1400. Oxford / New York 1990.
Jäschke, Kurt-Ulrich: Die Anglo-Normannen. Stuttgart [u. a.] 1981.
King, Edmund: Medieval England, 1066–1485. London 1988.
Strickland, Matthew: War and Chivalry: The Conduct and Perception of War in England and Normandy, 1066–1217. Cambridge [u. a.] 1996.

Die Krise des Spätmittelalters (1337–1485)

Carpenter, Christine: The Wars of the Roses: Politics and the Constitution in England, c. 1437–1509. Cambridge [u. a.] 1997.
DuBoulay, F. R. H.: The Age of Ambition. London 1970.
Goodman, Anthony: The Wars of the Roses. Military Activity and English Society 1452–97. London / New York 1990.
Keen, Maurice Hugh: England in the Late Middle Ages. A Political History. London / New York 1973.
Lander, J. R.: The Wars of the Roses. London 1965.
– Conflict and Stability in Fifteenth-Century England. London ³1977.
– Government and Community. England 1450–1509. London 1980.
Neillands, Robin: The Hundred Years War. London / New York 1991.
Thomson, John A. F.: The Transformation of Medieval England 1370–1529. London / New York 1983.
Tuck, Anthony: Crown and Nobility, 1272–1461. London 1985.
Webster, Bruce: The Wars of the Roses. London [u. a.] 1998.

Wirtschafts- und Sozialgeschichte

Bolton, J. L.: The Medieval English Economy, 1150–1500. London 1980.
Keen, Maurice: English Society in the Later Middle Ages 1348–1500. Harmondsworth 1990.
Miller, E. / Hatcher, J.: Medieval England: Rural Society and Economic Change 1086–1348. London 1978.

Platt, Colin: Medieval England. A Social History and Archaeology from the Conquest to A. D. 1600. London / New York 1978.
Postan, M. M.: Medieval Economy and Society. London 1972.
Rigby, Stephen Henry: English Society on the Later Middle Ages: Class, Status and Gender. Basingstoke [u. a.] 1995.

Rechts- und Verfassungsgeschichte

Caeneghem, R. C. van: The Birth of the English Common Law. Cambridge 1973.
Davies, R. G. / Denton, J. H. (Hrsg.): The English Parliament in the Middle Ages. Manchester 1981.
Jewell, Helen M.: Women in Medieval England. Manchester [u. a.] 1996.
Kluxen, Kurt: Englische Verfassungsgeschichte. Mittelalter. Darmstadt 1987.
Lyon, B.: A Constitutional and Legal History of Medieval England. New York / London [2]1980.

Religions-, Kirchen- und Mentalitätsgeschichte

Barlow, Frank: The English Church 1066–1154. London 1979.
Heath, Peter: Church and Realm, 1272–1461. London 1988.
Swanson, R. N.: Church and Society in Later Medieval England. Oxford 1989.
– Catholic England. Faith, Religion and Observance Before the Reformation. Manchester / New York 1993.

Bildungs- und Kulturgeschichte

Cobban, Alan B.: The Medieval English Universities: Oxford and Cambridge to c. 1500. Aldershot 1988.
Medcalf, Stephen (Hrsg.): The Context of English Literature: The Later Middle Ages. London 1981.
Orme, Nicholas: English Schools in the Middle Ages. London 1973.
Platt, Colin / Kersting, Anthony: The Architecture of Medieval Britain. New Haven / London 1990.

Der neuzeitliche Staat und die Reformation: England 1485–1603

Gesamtdarstellungen

Elton, Geoffrey R.: England unter den Tudors. München 1983.
Guy, John: Tudor England. Oxford / New York 1988.
Loades, D. M.: Politics and the Nation 1450–1660. Obedience, Resistance and Public Order. London [3]1986.
Lockyer, Roger: Tudor and Stuart Britain 1471–1714. Harlow [2]1985.
Lotherington, John (Hrsg.): The Tudor Years. London 1994.
Russell, Conrad: The Crisis of Parliaments. English History 1509–1660. Oxford 1971.
Smith, Alan G. R.: The Emergence of A Nation State. The Commonwealth of England 1529–1660. London / New York 1984.
Youings, Joyce: Sixteenth-Century England. Harmondsworth 1984.

England am Beginn der Neuzeit (1485–1547)

Chrimes, S. B.: Henry VII. London 1972.
Coleman, Christopher / Starkey, David (Hrsg.): Revolution Reassessed. Revisions in the History of Tudor Government and Administration. Oxford 1986.
Elton, G. R.: Policy and Police. The Enforcement of the Reformation in the Age of Thomas Cromwell. Cambridge 1972.
Elton, G. R.: Reform and Reformation. England 1509–1558. London 1977.
Fox, Alistair / Guy, John: Reassessing the Henrician Age. Humanism, Politics and Reform 1500–1550. Oxford 1986.
Grant, A.: Henry VII. London 1985.
Lander, J. R.: Government and Community. England 1450–1509. London 1980.
Lockyer, Roger: Henry VII. London / New York [2]1983.
Palmer, M. D.: Henry VIII. London / New York [2]1983.
Scarisbrick, J. J.: Henry VIII. London 1976.
Starkey, David: The Reign of Henry VIII. Personalities and Politics. London 1985.

Die Krise der Jahrhundertmitte (1547–1558)

Jones, W. R. D.: The Mid-Tudor Crisis, 1539–1563. London 1973.
Jordan, W. K.: Edward VI. 2 Bde. London 1968/70.
Loach, Jennifer / Tittler, Robert (Hrsg.): The Mid-Tudor Policy c. 1540–1560. Basingstoke/London 1980.
Loades, David Michael: Maria Tudor (1516–1558): England unter Maria der Katholischen. München 1982.
– The Mid-Tudor Crisis, 1545–1565. Basingstoke/London 1992.
Tittler, Robert: The Reign of Mary I. London / New York 1983.

Das elisabethanische Zeitalter (1558–1603)

Dean, D. M. / Jones, N. L. (Hrsg.): The Parliaments of Elizabethan England. Oxford 1990.
Haigh, Christopher: Elizabeth I. London / New York 1988.
– (Hrsg.): The Reign of Elizabeth I. Basingstoke/London 1984.
MacCaffrey, Wallace: Elizabeth I. London [u. a.] 1993.
Machoczek, Ursula: Die regierende Königin – Elisabeth I. von England. Aspekte weiblicher Herrschaft im 16. Jahrhundert. Pfaffenweiler 1996.
Neale, John E.: Königin Elisabeth I. von England. München [4]1985.
Suerbaum, Ulrich: Das elisabethanische Zeitalter. Stuttgart 1989.
Wormald, Jenny: Maria Stuart. Freiburg/Würzburg 1992.

Wirtschafts- und Sozialgeschichte

Beier, A. L.: The Problem of the Poor in Tudor and Early Stuart England. London / New York 1983.
Clay, C. G. A.: Economic Expansion and Social Change: England 1500–1700. 2 Bde. London 1984.
Coleman, D. C.: The Economy and Society of England, 1450–1750. Oxford 1977.

Coward, Barry: Social Change and Continuity in Early Modern England, 1550–1750. London / New York 1988.
Hill, Christopher: Reformation to Industrial Revolution, 1530–1760. Harmondsworth 1967.
Hoskins, W. G.: The Age of Plunder. The England of Henry VIII 1500–1547. London / New York 1976.
Houlbrooke, Ralph: The English Family 1450–1700. London / New York 1984.
Kerridge, Eric: The Agricultural Revolution. London 1967.
Laslett, Peter: Verlorene Lebenswelten. Geschichte der vorindustriellen Gesellschaft. Wien [u. a.] 1988.
Palliser, D. M.: The Age of Elizabeth. England Under the Later Tudors, 1547–1603. London / New York ²1992.
Sharpe, J. A.: Early Modern England. A Social History 1550–1760. London [u. a.] 1987.
Slack, Paul: Poverty and Policy in Tudor and Stuart England. London / New York 1987.
Stone, Lawrence: The Family, Sex and Marriage in England 1500–1800. Harmondsworth 1979.
Thirsk, Joan (Hrsg.): The Agrarian History of England and Wales. Bd. 4: 1500–1640. Cambridge 1967.

Rechts- und Verfassungsgeschichte

Elton, G. R.: The Tudor Constitution. Documents and Commentary. Cambridge ²1982.
Graves, Michael A. R.: Elizabethan Parliaments 1559–1601. London / New York 1987.
– Early Tudor Parliaments 1485–1558. London / New York 1990.
Loach, Jennifer: Parliament Under the Tudors. Oxford 1991.
Williams, Penry: The Tudor Regime. Oxford 1979.

Religions-, Kirchen- und Mentalitätsgeschichte

Brigden, Susan: London and the Reformation. Oxford 1989.
Collinson, Patrick: The Elizabethan Puritan Movement. Oxford 1967.
– The Religion of Protestants. The Church in English Society 1559–1625. Oxford 1982.
Dickens, A. G.: The English Reformation. London ²1989.
Dickens, A. G. / Carr, Dorothy: The Reformation in England to the Accession of Elizabeth I. London [u. a.] 1967.
Doran, Susan: Elizabeth I and Religion 1558–1603. London / New York 1994.
Doran, Susan / Durston, Christopher: Princes, Pastors and People. The Church and Religion in England 1529–1689. London / New York 1991.
Dures, Alan: English Catholicism 1558–1642. Harlow 1983.
Haigh, Christopher: English Reformations. Religion, Politics and Society Under the Tudors. Oxford 1993.
– (Hrsg.): The English Reformation Revised. Cambridge 1987.
Heal, Felicity / O'Day, Rosemary (Hrsg.): Church and Society in England, Henry VII to James I. Basingstoke/London 1977.
Loades, David: Revolution in Religion: The English Reformation 1530–1570. Cardiff 1992.

MacCulloch, Diarmaid: The Later Reformation in England, 1547–1603. Basingstoke/London 1990.
Macfarlane, Alan: Witchcraft in Tudor and Stuart England. Oxford 1988.
Marshall, Peter (Hrsg.): The Impact of the English Reformation, 1500–1640. London [u. a.] 1997.
O'Day, Rosemary: The Debate on the English Reformation. London / New York 1986.
Rex, Richard: Henry VIII and the English Reformation. Basingstoke/London 1993.
Rosman, Doreen: From Catholic to Protestant: Religion and the People in Tudor England. London [u. a.] 1996.
Scarisbrick, J. J.: The Reformation and the English People. Oxford 1984.
Sheils, W. J.: The English Reformation 1530–1570. London / New York 1989.
Thomas, Keith: Religion and the Decline of Magic. Studies in Popular Beliefs in Sixteenth and Seventeenth Century England. Harmondsworth 1973.
– Vergangenheit, Zukunft, Lebensalter. Zeitvorstellungen im England der frühen Neuzeit. Berlin 1988.
Tyacke, Nicholas (Hrsg.): England's Long Reformation 1500–1800. London [u. a.] 1998.
Whiting, Robert: The Blind Devotion of the People. Popular Religion and the English Reformation. Cambridge [u. a.] 1989.

Bildungs- und Kulturgeschichte

Cressy, David: Education in Tudor and Stuart England. London 1975.
– Literacy and the Social Order. Reading and Writing in Tudor and Stuart England. Cambridge 1980.
Eisenstein, Elizabeth: The Printing Press as an Agent of Change. 2 Bde. Cambridge 1979.
Kearney, Hugh: Scholars and Gentlemen: Universities and Society in Pre-Industrial Britain, 1500–1700. London 1970.
Lloyd, Christopher / Thurley, Simon: Henry VIII. Images of A Tudor King. Oxford 1990.
O'Day, Rosemary: Education and Society 1500–1800. The Social Foundations of Education in Early Modern Britain. London / New York 1982.
Simon, Joan: Education and Society in Tudor England. Cambridge 1967.
Strong, Roy: Holbein and Henry VIII. London 1967.
– The Cult of Elizabeth: Elizabethan Portraiture and Pageantry. London 1977.
– Gloriana. Portraits of Queen Elizabeth I. London / New York 1987.
Wulstan, D.: Tudor Music. London 1985.

Von der Uniformität zum Pluralismus: England 1603–1714

Gesamtdarstellungen

Coward, Barry: The Stuart Age. A History of England 1603–1714. London / New York 1980.
Greyerz, Kaspar von: England im Jahrhundert der Revolutionen 1603–1714. Stuttgart 1994.

Hill, Christopher: The Century of Revolution 1603–1714. London 1974.
Hughes, Ann / Owens, W. R. (Hrsg.): Seventeenth Century England: A Changing Culture. 2 Bde. [o. O.] 1980.
Kenyon, J. P.: Stuart England. Harmondsworth 1978.

Die frühe Stuartzeit (1603–1640)

Asch, Ronald: Der Hof Karls I. von England. Politik, Provinz und Patronage 1625–1640. Köln [u. a.] 1993.
Bowle, John: Charles the First. London 1975.
Cust, Richard / Hughes, Ann (Hrsg.): Conflict in Early Stuart England. London 1989.
Durston, Christopher: James I. London / New York 1993.
– Charles I. London/New York 1998.
Freist, Dagmar: Governed by Opinion: Politics, Religion and the Dynamics of Communication in Stuart London, 1637–1645. London [u. a.] 1997.
Hirst, Derek: Authority and Conflict. England 1603–1658. London 1986.
Houston, S. J.: James I. Harlow 1973.
Sharpe, Kevin (Hrsg.): Faction and Parliament: Essays on Early Stuart History. London 1978.
Sharpe, Kevin / Lake, Peter (Hrsg.): Culture and Politics in Early Stuart England. Basingstoke/London 1994.
Smith, Alan G. R. (Hrsg.): The Reign of James VI and I. London 1973.
Tomlinson, Howard (Hrsg.): Before the English Civil War. Basingstoke/London 1983.
Zagorin, Perez: The Court and the Country. London 1969.

Die Krise der Jahrhundertmitte (1640–1660)

Ashton, R.: The English Civil War. Conservatism and Revolution, 1603–1649. London 1978.
Aylmer, G. E.: Rebellion or Revolution? England 1640–1660. Oxford / New York 1987.
– (Hrsg.): The Levellers and the English Revolution. London 1975.
Barnard, Toby: The English Republic 1649–1660. Harlow 1982.
Carlton, Charles: Going to the Wars. The Experience of the British Civil Wars, 1638–1651. London / New York 1992.
Cliffe, J. T.: Puritans in Conflict. The Puritan Gentry During and After the Civil Wars. London / New York 1988.
Coward, Barry: Oliver Cromwell. Harlow 1991.
Dow, F. D.: Radicalism in the English Revolution 1640–1660. Oxford / New York 1985.
Fletcher, Anthony: The Outbreak of the English Civil War. London [u. a.] 1981.
Hill, Christopher: God's Englishman. London 1970.
– The World Turned Upside Down. London 1972.
Hughes, Ann: The Causes of the English Civil War. Basingstoke/London 1991.
Hutton, Ronald: The British Republic 1649–1660. Basingstoke/London 1990.
Lindley, Keith: The English Civil War and Revolution: A Sourcebook. London [u. a.] 1998.

Manning, Brian: The English People and the English Revolution. Harmondsworth 1978.
Morrill, John: The Nature of the English Revolution. Harlow 1993.
– (Hrsg.): Reactions to the English Civil War, 1642–1649. Basingstoke/London 1982.
– (Hrsg.): Oliver Cromwell and the English Revolution. Harlow 1990.
Richardson, R. C.: The English Revolution Revisited. London 1988.
Roots, Ivan: The Great Rebellion 1640–1660. London 1966.
– (Hrsg.): Cromwell. A Profile. Basingstoke/London 1973.
Russell, Conrad: The Causes of the English Civil War. Oxford 1990.
– The Fall of the British Monarchies 1637–1642. Oxford 1991.
– (Hrsg.): The Origins of the English Civil War. Basingstoke/London 1973.
Schröder, Hans-Christoph: Die Revolutionen Englands im 17. Jahrhundert. Frankfurt a. M. 1986.
Stone, Lawrence: Ursachen der englischen Revolution 1529–1642. Frankfurt a. M. [u. a.] 1983.
Trevor-Roper, Hugh Redwald: Religion, Reformation und sozialer Umbruch. Die Krisis des 17. Jahrhunderts. Frankfurt a. M. [u. a.] 1970.
Underdown, David: Pride's Purge: Politics in the Puritan Revolution. Oxford 1971.
Woolrych, Austin: Commonwealth to Protectorate. Oxford 1982.
Worden, Blair: The Rump Parliament. London 1974.

Restauration und Innovation (1660–1714)

Baxter, S. B.: William III. London 1966.
Bliss, Robert M.: Restoration England. Politics and Government 1660–1688. London / New York 1985.
Green, D.: Queen Anne. London 1970.
Hill, B. W.: The Growth of Parliamentary Parties, 1689–1742. London 1976.
Harris, Tim: Politics Under the Later Stuarts. Party Conflict in a Divided Society. Harlow 1993.
Holmes, Geoffrey: Britain After the Glorious Revolution. London 1969.
– The Making of A Great Power. Late Stuart and Early Georgian Britain 1660–1722. London / New York 1993.
Horwitz, H.: Parliament, Policy, and Politics in the Reign of William III. Manchester 1977.
Hutton, Ronald: The Restoration. A Political and Religious History of England and Wales 1658–1667. Oxford 1985.
– Charles II: King of England, Scotland, and Ireland. Oxford / New York 1991.
Jones, J. R.: The First Whigs. London 1970.
– The Revolution of 1688 in England. London 1972.
– Country and Court. England 1658–1714. London 1978.
– (Hrsg.): The Restored Monarchy, 1660–1688. Basingstoke 1979.
Kenyon, J. P.: The Nobility in the Revolution of 1688. Hull 1963.
Miller, John: James II. A Study in Kingship. London 1977.
– Restoration England. The Reign of Charles II. Harlow 1985.
– Seeds of Liberty. 1688 and the Shaping of Modern Britain. London 1988.
– The Glorious Revolution. London [2]1997.
Plumb, J. H.: The Growth of Political Stability in England 1675–1725. Harmondsworth 1969.
Prall, S. E.: The Bloodless Revolution. England, 1688. London 1972.
Seaward, Paul: The Restoration, 1660–1688. Basingstoke/London 1991.

Speck, W. A.: Tory and Whig. London 1970.
Van der Zee, H. / Van der Zee, B.: William and Mary. London 1973.
Western, J. R.: Monarchy and Revolution. The English State in the 1680s. London 1972.

Wirtschafts- und Sozialgeschichte

Amussen, Susan Dwyer: An Ordered Society. Gender and Class in Early Modern England. Oxford 1988.
Houlbrooke, Ralph (Hrsg.): English Family Life, 1576–1716. An Anthology from Diaries. Oxford 1988.
Stone, Lawrence: The Crisis of the Aristocracy 1558–1641. Oxford / New York 1965.
Stone, Lawrence / Stone, Jeanne C. Fawtier: An Open Elite? England 1540–1880. Oxford / New York 1986.
Wrigley, E. A. / Schofield, R. S.: The Population History of England 1500–1700. 2 Bde. 1984.

Rechts- und Verfassungsgeschichte

Kenyon, J. P.: The Stuart Constitution. Documents and Commentary. Cambridge ^{2}1986.

Religions-, Kirchen- und Mentalitätsgeschichte

Bossy, John: The English Catholic Community, 1570–1850. London 1975.
Greyerz, Kaspar von: Vorsehungsglaube und Kosmologie. Studien zu englischen Selbstzeugnissen des 17. Jahrhunderts. Göttingen/Zürich 1990.
Hill, Christopher: Über einige geistige Konsequenzen der englischen Revolution. Berlin 1990.
Macfarlane, Alan: The Origins of English Individualism. The Family, Property, and Social Transition. Oxford 1978.
Patterson, William Brown: King James VI and I and the Reunion of Christendom. Cambridge [u. a.] 1997.

Schottland

Mitchison, Rosalind: Lordship to Patronage. Scotland 1603–1745. Edinburgh 1983.
Wormald, Jenny (Hrsg.): Scotland Revisited. London 1991.

Irland

Bradshaw, Brendan [u. a.] (Hrsg.): The British Problem, c. 1534–1707: State Formation in the Atlantic Archipelago. Basingstoke [u. a.] 1996.
Brady, Ciaran / Gillespie, Raymund (Hrsg.): Natives and Newcomers. Essays on the Making of Irish Colonial Society, 1534–1641. Dublin 1986.
Canny, Nicholas: From Reformation to Restoration: Ireland 1534–1660. Dublin 1987.
Moody, T. W. / Martin, F. X. / Byrne, F. J. (Hrsg.): A New History of Ireland. Bd. 3: Early Modern Ireland, 1534–1691. Oxford 1976.

Zwischen Stabilität und Reform: Großbritannien 1714–1837

Gesamtdarstellungen

Black, Jeremy: An Illustrated History of Eigtheenth-Century Britain, 1688–1793. Manchester [u. a.] 1996.
Brewer, John: The Pleasures of the Imagination: English Culture in the Eigtheenth Century. London 1997.
Brockliss, Laurence [u. a.] (Hrsg.): A Union of Multiple Identities: The British Isles c. 1750 – c. 1850. Manchester [u. a.] 1997.
Colley, Linda: Britons, Forging the Nation 1707–1837. New Haven 1992.
Jarrett, Derek: England in the Age of Hogarth. St. Albans 1974.
Marshall, Dorothy: Eighteenth Century England. Harlow [2]1974.
Plumb, J. H.: England in the Eighteenth Century. Harmondsworth 1963 [u. ö.].
Speck, W. A.: A Concise History of Britain 1707–1975. Cambridge 1993.
Webb, R. K.: Modern England. From the Eighteenth Century to the Present. New York [2]1980. [Neuausg. London 1994.]
Williams, Glyn / Ramsden, John: Ruling Britannia. A Political History of Britain 1688–1988. London / New York 1990.

Die Epoche der Stabilität (1714–1760)

Black, Jeremy (Hrsg.): Britain in the Age of Walpole. Basingstoke/London 1984.
Holmes, Geoffrey / Szechi, Daniel: The Age of Oligarchy. Pre-industrial Britain 1722–1783. London / New York 1993.
Langford, Paul: A Polite and Commercial People. England 1727–1783. Oxford / New York 1989.
Speck, W. A.: Stability and Strife. England 1714–1760. London 1977.

Die Epoche der Krisen (1760–1815)

Black, Jeremy (Hrsg.): British Politics and Society from Walpole to Pitt, 1742–1789. Basingstoke/London 1984.
Christie, Ian R.: Wars and Revolutions. Britain 1760–1815. London 1982.
– Stress and Stability in Late Eighteenth Century Britain. Reflexions on the British Avoidance of Revolution. Oxford 1984.
Derry, John W.: Politics in the Age of Fox, Pitt and Liverpool. Continuity and Transformation. Basingstoke/London 1990.
Evans, Eric J.: The Forging of the Modern State. Early Industrial Britain 1783–1870. London / New York 1983.
Lottes, Günther: Politische Aufklärung und plebejisches Publikum. Zur Theorie und Praxis des englischen Radikalismus im späten 18. Jahrhundert. München/Wien 1979.
Perry, Keith: British Politics and the American Revolution. Basingstoke/London 1990.
Thomis, M. I. / Holt, P.: Threats of Revolution in Britain 1789–1848. London 1977.

Die Epoche der Reformen (1815–1837)

Briggs, Asa: The Age of Improvement 1783–1867. Harlow 1979.
Brock, M.: The Great Reform Act. London 1973.
Evans, Eric J.: The Great Reform Act of 1832. London / New York 1983.
Gash, Norman: Aristocracy and People. Britain 1815–1865. London 1979.
Hunt, J. W.: Reaction and Reform 1815–1841. London 1972.
Llewellyn, A.: The Decade of Reform: The 1830s. London 1972.
McCord, Norman: British History 1815–1906. Oxford 1991.
Steward, Robert: Party and Politics, 1830–1852. Basingstoke/London 1989.
Wasson, E. A.: Whig Renaissance. New York 1987.
Wright, D. G.: Democracy and Reform 1815–1885. London 1970.

Wirtschafts- und Sozialgeschichte

Brown, Richard: Society and Economy in Modern Britain 1700–1850. London / New York 1991.
Corfield, P. J.: The Impact of English Towns 1700–1800. Oxford [u. a.] 1982.
Crafts, N. F. R.: British Economic Growth During the Industrial Revolution. Oxford 1985.
Daunton, M. J.: Progress and Poverty. An Economic and Social History of Britain 1770–1850. Oxford 1995.
Emsley, Clive: Crime and Society in England 1750–1900. London / New York 1987.
Floud, Roderick / McCloskey, Donald (Hrsg.): The Economic History of Britain since 1700. 3 Bde. Cambridge ^{2}1994.
George, M. Dorothy: London Life in the Eighteenth Century. Harmondsworth ^{2}1965, 1976 [u. ö.].
Hay, Douglas [u. a.]: Albion's Fatal Tree. Crime and Society in Eighteenth Century England. Harmondsworth 1977.
Hill, Bridget: Eighteenth Century Women. An Anthology. London [u. a.] 1984.
Hobsbawm, E. J.: Industry and Empire. From 1750 to the Present Day. Harmondsworth 1968.
Hudson, Pat: The Industrial Revolution. London [u. a.] 1992.
Langton, John / Morris, R. J. (Hrsg.): Atlas of Industrializing Britain 1780–1914. London / New York 1986.
Mathias, Peter: The First Industrial Nation. An Economic History of Britain 1700–1914. London / New York ^{2}1983.
– The Transformation of England. Essays in the Economic and Social History of England in the Eighteenth Century. London 1979.
Pope, Rex (Hrsg.): Atlas of British Social and Economic History since c. 1700. London 1989.
Porter, Roy: English Society in the Eighteenth Century. Harmondsworth 1982.
Rule, John: Albion's People. English Society 1714–1815. London / New York 1992.
– The Vital Century. England's Developing Economy 1714–1815. London / New York 1992.
Thompson, Edward P.: Plebeische Kultur und moralische Ökonomie. Aufsätze zur englischen Sozialgeschichte des 18. und 19. Jahrhunderts. Frankfurt a. M. [u. a.] 1980.
Thompson, F. M. L. (Hrsg.): The Cambridge Social History of Britain, 1750–1950. 3 Bde. Cambridge 1990.

Recht, Verfassung, Politik

Baugh, D. A. (Hrsg.): Aristocratic Government and Society in Eighteenth Century England. The Foundation of Stability. New York 1975.
Clark, J. C. D.: English Society 1688–1832. Ideology, Social Structure and Political Practice during the Ancien Regime. Cambridge 1985.
– Revolution and Rebellion. State and Society in England in the Seventeenth and Eighteenth Centuries. Cambridge 1986.
Dickinson, H. T.: Liberty and Property. Political Ideology in Eighteenth Century Britain. London 1977.
Evans, Eric J.: Political Parties in Britain 1780–1867. London / New York 1985.
Hill, B. W.: British Parliamentary Parties 1742–1832. London 1985.
Langford, Paul: Public Life and the Propertied Englishman 1689–1798. Oxford 1991.
O'Gorman, F.: The Emergence of the British Two-Party System 1760–1832. London 1982.
Williams, E. N.: The Eighteenth Century Constitution. Documents and Commentary. Cambridge 1960.

Religions-, Kirchen- und Mentalitätsgeschichte

Brown, Richard: Church and State in Modern Britain 1700–1850. London / New York 1991.
Haydon, Colin: Anti-Catholicism in Eighteenth Century England. A Political and Social Study. Manchester / New York 1993.
Rupp, Gordon: Religion in England 1688–1791. Oxford 1986.
Watts, W. R.: The Dissenters: From the Reformation to the French Revolution. Oxford 1978.
Young, B. W.: Religion and Enlightenment in Eighteenth-Century England: Theological Debate from Locke to Burke. Oxford 1998.

Bildungs- und Kulturgeschichte

Black, Jeremy (Hrsg.): Culture and Society in Britain, 1600–1800. Manchester [u. a.] o. J. [1997].
Buttlar, Adrian von: Der Landschaftsgarten. Gartenkunst des Klassizismus und der Romantik. Köln 1989.
Hans, Nicholas: New Trends in Education in the Eighteenth Century. London 1957.
Müllenbrock, Heinz-Joachim: Whigs kontra Tories. Studien zum Einfluß der Politik auf die englische Literatur im frühen 18. Jahrhundert. Heidelberg 1974.
Müllenbrock, Heinz-Joachim / Späth, Eberhard: Literatur des 18. Jahrhunderts. Düsseldorf [u. a.] 1977.
Parker, Irene: Dissenting Academies in England. New York 1969.
Rogers, Pat: The Augustan Vision. London 1974.
Sühnel, Rudolf: Der Park als Gesamtkunstwerk des englischen Klassizismus am Beispiel von Stourhead. Heidelberg 1977.
Summerson, John: Georgian London. Harmondsworth ²1962.
Watt, Ian: The Rise of the Novel. Studies in Defoe, Richardson and Fielding. London ⁵1967.

Schottland

Harvie, Christopher: Scotland and Nationalism. Scottish Society and Politics 1707–1994. London / New York ²1994.

Lenman, Bruce P.: Integration and Enlightenment: Scotland 1746–1832. Neuausg. Edinburgh 1992.

Monod, Paul K.: Jacobitism and the English People, 1688–1788. Cambridge 1989.

Szechi, Daniel: The Jacobites. Britain and Europe 1688–1788. Manchester / New York 1994.

Irland

Dickson, David: New Foundations. Ireland 1660–1800. Dublin 1987.

Foster, R. F.: Modern Ireland 1600–1972. Harmondsworth 1989.

Moody, T. W. / Vaughan, W. E. (Hrsg.): A New History of Ireland. Bd. 4: Eighteenth Century Ireland 1691–1800. Oxford 1986.

Pittock, Murray: Inventing and Resisting Britain: Cultural Identities in Britain and Ireland, 1685–1789. New York 1997.

Empire

Bayly, C. A.: Imperial Meridian. The British Empire and the World 1780–1830. Harlow 1989.

Cain, P. J. / Hopkins, A. G.: British Imperialism. Innovation and Expansion 1688–1914. Harlow 1993.

Lloyd, T. O.: The British Empire 1558–1983. Oxford 1984.

Walwin, James: Slaves and Slavery. The British Colonial Experience. Manchester/London 1992.

Industrialisierung, Demokratisierung und Empire: Großbritannien im viktorianischen Zeitalter 1837–1901

Gesamtdarstellungen

Kitson Clark, G.: The Making of Victorian England. London 1962. [Neuausg. 1991.]

Lee, Stephen J.: Aspects of British Political History 1815–1914. London / New York 1994.

Niedhart, Gottfried: Geschichte Englands im 19. und 20. Jahrhundert. München 1987.

Seaman, L. C. B.: Victorian England. Aspects of English and Imperial History 1837–1901. London / New York 1973.

Wood, Anthony: Nineteenth Century Britain 1815–1914. Harlow ²1982.

Young, G. M.: Victorian England. Portrait of an Age. Oxford [u. a.] ²1953. [Neuausg. 1960, 1977.]

Das frühe viktorianische Zeitalter (1837–1851)

Harrison, J. F. C.: The Early Victorians, 1832–1851. London 1971.
Mather, F. C. (Hrsg.): Chartism and Society. London 1980.
Royle, Edward: Chartism. London 1980.

Die zweite Phase der Reformen (1851–1872)

Abbott, B. H.: Gladstone and Disraeli. London 1972.
Best, G. F. A.: Mid-Victorian Britain, 1851–1875. London 1971.
Blake, Robert: Disraeli. London 1966.
Cowling, Maurice: 1867: Disraeli, Gladstone and Revolution. Cambridge 1967.
Feuchtwanger, E. J.: Disraeli, Democracy and the Tory Party. Oxford 1968.
– Gladstone. London 1975.
Himmelfarb, Gertrude: Victorian Minds. London 1968.
Hoppen, K. Theodore: The Mid-Victorian Generation: 1846–1886. Oxford 1998.
Smith, F. B.: The Making of the Second Reform Bill. Cambridge 1966.
Walton, John K.: The Second Reform Act. London 1983.

Das Zeitalter des Imperialismus (1872–1901)

Belchem, John: Class, Party and the Political System in Britain 1867–1914. Oxford 1990.
Feuchtwanger, E. J.: Democracy and Empire. Britain 1865–1914. London [u. a.] 1985.
Hayes, William A.: The Background and Passage of the Third Reform Act. New York / London 1982.
Pearce, Malcolm / Stewart, Geoffrey: British Political History 1867–1990: Democracy and Decline. London / New York 1992.
Pearce, Robert D.: Britain and the European Powers, 1865–1914. London 1996.
Pugh, Martin: The Making of Modern British Politics 1867–1939. Oxford 1982.
Read, Donald: England 1868–1914. London 1979.
Rhodes, James, R.: The British Revolution: British Politics 1880–1939. Bd. 1: From Gladstone to Asquith 1880–1914. London 1976.
Robbins, Keith: The Eclipse of a Great Power. Modern Britain 1870–1975. London 1983.
Shannon, Richard: The Crisis of Imperialism 1865–1915. London 1974.

Wirtschafts- und Sozialgeschichte

Bailey, P.: Leisure and Class in Victorian England. London 1978.
Chinn, Carl: Poverty amidst Prosperity: The Urban Poor in England, 1834–1914. Manchester [u. a.] 1995.
Church, R.: The Great Victorian Boom, 1850–1873. London 1975.
Cunningham, H.: Leisure in the Industrial Revolution. London 1980.
Englander, David: Poverty and Poor Law Reform in Britain: From Chadwick to Booth, 1834–1914. London [u. a.] 1998.
Evans, Eric J. (Hrsg.): Social Policy, 1830–1914. London 1978.
Floud, Roderick: The People and the British Economy, 1830–1914. Oxford [u. a.] 1997.

Fraser, D. (Hrsg.): The New Poor Law in the Nineteenth Century. London 1976.
Gourvish, T. R.: Railways and the British Economy, 1830–1914. London 1980.
Gray, Robert Q.: The Factory Question and Industrial England, 1830–1860. Cambridge [u. a.] 1996.
Hay, J. R.: The Development of the British Welfare State 1880–1975. London 1978.
Henriques, Ursula R. Q.: Before the Welfare State. London 1979.
Hopkins, E.: A Social History of the English Working Classes. London 1979.
Hunt, E. H.: British Labour History, 1815–1914. London 1981.
Jones, E. L.: The Development of English Agriculture, 1815–73. London 1968.
May, T.: The Economy 1815–1914. London 1972.
Musson, A. E.: British Trade Unions, 1800–1875. London 1972.
– The Growth of British Industry. London 1978.
Pollard, Sidney: Britain's Prime and Britain's Decline. The British Economy 1870–1914. London 1989.
Stedman Jones, G.: Outcast London: A Study in the Relationships between Classes in Victorian Society. Oxford 1971.
Tames, Richard: Economy and Society in Nineteenth Century Britain. London 1972.
Thompson, F. M. L.: The Rise of Respectable Society: A Social History of Victorian Britain 1830–1900. London 1988.
Vicinus, M. (Hrsg.): Suffer and Be Still: Women in the Victorian Age. Bloomington (Indiana) [2]1980.
Williams, K.: From Pauperism to Poverty. London 1981.
Wohl, A. S.: The Eternal Slum: Housing and Social Policy in Victorian England. London 1977.

Verfassungs- und Parteiengeschichte

Bentley, M.: Politics without Democracy. London 1984.
Blake, Robert: The Conservative Party from Peel to Churchill. London 1970.
Cromwell, V. (Hrsg.): Revolution or Evolution: British Government in the Nineteenth Century. London 1977.
Hanham, H. J.: The Nineteenth Century Constitution. Documents and Commentary. Cambridge 1969.
Laybourn, Keith: The Rise of Socialism in Britain: c. 1881–1951. Stroud 1997.
Le May, G. H.: The Victorian Constitution. London 1980.
Stewart, Robert: The Foundation of the Conservative Party, 1830–1867. London 1978.
Southgate, D.: The Passing of the Whigs, 1832–1886. London 1965.
Vincent, J. R.: The Formation of the Liberal Party, 1857–1868. London 1966. [Neuausg. Hassocks 1980.]

Religions-, Kirchen- und Mentalitätsgeschichte

Bebbington, D. W.: The Nonconformist Conscience. Chapel and Politics 1870–1914. London 1982.
– Evangelicalism in Modern Britain. A History from the 1730s to the 1980s. London [u. a.] 1989.
Bowen, D.: The Idea of the Victorian Church. Montreal 1968.
Chadwick, Owen: The Victorian Church. 2 Bde. London 1966–70.
Gilbert, A. D.: Religion and Society in Industrial England: Church, Chapel and Social Change 1740–1914. London 1976.

Literaturhinweise

Heyck, T. W.: The Transformation of Intellectual Life in Victorian England. London 1982.
Jay, E.: Faith and Doubt in Victorian Britain. London 1986.
Lightman, B.: The Origins of Agnosticism: Victorian Unbelief and the Limits of Knowledge. Baltimore 1987.
Machin, G. I. T.: Politics and the Churches in Great Britain, 1832 to 1868. Oxford 1977.
Mackintosh, W. H.: Disestablishment and Liberation. London 1972.
Marsden, Gordon (Hrsg.): Victorian Values. Personalities and Perspectives in Nineteenth Century Society. London / New York 1990.
Newsome, David: The Victorian World Picture: Perceptions and Introspections in an Age of Change. London 1997.
Norman, E. R.: Church and Society in England, 1770–1970. London 1976.
– The Victorian Christian Socialists. Cambridge 1987.
Packer, J. I.: The Evangelical Anglican Identity Problem. Oxford 1978.
Parsons, Gerald / Moore, James R. (Hrsg.): Religion in Victorian Britain. 4 Bde. Manchester / New York 1988.
Royle, Edward: Victorian Infidels: The Origins of the British Secularist Movement 1791–1866. Manchester 1974.
– Radicals, Secularists and Republicans: Popular Freethought in Britain, 1866–1915. Manchester 1980.
Sellers, I.: Nineteenth Century Nonconformity. London 1977.
Yates, W. N.: The Oxford Movement and Anglican Ritualism. London 1983.

Bildungs- und Kulturgeschichte

Bamford, T. W.: Rise of the Public Schools: A Study of Boys' Public Boarding Schools in England and Wales from 1837 to the Present Day. London 1967.
Bell, Quentin: Victorian Artists. London 1967. [Neuausg. 1975.]
– A New and Noble School: The Pre-Raffaelites. London 1982.
Bendiner, K.: An Introduction to Victorian Painting. New Haven / London 1985.
Booth, M. R.: Theatre in the Victorian Age. Cambridge 1991.
Digby, A. / Searby, P. (Hrsg.): Children, School and Society in Nineteenth Century England. London 1981.
Dixon, R. / Muthesius, S.: Victorian Architecture. London 1978.
Hawthorn, J. (Hrsg.): The Nineteenth Century British Novel. London 1986.
Hurt, J.: Education in Evolution. London 1971.
Jenkins, A.: The Making of Victorian Drama. Cambridge 1991.
Kamm, Josephine: Hope Deferred: Girls' Education in English History. London 1965.
Lerner, L. (Hrsg.): The Victorians. London 1978.
Murphy, James: Church, State and School in Britain, 1800–1970. London 1971.
Rothblatt, Sheldon: The Revolution of the Dons: Cambridge and Society in Victorian England. London 1968.
Selleck, R. J. W.: The New Education 1870–1914. London 1968.
Simon, Brian: Education and the Labour Movement 1870–1920. London 1965.
Summerson, John: Victorian Architecture: Four Studies in Evaluation. New York / London 1970.
Sutherland, G.: Elementary Education in the Nineteenth Century. London 1971.
Stewart, W. A. C. / McCann, W. P.: The Educational Innovators 1750–1880. London 1967.
Tillotson, G.: A View of Victorian Literature. Oxford 1978.
West, E. G.: Education and the Industrial Revolution. London 1975.

Empire

MacKenzie, John M.: Propaganda and Empire. The Manipulation of the British Public Opinion 1880–1960. Manchester 1984.
Osterhammel, Jürgen: Kolonialismus. Geschichte – Formen – Folgen. München 1995.
Porter, Bernard: The Lion's Share. A Short History of British Imperialism 1850–1983. London / New York ²1984.

Selbstbehauptung und Identitätskrise: Großbritannien 1901–2000

Gesamtdarstellungen

Lloyd, T. O.: Empire, Welfare State, Europe. English History 1906–1992. Oxford ⁴1993.
Pugh, Martin: State and Society. British Political and Social History 1870–1992. London 1994.
Robbins, Keith: The Eclipse of A Great Power. Modern Britain 1870–1992. London / New York ²1994.
Young, John W.: Britain and the World in the Twentieth Century. London [u. a.] 1997.

Das Zeitalter der Weltkriege (1901–1945)

Beloff, Max: Britain 1914–1945. London 1984.
Dewey, Peter: War and Progress: Britain, 1914–1945. London [u. a.] 1997.
Gilbert, Bentley Brinkerhoff: Britain, 1914–1945: The Aftermath of Power. Wheeling, Ill. o. J. [1996].
Mowat, C. L.: Britain between the Wars 1918–1940. London / New York 1955.
Pelling, Henry: Modern Britain 1885–1955. Neuausg. London 1974.
Smith, Harold L. (Hrsg.): Britain in the Second World War: A Social History. Manchester [u. a.] 1996.
Taylor, A. J. P.: English History 1914–1945. Oxford 1965 [u. ö.].

Wohlfahrtsstaat, Dekolonisierung, Wendung nach Europa (1945–2000)

Baker, David u. a. (Hrsg.): Britain for and against Europe: British Politics and the Question of European Integration. Oxford [u. a.] 1998.
Beloff, Max: Britain and the European Union: Dialogue of the Deaf. Basingstoke [u. a.] 1996.
Bradbury, Jonathan / Mawson, John (Hrsg.): British Regionalism and Devolution: The Challenges of State Reform and European Integration. London [u. a.] 1997.
Childs, David: Britain since 1945. A Political History. London / New York ³1992.
Francis, Martin: Ideas and Policies under Labour, 1945–1951: Building a New Britain. Manchester [u. a.] 1997.
Kaiser, Wolfram: Großbritannien und die Europäische Wirtschaftsgemeinschaft 1955–1961: Von Messina nach Canossa. Berlin 1996.

Marquand, David / Seldon, Anthony (Hrsg.): The Ideas that Shaped Post-War Britain. London 1996.
Morgan, Kenneth O.: The People's Peace. British History 1945–1990. Oxford 1990.
Neillands, Robin: A Fighting Retreat: The British Empire 1947–1997. London 1997.
Nonnenmacher, Peter: Insel sucht Anschluß – wohin treibt Großbritannien? Frankfurt a. M. 1997.
Pearce, Robert: Contemporary Britain 1914–79. Harlow 1996.
Schwarz, Klaus-Dieter: Englands Probleme mit Europa. Ein Beitrag zur Maastricht-Debatte. Baden-Baden 1997.
Sked, Alan / Cook, Chris: Post-War Britain. A Political History. Harmondsworth [4]1993.
Tiratsoo, Nick (Hrsg.): From Blitz to Blair: A Short History of Britain since 1939. London 1997.

Wirtschafts- und Sozialgeschichte

Addison, Paul: Now the War Is Over. A Social History of Britain 1945–51. London 1986.
Aldcroft, D. H.: The Inter-War Economy: Britain 1919–1939. London 1970.
Cannadine, David: The Decline and Fall of the British Aristocracy. New Haven 1990.
Collins, B. / Robbins, K. (Hrsg.): British Culture and the Decline of the Industrial Spirit. London 1990.
Constantine, Stephen: Unemployment in Britain between the Wars. London / New York 1980.
– Social Conditions in Britain 1918–1939. London / New York 1983.
Dintenfass, Michael: The Decline of Industrial Britain 1870–1980. London / New York 1992.
Glynn, S. / Oxborrow, J.: Interwar Britain: A Social and Economic History. London 1976.
Halsey, A. H. (Hrsg.): Trends in British Society since 1900. Basingstoke/London 1972.
Harris, José: Private Lives, Public Spirit. A Social History of Britain 1870–1914. London 1993.
Hill, M.: The Welfare State in Britain: A Political History since 1945. London 1994.
Lowe, R.: The Welfare State in Britain since 1945. London 1993.
Marwick, Arthur: British Society since 1945. Harmondsworth [2]1990.
McKibbin, Ross (Hrsg.): The Ideology of Class. Social Relations in Britain 1880–1950. Oxford 1990.
Pollard, Sidney: The Development of the British Economy, 1914–1967. London 1969.
Rubinstein, W. D.: Capitalism, Culture and Decline in Britain 1750–1990. London / New York 1990.
Spencer, Ian R. G.: British Immigration Policy since 1939: The Making of a Multi-Racial Britain. London [u. a.] 1997.
Stevenson, John: British Society 1914–45. Harmondsworth 1984.
Stevenson, John / Cook, Chris: The Slump. Society and Politics during the Depression. London 1977.
Thompson, Paul: The Edwardians. The Remaking of British Society. London / New York [2]1992.
Wiener, Martin: English Culture and the Decline of the Industrial Spirit 1850–1980. Harmondsworth 1985.

Verfassung, Parteien, Politik

Addison, Paul: British Politics and the Second World War. London 1982.
Adelman, Paul: The Rise of the Labour Party, 1880–1945. London [u. a.] ³1996.
Barnett, Anthony (Hrsg.): Power and the Throne. The Monarchy Debate. London 1994.
Cannadine, David: Die Erfindung der britischen Monarchie 1820–1994. Berlin 1994.
Cook, Chris: A Short History of the Liberal Party 1900–1997. Basingstoke [u. a.] ⁵1998.
Darwin, John: Britain and Decolonisation. The Retreat from Empire in the Post-War World. London 1988.
Evans, Mark: Charter 88: A Successful Challenge to the British Political Tradition? Aldershot [u. a.] 1995.
Francis, Martin [u. a.] (Hrsg.): The Conservatives and British Society, 1880–1990. Cardiff 1996.
Holland, Robert: The Pursuit of Greatness. Britain and the World Role, 1900–1970. London 1991.
Hutton, Will: The State We're In. London 1995.
Kavanagh, Dennis: Thatcherism and British Politics. The End of Consensus? Oxford ²1990.
Kennedy, Paul M.: The Rise and Fall of British Naval Mastery. London 1983.
Lenman, Bruce P.: The Eclipse of Parliament. Appearance and Reality in British Politics since 1914. London 1992.
Morgan, Kenneth O.: Labour in Power. Oxford 1984.
Mount, Ferdinand: The British Constitution Now. London 1992.
Porter, Bernard: Britain, Europe and the World 1850–1986. Delusions of Grandeur. London ²1987.
Powell, David: What's Left? Labour Britain and the Socialist Tradition. London 1998.
Riddell, Peter: The Thatcher Decade. How Britain Has Changed during the 1980s. Oxford 1989.
Robbins, Keith: Appeasement. Oxford 1988.
Sharp, Paul: Thatcher's Diplomacy: The Revival of British Foreign Policy. Basingstoke [u. a.] 1997.
Williams, G. L. / Williams, A. L.: The Rise and Fall of the Social Democratic Party. London 1988.
Ziegesar, Detlef von: Wie demokratisch ist England? Die Wahrheit über einen Mythos. Köln 1991.
– Großbritannien ohne Krone? Darmstadt 1993.

Kirchen- und Bildungsgeschichte

Dent, H. C.: 1870–1970: A Century of Growth in English Education. London 1970.
Gilbert, A. D.: The Making of Post-Christian Britain. London 1980.
Hastings, A.: A History of English Christianity 1920–1990. London 1991.
Jenkins, D.: The British: Their Identity and Their Religion. London 1975.
Lowndes, G. A. N.: The Silent Revolution. An Account of the Expansion of Public Education in England and Wales, 1895–1965. London 1969.
Murphy, J.: Church, State and Schools in Britain, 1890–1970. London 1970.

Irland

Adelman, Paul: Great Britain and the Irish Question 1800–1922. London 1996.
Bardon, Jonathan: A History of Ulster. Belfast 1992.
Boyce, George: The Irish Question and British Politics 1868–1986. London 1988.
Lee, J. J.: Ireland 1912–1985. Politics and Society. Cambridge 1989.

Verzeichnis der Karten

Abbildungsnachweis

Archiv für Kunst und Geschichte, Berlin: S. 35. Barnabys Picture Library: S. 253. – Blenheim Palace, Oxon., Collection of Art (Jeremy Whitaker, Headley Down): S. 187. – Bodleian Library, Oxford: S. 29. – Bradford Art Galleries and Museums: S. 315. – Bristol City Art Gallery: S. 225. – British Library, London: S. 24, 32, 42, 64. – British Museum, London: S. 28, 44, 45, 53, 81, 176, 181, 299, 301. – Butterworth Heinemann Publishers, a division of Reed Educational & Professional Publishing Ltd. (»Engineering Building«, by University of Leicester): S. 348. – Christ Church, Oxford: S. 179. – Corbis-Bettman / UPI, New York: S. 329, 350. – dpa-Fotoreport: S. 364. – The Economist, London: S. 354. – Eton College: S. 307. – Fitzwilliam Museum, Cambridge: S. 141. – The Guardian, London: S. 362. – House of Lords, London: S. 273. – Institute of Archaeology, Oxford: S. 12. – A. F. Kersting: S. 129, 207. – Kunstmuseum Luzern: S. 303. – Merthyr Tydfil, Cyfarthfa Castle Museum: S. 248. – The Museum of London, London: S. 166, 264. – The National Gallery, London: S. 137, 208. – National Portrait Gallery, London: S. 61, 79, 89, 93, 111, 158, 240, 241. – Oxford County Libraries: S. 197. – Parliamentary Works Directorate, London: S. 343. – The Pierpont Morgan Library, New York / Art Resource, New York: S. 17. – Press Association, London: S. 327 – Radio Times Hulton Picture Library, London: S. 338. – Rijksmuseum Amsterdam: S. 167. – The Royal Collections, Lord Chamberlain's Office, London: S. 220 – Royal Holloway College, London: S. 293. – Royal Library, Windsor Castle: S. 85. – Simon Wingfield Digby Collection, London: S. 102. – STERN, Hamburg / Photo: Max Scheler: S. 351. – The Tate Gallery, London: S. 124, 236, 256. – Today, London: S. 358. – Trusties of The Imperial War Museum, London: S. 324, 341. – Turners Ltd., Newcastle-upon-Tyne: S. 13. – Ullstein Bilderdienst, Berlin: S. 323, 331, 340. – Victoria and Albert Museum, London: S. 229. – Walker Art Gallery, Liverpool: S. 249. – Weidenfeld and Nicolson Archives: S. 288. – The Worshipful Company of Barbers, London; Brian Harris: S. 74. – Yale Center for British Art, Paul Mellon Collection, New Haven: S. 99.

Der Verlag Philipp Reclam jun. dankt den Rechteinhabern für die Reproduktionsgenehmigung. Nicht nachgewiesene Abbildungen entstammen dem Archiv des Verlags. In einigen Fällen konnten die Rechteinhaber geschützter Bildwerke nicht ermittelt werden. Hier ist der Verlag bereit, nach Anforderung rechtmäßige Ansprüche abzugelten.

Namenregister

Das Register enthält sämtliche Personennamen (abgesehen von den Stammtafeln und Literaturhinweisen), von den Ortsnamen jedoch nur diejenigen, die mit einem bedeutenden historischen Ereignis verknüpft sind. *Kursive* Ziffern verweisen auf Abbildungen.